Sitz und Verlegung des Sitzes einer Europäischen Aktiengesellschaft mit Sitz in Deutschland

Schriftenreihe zum deutschen und europäischen Gesellschafts- und Wirtschaftsrecht

Herausgegeben von Günter Christian Schwarz

Band 5

PETER LANG
Frankfurt am Main · Berlin · Bern · Bruxelles · New York · Oxford · Wien

Axel Zang

Sitz und Verlegung des Sitzes einer Europäischen Aktiengesellschaft mit Sitz in Deutschland

PETER LANG
Europäischer Verlag der Wissenschaften

Bibliografische Information Der Deutschen Bibliothek
Die Deutsche Bibliothek verzeichnet diese Publikation in der Deutschen Nationalbibliografie; detaillierte bibliografische Daten sind im Internet über <http://dnb.ddb.de> abrufbar.

Zugl.: Würzburg, Univ., Diss., 2004

D 20
ISSN 1614-239X
ISBN 3-631-53553-8

www.peterlang.de

VORWORT

Vier Tage nach dem Inkrafttreten der Verordnung (EG) Nr. 2157/2001 über das Statut der Europäischen Gesellschaft am 8. Oktober 2004 wurde in Österreich die erste Aktiengesellschaft in eine Societas Europaea (SE) umgewandelt. Die SE hat damit bereits nach kurzer Zeit ihre Praxistauglichkeit unter Beweis gestellt.

Der Bundestag hat am 29. Oktober 2004 das Gesetz zur Einführung der Europäischen Gesellschaft beschlossen. Das Gesetz ist jedoch noch nicht in Kraft getreten. Die vorliegende Arbeit berücksichtigt insoweit das Gesetzgebungsverfahren bis 29. Oktober 2004.

Mein besonderer Dank gilt meinem Doktorvater, Herrn Prof. Dr. Günter Christian Schwarz, der nicht nur das Thema angeregt und das Erstgutachten erstellt, sondern auch die Aufnahme meiner Arbeit in diese Schriftenreihe ermöglicht hat. Frau Prof. Dr. Eva-Maria Kieninger danke ich für die Erstellung des Zweitgutachtens.
Einen gar nicht zu beziffernden Anteil an dieser Dissertation haben meine Eltern, Erdmute und Willi Zang, ohne deren Förderung mir meine Ausbildung und damit auch die Verwirklichung dieses Promotionsvorhabens nicht möglich gewesen wäre. Ich schulde ihnen dafür großen Dank.
Mein größter Dank gilt allerdings meiner Lebensgefährtin, Sabine Schäder, ohne deren vielfältige Unterstützung ich mein Promotionsvorhaben nicht erfolgreich abgeschlossen hätte.

Nürnberg im November 2004 — Axel Zang

INHALTSVERZEICHNIS

Abkürzungsverzeichnis

a. A.	anderer Auffassung
ABl. EG	Amtsblatt der Europäischen Gemeinschaften
Abs.	Absatz
a. F.	alte Fassung
AG	Die Aktiengesellschaft (Zeitschrift) oder Aktiengesellschaft
AktG	Aktiengesetz
Alt.	Alternative
Anh.	Anhang
AO	Abgabenordnung (AO 1977)
Art.	Artikel
AVAG	Gesetz zur Ausführung zwischenstaatlicher Verträge und zur Durchführung von Verordnungen der Europäischen Gemeinschaft auf dem Gebiet der Anerkennung und Vollstreckung in Zivil- und Handelssachen (Anerkennungs- und Vollstreckungsausführungsgesetz – AVAG)
BArbBl.	Bundesarbeitsblatt
BayObLG	Bayerisches Oberstes Landesgericht
BayObLGZ	Entscheidungen des Bayerischen Obersten Landesgerichts in Zivilsachen
BB	Der Betriebs-Berater (Zeitschrift)
Bearb.	Bearbeiter
Begr.	Begründer
BGB	Bürgerliches Gesetzbuch
BGBl.	Bundesgesetzblatt
BGH	Bundesgerichtshof
BGHZ	Entscheidungen des Bundesgerichtshofes in Zivilsachen
Buchst.	Buchstabe
bzgl.	bezüglich
bzw.	beziehungsweise

DB	Der Betrieb (Zeitschrift)
ders.	derselbe
d. h.	das heißt
dies.	dieselbe oder dieselben
Diss.	Dissertation
DJZ	Deutsche Juristenzeitung
DStR	Deutsches Steuerrecht (Zeitschrift)
EG	Europäische Gemeinschaft oder Vertrag zur Gründung der Europäischen Gemeinschaft
Einl.	Einleitung
EU	Europäische Union
EUGEN	Europäische Genossenschaft
EUGEN-VOV 1993	Geänderter Vorschlag für eine Verordnung (EWG) des Rates über das Statut der Europäischen Genossenschaft, ABl. EG Nr. C 236 vom 1. August 1993, S. 17-36
EUGGES	Europäische Gegenseitigkeitsgesellschaft
EUGGES-VOV 1993	Geänderter Vorschlag für eine Verordnung (EWG) des Rates für ein Statut der Europäischen Gegenseitigkeitsgesellschaft, ABl. EG Nr. C 236 vom 1. August 1993, S. 40-56
EuGH	Gerichtshof der Europäischen Gemeinschaften
EuGV-VO	Verordnung (EG) Nr. 44/2001 des Rates über die gerichtliche Zuständigkeit und die Anerkennung und Vollstreckung von Entscheidungen in Zivil- und Handelssachen vom 22. Dezember 2000, ABl. EG L 12 vom 16. Januar 2001, S. 1-23.
EuR	Europarecht (Zeitschrift)
EUV	Europäischer Verein oder Vertrag über die Europäische Union

EUV-VOV 1993	Geänderter Vorschlag für eine Verordnung (EWG) des Rates über das Statut des Europäischen Vereins, ABl. EG Nr. C 236 vom 1. August 1993, S. 1-13
EuZW	Europäische Zeitschrift für Wirtschaftsrecht
EWG	Europäische Wirtschaftsgemeinschaft
EWIV	Europäische Wirtschaftliche Interessenvereinigung
EWIV-VO	Verordnung (EWG) Nr. 2137/85 des Rates vom 25. Juli 1985 über die Schaffung einer Europäischen Wirtschaftlichen Interessenvereinigung (EWIV), ABl. EG Nr. L 199 vom 31. Juli 1985, S. 1-9
EWS	Europäisches Wirtschafts- und Steuerrecht (Zeitschrift)
f. (ff.)	folgende (Plural)
FGG	Gesetz über die Angelegenheiten der freiwilligen Gerichtsbarkeit
Fn.	Fußnote
FS	Festschrift
Fusionsbesteuerungs-RL	Richtlinie des Rates vom 23. Juli 1990 über das gemeinsame Steuersystem für Fusionen, Spaltungen, die Einbringung von Unternehmensteilen und den Austausch von Anteilen, die Gesellschaften verschiedener Mitgliedstaaten betreffen (90/434/EWG), ABl. EG Nr. L 225 vom 20. August 1990, S. 1-5
GmbH	Gesellschaft mit beschränkter Haftung
GmbHG	Gesetz betreffend die Gesellschaften mit beschränkter Haftung
GmbHR	GmbH-Rundschau (Zeitschrift)
Grenzüberschreitender Verschmelzungs-RLV	Vorschlag einer zehnten Richtlinie des Rates nach Art. 54 Absatz 3 Buchstabe g) des Vertrages über die grenzüberschreitende Verschmelzung von Aktiengesellschaften, ABl. EG Nr. C 23 vom 25. Januar 1985, S. 11-15
GS	Gedächtnisschrift

HGB	Handelsgesetzbuch
h. M.	herrschende Meinung
Hrsg.	Herausgeber
Hs.	Halbsatz
InsO	Insolvenzordnung (InsO)
IntGesR	Internationales Gesellschaftsrecht
IPR	Internationales Privatrecht
IPRax	Praxis des Internationalen Privat- und Verfahrensrechts (Zeitschrift)
IPRspr	Die deutsche Rechtsprechung auf dem Gebiete des internationalen Privatrechts (Zeitschrift)
IStR	Internationales Steuerrecht (Zeitschrift)
i. V. m.	in Verbindung mit
Jura	Juristische Ausbildung (Zeitschrift)
JuS	Juristische Schulung (Zeitschrift)
JW	Juristische Wochenschrift
JZ	Juristenzeitung
Kapital-RL	Zweite Richtlinie des Rates vom 13. Dezember 1976 zur Koordinierung der Schutzbestimmungen, die in den Mitgliedstaaten den Gesellschaften im Sinne des Art. 58 Absatz 2 des Vertrages im Interesse der Gesellschafter sowie Dritter für die Gründung der Aktiengesellschaft sowie für die Errichtung und Änderung ihres Kapitals vorgeschrieben sind, um diese Bestimmungen gleichwertig zu gestalten (77/91/EWG), ABl. EG Nr. L 26 vom 31. Januar 1977, S. 1-13
KG	Kammergericht
KStG	Körperschaftsteuergesetz 1999 (KStG 1999)
LG	Landgericht
m. w. N.	mit weiteren Nachweisen
NJW	Neue Juristische Wochenschrift

NotBZ	Zeitschrift für die notarielle Beratungs- und Beurkundungspraxis
Nr.	Nummer
NZA	Neue Zeitschrift für Arbeitsrecht
NZG	Neue Zeitschrift für Gesellschaftsrecht
o. Ä.	oder Ähnliches
öAktG	österreichisches Aktiengesetz
OLG	Oberlandesgericht
Publizitäts-RL	Erste Richtlinie des Rates vom 9. März 1968 zur Koordinierung der Schutzbestimmungen, die in den Mitgliedstaaten den Gesellschaften im Sinne des Art. 58 Abs. 2 des Vertrages im Interesse der Gesellschafter sowie Dritter vorgeschrieben sind, um diese Bestimmungen gleichwertig zu gestalten (68/151/EWG), ABl. EG Nr. L 65 vom 14. März 1968, S. 8-12
RabelsZ	Rabels Zeitschrift für ausländisches und internationales Privatrecht
RFH	Reichsfinanzhof
RG	Reichsgericht
RGZ	Entscheidungen des Reichsgerichts in Zivilsachen
RIW	Recht der internationalen Wirtschaft (Zeitschrift)
RL	Richtlinie
Rn.	Randnummer
Rpfleger	Der Deutsche Rechtspfleger (Zeitschrift)
RStBl.	Reichssteuerblatt
RWZ	Österreichische Zeitschrift für Recht und Rechnungswesen
S.	Seite oder Satz
SCE	Societas Cooperativa Europaea (Europäische Genossenschaft)

SCE-VO	Verordnung (EG) Nr. 1435/2003 des Rates vom 22. Juli 2003 über das Statut der Europäischen Genossenschaft (SCE), ABl. EG Nr. L 207 vom 18. August 2003, S. 1-24
SE	Societas Europaea (Europäische Aktiengesellschaft)
SEAG	Gesetz zur Ausführung der Verordnung (EG) Nr. 2157/2001 des Rates vom 8. Oktober 2001 über das Statut der Europäischen Gesellschaft (SE) – (SE-Ausführungsgesetz – SEAG) – (Art. 1 des Gesetzes zur Einführung der Europäischen Gesellschaft (SEEG)) in der Fassung des Gesetzesbeschlusses des Bundestags vom 29. Oktober 2004, Plenarprotokoll 15/136, Tagesordnungspunkt 22; noch nicht in Kraft getreten
SEAG-DE	Diskussionsentwurf zum SEAG (Art. 1 des Diskussionsentwurfs des Gesetzes zur Einführung der Europäischen Gesellschaft vom 28. Februar 2003), http://www.bmj.bund.de/ger/aktuelles (28. Februar 2003)
SEAG-RegE	Gesetzentwurf der Bundesregierung zum SEAG (Art. 1 des Gesetzentwurfs der Bundesregierung für ein Gesetz zur Einführung der Europäischen Gesellschaft (SEEG) vom 28. Mai/21. Juni 2004), Drucksachen 438/04 und 15/3405
SE-AN-RL	Richtlinie 2001/86/EG des Rates vom 8. Oktober 2001 zur Ergänzung des Statuts der Europäischen Gesellschaft hinsichtlich der Beteiligung der Arbeitnehmer, ABl. EG Nr. L 294 vom 10. November 2001, S. 22-32

SEBG	Gesetz über die Beteiligung der Arbeitnehmer in einer Europäischen Gesellschaft – (SE-Beteiligungsgesetz – SEBG) – (Art. 2 des Gesetzes zur Einführung der Europäischen Gesellschaft (SEEG)) in der Fassung des Gesetzesbeschlusses des Bundestags vom 29. Oktober 2004, Plenarprotokoll 15/136, Tagesordnungspunkt 22; noch nicht in Kraft getreten
SE-RE	Entwurf des Rates für eine Verordnung über das Statut der Europäischen Aktiengesellschaft (SE), nicht veröffentlicht
SE-RE 1998	Entwurf des Rates für eine Verordnung über das Statut der Europäischen Aktiengesellschaft (SE) vom 28. Mai 1998, nicht veröffentlicht
SE-VO	Verordnung (EG) Nr. 2157/2001 des Rates vom 8. Oktober 2001 über das Statut der Europäischen Gesellschaft (SE), ABl. EG Nr. L 294 vom 10. November 2001, S. 1-21
SE-VOV 1970	Vorschlag einer Verordnung (EWG) des Rates über das Statut für europäische Aktiengesellschaften (von der Kommission dem Rat vorgelegt am 30. Juni 1970), ABl. EG Nr. C 124 vom 10. Oktober 1970, S. 1-55
SE-VOV 1975	Vorschlag einer Verordnung des Rates über das Statut für Europäische Aktiengesellschaften (von der Kommission gemäß Art. 149 Absatz 2 des EWG-Vertrags dem Rat vorgelegter geänderter Vorschlag), Bulletin der Europäischen Gemeinschaften, Beilage 4/75
SE-VOV 1989	Geänderter Vorschlag für eine Verordnung (EWG) des Rates über das Statut der Europäischen Aktiengesellschaft, ABl. EG Nr. C 176 vom 8. Juli 1991, S. 41-68

SE-VOV 1991	Geänderter Vorschlag für eine Verordnung (EWG) des Rates über das Statut der Europäischen Aktiengesellschaft (gemäß Artikel 149 Absatz 3 des EWG-Vertrags von der Kommission vorgelegt am 16. Mai 1991), ABl. EG Nr. C 176 vom 8. Juli 1991, S. 1-68
Sitzverlegungs-RLVE	Vorentwurf der Kommission für einen Vorschlag für eine Vierzehnte Richtlinie des Europäischen Parlaments und des Rates über die Verlegung des Sitzes einer Gesellschaft in einen anderen Mitgliedstaat mit Wechsel des für die Gesellschaft maßgebenden Rechts, abgedruckt in: ZIP 1997, S. 1721-1724 und ZGR 1999, S. 157-164
Slg.	Sammlung der Rechtsprechung des Gerichtshofes der Europäischen Gemeinschaften
sog.	so genannt
Spaltungs-RL	Sechste Richtlinie des Rates vom 17. Dezember 1982 gemäß Artikel 54 Absatz 3 Buchstabe g) des Vertrages betreffend die Spaltung von Aktiengesellschaften (82/891/EWG), ABl. EG Nr. L 378 vom 31. Dezember 1982, S. 47-54
SZW/RSDA	Schweizerische Zeitschrift für Wirtschaftsrecht
u. a.	unter anderem
Überbl.	Überblick
u. d. T.	unter dem Titel
Unterabs.	Unterabsatz
UmwG	Umwandlungsgesetz (UmwG)
Univ.	Universität
usw.	und so weiter
Var.	Variante
vgl.	vergleiche

Verschmelzungs-RL	Dritte Richtlinie des Rates vom 9. Oktober 1978 gemäß Artikel 54 Absatz 3 Buchstabe g) des Vertrages betreffend die Verschmelzung von Aktiengesellschaften (78/855/EWG), ABl. EG Nr. L 295 vom 20. Oktober 1978, S. 36-43
Vorb.	Vorbemerkung
WBl.	Wirtschaftsrechtliche Blätter
WM	Wertpapier-Mitteilungen
z. B.	zum Beispiel
ZGR	Zeitschrift für Unternehmens- und Gesellschaftsrecht
ZHR	Zeitschrift für das gesamte Handelsrecht und Wirtschaftsrecht
ZIP	Zeitschrift für Wirtschaftsrecht
zit.	zitiert
ZPO	Zivilprozessordnung
zugl.	zugleich

A. Gegenstand und Aufbau der Untersuchung

Die Identität einer Gesellschaft bei der Verlegung ihres Sitzes von einem Mitgliedstaat in einen anderen zu wahren gehört nach Art. 293 Spiegelstrich 3 EG zu den Zielen der Europäischen Gemeinschaft, seit sie im Jahr 1957 gegründet wurde. Bereits im Jahr 1962 erstellte *Beitzke* im Auftrag der Kommission ein Gutachten zu Art. 220 Unterabs. 3 des EWG-Vertrages, dem jetzigen Art. 293 Spiegelstrich 3 EG.[1] Seitdem wurde heftig diskutiert, wie dieses Ziel verwirklicht werden kann.[2] Mit der Europäischen Wirtschaftlichen Interessenvereinigung wurde zwar im Jahr 1985 die erste Gesellschaftsform zur Verfügung gestellt, die ihren Sitz innerhalb der Gemeinschaft identitätswahrend verlegen kann. Auf Grund ihres beschränkten Zwecks erlangte diese Gesellschaftsform aber nur geringe praktische Bedeutung. Neue Impulse erhielt die Diskussion im Jahr 1993 durch die Studie über die Verlegung des Sitzes einer Gesellschaft von einem Mitgliedstaat in einen anderen, die das *KPMG European Business Centre* in Brüssel im Auftrag der Kommission verfasst hatte. Auf der Grundlage dieser Studie legte die Kommission im Jahr 1997 einen Vorentwurf eines Vorschlags für eine Vierzehnte Richtlinie des Europäischen Parlaments und des Rates über die Verlegung des Sitzes einer Gesellschaft in einen anderen Mitgliedstaat mit Wechsel des für die Gesellschaft maßgebenden Rechts vor. Dieser wurde zwar in der Wissenschaft intensiv diskutiert.[3] Wann aber die Kommission dem Europäischen Parlament und dem Rat einen förmlichen Richtlinienvorschlag unterbreitet, ist derzeit noch nicht abzusehen.[4]

Es blieb daher dem EU-Gipfel in Nizza im Dezember 2000 vorbehalten, die politischen Voraussetzungen für die Einführung einer Regelung zu schaffen, die es Gesellschaften zum ersten Mal ermöglicht, ihren Sitz europaweit unter Wahrung ihrer Identität zu ver-

---

1 Eine gekürzte Fassung des Gutachtens ist abgedruckt in ZHR 127 (1965), S. 1-47.

2 *Knobbe-Keuk*, ZHR 154 (1990), S. 325-356; *Thömmes*, DB 1993, S. 1021-1026; *Kruse*, Sitzverlegung von Kapitalgesellschaften; *Rohde*, Europäische Integration.

3 *Meilicke*, GmbHR 1998, S. 1053-1058; *Di Marco*, ZGR 1999, S. 3-12; *Neye*, ZGR 1999, S. 13-19; *K. Schmidt*, ZGR 1999, S. 20-35; *Priester*, ZGR 1999, S. 36-50; *Rajak*, ZGR 1999, S. 111-125; *Timmermann*, ZGR 1999, S. 147-156; *Hoffmann*, ZHR 164 (2000), S. 43-66.

4 *Thömmes*, in: Theisen/Wenz, Europäische Aktiengesellschaft, S. 465 (532).

legen.[5] Es handelt sich hierbei um Art. 8 der Verordnung (EG) Nr. 2157/2001 des Rates vom 8. Oktober 2001 über das Statut der Europäischen Gesellschaft (SE). Nach dieser Vorschrift können Gesellschaften, die sich in der Rechtsform der SE organisieren, ihren Sitz identitätswahrend von einem Mitgliedstaat in einen anderen verlegen. Sie trägt damit entscheidend zur Verwirklichung des in Art. 293 Spiegelstrich 3 EG formulierten Ziels bei. Außerdem entspricht sie einem von den europäischen Unternehmen seit Jahren geäußerten Interesse an mehr Mobilität im Binnenmarkt.[6] Aus diesen Gründen wird die Möglichkeit, den Sitz in einen anderen Mitgliedstaat zu verlegen, auch als „wesentliches Merkmal des gemeinschaftsrechtlichen Charakters der SE"[7] und als „Rückgrat der Verordnung"[8] bezeichnet.

Die vorliegende Arbeit untersucht nicht nur die Rechtsvorschriften, die die Verlegung des Sitzes der SE betreffen, sondern befasst sich auch mit denjenigen Rechtsvorschriften, die den Sitz der SE betreffen. Denn die Darstellung der Sitzverlegung erfordert ein Eingehen auf den Sitz der SE.

Untersuchung bedeutet Auslegung der betreffenden Rechtsvorschriften. Der Schwerpunkt liegt dabei auf der SE-VO. Soweit nach der SE-VO Vorschriften des mitgliedstaatlichen Aktienrechts ergänzend Anwendung finden, beschränkt sich die Untersuchung auf die Vorschriften des deutschen Rechts. Dementsprechend werden im Rahmen der Sitzverlegung nur diejenigen Maßnahmen dargestellt, die bei einer Verlegung des Sitzes der SE von Deutschland in einen anderen Mitgliedstaat oder bei einer Verlegung des Sitzes der SE von einem anderen Mitgliedstaat nach Deutschland jeweils in Deutschland ergriffen werden müssen.

---

5 *Teichmann*, in: Theisen/Wenz, Europäische Aktiengesellschaft, S. 573 (593 f.); *Thömmes*, in: Theisen/Wenz, Europäische Aktiengesellschaft, S. 465 (532); *Wenz*, in: Theisen/Wenz, Europäische Aktiengesellschaft, S. 171 (206 und 244).

6 *Di Marco*, ZGR 1999, S. 3 (4).

7 *Bungert/Beier*, EWS 2002, S. 1 (5); *Thoma/Leuering*, NJW 2002, S. 1449 (1453).

8 *Blanquet*, ZGR 2002, S. 20 (42).

Obwohl die deutsche Sprachfassung der Verordnung in ihrer Überschrift den Begriff Europäische Gesellschaft verwendet und sich auch in anderen Sprachfassungen Begriffe finden, die in diesem Sinne zu verstehen sind,[9] und obgleich der lateinische Begriff „Societas Europaea", für den die Abkürzung „SE" nach Art. 1 Abs. 1 SE-VO steht, mit „Europäische Gesellschaft" zu übersetzen ist, wird die SE im Titel dieser Arbeit in Übereinstimmung mit der überwiegenden Literatur[10] als Europäische Aktiengesellschaft bezeichnet.[11] Denn die Legaldefinition des Begriffs „Societas Europaea" in Art. 1 Abs. 1 SE-VO verwendet die Formulierung „in der Form europäischer Aktiengesellschaften".[12] Zudem hat die SE nach Art. 1 Abs. 2 S. 1 SE-VO ein in Aktien zerlegtes Kapital. Schließlich verwendet die spanische Sprachfassung der Verordnung in der

---

9 Andere Sprachfassungen enthalten die folgenden Begriffe: „European Company" (Englisch); „société européenne" (Französisch); „Società europea" (Italienisch); „sociedade europeia" (Portugiesisch); „Europese vennootschap" (Niederländisch).

10 *Kleinsorge/Neye*, BArbBl. 2001, S. 5 (5-8); *Hommelhoff*, AG 2001, S. 279 (279); *Jahn/Herfs-Röttgen*, DB 2001, S. 631 (631); *Schwarz*, ZIP 2001, S. 1847 (1848 Fn. 3); *Schwarz/Lösler*, NotBZ 2001, S. 117 (117); *Schulz/Geismar*, DStR 2001, S. 1078 (1078); *Schulz/Petersen*, DStR 2002, S. 1508 (1508); *Wenger*, RWZ 2001, S. 317 (317); *Bungert/Beier*, EWS 2002, S. 1 (1); *Hirte*, NZG 2002, S. 1 (1); *Hommelhoff/Teichmann*, SZW/RSDA 2002, S. 1 (1-3); *Hopt*, EuZW 2002, S. 1 (1); *Lutter*, BB 2002, S. 1 (1); *Blanquet*, ZGR 2002, S. 20 (20); *Heinze*, ZGR 2002, S. 66 (66-95); *Neye*, ZGR 2002, S. 377 (377); *Teichmann*, ZGR 2002, S. 383 (383); *ders.*, ZIP 2002, S. 1109 (1109); *Förster/Lange*, DB 2002, S. 288 (288); *dies.*, RIW 2002, S. 585 (585); *Artmann*, WBl. 2002, S. 189 (189 f.); *Herfs-Röttgen*, NZA 2001, S. 424 (424); *Brandt*, NZG 2002, S. 991 (991); *Brandt/Scheifele*, DStR 2002, S. 547 (547); *Thoma/Leuering*, NJW 2002, S. 1449 (1449); *Schindler*, Europäische Aktiengesellschaft, S. 1; ebenso *Dietl/Lorenz*, Wörterbuch für Recht, Wirtschaft und Politik I, S. 290 zur Übersetzung des englischen Begriffs European Company; *Conte/Boss*, Wörterbuch der Rechts- und Wirtschaftssprache I, S. 452 f. zur Übersetzung des italienischen Begriffs società europea; den Begriff Europäische Gesellschaft verwendet *Hofer*, Europäische Gesellschaft, S. 2.

11 Ausdrücklich klarstellend *Hommelhoff*, AG 2001, S. 279 (287); *Schwarz*, ZIP 2001, S. 1847 (1848 Fn. 3).

12 *Schwarz*, ZIP 2001, S. 1847 (1848 Fn. 3).

Überschrift den Begriff „Sociedad Anónima Europea", der mit „Europäische Aktiengesellschaft" zu übersetzen[13] ist.

Die Zweiteilung des Titels der vorliegenden Arbeit spiegelt sich in ihrem Hauptteil wider. Zunächst wird der Sitz der SE betrachtet. Insoweit interessieren Art. 7 SE-VO, der den Sitz der SE regelt, die Konsequenzen eines Verstoßes gegen diese Vorschrift sowie allgemein die rechtliche Relevanz des Sitzes der SE. Anschließend wird die Verlegung des Sitzes der SE untersucht. Dieses Kapitel beschäftigt sich überwiegend mit der grenzüberschreitenden Sitzverlegung nach Art. 8 SE-VO, geht aber auch kurz auf die Frage ein, ob Art. 9 Abs. 1 Buchst. c ii) SE-VO für die Sitzverlegung innerhalb Deutschlands auf § 45 AktG verweist.
Den Schluss der Arbeit bildet eine Zusammenfassung der wesentlichen Ergebnisse.

---

13 *Becher*, Wörterbuch der Rechts- und Wirtschaftssprache I, S. 1142; *Rothe*, Rechtswörterbuch, S. 283.

B. Sitz

I. Art. 7 SE-VO

Der Sitz der SE ist in Art. 7 SE-VO geregelt.

1. Bedeutung des Begriffs „Sitz“

Da Art. 7 SE-VO – anders als noch Art. 5 S. 1 SE-VOV 1991 – keine Legaldefinition des Sitzbegriffs enthält, muss seine Bedeutung durch Auslegung ermittelt werden.

a) Autonomer Begriff der SE-VO

Bevor man die Bedeutung des Begriffs „Sitz“ in Art. 7 SE-VO durch Auslegung ermittelt, ist die Frage zu beantworten, ob es sich bei diesem um einen autonomen Begriff der SE-VO handelt oder ob sich seine Bedeutung aus dem jeweiligen mitgliedstaatlichen Recht, also in Deutschland aus § 5 Abs. 1 AktG, ergibt. Im ersteren Fall hat der Begriff europaweit eine einheitliche Bedeutung, im letzteren Fall kann seine Bedeutung von Mitgliedstaat zu Mitgliedstaat verschieden sein.

aa) Grundlagen

Das Recht der Europäischen Gemeinschaften ist kein vom nationalen Recht abgeleitetes Recht, sondern hat seinen eigenen Geltungsgrund und ist daher eine vom Recht der Mitgliedstaaten unabhängige, autonome Rechtsordnung aus eigener Rechtsquelle.[14]

---

[14] EuGH (Van Gend & Loos/Niederländische Finanzverwaltung), Slg. 1963, S. 1 (25); EuGH (Costa/E.N.E.L.), Slg. 1964, S. 1251 (1269 f.); EuGH (Wilhelm/Bundeskartellamt), Slg. 1969, S. 1 (14 Rn. 6); EuGH (Internationale Handelsgesellschaft/Einfuhr- und Vorratsstelle Getreide), Slg. 1970, S. 1125 (1135 Rn. 3); *Zuleeg*, EuR 1969, S. 97 (98); *Epiney*, in: Beutler/Bieber, EU, Rn. 525; *Grundmann/Riesenhuber*, JuS 2001, S. 529 (529), *Teichmann*, ZGR 2002, S. 383 (403).

Dieser autonome Charakter des Rechts der Europäischen Gemeinschaften macht es erforderlich, dass auch die Auslegung eine autonome europäische Begriffsbildung zum Ziel haben muss. Dies bedeutet, dass Rechtsbegriffe von ihrer Herkunft aus einer bestimmten Sprache oder Rechtskultur gelöst und im Zusammenhang des europäischen Normenbestandes analysiert werden müssen.[15] Außer im Falle einer ausdrücklichen oder stillschweigenden Verweisung auf das mitgliedstaatliche Recht müssen die vom Gemeinschaftsrecht verwendeten Begriffe in der gesamten Gemeinschaft einheitlich ausgelegt und angewendet werden.[16]

bb) Verweisung auf mitgliedstaatliches Recht

Der Begriff „Sitz" in Art. 7 SE-VO ist demnach einheitlich auszulegen, wenn die SE-VO keine ausdrückliche oder stillschweigende Verweisung auf den Sitzbegriff des jeweiligen mitgliedstaatlichen Rechts enthält.

(1) Ausdrücklich

Eine ausdrückliche Verweisung der SE-VO auf den Sitzbegriff des jeweiligen mitgliedstaatlichen Rechts könnte sich aus Art. 9 Abs. 1 Buchst. c ii) SE-VO ergeben.

---

15 EuGH (C.I.L.F.I.T./Ministero della sanitá), Slg. 1982, S. 3415 (3430 Rn. 19); *Bleckmann*, NJW 1982, S. 1177 (1180); *ders.*, ZGR 1992, S. 364 (365 f.); *M. Schmidt*, RabelsZ 59 (1995), S. 569 (576); *Manz*, in: Selbherr/Manz, EWIV, Vorb. Rn. 29; *Anweiler*, Auslegungsmethoden des EuGH, S. 165-168; *Oppermann*, EuropaR, Rn. 682; *Everling*, in: FS Lutter, S. 31 (40); *Schwarz*, Europäisches Gesellschaftsrecht, Rn. 80; *Epiney*, in: Beutler/Bieber, EU, Rn. 531; *Grundmann/Riesenhuber*, JuS 2001, S. 529 (529); *Teichmann*, ZGR 2002, S. 383 (403); *Bleckmann/Pieper*, in: Dauses, Handbuch des EU-Wirtschaftsrechts I, B. I Rn. 53, Stand: April 1997.

16 EuGH (Hagen/Einfuhr- und Vorratsstelle Getreide), Slg. 1972, S. 23 (35 Rn. 6); EuGH (Wünsche/Einfuhr- und Vorratsstelle Getreide), Slg. 1972, S. 53 (65 Rn. 6); EuGH (Nederlandse Ondernemingen/Inspecteur der Invoerrechten en Accijnzen), Slg. 1977, S. 113 (125 Rn. 10/11); EuGH (Corman/Hauptzollamt Gronau), Slg. 1982, S. 13 (24 Rn. 8); *Streinz*, EuropaR, Rn. 500.

Dies setzt zweierlei voraus.
Zum einen folgt aus Art. 9 Abs. 1 Buchst. b SE-VO, dass die SE-VO die Definition des Sitzbegriffs nicht ausdrücklich der Satzung der SE zuweisen darf. Diese negative Voraussetzung ist erfüllt.
Zum anderen muss die ungeschriebene Voraussetzung des Art. 9 Abs. 1 Buchst. c SE-VO gegeben sein, dass die Verweisung auf das mitgliedstaatliche Recht überhaupt eine sachgerechte Regelung ermöglicht. Daran fehlt es, wenn die Natur der Sache eine gemeinschaftsrechtliche Regelung zwingend erfordert.[17] Aufgrund der zentralen Bedeutung des Sitzbegriffs für das nach der SE-VO ergänzend anwendbare mitgliedstaatliche Recht[18] würde eine Regelung durch mitgliedstaatliches Recht mit unter Umständen unterschiedlichen Sitzdefinitionen zu einer starken Rechtsunsicherheit führen. Eine gemeinschaftsrechtliche Regelung ist deshalb zwingend erforderlich.

Als Zwischenergebnis ist daher festzuhalten, dass sich aus Art. 9 Abs. 1 Buchst. c ii) SE-VO keine ausdrückliche Verweisung der SE-VO auf den Sitzbegriff des jeweiligen mitgliedstaatlichen Rechts ergibt.

(2) Stillschweigend

Für eine stillschweigende Verweisung der SE-VO auf den Sitzbegriff des jeweiligen mitgliedstaatlichen Rechts ist angesichts der ausdrücklichen Regelung der Verweisung auf das mitgliedstaatliche Recht in der Generalverweisungsnorm des Art. 9 Abs. 1 Buchst. c SE-VO sowie in den zahlreichen Spezialverweisungsnormen der SE-VO kein Raum. Im Übrigen spricht gegen eine solche stillschweigende Verweisung, dass auf Grund der zentralen Bedeutung des Sitzbegriffs für das nach der SE-VO ergänzend an-

---

17 Ebenso im Ergebnis *Brandt/Scheifele*, DStR 2002, S. 547 (552), die in einem solchen Fall das Vorliegen einer Regelungslücke verneinen.

18 Siehe dazu unten Punkt B. III. 1. a) aa).

wendbare mitgliedstaatliche Recht[19] nur das Gemeinschaftsrecht eine sachgerechte Regelung ermöglicht.

cc) Ergebnis

Da es sowohl an einer ausdrücklichen als auch an einer stillschweigenden Verweisung der SE-VO auf den Sitzbegriff des jeweiligen mitgliedstaatlichen Rechts fehlt, bleibt es bei dem Grundsatz, dass die vom Gemeinschaftsrecht verwendeten Begriffe in der gesamten Gemeinschaft einheitlich ausgelegt und angewendet werden.
Demnach ist der Begriff „Sitz" in Art. 7 SE-VO ein autonom durch die SE-VO geprägter Begriff, der europaweit einheitlich auszulegen ist.

b) Auslegung

Nach ständiger Rechtsprechung des EuGH sind bei der Auslegung einer Gemeinschaftsvorschrift nicht nur der Wortlaut, sondern auch der Zusammenhang, in dem die Vorschrift steht, und die Ziele zu berücksichtigen, die mit der Regelung, zu der die Vorschrift gehört, verfolgt werden.[20] Der EuGH hat zudem klargestellt, dass diese Auslegungskriterien „gleichzeitig" anzuwenden sind.[21] Bei der Auslegung des sekundären Gemeinschaftsrechts greift der EuGH neben dem Wortlaut, der Systematik und dem Ziel des Rechtsakts auch auf dessen Entstehungsgeschichte zurück.[22]

---

19 Siehe dazu unten Punkt B. III. 1. a) aa).

20 EuGH (Merck/Hauptzollamt Hamburg-Jonas), Slg. 1983, S. 3781 (3792 Rn. 12); EuGH (St. Nikolaus Brennerei u. a./Hauptzollamt Krefeld), Slg. 1984, S. 1051 (1062 Rn. 10); EuGH (Findling Wälzlager/Hauptzollamt Karlsruhe), EWS 1993, S. 287 (288); *Anweiler*, Auslegungsmethoden des EuGH, S. 144.

21 EuGH (St. Nikolaus Brennerei u. a./Hauptzollamt Krefeld), Slg. 1984, S. 1051 (1062 Rn. 10); *Anweiler*, Auslegungsmethoden des EuGH, S. 144.

22 EuGH (Hauptzollamt Schweinfurt/Mainfrucht Obstverwertung), Slg. 1985, S. 3909 (3930 Rn. 27); *Bleckmann*, NJW 1982, S. 1177 (1178); *Meyer*, Jura 1994, S. 455 (456); *Bleckmann/Pieper*, in: Dauses, Handbuch des EU-Wirtschaftsrechts I, B. I Rn. 40, Stand: April 1997.

Die herkömmlichen vier Auslegungskriterien, nämlich sprachlich-grammatische, logisch-systematische, historisch-genetische und objektiv-teleologische Auslegung, sind folglich auch bei der Auslegung des Gemeinschaftsrechts anzuwenden. Jedoch kommen mit Blick auf den autonomen Charakter des Rechts der Europäischen Gemeinschaften[23] bei jedem Auslegungskriterium Besonderheiten zum Tragen.[24]

Im Folgenden wird bei dem jeweiligen Auslegungskriterium dargestellt, wie es auf das Gemeinschaftsrecht anzuwenden ist und welche Besonderheiten dabei zu berücksichtigen sind.

aa) Sprachlich-grammatische Auslegung

(1) Grundlagen

Die sprachlich-grammatische Auslegung ermittelt den Wortsinn.[25] Wortsinn ist die Bedeutung eines Ausdrucks.[26] Die Bedeutung eines Ausdrucks ergibt sich aus dem Sprachgebrauch und der Grammatik.[27]

Sprachgebrauch ist der allgemeine Sprachgebrauch und der juristisch-technische Sprachgebrauch.[28] Dem allgemeinen Sprachgebrauch geht der juristisch-technische

---

23 Siehe dazu oben Punkt B. I. 1. a) aa).

24 EuGH (C.I.L.F.I.T./Ministero della sanitá), Slg. 1982, S. 3415 (3430 Rn. 17); *Bleckmann*, NJW 1982, S. 1177 (1181); *Lutter*, JZ 1992, S. 593 (598 f.) zur Auslegung von Richtlinien; *Hommelhoff*, in: Schulze, Auslegung europäischen Privatrechts, S. 29 (29); *Oppermann*, EuropaR, Rn. 681; *Everling*, in: FS Lutter, S. 31 (38); *Schwarz*, Europäisches Gesellschaftsrecht, Rn. 78; *Völter*, Lückenschluss, S. 51; *Epiney*, in: Beutler/Bieber, EU, Rn. 524; *Teichmann*, ZGR 2002, S. 383 (403).

25 *Larenz*, Methodenlehre, S. 320; *Horn*, Einführung, Rn. 178.

26 *Larenz*, Methodenlehre, S. 320.

27 *Horn*, Einführung, Rn. 178.

28 *Larenz*, Methodenlehre, S. 320; *Panthen*, Sitzbegriff, S. 215; *Lutter*, JZ 1992, S. 593 (595); *Anweiler*, Auslegungsmethoden des EuGH, S. 145; *Coing*, in: Staudinger, BGB, Einl. zum BGB Rn. 139; *Larenz/Wolf*, BGB AT, § 4 Rn. 37; *Horn*, Einführung, Rn. 178.

Sprachgebrauch vor,[29] der sich insbesondere aus Legaldefinitionen ergibt.[30] Der allgemeine Sprachgebrauch setzt lediglich die äußerste Grenze für die Auslegung.[31]
Im Rahmen der Grammatik wird der Satzzusammenhang für die Auslegung herangezogen.[32] Nicht im Rahmen der Grammatik zu berücksichtigen ist der Textzusammenhang, d. h. der Kontext, in dem der Satz steht, insbesondere also der Zusammenhang mit dem ganzen Absatz und dem ganzen Artikel.[33] Denn die sprachlich-grammatische Auslegung geht im Rahmen der Erschließung des Wortsinns aus dem Kontext in die logisch-systematische Auslegung[34] über.[35] Durch die Beschränkung der sprachlich-grammatischen Auslegung auf den Satzzusammenhang ist eine klare Grenzziehung zwischen der sprachlich-grammatischen Auslegung und der logisch-systematischen Auslegung möglich.

Bei der sprachlich-grammatischen Auslegung des Gemeinschaftsrechts ist zu berücksichtigen, dass nach Art. 4 der Verordnung Nr. 1 des Rates vom 15. April 1958 zur Regelung der Sprachenfrage für die Europäische Wirtschaftsgemeinschaft[36] alle Amtsspra-

---

29 *Larenz*, Methodenlehre, S. 343.

30 *Coing*, in: Staudinger, BGB, Einl. zum BGB Rn. 140; *Horn*, Einführung, Rn. 178.

31 *Larenz*, Methodenlehre, S. 322 und 343; *Coing*, in: Staudinger, BGB, Einl. zum BGB Rn. 139; a. A. offenbar *Horn*, Einführung, Rn. 178, nach dem auch der juristisch-technische Sprachgebrauch die Grenze der Auslegung setzen soll.

32 *Anweiler*, Auslegungsmethoden des EuGH, S. 145; *Horn*, Einführung, Rn. 178.

33 In diesem Sinne wohl *Larenz*, Methodenlehre, S. 343; *Oppermann*, EuropaR, Rn. 682; a. A. *Anweiler*, Auslegungsmethoden des EuGH, S. 145; *Horn*, Einführung, Rn. 178.

34 Zu den Grundlagen der logisch-systematischen Auslegung siehe unten Punkt B. I. 1. b) bb) (1).

35 *Rehbinder*, Einführung, S. 78; *Grundmann/Riesenhuber*, JuS 2001, S. 529 (531).

36 ABl. EG Nr. 17 vom 6. Oktober 1958, S. 385-386.

chen gleichermaßen verbindlich sind.[37] Folglich hat jede sprachlich-grammatische Auslegung des Gemeinschaftsrechts insoweit auch einen rechtsvergleichenden Aspekt, als die unterschiedlichen Sprachversionen ohne rechtsvergleichenden Hintergrund nicht zuverlässig verstanden und verglichen werden können.[38]

Bei Unterschieden zwischen den verschiedenen Sprachfassungen ist wie folgt zu verfahren:

- Verwenden einige Sprachfassungen präzisere Termini, so ist deren Bedeutungsinhalt vorzuziehen, wenn sich auch die anderen Sprachfassungen in diesem Sinne verstehen lassen.[39] Insbesondere können in einigen Sprachfassungen bestehende Auslegungszweifel durch einen Vergleich mit insoweit zweifelsfreien Sprachfassungen beseitigt werden.[40]
- Lassen sich die Unterschiede zwischen den verschiedenen Sprachfassungen auf diese Weise nicht überwinden, muss eine an dem Zweck und den Zielen der Vorschrift ausgerichtete Synthese gefunden werden.[41]

---

37 EuGH (Sociale Verzekeringsbank/Van der Hecht), Slg. 1967, S. 461 (473); EuGH (Stauder/Stadt Ulm), Slg. 1969, S. 419 (425 Rn. 3); EuGH (Koschniske/Raad van Arbeid), Slg. 1979, S. 2717 (2724 Rn. 6); EuGH (C.I.L.F.I.T./Ministero della sanitá), Slg. 1982, S. 3415 (3430 Rn. 18); *Zuleeg*, EuR 1969, S. 97 (100); *Bleckmann*, NJW 1982, S. 1177 (1180); *ders.*, ZGR 1992, S. 364 (366); *Anweiler*, Auslegungsmethoden des EuGH, S. 146 f.; *Völter*, Lückenschluss, S. 52; *Grundmann/Riesenhuber*, JuS 2001, S. 529 (530); *Teichmann*, ZGR 2002, S. 383 (404).

38 *Schwarz*, Europäisches Gesellschaftsrecht, Rn. 80; *Teichmann*, ZGR 2002, S. 383 (404).

39 EuGH (International Flavours and Fragrances/Hauptzollamt Bad Reichenhall), Slg. 1982, S. 3239 (3248 Rn. 8 f.); *Anweiler*, Auslegungsmethoden des EuGH, S. 157 f.; *Grundmann/Riesenhuber*, JuS 2001, S. 529 (530); a. A. *Bleckmann*, ZGR 1992, S. 364 (366).

40 EuGH (Wendelboe u. a./L. J. Music), Slg. 1985, S. 457 (466 Rn. 13); EuGH (Röser), Slg. 1986, S. 795 (807 Rn. 22); EuGH (Moksel/Bundesanstalt für landwirtschaftliche Marktordnung), Slg. 1988, S. 3845 (3871 Rn. 16); *M. Schmidt*, RabelsZ 59 (1995), S. 569 (575).

41 *Bleckmann*, NJW 1982, S. 1177 (1180); *Oppermann*, EuropaR, Rn. 683.

- Treten zwischen den unterschiedlichen Sprachfassungen hiernach immer noch Differenzen auf, ist grundsätzlich derjenigen Auslegung der Vorzug zu geben, welche die Integration am besten fördert.[42]
- Verbleiben dennoch Unterschiede zwischen den verschiedenen Sprachfassungen, ist derjenige Bedeutungsgehalt vorzuziehen, der der Mehrheit der Sprachfassungen zu Grunde liegt[43], wenngleich eine Bevorzugung bestimmter Sprachfassungen mit Blick auf die allen Sprachfassungen zukommende gleiche Verbindlichkeit möglichst zu vermeiden ist.[44]

Die äußerste Grenze des allgemeinen Sprachgebrauchs ist bei der Auslegung einer europarechtlichen Verordnung erst dort erreicht, wo die intendierte Auslegung mit dem allgemeinen Sprachgebrauch keiner Textfassung mehr vereinbar ist.[45] Allerdings ist zu beachten, dass der EuGH sich zwar grundsätzlich an den allgemeinen Sprachgebrauch hält, aber eine gewisse Tendenz zeigt, eine über den Wortlaut des Gemeinschaftsrechts weit hinausgreifende Auslegung aus den Zielen und dem System des jeweiligen Textes zu entwickeln.[46]

(2) Juristisch-technischer Sprachgebrauch

Im Rahmen der sprachlich-grammatischen Auslegung des Begriffs Sitz in Art. 7 SE-VO soll zunächst der juristisch-technische Sprachgebrauch in einzelnen Sprachfassungen ermittelt werden.

---

42 *Bleckmann*, in: GS Constantinesco, S. 61 (67); *Völter*, Lückenschluss, S. 52.

43 EuGH (Mecke/Hauptzollamt Bremen-Ost), Slg. 1980, S. 3029 (3038 Rn. 9); EuGH (Kaders/Hauptzollamt Hamburg-Waltershof), Slg. 1982, S. 1917 (1930 Rn. 9).

44 EuGH (Kerry Milk/Minister für Landwirtschaft und Fischereiwesen), Slg. 1977, S. 425 (435 Rn. 11/12); *Anweiler*, Auslegungsmethoden des EuGH, S. 155 f.

45 *Grundmann/Riesenhuber*, JuS 2001, S. 529 (535).

46 *Bleckmann/Pieper*, in: Dauses, Handbuch des EU-Wirtschaftsrechts I, B. I Rn. 8 f., Stand: April 1997.

(a) Deutsche Sprachfassung

Die deutsche Sprachfassung des Art. 7 SE-VO enthält den Begriff Sitz. Sitz kann nach dem juristisch-technischen Sprachgebrauch in Deutschland entweder Satzungssitz oder tatsächlicher Sitz bedeuten.[47]

Der Satzungssitz wird auch als statutarischer[48] oder formeller[49] Sitz bezeichnet.
Der Satzungssitz einer Gesellschaft ist der Ort, den die Satzung als Sitz der Gesellschaft bestimmt.[50] Der Satzungssitz ist demnach ein rechtlicher Sitz.[51]
Für die deutsche Aktiengesellschaft bzw. Gesellschaft mit beschränkter Haftung definiert § 5 Abs. 1 AktG bzw. § 4a Abs. 1 GmbHG Sitz im Sinne von Satzungssitz. Allerdings wird die Bestimmungsfreiheit des Satzungsgebers durch § 5 Abs. 2 AktG bzw. § 4a Abs. 2 GmbHG eingeschränkt. Aus § 57 Abs. 1 BGB ergibt sich, dass der Satzungssitz auch für den Verein als Urform aller privatrechtlichen Körperschaften[52] maßgeblich ist. Der Satzungssitz ist auch für Aktiengesellschaften in Österreich maßgeblich. § 5 öAktG enthält zwar im Unterschied zu § 5 AktG keine Definition des Sitzbegriffs, setzt aber als Sitz den Satzungssitz voraus.[53]

Der tatsächliche Sitz wird auch als effektiver Sitz[54], Verwaltungssitz[55], effektiver

---

47 *Teichmann*, ZGR 2002, S. 383 (455).

48 *Ebenroth/Sura*, RabelsZ 43 (1979), S. 315 (323).

49 *Meyer-Landrut*, EWIV, S. 164.

50 *Ebenroth/Sura*, RabelsZ 43 (1979), S. 315 (323); *Huber*, Grenzüberschreitende Sitzverlegung, S. 13; *Kruse*, Sitzverlegung von Kapitalgesellschaften, S. 21.

51 *Debatin*, Grenzüberschreitende Sitzverlegung, S. 2.

52 *K. Schmidt*, GesR, S. 660.

53 *Jabornegg*, in: Schiemer/Jabornegg/Strasser, öAktG, § 5 Rn. 9.

54 *Großfeld*, in: Staudinger, BGB, IntGesR Rn. 219; *Hüffer*, AktG, § 1 Rn. 25.

55 *Großfeld* in: Staudinger, BGB, IntGesR Rn. 219; *Kruse*, Sitzverlegung von Kapitalgesellschaften, S. 23.

Verwaltungssitz[56], tatsächlicher Verwaltungssitz[57] oder tatsächlicher Sitz der Hauptverwaltung[58] bezeichnet.
Der tatsächliche Sitz einer Gesellschaft wird durch die engste tatsächliche Beziehung der Gesellschaft zu einem bestimmten Ort begründet.[59] Im Gegensatz zum Satzungssitz kann der tatsächliche Sitz einer Gesellschaft daher nicht durch die Satzung festgelegt werden.[60]

Zahlreiche Tatsachen können die engste tatsächliche Beziehung einer Gesellschaft zu einem bestimmten Ort begründen:

- Hauptverwaltung

  Die engste tatsächliche Beziehung einer Gesellschaft zu einem bestimmten Ort kann durch die dort befindliche Hauptverwaltung begründet werden. Hauptverwaltung ist der Ort, an dem die grundlegenden Entscheidungen der Unternehmensleitung effektiv durch das zur Geschäftsführung berufene Vertretungsorgan nach außen in laufende Geschäftsführungsakte umgesetzt werden.[61]

---

56 OLG Hamm, WM 1995, S. 456 (458); OLG Düsseldorf, WM 1995, S. 808 (810); *Ebenroth/Sura*, RabelsZ 43 (1979), S. 315 (323); *Ebenroth/Bippus*, JZ 1988, S. 677 (677); *Ebenroth/Hopp*, JZ 1989, S. 883 (886).

57 BGHZ, 97, 269 (271); *Ebenroth/Eyles*, DB-Beilage 2/88, S. 1 (5) ; *Ebenroth/Hopp*, JZ 1989, S. 883 (884); *Debatin*, Grenzüberschreitende Sitzverlegung, S. 2; *Bungert*, AG 1995, S. 489 (490); *Großfeld*, in: Staudinger, BGB, IntGesR Rn. 219.

58 OLG Hamm, WM 1995, S. 456 (458); *Kindler*, in: MüKo, BGB, IntGesR Rn. 316.

59 *Ebenroth/Bippus*, JZ 1988, S. 677 (679).

60 *Ebenroth/Bippus*, JZ 1988, S. 677 (678).

61 BGHZ 97, 269 (272) im Anschluss an *Sandrock*, in: FS Beitzke, S. 669 (683 f.); ihm folgend: OLG Frankfurt, NJW 1990, S. 2204 (2204 f.); OLG Hamm, WM 1995, S. 456 (458); OLG Düsseldorf, WM 1995, S. 808 (810); LG Essen, NJW 1995, S. 1500 (1501); *Ebenroth/Eyles*, DB-Beilage 2/88, S. 1 (5); *Ebenroth/Hopp*, JZ 1989, S. 883 (886); *Großfeld*, in: Staudinger, BGB, IntGesR Rn. 220 f.; *Höft*, Verwaltungssitzverlegung, S. 22; *Kindler*, in: MüKo, BGB, IntGesR Rn. 316; *Frowein*, Grenzüberschreitende Sitzverlegung, S. 27-30; ebenso BayObLG, DB 1985, S. 2670 (2671); BayObLG, DB 1986, S. 1325 (1326); OLG Hamburg, RIW 1988, S. 816 (816); OLG Oldenburg, NJW 1990, S. 1422 (1422).

- Tatsächliche Geschäftsleitung

  Die engste tatsächliche Beziehung einer Gesellschaft zu einem bestimmten Ort kann ferner dadurch begründet werden, dass sich an diesem Ort die tatsächliche Geschäftsleitung befindet. Die tatsächliche Geschäftsleitung ist an dem Ort, wo die grundlegenden Entscheidungen der Unternehmensleitung getroffen werden.[62] Der Ort der Hauptverwaltung unterscheidet sich vom Ort der tatsächlichen Geschäftsleitung bei abhängigen Unternehmen, bei denen die grundlegenden Entscheidungen der Unternehmensleitung am Ort der Geschäftsführung des herrschenden Unternehmens getroffen und am Ort der Geschäftsführung des abhängigen Unternehmens umgesetzt werden.[63]

- Tatsächliche Verwaltung

  Die engste tatsächliche Beziehung einer Gesellschaft zu einem bestimmten Ort kann weiterhin durch die dort ausgeführte tatsächliche Verwaltung begründet werden. Die tatsächliche Verwaltung ist an dem Ort, wo die einfache Verwaltungstätigkeit (Führung der Geschäftsbücher, Aufbewahrung der Geschäftspapiere usw.) erledigt wird.[64]

- Anteilseignerversammlung

  Die engste tatsächliche Beziehung einer Gesellschaft zu einem bestimmten Ort kann zudem dadurch begründet werden, dass an diesem Ort die Anteilseignerversammlung stattfindet.[65]

---

62 RG, DJZ 9 (1904), Spalte 555 Nr. 50; RFH, RStBl. 1936, S. 804 (805); RFH, RStBl. 1938, S. 949 (949); *Ebenroth/Sura*, RabelsZ 43 (1979), S. 315 (323 f.).

63 RFH, RStBl. 1936, S. 804 (805); *Grasmann*, System des internationalen Gesellschaftsrechts, S. 117 f.; *Sandrock*, in: FS Beitzke, S. 669 (684); *Kruse*, Sitzverlegung von Kapitalgesellschaften, S. 25.

64 OLG Frankfurt, NJW 1964, S. 2355 (2355 f.); OLG Nürnberg, DB 1967, S. 1411 (1411); *Grasmann*, System des internationalen Gesellschaftsrechts, S. 118; *Ebenroth/Bippus*, JZ 1988, S. 677 (678); *Heider*, in: MüKo, AktG, § 5 Rn. 35; a. A. KG, AG 1996, S. 421 (422); *Hüffer*, AktG, § 5 Rn. 7, die unter dem Ort der Verwaltung den Ort verstehen, an dem der Vorstand die Gesellschaft leitet.

65 RG, JW 1904, S. 231 (231).

- Betriebsmittelpunkt
  Die engste tatsächliche Beziehung einer Gesellschaft zu einem bestimmten Ort kann des Weiteren durch den dort angesiedelten Betriebsmittelpunkt begründet werden.[66] Betriebsmittelpunkt ist der Ort, an dem die Mehrheit der Lohn- und Gehaltszahlungen erfolgt, an dem sich mehrheitlich das Gesellschaftsvermögen befindet oder an dem die Mehrheit der Geschäftseinkünfte und der Umsätze getätigt wird.[67]
- Schwerpunkt der gewerblichen Tätigkeit
  Die engste tatsächliche Beziehung einer Gesellschaft zu einem bestimmten Ort kann schließlich auch dadurch begründet werden, dass sich der Schwerpunkt der gewerblichen Tätigkeit der Gesellschaft an diesem Ort befindet.[68] Der Schwerpunkt der gewerblichen Tätigkeit der Gesellschaft befindet sich dort, wo die Gesellschaft am häufigsten mit Dritten in geschäftlichen Kontakt tritt.[69]

Der tatsächliche Sitz im Sinne des Ortes der Hauptverwaltung ist in Deutschland für Personenhandelsgesellschaften maßgeblich.[70]

(b) Englische Sprachfassung

Die englische Sprachfassung des Art. 7 SE-VO enthält den Begriff „registered office".

Die wörtliche Übersetzung von registered office lautet eingetragener Sitz.[71]

---

66 *Ebenroth/Bippus*, JZ 1988, S. 677 (680).

67 *Ebenroth/Bippus*, JZ 1988, S. 677 (680 Fn. 42) im Anschluss an *Sandrock*, in: FS Beitzke, S. 669 (678 f.); ähnlich *Wiedemann*, GesR, S. 786.

68 BGH, IPRspr 1952/53, S. 44 (56); BGH, NJW 1967, S. 36 (38).

69 In diesem Sinne wohl *Grasmann*, System des internationalen Gesellschaftsrechts, S. 116.

70 BGH, WM 1957, S. 999 (1000); *Baumbach/Hopt*, HGB, § 106 Rn. 8; a. A. *Ulmer*, in: Staub, HGB, § 106 Rn. 20.

71 *Schäfer*, Wirtschaftswörterbuch I, S. 669.

Diese Übersetzung sagt jedoch nichts darüber aus, ob registered office im juristisch-technischen Sprachgebrauch im Sinne von Satzungssitz oder tatsächlicher Sitz zu verstehen ist. Diese Frage ist umstritten. Teilweise wird satzungsmäßiger Sitz mit registered office übersetzt.[72] Teilweise wird unter registered office der Verwaltungssitz verstanden.[73]

Bei der Klärung der Frage nach dem juristisch-technischen Sprachgebrauch des Begriffs registered office ist dessen Verwendung in Sektion 2 (1) (b) und (2) sowie Sektion 287 Britischer Companies Act 1985 zu berücksichtigen.

Für einen juristisch-technischen Sprachgebrauch des Begriffs registered office im Sinne von Satzungssitz spricht zunächst das folgende Argument. Nach Sektion 2 (1) (b) Britischer Companies Act 1985 muss die Gründungsurkunde (sog. „memorandum of association") als Teil der aus Gründungsurkunde und Satzung (sog. „articles of association") bestehenden Verfassung einer britischen Gesellschaft[74] immer eine Bestimmung über die Lage des registered office enthalten (sog. „registered office clause"[75]).[76] Das registered office wird also immer durch die Gründungsurkunde als Teil der Verfassung der Gesellschaft festgelegt und ist damit – wie der Satzungssitz nach deutschem Recht[77] – ein rechtlicher Sitz. Ein Unterschied zum Satzungssitz nach deutschem Recht besteht allerdings insofern, als die Gründungsurkunde nach Sektion 2 (1) (b) Britischer Companies Act 1985 lediglich angeben muss, ob das registered office in England und Wales oder in Schottland liegt.[78] Nicht angegeben werden muss in der

---

72 *Romain/Byrd/Thielecke*, Wörterbuch der Rechts- und Wirtschaftssprache II, S. 743.

73 *Güthoff*, Gesellschaftsrecht in Großbritannien, S. 24.

74 *KPMG*, in: Kommission, Sitzverlegungsstudie, S. 53; *Davies*, in: Palmer's company law, Rn. 2.302; *Güthoff*, Gesellschaftsrecht in Großbritannien, S. 19; *Rajak*, ZGR 1999, S. 111 (111).

75 *Davies*, in: Palmer's company law, Rn. 2.501 ff.

76 *Morse*, in: Charlesworth & Morse, S. 62.

77 Siehe dazu oben Punkt B. I. 1. b) aa) (2) (a).

78 *Bourne*, Principles of Company Law, S. 52; *Morse*, in: Charlesworth & Morse, S. 62.

Gründungsurkunde dagegen der konkrete Ort, an dem sich das registered office innerhalb von England und Wales bzw. Schottland befindet.[79]

Für einen juristisch-technischen Sprachgebrauch des Begriffs registered office im Sinne von Satzungssitz ist ferner anzuführen, dass das registered office – wie der Satzungssitz einer deutschen Aktiengesellschaft[80] – maßgebliche Bedeutung für die Individualisierung der juristischen Person hat.[81]

Darüber hinaus ist nach Art. 60 Abs. 2 Var. 1 EuGV-VO unter dem Ausdruck satzungsmäßiger Sitz das registered office zu verstehen.

Schließlich ist als Argument für einen juristisch-technischen Sprachgebrauch des Begriffs registered office im Sinne von Satzungssitz zu nennen, dass die registered office clause jedenfalls keine Auskunft über die sog. „company's residence" gibt,[82] d. h. den Ort, an dem die zentralen Geschäftsführungsmaßnahmen ausgeführt werden[83].

Als Zwischenergebnis ist daher festzuhalten, dass der Begriff registered office im juristisch-technischen Sprachgebrauch Großbritanniens die Bedeutung Satzungssitz hat.[84]

(c) Weitere Sprachfassungen

Die französische Sprachfassung des Art. 7 SE-VO enthält den Begriff „siège statutaire". Dieser Begriff hat im juristisch-technischen Sprachgebrauch die Bedeutung satzungsmäßiger Sitz bzw. statutarischer Sitz.[85]

---

79 *Bourne*, Principles of Company Law, S. 52; *Morse*, in: Charlesworth & Morse, S. 62.

80 *Hüffer*, AktG, § 5 Rn. 2.

81 *Morse*, in: Charlesworth & Morse, S. 62.

82 *Keenan*, in: Smith and Keenan's, S. 46 f.; *Davies*, in: Palmer's company law, Rn. 2.510, *Pennington*, Company Law, S. 13.

83 *Pennington*, Company Law, S. 13.

84 *Teichmann*, ZGR 2002, S. 383 (456 Fn. 253).

85 *Doucet/Fleck*, Wörterbuch der Rechts- und Wirtschaftssprache I, S. 707; *Teichmann*, ZGR 2002, S. 383 (456 Fn. 253).

Die spanische Sprachfassung des Art. 7 SE-VO enthält den Begriff „domicilio social". Dieser Begriff ist wörtlich mit Gesellschaftssitz zu übersetzen.[86] Diese Übersetzung sagt jedoch nichts über den juristisch-technischen Sprachgebrauch des Begriffs domicilio social im Sinne von Satzungssitz oder tatsächlicher Sitz aus.

Die italienische Sprachfassung des Art. 7 SE-VO enthält den Begriff „sede sociale". Dieser Begriff hat im juristisch-technischen Sprachgebrauch die Bedeutung Satzungssitz.[87]

Die portugiesische Sprachfassung des Art. 7 SE-VO enthält den Begriff „sede". Die wörtliche Übersetzung dieses Begriffs lautet Sitz.[88] Auch diese Übersetzung sagt nichts über den juristisch-technischen Sprachgebrauch des Begriffs sede im Sinne von Satzungssitz oder tatsächlicher Sitz aus, obwohl dem portugiesischen Recht die Unterscheidung zwischen satzungsmäßigem bzw. statutarischem Sitz (sog. „sede estatutária") und tatsächlichem Sitz (sog. „sede real") bekannt ist[89].

Die niederländische Sprachfassung des Art. 7 SE-VO enthält den Begriff „statutaire zetel". Dieser Begriff hat im juristisch-technischen Sprachgebrauch die Bedeutung satzungsmäßiger Sitz.[90]

(d) Verhältnis der Sprachfassungen zueinander

Da die englische, französische und niederländische Sprachfassung des Art. 7 SE-VO präzisere Termini verwenden, die im juristisch-technischen Sprachgebrauch die Be-

---

86 *Becher*, Wörterbuch der Rechts- und Wirtschaftssprache I, S. 461.

87 *Bruhn*, Niederlassungsfreundliche Sitzverlegung, S. 8.

88 *Jayme/Neuss/Hansen*, Wörterbuch der Rechts- und Wirtschaftssprache I, S. 429.

89 *Jayme/Neuss/Hansen*, Wörterbuch der Rechts- und Wirtschaftssprache I, S. 429 f.

90 *Scheer*, Wörterbuch der deutschen und niederländischen Rechtssprache II, S. 319.

deutung Satzungssitz haben, ist deren Bedeutungsinhalt vorzuziehen, da sich auch die deutsche, spanische, italienische und portugiesische Sprachfassung des Art. 7 SE-VO in diesem Sinne verstehen lassen. Die in der deutschen, spanischen, italienischen und portugiesischen Sprachfassung des Art. 7 SE-VO bestehenden Auslegungszweifel hinsichtlich des Sitzbegriffs können daher durch einen Vergleich mit den insoweit zweifelsfreien englischen, französischen und niederländischen Sprachfassungen des Art. 7 SE-VO beseitigt werden.[91]

Als Ergebnis ist daher festzuhalten, dass der Begriff Sitz in Art. 7 SE-VO im juristisch-technischen Sprachgebrauch die Bedeutung Satzungssitz hat.

(3) Satzzusammenhang

Als Nächstes ist zu untersuchen, ob der Satzzusammenhang, in dem der Begriff Sitz in Art. 7 S. 1 und S. 2 SE-VO steht, dieses Ergebnis bestätigt.
Insoweit interessiert die Wechselbeziehung mit dem Begriff Hauptverwaltung. Aus Art. 7 S. 1 SE-VO und im Umkehrschluss aus Art. 7 S. 2 SE-VO ergibt sich, dass bei der SE Sitz und Ort der Hauptverwaltung auseinander fallen können. Da für die Auslegung des Begriffs Hauptverwaltung in Art. 7 SE-VO auf die im Rahmen der Sitztheorie entwickelte Definition des tatsächlichen Sitzes zurückzugreifen ist,[92] entspricht der Ort der Hauptverwaltung dem tatsächlichen Sitz im Sinne der Sitztheorie[93]. Dementsprechend können bei der SE Sitz und Ort der Hauptverwaltung nur auseinander fallen, wenn es sich beim Sitz um den Satzungssitz handelt.[94]
Folglich spricht auch der Satzzusammenhang, in dem der Begriff Sitz in Art. 7 S. 1 und S. 2 SE-VO verwendet wird, für seine Auslegung im Sinne von Satzungssitz.

---

91 *Brandt*, NZG 2002, S. 991 (994 Fn. 31).

92 Siehe dazu unten Punkt B. I. 2. a) aa).

93 Zur Sitztheorie siehe unten Punkt B. III. 1. a) aa) (3) (a).

94 *Schwarz*, ZIP 2001, 1847 (1849); ihm folgend: *Hofer*, Europäische Gesellschaft, S. 29; *Bungert/Beier*, EWS 2002, 1 (3); *Hirte*, NZG 2002, S. 1 (4); *Teichmann*, ZGR 2002, S. 383 (456).

(4) Zusammenfassung

Die sprachlich-grammatische Auslegung des Begriffs Sitz in Art. 7 SE-VO lässt sich in der Aussage zusammenfassen, dass sowohl der juristisch-technische Sprachgebrauch als auch der Satzzusammenhang den Wortsinn Satzungssitz ergeben.

bb) Logisch-systematische Auslegung

(1) Grundlagen

Die logisch-systematische Auslegung geht von der Grundeinsicht aus, dass der auszulegende Begriff nicht isoliert betrachtet werden darf, sondern im Gesamtzusammenhang des Gesetzes zu verstehen ist.[95] Ein Begriff ist so auszulegen, dass sich im Gesamtgesetz keine Widersprüche ergeben.[96]

Grundsätzlich ist daher davon auszugehen, dass ein Begriff, der in verschiedenen Vorschriften desselben Rechtsakts verwendet wird, jeweils die gleiche Bedeutung hat.[97] Die logisch-systematische Auslegung bedeutet ferner, dass die Stellung des einzelnen Rechtssatzes im Aufbau oder im System des Gesetzes bei der Feststellung seiner Tragweite zu beachten ist.[98] Schließlich sind im Rahmen der logisch-systematischen Auslegung der Größenschluss (argumentum a maiore ad minus und argumentum a minore ad maius) sowie der Umkehrschluss (argumentum e contrario) zu berücksichtigen.[99]

Bleiben durch die logisch-systematische Auslegung nicht zu beseitigende Widersprüche bestehen, so werden diese nach den folgenden Rangregeln aufgelöst:

---

95 *Coing*, in: Staudinger, BGB, Einl. zum BGB Rn. 143; *Horn*, Einführung, Rn. 180.

96 *Coing*, in: Staudinger, BGB, Einl. zum BGB Rn. 144; *Möllers*, Juristische Arbeitstechnik, S. 92.

97 *Larenz*, Methodenlehre, S. 325; *Bleckmann/Pieper*, in: Dauses, Handbuch des EU-Wirtschaftsrechts I, B. I Rn. 29, Stand: April 1997; *Anweiler*, Auslegungsmethoden des EuGH, S. 172.

98 *Coing*, in: Staudinger, BGB, Einl. zum BGB Rn. 145.

99 *Rehbinder*, Einführung, S. 78 f.

- Untergeordnetes Recht weicht übergeordnetem Recht. Ein besonderer Anwendungsfall ist die verfassungskonforme Auslegung.[100]
- Früheres Recht weicht späterem Recht (lex posterior derogat legi priori).[101]
- Sonderbestimmungen gehen allgemeinen Bestimmungen vor (lex specialis derogat legi generali).[102]
- Ausnahmebestimmungen dürfen grundsätzlich nicht erweiternd ausgelegt werden (singularia non sunt extenda).[103]

Bei der logisch-systematischen Auslegung des sekundären Gemeinschaftsrechts ist zu untersuchen:

- das Verhältnis der Normen des jeweiligen Rechtsakts untereinander;[104]
- das Verhältnis zu Rechtsakten mit ähnlichem Regelungsanliegen;[105]
- das Verhältnis zum EG (sog. primärrechtskonforme Auslegung)[106].

Dieses Verständnis der logisch-systematischen Auslegung beruht auf dem Gedanken, dass die gemeinschaftsrechtlichen Vorschriften streng miteinander verknüpft sind und ein einheitliches Rechtssystem auf der Grundlage des EG bilden.[107] Jede Vorschrift des

---

100 *Rehbinder*, Einführung, S. 78.

101 *Coing*, in: Staudinger, BGB, Einl. zum BGB Rn. 148; *Rehbinder*, Einführung, S. 78.

102 *Coing*, in: Staudinger, BGB, Einl. zum BGB Rn. 148; *Rehbinder*, Einführung, S. 78; *Horn*, Einführung, Rn. 180.

103 *Coing*, in: Staudinger, BGB, Einl. zum BGB Rn. 148; *Horn*, Einführung, Rn. 181.

104 *M. Schmidt*, RabelsZ 59 (1995), S. 569 (577) zur Auslegung von Richtlinien; *Teichmann*, ZGR 2002, S. 383 (404).

105 *Bleckmann*, ZGR 1992, S. 364 (369) und *M. Schmidt*, RabelsZ 59 (1995), S. 569 (577) jeweils zur Auslegung von Richtlinien; *Anweiler*, Auslegungsmethoden des EuGH, S. 185; *Teichmann*, ZGR 2002, S. 383 (404).

106 *Anweiler*, Auslegungsmethoden des EuGH, S. 185-195; *Grundmann/Riesenhuber*, JuS 2001, S. 529 (531); *Bleckmann/Pieper*, in: Dauses, Handbuch des EU-Wirtschaftsrechts I, B. I Rn. 51, Stand: April 1997; *Teichmann*, ZGR 2002, S. 383 (404).

107 *Anweiler*, Auslegungsmethoden des EuGH, S. 173; *Bleckmann/Pieper*, in: Dauses, Handbuch des EU-Wirtschaftsrechts I, B. I Rn. 51, Stand: April 1997.

Gemeinschaftsrechts ist daher so auszulegen, dass sie sich in dieses einheitliche Rechtssystem einfügt.[108]

Insbesondere im europäischen Gesellschaftsrecht ist die Untersuchung des Verhältnisses zu Rechtsakten mit ähnlichem Regelungsanliegen angezeigt. Da es das europäische Gesellschaftsrecht bereits zu einer beachtlichen Normdichte gebracht hat, erscheinen hier erste Ansätze einer Systematisierung möglich[109], die in Zweifelsfällen der Auslegung weiterhelfen können.[110]

Dabei können in die logisch-systematische Auslegung gesellschaftsrechtlicher Verordnungen auch die zahlreichen gesellschaftsrechtlichen Richtlinien einbezogen werden. Insbesondere die Verschmelzungs- und die Spaltungs-RL enthalten ein Informations- und Schutzsystem[111], das als Vorlage für die Regelung strukturändernder Maßnahmen in der SE-VO sowie im EUV-VOV 1993, EUGEN-VOV 1993 und EUGGES-VOV 1993 diente. Allerdings sind zwei grundlegende Unterschiede zwischen Richtlinie und Verordnung zu berücksichtigen. Zum einen sind Richtlinien nach Art. 249 Abs. 3 EG nur hinsichtlich ihres Ziels verbindlich, überlassen den innerstaatlichen Stellen aber die Wahl der Form und Mittel, während Verordnungen nach Art. 249 Abs. 2 S. 2 Hs. 1 EG „in allen ihren Teilen verbindlich" sind. So ist ein Begriff, der identisch in einer Richtlinie und einer Verordnung verwendet wird, in der Richtlinie tendenziell weiter zu verstehen als in der Verordnung. Zum anderen sind Richtlinien an die mitgliedstaatlichen Gesetzgeber gerichtet, während sich Verordnungen nach Art. 249 Abs. 2 S. 2 Hs. 2 EG „unmittelbar" an die Privatrechtssubjekte wenden. So kann die Formulierung „mindestens folgende Angaben" im Normtext unterschiedliche Bedeutung haben, je nachdem, ob sie an den mitgliedstaatlichen Gesetzgeber oder unmittelbar an das Privat-

---

108 EuGH (C.I.L.F.I.T./Ministero della sanitá), Slg. 1982, S. 3415 (3430 Rn. 20); *Anweiler*, Auslegungsmethoden des EuGH, S. 173.

109 Zur Systembildung im Europäischen Recht der Strukturmaßnahmen: *Hommelhoff/Riesenhuber*, in: Grundmann, Systembildung, S. 259-282.

110 *Teichmann*, ZGR 2002, S. 383 (404).

111 Siehe dazu *Hommelhoff/Riesenhuber*, in: Grundmann, Systembildung, S. 259 (272-281).

rechtssubjekt gerichtet ist. Im ersteren Fall erlaubt sie dem mitgliedstaatlichen Gesetzgeber, in seinem Umsetzungsrechtsakt weitere Angaben zu verlangen. Im letzteren Fall bedeutet die Formulierung, dass das Privatrechtssubjekt zusätzliche Angaben machen darf.

Ferner kann im Rahmen der logisch-systematischen Auslegung gesellschaftsrechtlicher Verordnungen auch das Verhältnis zu Vorentwürfen und Vorschlägen für andere gesellschaftsrechtliche Verordnungen und Richtlinien untersucht werden, die andere Rechtsformen oder andere strukturändernde Maßnahmen betreffen. Diesen kann indes im Rahmen der logisch-systematischen Auslegung nur eine geringe Bedeutung beigemessen werden, da die Vorentwürfe und Vorschläge der Kommission sowohl im Verfahren nach Art. 251 EG als auch im Verfahren nach Art. 308 EG durch die letztlich zum Erlass der Verordnungen und Richtlinien berufenen Organe (Rat und Europäisches Parlament zusammen oder Rat allein) noch abgeändert werden können und damit nur vorläufigen Charakter haben.

(2) Verhältnis zu anderen Normen der SE-VO

Im Rahmen der logisch-systematischen Auslegung des Begriffs Sitz in Art. 7 SE-VO soll zunächst das Verhältnis des Art. 7 SE-VO zu anderen Normen der SE-VO untersucht werden.

(a) Art. 8 SE-VO

Als Erstes erfolgt eine Zusammenschau mit der Regelung der Sitzverlegung in Art. 8 SE-VO.

Es ist zu beginnen mit Art. 8 Abs. 2 S. 2 Var. 4 Buchst. a und Buchst. b SE-VO, die inhaltliche Anforderungen an den Verlegungsplan stellen. Danach muss der Verlegungsplan den vorgesehenen neuen Sitz der SE (Art. 8 Abs. 2 S. 2 Var. 4 Buchst. a SE-VO) und die für die SE vorgesehene neue Satzung (Art. 8 Abs. 2 S. 2 Var. 4 Buchst. b SE-VO) angeben.

Versteht man den Begriff Sitz in Art. 8 Abs. 2 S. 2 Var. 4 Buchst. a SE-VO im Sinne von Satzungssitz, ist diese Vorschrift überflüssig, weil die nach Art. 8 Abs. 2 S. 2 Var. 4 Buchst. b SE-VO anzugebende neue Satzung den neuen Satzungssitz ohnehin ausweist. Denn der Sitz ist zwingender Bestandteil der Satzung der SE.[112] Einzige Erklärung für die gesonderte Ausweisung des Satzungssitzes neben der Satzung im Verlegungsplan könnte die im Vergleich zu anderen Satzungsbestandteilen hervorgehobene Bedeutung des Sitzes für das nach der SE-VO ergänzend anwendbare mitgliedstaatliche Recht[113] sowie die Gerichtsstände der SE[114] und das damit einhergehende erhöhte Interesse der Aktionäre und Gläubiger speziell an diesem Bestandteil der neuen Satzung der SE sein.
Versteht man dagegen den Begriff Sitz in Art. 8 Abs. 2 S. 2 Var. 4 Buchst. a SE-VO im Sinne von tatsächlicher Sitz, hat diese Vorschrift eigenständige Bedeutung gegenüber Art. 8 Abs. 2 S. 2 Var. 4 Buchst. b SE-VO. Denn die Verlegung des tatsächlichen Sitzes als tatsächlicher Vorgang hat keinerlei Auswirkungen auf den Inhalt der Satzung der SE, sodass eine gesonderte Angabe des neuen tatsächlichen Sitzes neben der vorgesehenen neuen Satzung im Verlegungsplan sinnvoll ist.
Da identische Begriffe innerhalb desselben Rechtsakts grundsätzlich die gleiche Bedeutung haben, spricht die Zusammenschau von Art. 7 SE-VO mit Art. 8 Abs. 2 S. 2 Var. 4 Buchst. a und Buchst. b SE-VO für eine Auslegung des Sitzbegriffs im Sinne von tatsächlicher Sitz.

Es ist fortzufahren mit Art. 8 Abs. 6 S. 2 SE-VO, der auf Art. 59 SE-VO als Vorschrift für Satzungsänderungen verweist.
Dieser Verweisung bedarf es an sich nur, wenn Sitz tatsächlicher Sitz bedeuten würde und damit die Sitzverlegung ein rein tatsächlicher Vorgang wäre. Denn dann geht die Sitzverlegung nicht automatisch mit einer Satzungsänderung einher, sodass Art. 59 SE-VO nicht unmittelbar anwendbar ist.

---

112 Siehe dazu unten Punkt B. I. 1. b) bb) (2) (d).

113 Siehe dazu unten Punkt B. III. 1. a) aa).

114 Siehe dazu unten Punkte B. III. 1. b) und B. III. 2. a).

Würde dagegen Sitz Satzungssitz bedeuten und damit die Sitzverlegung eine Satzungsänderung erfordern, wäre der Verlegungsbeschluss nach Art. 8 Abs. 6 S. 1 SE-VO per se ein satzungsändernder Beschluss der Hauptversammlung, auf den direkt und ohne besondere Verweisung in Art. 8 Abs. 6 S. 2 SE-VO die Regelung des Art. 59 SE-VO anzuwenden wäre.
Die Verweisung des Art. 8 Abs. 6 S. 2 SE-VO auf Art. 59 SE-VO lässt sich mit dem Verständnis des Sitzbegriffs in Art. 7 SE-VO im Sinne von Satzungssitz nur dann in Einklang bringen, wenn man ihr lediglich klarstellende Bedeutung beimisst.

Folglich spricht bei der Zusammenschau des Art. 7 SE-VO mit Art. 8 Abs. 6 S. 2 SE-VO das überzeugendere Argument für eine Auslegung des Begriffs Sitz in Art. 7 SE-VO im Sinne von tatsächlicher Sitz.

(b) Generalverweisung und Spezialverweisungen

Als Nächstes ist das Zusammenspiel von Art. 7 SE-VO mit der Generalverweisung des Art. 9 Abs. 1 Buchst. c ii) SE-VO sowie mit den Spezialverweisungen, z. B. Art. 13, 15 Abs. 1, 47 Abs. 1, 53 SE-VO, zu betrachten. Denn diese Vorschriften knüpfen in unterschiedlicher Formulierung an das Recht des Mitgliedstaates an, in dem die SE ihren Sitz hat.[115] Dabei wird das Wort Sitz zum Teil als isolierter Begriff, zum Teil als Element des Begriffs Sitzstaat verwendet.

Insoweit ist zunächst zu klären, wie das Wort Sitz in diesen Verweisungsnormen auszulegen ist. Für die Auslegung im Sinne von Satzungssitz ist der Gesichtspunkt des effet utile des Gemeinschaftsrechts anzuführen, wonach jede Bestimmung des Gemeinschaftsrechts so auszulegen ist, dass sie eine möglichst große praktische Wirksamkeit

---

115 Siehe dazu unten Punkt B. III. 1. a) aa) (1).

bzw. Nutzwirkung entfaltet[116] und zur effizienten Umsetzung der gemeinschaftsrechtlichen Ziele beitragen kann.[117] Ziel der SE-VO ist es, eine funktionsfähige supranationale Gesellschaftsform bereitzustellen.[118]

Dieses Ziel lässt sich besser verwirklichen, wenn man unter dem Wort Sitz den Satzungssitz versteht. Denn die Funktionsfähigkeit der SE setzt voraus, dass Rechtssicherheit über das ergänzend anwendbare mitgliedstaatliche Recht besteht. Der Satzungssitz lässt sich als Verfahrensformalität anhand der Gründungsdokumente und der Registereintragung leicht feststellen.[119] Demgegenüber bestehen bei der Feststellung des tatsächlichen Sitzes oft praktische Schwierigkeiten, die in den Mitgliedstaaten zu einer unterschiedlichen Beurteilung hinsichtlich des im konkreten Fall anwendbaren mitgliedstaatlichen Rechts führen können.[120] Folglich bietet die Anknüpfung an das Recht des Satzungssitzstaates mehr Rechtssicherheit als die Anknüpfung an das Recht des Mitgliedstaates, in dem sich der tatsächliche Sitz befindet.[121] Daher ist das Wort Sitz in den Verweisungsnormen der SE-VO im Sinne von Satzungssitz zu interpretieren.

---

116 *Bleckmann*, NJW 1982, S. 1177 (1180); *Lutter*, JZ 1992, S. 593 (603); *Meyer*, Jura 1994, S. 455 (457); *Anweiler*, Auslegungsmethoden des EuGH, S. 219; *Oppermann*, EuropaR, Rn. 686; *Everling*, in: FS Lutter, S. 31 (39); *Epiney*, in: Beutler/Bieber, EU, Rn. 537.

117 EuGH (Schleswig-Holsteinische landwirtschaftliche Hauptgenossenschaft/Hauptzollamt Itzehoe), Slg. 1971, S. 1083 (1093 Rn. 3); *Zuleeg*, EuR 1969, S. 97 (107); *Bleckmann/Pieper*, in: Dauses, Handbuch des EU-Wirtschaftsrechts I, B. I Rn. 19, Stand: April 1997; *Teichmann*, ZGR 2002, S. 383 (405).

118 *Teichmann*, ZGR 2002, S. 383 (405 f.).

119 *Sanders*, SE-VE 1966, Art. I-4 Kommentierung 2; *KPMG*, in: Kommission, Sitzverlegungsstudie, S. 27 f.; *Grote*, Neues SE-Statut, S. 152; *Höft*, Verwaltungssitzverlegung, S. 38 f.; *Leupold*, SE und deutsches Recht, S. 28; *Huber*, Grenzüberschreitende Sitzverlegung, S. 26.

120 *KPMG*, in: Kommission, Sitzverlegungsstudie, S. 28; *Höft*, Verwaltungssitzverlegung, S. 39; *Leupold*, SE und deutsches Recht, S. 29.

121 *KPMG*, in: Kommission, Sitzverlegungsstudie, S. 28; *Leupold*, SE und deutsches Recht, S. 28; *Huber*, Grenzüberschreitende Sitzverlegung, S. 26.

Wenn Sitz in den Verweisungsnormen der SE-VO Satzungssitz bedeutet, muss auch der Begriff Sitz in Art. 7 SE-VO im Sinne von Satzungssitz ausgelegt werden. Grundsätzlich ist nämlich davon auszugehen, dass ein Begriff, der in verschiedenen Vorschriften desselben Rechtsakts verwendet wird, jeweils die gleiche Bedeutung hat.

(c) Art. 2 SE-VO

Ferner ist zu untersuchen, ob und gegebenenfalls wie der Sitzbegriff in Art. 7 SE-VO mit dem Sitzbegriff in Art. 2 Abs. 1 bis 5 SE-VO in Einklang zu bringen ist. Für alle in Art. 2 SE-VO genannten Gründungsarten ist Voraussetzung, dass die mitgliedstaatlichen Gesellschaften ihren Sitz in der Gemeinschaft haben.
Zu Art. 2 SE-VO wird vertreten, dass Sitz im Sinne von Satzungssitz zu interpretieren ist.[122] Sollte sich diese Ansicht durchsetzen, ergibt sich daraus ein weiteres Argument für das Verständnis des Begriffs Sitz in Art. 7 SE-VO im Sinne von Satzungssitz. Dem steht nicht entgegen, dass es sich bei dem Sitz in Art. 2 SE-VO nicht um den Sitz der SE, sondern um den Sitz der mitgliedstaatlichen Gesellschaften handelt. Denn die Regel einer einheitlichen Verwendung des Begriffs innerhalb eines Rechtsakts gilt gerade für den Fall, dass der Begriff in einem unterschiedlichen Kontext verwendet wird.

(d) Sitz als zwingender Satzungsbestandteil

Des Weiteren ist zu klären, ob der Sitz einen zwingenden Bestandteil der SE-Satzung darstellt.

Die SE-VO definiert in Art. 6 SE-VO zwar den Begriff „Satzung der SE". Sie enthält jedoch keine Bestimmung über deren Inhalt.
Fraglich ist daher, ob Art. 9 Abs. 1 Buchst. c ii) SE-VO hinsichtlich des Satzungsinhalts auf mitgliedstaatliches Recht verweist. Die dafür erforderliche Regelungslücke ist nach dem soeben Gesagten gegeben. Außerdem müsste die ungeschriebene Voraussetzung

---

122 *Bungert/Beier*, EWS 2002, S. 1 (6).

des Art. 9 Abs. 1 Buchst. c SE-VO erfüllt sein, dass das mitgliedstaatliche Recht überhaupt eine sachgerechte Regelung ermöglicht.[123] Da die mitgliedstaatlichen Rechtsordnungen durch Art. 3 Kapital-RL in Bezug auf den Inhalt der Satzung weitgehend harmonisiert wurden, ist davon auszugehen, dass das mitgliedstaatliche Recht eine sachgerechte Regelung des Satzungsinhalts zur Verfügung stellt. Daher verweist Art. 9 Abs. 1 Buchst. c ii) SE-VO hinsichtlich des Satzungsinhalts auf mitgliedstaatliches Recht.

Dieses sieht in Deutschland in § 23 Abs. 3 Nr. 1 Alt. 2 AktG vor, dass die Satzung zwingend eine Bestimmung über den Sitz enthalten muss. Auf Grund von Art. 3 Buchst. a Kapital-RL enthalten auch alle anderen mitgliedstaatlichen Rechtsordnungen eine solche Bestimmung. Demnach ist der Sitz der SE nach Art. 9 Abs. 1 Buchst. c ii) SE-VO i. V. m. dem jeweiligen mitgliedstaatlichen Recht EU-weit ein zwingender Bestandteil der Satzung der SE.[124]

Da der Sitz der SE ein zwingender Bestandteil der Satzung ist, liegt es nahe, dass mit Sitz in Art. 7 SE-VO der Satzungssitz gemeint ist.

(e) Zusammenfassung

Die Untersuchung des Verhältnisses des Art. 7 SE-VO zu anderen Normen der SE-VO lässt sich in der Aussage zusammenfassen, dass die Zusammenschau mit Art. 9 Abs. 1 Buchst. c ii) und iii) und Art. 2 SE-VO sowie die Tatsache, dass der Sitz ein zwingender Satzungsbestandteil ist, eine Auslegung des Sitzbegriffs in Art. 7 SE-VO im Sinne von Satzungssitz nahe legen, während die Regelung des Art. 8 SE-VO für eine Auslegung im Sinne von tatsächlicher Sitz spricht.

---

123 Siehe dazu oben Punkt B. I. 1. a) bb) (1).

124 *Lutter*, BB 2002, S. 1 (3 f.); *Wenz*, in: Theisen/Wenz, Europäische Aktiengesellschaft, S. 171 (219).

(3) Verhältnis zu Rechtsakten mit ähnlichem Regelungsanliegen

Im Rahmen der logisch-systematischen Auslegung des Begriffs Sitz in Art. 7 SE-VO soll als Nächstes auf das Verhältnis zu Rechtsakten mit ähnlichem Regelungsanliegen eingegangen werden.

(a) Art. 12 S. 1 EWIV-VO

Es ist zu beginnen mit Art. 12 S. 1 EWIV-VO, der den Sitz der Europäischen wirtschaftlichen Interessenvereinigung regelt. Zwar ist die EWIV im Gegensatz zur SE nach Art. 1 Abs. 3 SE-VO in Deutschland und Italien nicht als juristische Person ausgestaltet.[125] Der Vergleich mit Art. 12 S. 1 EWIV-VO erscheint trotzdem angezeigt, weil die Regelung der Sitzverlegung in Art. 14 EWIV-VO der Regelung der Sitzverlegung in Art. 8 SE-VO sehr ähnlich ist. Einer Berücksichtigung des Art. 12 S. 1 EWIV-VO bei der logisch-systematischen Auslegung des Begriffs Sitz in Art. 7 SE-VO steht ebenso wenig Erwägungsgrund 27 SE-VO entgegen, wonach die Sitzregelung in der SE-VO anderen Gemeinschaftstexten im Bereich des Gesellschaftsrechts nicht vorgreift. Denn damit soll lediglich einer Ausstrahlung des Sitzbegriffs der SE-VO auf zukünftige Gemeinschaftstexte verhindert werden, nicht aber der umgekehrte Fall einer Ausstrahlung des Sitzbegriffs in bereits erlassenen Gemeinschaftstexten auf die SE-VO.

Nach Art. 5 S. 1 Buchst. b EWIV-VO gehört der Sitz zu den zwingenden Bestandteilen („muß") des Gründungsvertrags der EWIV. Dementsprechend verwendet Art. 12 S. 1 EWIV-VO die Formulierung „im Gründungsvertrag genannte[r] Sitz". Dieser Formulierung entspricht bei Kapitalgesellschaften wie der SE der Begriff Satzungssitz.[126]

Aus dem Vergleich mit Art. 12 S. 1 EWIV-VO lassen sich für die Auslegung des Begriffs Sitz in Art. 7 SE-VO unterschiedliche Folgerungen ziehen. Einerseits spricht

---

[125] *Schwarz*, Europäisches Gesellschaftsrecht, Rn. 982.

[126] In diesem Sinne auch *Schwarz*, Europäisches Gesellschaftsrecht, Rn. 1001.

die Wahl des Satzungssitzes bei der EWIV dafür, im Interesse einer Systematisierung des europäischen Gesellschaftsrechts im Bereich des Gesellschaftssitzes den Satzungssitz auch als den für die SE maßgeblichen Sitz zu qualifizieren und demgemäß den Begriff Sitz in Art. 7 SE-VO im Sinne von Satzungssitz auszulegen. Andererseits ist gegen die Auslegung des Begriffs Sitz in Art. 7 SE-VO im Sinne von Satzungssitz anzuführen, dass man trotz Kenntnis des Wortlauts des Art. 12 S. 1 EWIV-VO in Art. 7 SE-VO einen vergleichbaren Zusatz wie „in der Satzung genannte[r]“ unterlassen hat. Allerdings lässt sich das Fehlen eines solchen Zusatzes auch damit erklären, dass zwar sowohl bei der SE als auch bei der EWIV der Sitz zwingender Bestandteil der Satzung bzw. des Gründungsvertrags ist,[127] aber insoweit bei der SE eine dem Art. 5 S. 1 Buchst. b EWIV-VO entsprechende ausdrückliche Regelung fehlt.
Daher legt der Vergleich mit Art. 12 S. 1 EWIV-VO eine Auslegung des Begriffs Sitz in Art. 7 SE-VO im Sinne von Satzungssitz nahe.

(b) Art. 2 Buchst. b Sitzverlegungs-RLVE

Ferner ist Art. 2 Sitzverlegungs-RLVE in die Betrachtung einzubeziehen. Diese im Vorentwurfsstadium befindliche Vorschrift enthält keine Legaldefinition des isolierten Begriffs Sitz, sondern definiert die zusammengesetzten Begriffe „satzungsmäßiger Sitz“ (Art. 2 Buchst. a Sitzverlegungs-RLVE) und tatsächlicher Sitz (Art. 2 Buchst. b Sitzverlegungs-RLVE).
Von Interesse ist hier Art. 2 Buchst. b Sitzverlegungs-RLVE, wonach der tatsächliche Sitz am Ort der Hauptverwaltung liegt. Wäre mit Sitz in Art. 7 SE-VO der tatsächliche Sitz gemeint und würde man den tatsächlichen Sitz wie in Art. 2 Buchst. b Sitzverlegungs-RLVE bestimmen, dann wäre Art. 7 S. 1 Hs. 2 ebenso überflüssig wie Art. 7 S. 2 SE-VO. Denn der tatsächliche Sitz und der Ort der Hauptverwaltung würden stets zusammenfallen.

---

[127] Zur SE siehe oben Punkt B. I. 1. b) bb) (2) (d).

Folglich liefert die Einbeziehung von Art. 2 Buchst. b Sitzverlegungs-RLVE ein weiteres Argument für die Auslegung des Begriffs Sitz in Art. 7 SE-VO im Sinne von Satzungssitz.

(c) Art. 4 S. 1 EUV-VOV 1993

Darüber hinaus ist Art. 4 S. 1 EUV-VOV 1993 zu betrachten. Diese im Vorschlagsstadium befindliche Norm enthält eine Legaldefinition des Sitzbegriffs, wonach Sitz des Europäischen Vereins der Ort ist, den die Satzung bestimmt.

Aus der Betrachtung des Art. 4 S. 1 EUV-VOV 1993 lassen sich für die Auslegung des Sitzbegriffs in Art. 7 SE-VO keine eindeutigen Folgerungen ziehen. Auf der einen Seite spricht die Wahl des Satzungssitzes beim EUV dafür, im Interesse einer Systematisierung des europäischen Gesellschaftsrechts im Bereich des Gesellschaftssitzes den Satzungssitz auch als den für die SE maßgeblichen Sitz zu qualifizieren und dementsprechend den Begriff Sitz in Art. 7 SE-VO im Sinne von Satzungssitz auszulegen. Auf der anderen Seite ist gegen die Auslegung des Begriffs Sitz in Art. 7 SE-VO im Sinne von Satzungssitz anzuführen, dass man trotz Kenntnis des Art. 4 S. 1 EUV-VOV 1993 keine entsprechende Definition in die SE-VO aufgenommen hat.

(d) Art. 2 EUGEN-VOV 1993

Es ist fortzufahren mit Art. 2 EUGEN-VOV 1993. Diese im Vorschlagsstadium befindliche Vorschrift regelt den Sitz der Europäischen Genossenschaft. Sie eignet sich besonders gut für einen Vergleich, da sie ebenso wie Art. 7 SE-VO keine Definition des Sitzbegriffs enthält und ihr Inhalt mit Art. 7 S. 1 SE-VO vollständig übereinstimmt.

Da nach Art. 10 Abs. 1 Spiegelstrich 4 EUGEN-VOV 1993 der Sitz der EUGEN zwingender Satzungsbestandteil („muß“) ist, liegt es nahe, dass mit Sitz in Art. 2 EUGEN-VOV 1993 der Satzungssitz gemeint ist. Im Interesse einer Systematisierung des europäischen Gesellschaftsrechts im Bereich des Gesellschaftssitzes ist daher der Satzungssitz auch als der für die SE maßgeblicher Sitz zu qualifizieren und demgemäß der Begriff Sitz in Art. 7 SE-VO als Satzungssitz auszulegen. Dem steht nicht entgegen, dass es bei der SE anders als bei der EUGEN keine ausdrückliche Regelung gibt, die den Sitz als zwingenden Satzungsbestandteil vorsieht. Denn dieser Unterschied beruht allein auf der Tatsache, dass das mitgliedstaatliche Genossenschaftsrecht im Gegensatz zum mitgliedstaatlichen Aktienrecht[128] hinsichtlich des Satzungsinhalts noch nicht harmonisiert ist.

(e) Art. 5 EUGGES-VOV 1993

Schließlich ist Art. 7 SE-VO mit Art. 5 EUGGES-VOV 1993 zu vergleichen. Diese im Vorschlagsstadium befindliche Norm regelt den Sitz der Europäischen Gegenseitigkeitsgesellschaft.

Da nicht nur die Sitzregelung des Art. 5 EUGGES-VOV 1993 mit Art. 2 EUGEN-VOV 1993 vollständig übereinstimmt, sondern auch die Satzungsregelung des Art. 3 Abs. 1 Spiegelstrich 4 EUGGES-VOV 1993 mit Art. 10 Abs. 1 Spiegelstrich 4 EUGEN-VOV 1993, kann insoweit auf die Ausführungen zu Art. 2 EUGEN-VOV 1993[129] verwiesen werden.

(f) Zusammenfassung

Die Untersuchung des Verhältnisses der SE-VO zu Rechtsakten mit ähnlichem Regelungsanliegen lässt sich in der Aussage zusammenfassen, dass Art. 12 S. 1 EWIV-VO, Art. 2 Buchst. b Sitzverlegungs-RLVE, Art. 2 EUGEN-VOV 1993 und Art. 5 EUGGES-VOV 1993 für eine Auslegung des Begriffs Sitz in Art. 7 SE-VO im Sinne von Satzungssitz angeführt werden können.

Den Regelungen in Art. 2 Sitzverlegungs-RLVE, Art. 2 EUGEN-VOV 1993 und Art. 5 EUGGES-VOV 1993 kann jedoch auf Grund ihres vorläufigen Charakters im Rahmen der logisch-systematischen Auslegung nur geringe Bedeutung beigemessen werden.

---

128 Zu dessen Harmonisierung durch Art. 3 Kapital-RL siehe oben Punkt B. I. 1. b) bb) (2) (d).

129 Siehe dazu oben Punkt B. I. 1. b) bb) (3) (d).

(4) Verhältnis zu Normen des EG

Im Rahmen der logisch-systematischen Auslegung des Begriffs Sitz in Art. 7 SE-VO ist zum Schluss noch auf das Verhältnis zu Normen des EG einzugehen.

(a) Art. 48 Abs. 1 EG

Als Erstes erfolgt eine Zusammenschau mit Art. 48 Abs. 1 EG, der sowohl den Begriff satzungsmäßiger Sitz als auch den Begriff Hauptverwaltung verwendet.
Aus dem Vergleich mit Art. 48 Abs. 1 EG lassen sich für die Auslegung des Sitzbegriffs in Art. 7 SE-VO unterschiedliche Folgerungen ziehen. Einerseits spricht die Verwendung des Begriffspaars satzungsmäßiger Sitz/Hauptverwaltung in Art. 48 Abs. 1 EG dafür, dass auch bei der Verwendung der Begriffspaars Sitz/Hauptverwaltung in der SE-VO der Begriff Sitz im Sinne von satzungsmäßiger Sitz bzw. Satzungssitz zu verstehen ist.[130] Andererseits lässt sich argumentieren, dass in Art. 7 SE-VO der tatsächliche Sitz gemeint ist, weil dort im Gegensatz zu Art. 48 Abs. 1 EG der Zusatz „satzungsmäßiger“ fehlt.
Mit Art. 48 Abs. 1 EG sind daher beide Auslegungsalternativen des Sitzbegriffs in Art. 7 SE-VO zu vereinbaren.

(b) Art. 43 Abs. 1 S. 1 i. V. m. Art. 48 Abs. 1 EG

Die Niederlassungsfreiheit nach Art. 43 Abs. 1 S. 1 i. V. m. Art. 48 Abs. 1 EG gebietet keine bestimmte Auslegung des Sitzbegriffs in Art. 7 SE-VO. Zum einen ist bereits fraglich, ob der sachliche Schutzbereich der Niederlassungsfreiheit überhaupt eröffnet ist.[131] Zum anderen ist die Niederlassungsfreiheit der SE durch eine entsprechende Auslegung des Art. 8 SE-VO und damit eine entsprechende Handhabung der Sitzverlegungsmöglichkeit zu gewährleisten.[132]

---

130 *Teichmann*, ZGR 2002, S. 383 (456).

131 Siehe dazu unten Punkt C. I. 2. a) gg) (2) (b).

132 Siehe dazu unten Punkt C. I. 2. b) aa) (2) (b).

(c) Zusammenfassung

Zusammenfassend ist festzuhalten, dass die Normen des EG keine bestimmte Auslegung des Sitzbegriffs in Art. 7 SE-VO erfordern.

(5) Zusammenfassung

Im Rahmen der logisch-systematischen Auslegung überwiegen die Argumente für die Auslegung des Begriffs Sitz in Art. 7 SE-VO im Sinne von Satzungssitz.
Zwar sprechen Art. 8 Abs. 2 S. 2 Var. 4 Buchst. a und Buchst. b SE-VO sowie Art. 8 Abs. 6 S. 2 SE-VO für eine Auslegung im Sinne von tatsächlicher Sitz, und ihnen kommt bei der logisch-systematischen Auslegung ein starkes Gewicht zu, weil sie den engsten Sachzusammenhang mit Art. 7 SE-VO aufweisen.
Jedoch legt die Mehrheit der betrachteten anderen Normen der SE-VO den gegenteiligen Schluss nahe. Auch die untersuchten Rechtsakte mit ähnlichem Regelungsanliegen stützen die Auslegung des Sitzbegriffs in Art. 7 SE-VO im Sinne von Satzungssitz.

cc) Historisch-genetische Auslegung

(1) Grundlagen

Im Rahmen der historisch-genetischen Auslegung werden die Regelungsabsicht und die Normvorstellung des Gesetzgebers für die Auslegung herangezogen.[133] Auskunft darüber geben zum einen die amtlichen Begründungen und zum anderen die Entstehungsgeschichte des Gesetzes. Die Entstehungsgeschichte des Gesetzes dokumentieren Vorgängernormen sowie die Materialien der Gesetzgebung.[134] Materialien der Gesetzgebung sind insbesondere Referenten- und Regierungsentwürfe mit ihren Begründungen sowie Protokolle der Parlamentsausschüsse.[135] Sie geben die

---

[133] *Panthen*, Sitzbegriff, S. 215; *Larenz*, Methodenlehre, S. 328.

[134] *Lutter*, JZ 1992, S. 593 (599).

[135] *Larenz*, Methodenlehre, S. 330; *Lutter*, JZ 1992, S. 593 (599); *Larenz/Wolf*, BGB AT, § 4 Rn. 40.

Normvorstellungen der an der Vorbereitung und Abfassung des Gesetzes beteiligten Personen wieder.[136] Hier kann man am ehesten konkrete Ausführungen über die genaue Bedeutung und Reichweite einer einzelnen Bestimmung oder eines einzelnen Ausdrucks erwarten.[137] Diese können für die Auslegung indes nur dann herangezogen werden, wenn sie der Gesetzgeber in seinen Willen aufgenommen hat.[138]

Bei der historisch-genetischen Auslegung einer Gemeinschaftsvorschrift ist zunächst fraglich, ob die Berücksichtigung der Erwägungsgründe hier einzuordnen ist. Der EuGH zieht sie regelmäßig zur Ermittlung des Sinns und Zwecks bzw. der Ziele einer Gemeinschaftsvorschrift heran.[139] Daraus wird zum Teil gefolgert, dass sie im Rahmen der teleologischen Auslegung zu berücksichtigen seien.[140] Dies ist insofern richtig, als es sich um eine subjektiv-teleologische Auslegung handelt. Jedoch ist die subjektiv-teleologische Auslegung im Sinne der Berücksichtigung des historischen Gesetzgeberwillens Bestandteil der historisch-genetischen Auslegung.[141] Daher sind die Erwägungsgründe im Rahmen der historisch-genetischen Auslegung zu berücksichtigen.[142] Dafür

---

136 *Larenz*, Methodenlehre, S. 344.

137 *Larenz*, Methodenlehre, S. 329.

138 *Larenz*, Methodenlehre, S. 329 und 344; *Grundmann/Riesenhuber*, JuS 2001, S. 529 (530).

139 EuGH (Neumann/Hauptzollamt Hof/Saale), Slg. 1967, S. 591 (610); EuGH (Derycke), Slg. 1977, S. 29 (35 Rn. 14/17); EuGH (Hauptzollamt Schweinfurt/Mainfrucht Obstverwertung), Slg. 1985, S. 3909 (3930 Rn. 30); EuGH (Marleasing/La Comercial Internacional de Alimentación), Slg. 1990, S. I-4135 (I-4160 Rn. 12); EuGH (Siemens/Nold), Slg. 1996, S. I-6017 (I-6034 Rn. 13); EuGH (Verband deutscher Daihatsu-Händler/Daihatsu Deutschland), Slg. 1997, S. I-6843 (I-6865 Rn. 22).

140 *Bleckmann*, NJW 1982, S. 1177 (1178); *Meyer*, Jura 1994, S. 455 (457); *M. Schmidt*, RabelsZ 59 (1995), S. 569 (579) bzgl. der Auslegung von Richtlinien; *Schwarz*, Europäisches Gesellschaftsrecht, Rn. 88; *Grundmann/Riesenhuber*, JuS 2001, S. 529 (531); *Bleckmann/Pieper*, in: Dauses, Handbuch des EU-Wirtschaftsrechts I, B. I Rn. 17 und 26, Stand: April 1997; *Teichmann*, ZGR 2002, S. 583 (405).

141 *Panthen*, Sitzbegriff, S. 215.

142 *Lutter*, JZ 1992, S. 593 (599 f.); *Anweiler*, Auslegungsmethoden des EuGH, S. 205 f. und 253-255; *Epiney*, in: Beutler/Bieber, EU, Rn. 533.

spricht auch, dass die Erwägungsgründe nach Art. 253 EG die Funktion einer amtlichen Begründung haben.

Darüber hinaus ist bei der historisch-genetischen Auslegung einer Vorschrift des Gemeinschaftsrechts Folgendes zu beachten.
Vorentwürfe sowie Begründungen und Stellungnahmen der Gemeinschaftsorgane sind nur heranzuziehen, soweit diese jedermann zugänglich sind.[143]
Nur Meinungsäußerungen derjenigen Gesetzgebungsorgane sind Teil des demokratisch legitimierten Gesetzgeberwillens, deren Zustimmung den Rechtsakt im konkreten Fall trägt.[144] Verschiedene Organe sind hingegen nur anzuhören, wie z. B. der Wirtschafts- und Sozialausschuss oder zum Teil auch das Europäische Parlament.[145] Auch die Kommission hat nur ein Vorschlagsrecht, sodass ihre Vorschläge beliebig verändert werden können.[146] Äußerungen dieser Organe sind daher nur dann autorativ, wenn die entscheidenden Organe sie in ihren Willen aufgenommen haben.[147] Sofern Vorschläge bzw. Stellungnahmen von Kommission, Parlament oder Wirtschafts- und Sozialausschuss nicht übernommen wurden, kann sich daraus allenfalls ein Umkehrschluss ergeben.[148] In der Regel erschöpft sich der Wert der Vorarbeiten dieser Organe jedoch darin, Anregungen und Hinweise für Arbeitshypothesen zu liefern.[149] So verhält es sich auch bei der SE-VO, die auf der Grundlage des Art. 308 EG erlassen wurde. Denn nach die-

---

143 *Zuleeg*, EuR 1969, S. 97 (101); *Bleckmann*, NJW 1982, S. 1177 (1179); *Pechstein*, EuR 1990, S. 249 (256); *Meyer*, Jura 1994, S. 455 (457); *Bleckmann/Pieper*, in: Dauses, Handbuch des EU-Wirtschaftsrechts I, B. I Rn. 40, Stand: April 1997.

144 EuGH (Nationale Rad van de Orde de Architecten/Egle), Slg. 1992, S. I-177 (I-201, Rn. 12); *Pechstein*, EuR 1990, S. 249 (253); *Grundmann/Riesenhuber*, JuS 2001, S. 529 (530).

145 *Grundmann/Riesenhuber*, JuS 2001, S. 529 (530).

146 *Grundmann/Riesenhuber*, JuS 2001, S. 529 (530).

147 EuGH (Kommission/Belgien), Slg. 1986, S. 1247 (1256 Rn. 17); *Grundmann/Riesenhuber*, JuS 2001, S. 529 (530); *Lutter*, JZ 1992, S. 593 (601); *Herdegen*, ZHR 155 (1991), S. 52 (64).

148 EuGH (Bellone/Yokohama), Slg. 1998, S. I-2191 (I-2208 Rn. 11 und I-2209 Rn. 16); *Grundmann/Riesenhuber*, JuS 2001, S. 529 (530).

149 *Zuleeg*, EuR 1969, S. 97 (102).

ser Vorschrift ist der Rat das einzige Gesetzgebungsorgan, dessen Zustimmung den Rechtsakt trägt.

(2) Erwägungsgrund 27 SE-VO

Im Rahmen der historisch-genetischen Auslegung des Begriffs Sitz in Art. 7 SE-VO ist zunächst auf Erwägungsgrund 27 SE-VO als Teil der amtlichen Begründung einzugehen. Danach wurde für die SE die „Regelung des tatsächlichen Sitzes" gewählt. In diesem Punkt stimmt die deutsche Sprachfassung mit anderen Sprachfassungen des Erwägungsgrundes 27 SE-VO[150] überein, sodass von einem eindeutigen Wortlaut ausgegangen werden kann.

Klärungsbedürftig ist, welche Regelungsabsicht in dieser Formulierung zum Ausdruck kommt. Zum einen könnte die Formulierung dahin gehend zu verstehen sein, dass mit dem Begriff Sitz in der SE-VO – und damit auch in Art. 7 SE-VO – der tatsächliche Sitz gemeint ist. Zum anderen könnte ihr zu entnehmen sein, dass die SE-VO hinsichtlich des ergänzend anwendbaren mitgliedstaatlichen Rechts der Sitztheorie folgt. Denn die Sitztheorie, die im Internationalen Gesellschaftsrecht entwickelt wurde, unterstellt eine Gesellschaft einheitlich dem Gesellschaftsrecht desjenigen Staates, in dem die Gesellschaft ihren tatsächlichen Sitz in Gestalt der Hauptverwaltung hat. Mit ihr wird der Zweck verfolgt, die Rechtsordnung desjenigen Staates zu schützen, der tatsächlich am meisten von der Tätigkeit einer Gesellschaft betroffen ist.[151] Auch im Rahmen der SE-VO als supranationalem Recht lässt sich ein solcher Regelungszweck verwirklichen, indem unmittelbar auf das Recht des Mitgliedstaates verwiesen wird, in dem sich der

---

150 Andere Sprachfassungen lauten: „'real seat' arrangement adopted by this Regulation" (Englisch); „le régime du siège réel retenu pour la SE par le présent règlement" (Französisch); „el régimen de la sede real que el presente Reglamento establece para la SE" (Spanisch); „il regime della sede effettiva adottato per la SE con il presente regolamento" (Italienisch); „o regime da sede real escolhido para SE pelo presente regulamento" (Portugiesisch); „voor de SE vastgestelde regeling inzake de werkelijke zetel" (Niederländisch).

151 Zur Sitztheorie siehe unten Punkt B. III. 1. a) aa) (3) (a).

tatsächliche Sitz der SE in Gestalt der Hauptverwaltung befindet. Gegen diese Vorgehensweise spricht aber, dass sie zu Rechtsunsicherheit hinsichtlich des ergänzend anwendbaren mitgliedstaatlichen Rechts führt, weil die Bestimmung des tatsächlichen Sitzes mit praktischen Schwierigkeiten verbunden ist.[152] Diese Rechtsunsicherheit lässt sich vermeiden, wenn der Zweck der Sitztheorie dadurch realisiert wird, dass zwar auf das Recht des Mitgliedstaates verwiesen wird, in dem die SE ihren Satzungssitz hat, dieser aber im selben Mitgliedstaat liegen muss wie ihre Hauptverwaltung. Bei dieser Vorgehensweise steht Erwägungsgrund 27 SE-VO der Auslegung des Sitzbegriffes in Art. 7 SE-VO im Sinne von Satzungssitz nicht entgegen.

Mit Erwägungsgrund 27 SE-VO lassen sich daher beide Auslegungsalternativen für den Sitzbegriff in Art. 7 SE-VO vereinbaren.

(3) Entstehungsgeschichte

Des Weiteren ist die Entstehungsgeschichte des Art. 7 SE-VO zu beleuchten.

In seinem Vorentwurf aus dem Jahre 1966 regelt *Sanders* den Sitz der SE wie folgt: In einem ersten Schritt definiert er in Art. I-4 Nr. 1 S. 1 den Sitz der SE als den Ort, den die Satzung als Sitz bestimmt. In einem zweiten Schritt verlangt er in Art. I-4 Nr. 1 S. 2, dass der Satzungssitz am Ort der Hauptverwaltung liegen muss. Während die Kommission in Art. 5 SE-VOV 1970 und Art. 5 SE-VOV 1975 lediglich die Legaldefinition des Sitzbegriffs übernimmt, die Wahl des Satzungssitzes aber nicht beschränkt, finden sich beide Regelungsschritte *Sanders'* in Art. 5 S. 1 und 3 SE-VOV 1989 und Art. 5 S. 1 und 3 SE-VOV 1991 wieder.

Art. 7 SE-RE 1998 enthält demgegenüber keine Legaldefinition des Sitzbegriffs mehr. Er hat lediglich die Beschränkung der Sitzwahl zum Gegenstand. Zum einen muss nach S. 1 Hs. 2 der Sitz in dem Mitgliedstaat liegen, in dem sich die Hauptverwaltung der SE

152 Siehe dazu oben Punkt B. I. 1. b) bb) (2) (b).

befindet. Zum anderen ermächtigt S. 2 die Mitgliedstaaten vorzuschreiben, dass der Sitz am Ort der Hauptverwaltung liegen muss.
Der geltende Art. 7 SE-VO ist mit Art. 7 SE-RE 1998 identisch.

Man könnte aus der Nichtübernahme der Legaldefinition schließen, dass mit Sitz in Art. 7 SE-VO nicht der Satzungssitz gemeint ist. Diese Argumentation übersieht indes, dass in Art. 7 SE-VO der zweiten Regelungsschritt *Sanders'* einer Anknüpfung des Sitzes an den Ort der Hauptverwaltung aufgenommen wurde. Dieser zweite Regelungsschritt macht jedoch nur Sinn, wenn wie bei *Sanders* als Sitz der Satzungssitz zu Grunde gelegt wird.

Als Ergebnis ist daher festzuhalten, dass die Untersuchung des Vorentwurfs und der Vorschläge für eine SE-VO für eine Auslegung des Begriffs Sitz in Art. 7 SE-VO im Sinne von Satzungssitz spricht.[153]

(4) Zusammenfassung

Die historisch-genetische Auslegung des Sitzbegriffs in Art. 7 SE-VO ergibt, dass die Entstehungsgeschichte des Art. 7 SE-VO eine Auslegung im Sinne von Satzungssitz nahe legt und Erwägungsgrund 27 SE-VO einer solchen Auslegung nicht entgegensteht.

dd) Objektiv-teleologische Auslegung

(1) Grundlagen

Die objektiv-teleologische Auslegung gebietet es, diejenige Auslegung zu wählen, die dem objektiven Sinn und Zweck der gesetzlichen Regelung am ehesten entspricht.[154] Der objektive Sinn und Zweck der gesetzlichen Regelung ergibt sich aus den Strukturen

---

153 Ebenso im Ergebnis *Brandt*, NZG 2002, S. 991 (994 Fn. 31).

154 *Völter*, Lückenschluss, S. 56; *Epiney*, in: Beutler/Bieber, EU, Rn. 536; *Larenz/Wolf*, BGB AT, § 4 Rn. 41.

des geregelten Sachbereichs (sog. Sachgerechtigkeit) sowie aus rechtsethischen Prinzipien (sog. Normgerechtigkeit).[155] Im Rahmen der Sachgerechtigkeit ist im Zweifel davon auszugehen, dass ein Gesetz eine der Sache angemessene Regelung bezweckt.[156] Im Rahmen der Normgerechtigkeit sind als rechtsethische Prinzipien insbesondere Gleichbehandlung und Vertrauensschutz zu beachten.[157]

Bei der objektiv-teleologischen Auslegung einer Vorschrift des Gemeinschaftsrechts ist Zweierlei zu beachten. Zum einen sind die formalen Regelungszwecke nahezu jeder europäischen Norm, nämlich die Rechtsvereinheitlichung und die Herstellung des Binnenmarkts, heranzuziehen.[158] Zum anderen ist der Grundsatz des „effet utile" zu berücksichtigen, wonach jede Bestimmung des Gemeinschaftsrechts so auszulegen ist, dass sie eine möglichst große praktische Wirksamkeit bzw. Nutzwirkung entfaltet[159] und zur effizienten Umsetzung der gemeinschaftsrechtlichen Ziele beitragen kann.[160] Ziel der SE-VO ist es, eine funktionsfähige supranationale Gesellschaftsform bereitzustellen.[161]

---

155 *Larenz*, Methodenlehre, S. 333; *Panthen*, Sitzbegriff, S. 222.

156 *Larenz*, Methodenlehre, S. 334.

157 *Larenz*, Methodenlehre, S. 334 und 336.

158 EuGH (Fruit Company/Kommission), Slg. 1971, S. 413 (427 Rn. 68/72); EuGH (Haaga), Slg. 1974, S. 1201 (1207 Rn. 6); *Anweiler*, Auslegungsmethoden des EuGH, S. 199; *Epiney*, in: Beutler/Bieber, EU, Rn. 538; *Grundmann/Riesenhuber*, JuS 2001, S. 529 (531); *Bleckmann/Pieper*, in: Dauses, Handbuch des EU-Wirtschaftsrechts I, B. I Rn. 18, Stand: April 1997; *Teichmann*, ZGR 2002, S. 383 (405).

159 *Bleckmann*, NJW 1982, S. 1177 (1180); *Lutter*, JZ 1992, S. 593 (603); *Meyer*, Jura 1994, S. 455 (457); *Anweiler*, Auslegungsmethoden des EuGH, S. 219; *Oppermann*, EuropaR, Rn. 686; *Everling*, in: FS Lutter, S. 31 (39); *Epiney*, in: Beutler/Bieber, EU, Rn. 537.

160 EuGH (Schleswig-Holsteinische landwirtschaftliche Hauptgenossenschaft/Hauptzollamt Itzehoe), Slg. 1971, S. 1083 (1093 Rn. 3); *Zuleeg*, EuR 1969, S. 97 (107); *Bleckmann/Pieper*, in: Dauses, Handbuch des EU-Wirtschaftsrechts I, B. I Rn. 19, Stand: April 1997; *Teichmann*, ZGR 2002, S. 383 (405).

161 *Teichmann*, ZGR 2002, S. 383 (405 f.).

(2) Effet utile

Unmittelbar sind für die Auslegung des Sitzbegriffs in Art. 7 SE-VO weder die Regelungszwecke der Rechtsvereinheitlichung und der Herstellung des Binnenmarkts noch der Grundsatz des effet utile ergiebig. Mittelbar beeinflusst der Gesichtspunkt des effet utile die Auslegung des Sitzbegriffs in Art. 7 SE-VO insofern, als er die Auslegung des Wortes Sitz in den Verweisungsnormen der SE-VO im Sinne von Satzungssitz nahe legt[162] und derselbe Begriff innerhalb eines Rechtsakts grundsätzlich einheitlich auszulegen ist.[163]

ee) Ergebnis

Die Gesamtschau der Auslegungskriterien ergibt folgendes Bild:
Die sprachlich-grammatische Auslegung spricht für eine Interpretation des Sitzbegriffs in Art. 7 SE-VO im Sinne von Satzungssitz. Im Rahmen der logisch-systematischen Auslegung überwiegen immerhin die Argumente für die Auslegung im Sinne von Satzungssitz. Schließlich legt innerhalb der historisch-genetischen Auslegung die Entstehungsgeschichte des Art. 7 SE-VO eine Auslegung im Sinne von Satzungssitz nahe. Folglich ist Sitz im Sinne des Art. 7 SE-VO der Satzungssitz, d. h. der Ort, den die Satzung der SE als Sitz bestimmt.[164]

---

162 Siehe dazu oben Punkt B. I. 1. b) bb) (2) (b).

163 Zu den Grundlagen der logisch-systematischen Auslegung siehe oben Punkt B. I. 1. b) bb) (1).

164 *Schwarz*, ZIP 2001, S. 1847 (1849); *Hofer*, Europäische Gesellschaft, S. 29; *Bungert/Beier*, EWS 2002, S. 1 (3); *Brandt*, NZG 2002, S. 991 (994); *Rohde*, Europäische Integration, S. 265; *Thömmes*, in: Theisen/Wenz, Europäische Aktiengesellschaft, S. 465 (529); *Wenz*, in: Theisen/Wenz, Europäische Aktiengesellschaft, S. 171 (202); *Kloster*, EuZW 2003, S. 293 (296); *Lange*, EuZW 2003, S. 301 (303 Fn. 31); ebenso *Buchheim*, SE und Konzernverschmelzung, S. 132 zu Art. 7 SE-RE vom 16. April 1999.

2. Vorgaben für die Sitzwahl

Allerdings kann der Satzungssitz nicht beliebig gewählt werden. Art. 7 SE-VO enthält nämlich folgende Vorgaben für die Bestimmung des Satzungssitzes der SE:

- Nach Art. 7 S. 1 Hs. 1 SE-VO muss der Satzungssitz innerhalb der Gemeinschaft liegen.
- Nach Art. 7 S. 1 Hs. 2 SE-VO muss der Satzungssitz in demselben Mitgliedstaat liegen, in dem sich die Hauptverwaltung der SE befindet.
- Art. 7 S. 2 SE-VO ermächtigt die Mitgliedstaaten, den in ihrem Hoheitsgebiet eingetragenen SE vorzuschreiben, dass der Satzungssitz am Ort der Hauptverwaltung liegen muss.

a) Hauptverwaltung

aa) Bedeutung des Begriffs „Hauptverwaltung“

Da nach Art. 7 SE-VO die Hauptverwaltung eine zentrale Rolle für die Bestimmung des Satzungssitzes der SE spielt, muss als Erstes die Bedeutung dieses Begriffs geklärt werden.

Die SE-VO enthält keine Legaldefinition des Begriffs „Hauptverwaltung“, weshalb seine Bedeutung durch Auslegung ermittelt werden muss. Es handelt sich hierbei um einen autonom durch die SE-VO geprägten Begriff, der europaweit einheitlich auszulegen ist.[165] Insoweit gilt das zum Sitzbegriff Gesagte[166] entsprechend.

---

165 Ebenso *Meyer-Landrut*, EWIV, S. 32 zum Begriff Hauptverwaltung in Art. 12 S. 2 Buchst. a EWIV-VO.

166 Siehe dazu oben Punkt B. I. 1. a).

(1) Sprachlich-grammatische Auslegung

Im Rahmen der sprachlich-grammatischen Auslegung[167] ist zunächst festzustellen, dass die deutsche Sprachfassung des Art. 7 SE-VO den Begriff Hauptverwaltung enthält. Der Begriff Hauptverwaltung ist im deutschen Internationalen Gesellschaftsrecht von Bedeutung. Die dort herrschende Sitztheorie[168] definiert die Hauptverwaltung als den Ort, an dem die grundlegenden Entscheidungen der Unternehmensleitung effektiv durch das zur Geschäftsführung berufene Vertretungsorgan nach außen in laufende Geschäftsführungsakte umgesetzt werden.[169] Diese Definition gibt daher den juristisch-technischen Sprachgebrauch des Hauptverwaltungsbegriffs in Deutschland wieder.

Die oben genannte Auslegung ist mit anderen Sprachfassungen des Art. 7 SE-VO vereinbar. Denn die dort verwendeten Begriffe[170] sind mit Hauptverwaltung zu übersetzen.[171]

---

167 Zu den Grundlagen siehe oben Punkt B. I. 1. b) aa) (1).

168 Zur Sitztheorie siehe unten Punkt B. III. 1. a) aa) (3) (a).

169 BGHZ 97, 269 (272) im Anschluss an *Sandrock*, in: FS Beitzke, S. 669 (683 f.); ihm folgend: OLG Frankfurt, NJW 1990, S. 2204 (2204 f.); OLG Hamm, WM 1995, S. 456 (458); OLG Düsseldorf, WM 1995, S. 808 (810); LG Essen, NJW 1995, S. 1500 (1501); *Ebenroth/Eyles*, DB-Beilage 2/88, S. 1 (5); *Ebenroth/Hopp*, JZ 1989, S. 883 (886); *Großfeld*, in: Staudinger, BGB, IntGesR Rn. 220 f.; *Bungert*, AG 1995, S. 489 (490); *Kindler*, in: MüKo, BGB, IntGesR Rn. 316; ebenso BayObLG, DB 1985, S. 2670 (2671); DB 1986, S. 1325 (1326); OLG Hamburg, RIW 1988, S. 816 (816); OLG Oldenburg, NJW 1990, S. 1422 (1422).

170 Andere Sprachfassungen lauten: „head office“ (Englisch); „administration centrale“ (Französisch); „administración central“ (Spanisch); „amministrazione centrale“ (Italienisch); „administração central“ (Portugiesisch); „hoofdbestuur“ (Niederländisch).

171 *Dietl/Lorenz*, Wörterbuch für Recht, Wirtschaft und Politik I, S. 372; *Potonnier/Potonnier*, Wörterbuch für Wirtschaft, Recht und Handel II, S. 50; *Becher*, Wörterbuch der Rechts- und Wirtschaftssprache I, S. 43; *Conte/Boss*, Wörterbuch der Rechts- und Wirtschaftssprache I, S. 19 f.; *Jayme/Neuss/Hansen*, Wörterbuch der Rechts- und Wirtschaftssprache I, S. 18 f.; *Scheer*, Wörterbuch der deutschen und niederländischen Rechtssprache II, S. 188.

(2) Logisch-systematische Auslegung

Bei der logisch-systematischen Auslegung[172] ist das Verhältnis zu Rechtsakten mit ähnlichem Regelungsanliegen und zu Normen des EG zu untersuchen.

(a) Verhältnis zu Rechtsakten mit ähnlichem Regelungsanliegen

Ein Rechtsakt mit ähnlichem Regelungsanliegen wie Art. 7 SE-VO ist Art. 12 S. 2 Buchst. a EWIV-VO.

Der Gesetzgeber verwendete den Hauptverwaltungsbegriff in Art. 12 S. 2 Buchst. a EWIV-VO unter dem Eindruck der Sitztheorie[173].[174] Bei der Auslegung des Begriffs Hauptverwaltung in Art. 12 S. 2 Buchst. a EWIV-VO kann daher auf die im Rahmen der Sitztheorie entwickelte Definition zurückgegriffen werden. Demgemäß wird der Begriff Hauptverwaltung in Art. 12 S. 2 Buchst. a EWIV-VO genauso definiert wie beim juristisch-technischen Sprachgebrauch in Deutschland[175] dargelegt.[176]

Ein weiterer Rechtsakt mit ähnlichem Regelungsanliegen wie Art. 7 SE-VO ist Art. 2 EUGEN-VOV 1993.

Die EUGEN-VOV 1993 folgt der Sitztheorie[177].[178] Denn der Zweck der Sitztheorie, die Rechtsordnung desjenigen Staates zu schützen, der tatsächlich am meisten von der Tätigkeit einer Gesellschaft betroffen ist, wird wie folgt realisiert. Zwar wird in Art. 4 Abs. 1 Buchst. c Spiegelstrich 2 EUGEN-VOV 1993 auf das Recht des Mitgliedstaates

---

172 Zu den Grundlagen siehe oben Punkt B. I. 1. b) bb) (1).

173 Zur Sitztheorie siehe unten Punkt B. III. 1. a) aa) (3) (a).

174 *Meyer-Landrut*, EWIV, S. 32.

175 Siehe dazu oben Punkt B. I. 1. b) aa) (2) (a).

176 *Meyer-Landrut*, EWIV, S. 33; *Manz*, in: Selbherr/Manz, EWIV, Art. 12 Rn. 3.

177 Zur Sitztheorie siehe unten Punkt B. III. 1. a) aa) (3) (a).

178 *Hagen-Eck*, EUGEN, S. 124.

verwiesen, in dem die EUGEN ihren Satzungssitz[179] hat, aber nach Art. 2 Hs. 2 EUGEN-VOV 1993 muss der Satzungssitz im selben Mitgliedstaat wie die Hauptverwaltung liegen. Bei der Auslegung des Begriffs Hauptverwaltung in Art. 2 EUGEN-VOV 1993 kann deshalb auf die im Rahmen der Sitztheorie entwickelte Definition zurückgegriffen werden. Dementsprechend wird der Begriff Hauptverwaltung in Art. 2 EUGEN-VOV 1993 genauso definiert wie beim juristisch-technischen Sprachgebrauch in Deutschland[180] dargelegt.

(b) Art. 48 Abs. 1 EG

Schließlich erfolgt eine Zusammenschau des Art. 7 SE-VO mit Art. 48 Abs. 1 EG. Hauptverwaltung im Sinne des Art. 48 Abs. 1 EG ist der Ort, an dem die Willensbildung und die eigentliche unternehmerische Leitung der Gesellschaft erfolgt.[181] Sachlich ist damit der an die Hauptverwaltung anknüpfende tatsächliche Sitz im Sinne der Sitztheorie[182] gemeint.[183]

(c) Zusammenfassung

Die logisch-systematische Auslegung des Begriffs Hauptverwaltung in Art. 7 SE-VO ergibt, dass hierunter der Ort zu verstehen ist, an dem die grundlegenden Entscheidungen der Unternehmensleitung effektiv durch das zur Geschäftsführung berufene Vertretungsorgan nach außen in laufende Geschäftsführungsakte umgesetzt werden. Denn alle untersuchten Normen rekurrieren mehr oder weniger deutlich auf die Hauptverwaltungsdefinition der Sitztheorie.

---

179 Zur Auslegung des Sitzbegriffs in Art. 2 EUGEN-VOV 1993 und damit auch in Art. 4 EUGEN-VOV 1993 im Sinne von Satzungssitz siehe oben Punkt B. I. 1. b) bb) (3) (d).

180 Siehe dazu oben Punkt B. I. 1. b) aa) (2) (a).

181 *Troberg*, in: von der Groeben, EG, Art. 58 Rn. 7; *Hailbronner*, in: Handkommentar EUV/EGV, Art. 58 Rn. 6, Stand: September 1991; *Schwarz*, Europäisches Gesellschaftsrecht, Rn. 152.

182 Zur Sitztheorie siehe unten Punkt B. III. 1. a) aa) (3) (a).

183 *Schwarz*, Europäisches Gesellschaftsrecht, Rn. 152.

(3) Historisch-genetische Auslegung

Im Rahmen der historisch-genetischen Auslegung[184] ist auf Erwägungsgrund 27 SE-VO sowie darauf einzugehen, welche konkreten Vorstellungen mit dem Hauptverwaltungsbegriff im Verlaufe der Entstehungsgeschichte des Art. 7 SE-VO verbunden wurden.

(a) Erwägungsgrund 27 SE-VO

Nach Erwägungsgrund 27 SE-VO wurde für die SE die „Regelung des tatsächlichen Sitzes" gewählt. Oben wurden zwei verschiedene Deutungsmöglichkeiten dieser Formulierung dargelegt,[185] ohne eine abschließende Entscheidung zwischen ihnen zu treffen. Nunmehr steht fest, dass mit Sitz in Art. 7 SE-VO und damit in der SE-VO insgesamt der Satzungssitz gemeint ist. Folglich entfällt die erste Deutungsmöglichkeit, wonach die Formulierung dahin gehend zu verstehen ist, dass Sitz in der SE-VO tatsächlicher Sitz bedeuten soll. Es verbleibt nur noch die zweite Deutungsmöglichkeit, wonach die SE-VO hinsichtlich des ergänzend anwendbaren mitgliedstaatlichen Rechts der Sitztheorie[186] folgt. Erwägungsgrund 27 SE-VO spricht demnach dafür, bei der Auslegung des Begriffs Hauptverwaltung in Art. 7 SE-VO auf die im Rahmen der Sitztheorie entwickelte Definition zurückzugreifen.

(b) Entstehungsgeschichte

Des Weiteren ist die Entstehungsgeschichte des Art. 7 SE-VO im Hinblick darauf zu beleuchten, was unter dem bereits im Vorentwurf und manchen Vorschlägen zu findenden Hauptverwaltungsbegriff zu verstehen ist.

Schon Art. I-4 Nr. 1 S. 2 des Vorentwurfs von *Sanders* aus dem Jahre 1966 enthielt den Begriff der Hauptverwaltung. Mit dem Begriff Hauptverwaltung knüpft *Sanders* an

---

184 Zu den Grundlagen siehe oben Punkt B. I. 1. b) cc) (1).

185 Siehe oben Punkt B. I. 1. b) cc) (2).

186 Zur Sitztheorie siehe unten Punkt B. III. 1. a) aa) (3) (a).

Art. 5 des EWG-Übereinkommens vom 29. Februar 1968 über die gegenseitige Anerkennung von Gesellschaften und juristischen Personen[187] an. Diese Vorschrift wiederum schließt sich den nationalen Rechten der Vertragsstaaten an, die von der „Lehre des tatsächlichen Sitzes" ausgehen.[188] Die Lehre des tatsächlichen Sitzes ist gleichbedeutend mit Sitztheorie, da letztere auf den tatsächlichen Sitz in Gestalt der Hauptverwaltung abstellt[189]. Es ist deshalb davon auszugehen, dass *Sanders* den Hauptverwaltungsbegriff genauso verstanden hat wie die Sitztheorie[190].
Auch der Hauptverwaltungsbegriff in Art. 5 S. 3 SE-VOV 1989 knüpft an die Sitztheorie an.[191] Gleiches gilt für Art. 5 S. 3 SE-VOV 1991.[192]

Es sind keine Anhaltspunkte dafür ersichtlich, dass der Rat in Art. 7 SE-VO von einem anderen Begriffsverständnis ausgeht als der Vorentwurf *Sanders'* und die genannten Vorschläge aus den Jahren 1989 und 1991.

(c) Zusammenfassung

Die historisch-genetische Auslegung des Begriffs Hauptverwaltung in Art. 7 SE-VO ergibt, dass hierunter der Ort zu verstehen ist, an dem die grundlegenden Entscheidungen der Unternehmensleitung effektiv durch das zur Geschäftsführung berufene Vertretungsorgan nach außen in laufende Geschäftsführungsakte umgesetzt werden. Denn sowohl Erwägungsgrund 27 SE-VO als auch die Entstehungsgeschichte belegen die Anknüpfung des Hauptverwaltungsbegriffs an die Sitztheorie.

---

187 BGBl. 1972 II, S. 369-384.

188 *Sanders*, SE-VE 1966, Art. I-4 Kommentierung 1.

189 Siehe dazu unten Punkt B. III. 1. a) aa) (3) (a).

190 Zum Verständnis des Hauptverwaltungsbegriffs nach der Sitztheorie siehe oben Punkt B. I. 2. a) aa) (1).

191 *Grote*, Neues SE-Statut, S. 162.

192 *Leupold*, SE und deutsches Recht, S.32.

(4) Ergebnis

Da alle Auslegungskriterien dafür sprechen, für die Auslegung des Begriffs Hauptverwaltung in Art. 7 SE-VO auf die im Rahmen der Sitztheorie entwickelte Definition zurückzugreifen,[193] ist als Ergebnis festzuhalten:
Hauptverwaltung der SE im Sinne des Art. 7 SE-VO ist der Ort, an dem die grundlegenden Entscheidungen der Unternehmensleitung effektiv durch das zur Geschäftsführung berufene Vertretungsorgan nach außen in laufende Geschäftsführungsakte umgesetzt werden.
Das zur Geschäftsführung berufene Vertretungsorgan der SE ist im dualistischen System nach Art. 39 Abs. 1 S. 1 SE-VO das Leitungsorgan und im monistischen System nach Art. 43 Abs. 1 S. 1 SE-VO das Verwaltungsorgan.

bb) Geschäftsführung an verschiedenen Orten

Setzen die Mitglieder des Leitungs- bzw. Verwaltungsorgans der SE die grundlegenden Entscheidungen der Unternehmensleitung an verschiedenen Orten effektiv nach außen in laufende Geschäftsführungsakte um, stellt sich die Frage, wo sich die Hauptverwaltung im Sinne des Art. 7 SE-VO befindet.

(1) Hauptverwaltung an verschiedenen Orten

Die Hauptverwaltung im Sinne des Art. 7 SE-VO befindet sich in einem solchen Fall nicht gleichzeitig an verschiedenen Orten. Gegen die Annahme einer solchen gespaltenen Hauptverwaltung spricht die sprachlich-grammatische Auslegung[194] des Hauptverwaltungsbegriffs in Art. 7 SE-VO.
In deren Rahmen ist der Satzzusammenhang mit dem Begriff Sitz in Art. 7 S. 2 SE-VO zu berücksichtigen. Würde der Hauptverwaltungsbegriff auch den Fall erfassen, dass sich die Hauptverwaltung der SE an verschiedenen Orten befindet, dann müsste die SE

---

193 *Rohde*, Europäische Integration, S. 265.

194 Zu den Grundlagen siehe oben Punkt B. I. 1. b) aa) (1).

auch mehrere Satzungssitze haben können, um im Fall einer Umsetzung des Art. 7 S. 2 SE-VO in mitgliedstaatliches Recht der Vorgabe des Art. 7 S. 2 SE-VO i. V. m. der entsprechenden mitgliedstaatlichen Rechtsvorschrift zu genügen. Die SE kann aber nur einen Satzungssitz haben. Dies ergibt sich aus der historisch-genetischen Auslegung[195] des Sitzbegriffs in Art. 7 SE-VO. Denn der Rat hat die Regelung des Art. 5 Abs. 2 SE-VOV 1970 bzw. des Art. 5 Nr. 2 SE-VOV 1975, die für die SE noch die Möglichkeit mehrerer Satzungssitze vorsah, nicht in Art. 7 SE-VO übernommen. Ist demnach nur ein Satzungssitz zulässig, darf die SE auch nur eine Hauptverwaltung haben, weil bei einem Satzungssitz und Hauptverwaltungen an verschiedenen Orten die Vorgabe des Art. 7 S. 2 SE-VO i. V. m. der entsprechenden mitgliedstaatlichen Rechtsvorschrift nicht erfüllt werden kann.

Diese Argumentation lässt sich auch auf Art. 7 S. 1 Hs. 2 SE-VO übertragen. Wenn sich die Hauptverwaltung an verschiedenen Orten befinden kann, liegen diese unter Umständen in verschiedenen Mitgliedstaaten. In dieser Konstellation lässt sich die Vorgabe des Art. 7 S. 1 Hs. 2 SE-VO nur erfüllen, wenn die SE mehrere Satzungssitze haben kann, was mit Blick auf Art. 5 Abs. 2 SE-VOV 1970 und Art. 5 Nr. 2 SE-VOV 1975 zu verneinen ist.[196]

(2) Hauptverwaltung an einem Ort

Setzen die Mitglieder des Leitungs- bzw. Verwaltungsorgans der SE die grundlegenden Entscheidungen der Unternehmensleitung an verschiedenen Orten effektiv nach außen in laufende Geschäftsführungsakte um, ist vielmehr ein Ort auszuwählen, der die Hauptverwaltung im Sinne des Art. 7 SE-VO darstellt. Bei der Auswahl dieses Ortes empfiehlt es sich, in der nachstehenden Reihenfolge vorzugehen.

---

195 Zu den Grundlagen siehe oben Punkt B. I. 1. b) cc) (1).

196 Ebenso *Leupold*, SE und deutsches Recht, S. 32 zum Hauptverwaltungsbegriff in Art. 5 S. 3 SE-VOV 1991.

(a) Tätigkeitsort des ranghöchsten Mitglieds

Als Hauptverwaltung ist vorrangig der Ort auszuwählen, an dem das ranghöchste Mitglied des Leitungs- bzw. Verwaltungsorgans der SE tätig ist.[197] Eine Rangfolge kann sich daraus ergeben, dass der Vorsitzende gegenüber den anderen Mitgliedern mehr und letztlich allein ausschlaggebende Entscheidungsbefugnisse hat.[198] Falls beispielsweise nach Art. 50 Abs. 2 S. 1 SE-VO die Stimme des Vorsitzenden bei Stimmengleichheit den Ausschlag gibt, befindet sich an seinem Tätigkeitsort der wichtigste Teil der Hauptverwaltung.

(b) Tätigkeitsort der meisten Mitglieder

Haben dagegen alle Mitglieder des Leitungs- bzw. Verwaltungsorgans der SE die gleichen Entscheidungsbefugnisse, ist der Ort auszuwählen, wo die meisten Mitglieder des Leitungs- bzw. Verwaltungsorgans der SE tätig sind.[199]

(c) Engste tatsächliche Beziehung

Falls auch dieses Anknüpfungskriterium versagt, ist der Ort als Hauptverwaltung aus-

---

197 Ebenso *Ebenroth/Bippus*, JZ 1988, S. 677 (678); *Ebenroth/Eyles*, DB-Beilage 2/88, S. 1 (9); *Huber*, Grenzüberschreitende Sitzverlegung, S. 11 f.; *Frowein*, Grenzüberschreitende Sitzverlegung, S. 31 jeweils zur Bestimmung des Ortes der Hauptverwaltung im Rahmen der Sitztheorie; *Höft*, Verwaltungssitzverlegung, S. 23 zur Bestimmung des Verwaltungssitzes einer „US-corporation".

198 Ebenso *Kegel/Schurig*, IPR, S. 510; *Ebenroth/Bippus*, JZ 1988, S. 677 (678); *Ebenroth/Eyles*, DB-Beilage 2/88, S. 1 (9) jeweils zur Bestimmung des Ortes der Hauptverwaltung im Rahmen der Sitztheorie; *Höft*, Verwaltungssitzverlegung, S. 23 zur Bestimmung des Verwaltungssitzes einer „US-corporation".

199 Ähnlich *Frowein*, Grenzüberschreitende Sitzverlegung, S. 31, der zur Bestimmung des Ortes der Hauptverwaltung im Rahmen der Sitztheorie an den Ort anknüpft, an dem zahlenmäßig die meisten Entscheidungen umgesetzt werden.

zuwählen, zu dem die SE die engste tatsächliche Beziehung hat.[200] Für die Bestimmung der engsten tatsächlichen Beziehung können unterschiedliche Kriterien herangezogen werden. Keines dieser Kriterien lässt sich jedoch unter die oben aufgestellte Definition der Hauptverwaltung subsumieren. Es ist daher nicht überzeugend, die Kriterien in einer bestimmten Reihenfolge zu prüfen.[201] Vielmehr sind sie einer Gesamtbetrachtung zu unterziehen.[202]

In diese kann eingestellt werden, dass sich an einem der in Betracht kommenden Orte die tatsächliche Geschäftsleitung[203] befindet.[204] Ferner ist relevant, wo die tatsächliche Verwaltung[205] ausgeführt wird.[206] Des Weiteren kann darauf abgestellt werden, dass an einem der Orte die Hauptversammlung der SE stattfindet.[207] Überdies kann die Lage des

---

200 Ebenso *Ebenroth/Bippus*, JZ 1988, S. 677 (679); *Schlenker*, Gestaltungsmodelle, S. 16 jeweils zur Bestimmung des Ortes der Hauptverwaltung im Rahmen der Sitztheorie.

201 A. A. *Ebenroth/Bippus*, JZ 1988, S. 677 (682), die zur Bestimmung des Ortes der Hauptverwaltung im Rahmen der Sitztheorie innerhalb der Anknüpfungskriterien von einer Rangfolge ausgehen; ihnen offenbar folgend *Panthen*, Sitzbegriff, S. 310 f., der zur Bestimmung des Ortes der Hauptverwaltung im Rahmen der Sitztheorie eine „Anknüpfungsleiter" bestehend aus Hauptverwaltungsort, Hauptbetriebsstätte und Gesellschafterversammlung heranzieht; ihnen offenbar folgend *Leupold*, SE und deutsches Recht, S. 32 zur Bestimmung des Ortes der Hauptverwaltung im Sinne des Art. 5 S. 3 SE-VOV 1991.

202 Ähnlich *Grote*, Neues SE-Statut, S. 164 zur Bestimmung des Ortes der Hauptverwaltung im Sinne des Art. 5 S. 3 SE-VOV 1989.

203 Zum Begriff siehe oben Punkt B. I. 1. b) aa) (2) (a).

204 Ebenso *Wymeersch*, ZGR 1999, S. 126 (130) zur Bestimmung des Sitzes nach belgischem Recht.

205 Zum Begriff siehe oben Punkt B. I. 1. b) aa) (2) (a).

206 Ebenso *Panthen*, Sitzbegriff, S. 311 und 289 zur Bestimmung des Ortes der Hauptverwaltung im Rahmen der Sitztheorie; *Wymeersch*, ZGR 1999, S. 126 (129 f.) zur Bestimmung des Sitzes nach belgischem Recht.

207 Ebenso *Grote*, Neues SE-Statut, S. 164 zur Bestimmung des Ortes der Hauptverwaltung im Sinne des Art. 5 S. 3 SE-VOV 1989; *Leupold*, SE und deutsches Recht, S. 32 zur Bestimmung des Ortes der Hauptverwaltung im Sinne des Art. 5 S. 3 SE-VOV 1991; *Panthen*, Sitzbegriff, S. 311; *Ebenroth/Bippus*, JZ 1988, S. 677 (680 und 682); *Schlenker*, Gestaltungsmodelle, S. 16 jeweils zur Bestimmung des Ortes der Hauptverwaltung im Rahmen der Sitztheorie; *Wymeersch*, ZGR 1999, S. 126 (129 f.) zur Bestimmung des Sitzes nach belgischem Recht.

Betriebsmittelpunktes[208] von Bedeutung sein.[209] Gleiches gilt für den Schwerpunkt der gewerblichen Tätigkeit[210].[211] Eine Verbindung der SE zu einem bestimmten Ort begründen darüber hinaus ihr Gründungsakt und ihr Gründungsrecht.[212] Schließlich können für eine Zuordnung der Hauptverwaltung zu einem bestimmten Ort die Staatsangehörigkeit und der Wohnsitz der Anteilseigner herangezogen werden.[213]

(3) Ergebnis

Setzen die Mitglieder des Leitungs- bzw. Verwaltungsorgans der SE die grundlegenden Entscheidungen der Unternehmensleitung an verschiedenen Orten effektiv nach außen in laufende Geschäftsführungsakte um, ist die Hauptverwaltung im Sinne des Art. 7 SE-VO an einem dieser Orte.

Bei der Auswahl dieses Ortes sind die folgenden Kriterien zu prüfen:

- Tätigkeitsort des ranghöchsten Mitglieds des Leitungs- bzw. Verwaltungsorgans;
- hilfsweise: Tätigkeitsort der meisten Mitglieder des Leitungs- bzw. Verwaltungsorgans;

---

208 Zum Begriff siehe oben Punkt B. I. 1. b) aa) (2) (a).

209 Ebenso *Leupold*, SE und deutsches Recht, S. 32 zur Bestimmung des Ortes der Hauptverwaltung im Sinne des Art. 5 S. 3 SE-VOV 1991; *Panthen*, Sitzbegriff, S. 311; *Ebenroth/Bippus*, JZ 1988, S. 677 (680 und 682); *Schlenker*, Gestaltungsmodelle, S. 16 jeweils zur Bestimmung des Ortes der Hauptverwaltung im Rahmen der Sitztheorie; a. A. offenbar *Grote*, Neues SE-Statut, S. 164 zur Bestimmung des Ortes der Hauptverwaltung im Sinne des Art. 5 S. 3 SE-VOV 1989.

210 Zum Begriff siehe oben Punkt B. I. 1. b) aa) (2) (a).

211 Ähnlich *Leupold*, SE und deutsches Recht, S. 32 zur Bestimmung des Ortes der Hauptverwaltung im Sinne des Art. 5 S. 3 SE-VOV 1991.

212 Ebenso *Leupold*, SE und deutsches Recht, S. 32 zur Bestimmung des Ortes der Hauptverwaltung im Sinne des Art. 5 S. 3 SE-VOV 1991; *Ebenroth/Bippus*, JZ 1988, S. 677 (681 f.); *Schlenker*, Gestaltungsmodelle, S. 16 jeweils zur Bestimmung des Ortes der Hauptverwaltung im Rahmen der Sitztheorie.

213 Ebenso *Panthen*, Sitzbegriff, S. 312; *Ebenroth/Bippus*, JZ 1988, S. 677 (682); *Schlenker*, Gestaltungsmodelle, S. 16 jeweils zur Bestimmung des Ortes der Hauptverwaltung im Rahmen der Sitztheorie.

- hilfsweise: engste tatsächliche Beziehung der SE zu diesem Ort.

b) Art. 7 S. 2 SE-VO

Zu klären bleibt, wie sich der deutsche Gesetzgeber in Bezug auf die Ermächtigung des Art. 7 S. 2 SE-VO verhalten soll.

aa) Inanspruchnahme durch Deutschland

In diesem Zusammenhang ist zunächst die Frage zu beantworten, ob Deutschland die Ermächtigung des Art. 7 S. 2 SE-VO in Anspruch nehmen soll.

Dagegen spricht, dass damit die Freiheit der Sitzwahl weiter eingeschränkt wird. Dies könnte im Standortwettbewerb mit anderen Rechtsordnungen, die von der Ermächtigung des Art. 7 S. 2 SE-VO keinen Gebrauch machen werden, einen Nachteil bedeuten.

Dafür könnte sprechen, dass die Ermächtigung des Art. 7 S. 2 SE-VO die Herstellung eines Gleichlaufs mit § 5 Abs. 2 AktG ermöglicht.[214]
Der Herstellung eines Gleichlaufs bedarf es jedoch nicht, wenn § 5 Abs. 2 AktG ohnehin bereits nach Art. 9 Abs. 1 Buchst. c ii) SE-VO auf eine SE mit Satzungssitz in Deutschland anwendbar ist. Das ist nicht der Fall, weil die Vorgaben für die Sitzwahl durch Art. 7 SE-VO eine abschließende Regelung erfahren haben.[215]
Ferner müsste der Gleichlauf mit § 5 Abs. 2 AktG durch eine Inanspruchnahme der Ermächtigung realisierbar sein. Art. 7 S. 2 SE-VO ermächtigt den deutschen Gesetzgeber vorzuschreiben, dass der Satzungssitz am Ort der Hauptverwaltung liegen muss. § 5 Abs. 2 AktG unterscheidet sich von dieser Regelung jedoch in zweifacher Hinsicht.
Zum einen lässt § 5 Abs. 2 AktG dem Satzungsgeber bei der Festlegung des Satzungssitzes die Wahl zwischen einem Betriebsort, dem Ort der Geschäftsleitung und

---

214 *Hirte*, NZG 2002, S. 1 (4); *Wenz*, in: Theisen/Wenz, Europäische Aktiengesellschaft, S. 171 (203).

215 Zweifelnd *Teichmann*, ZGR 2002, S. 383 (457).

dem Ort der Verwaltungsführung. Keiner der drei Begriffe ist mit dem Hauptverwaltungsbegriff in Art. 7 S. 2 SE-VO deckungsgleich, insbesondere weder der Begriff Geschäftsleitung noch der Begriff Verwaltung. Die Geschäftsleitung im Sinne des § 5 Abs. 2 Var. 2 AktG befindet sich an dem Ort, wo die maßgeblichen Leitungsentscheidungen getroffen werden,[216] während es für den Hauptverwaltungsbegriff im Sinne des Art. 7 S. 2 SE-VO auf die Umsetzung der Entscheidungen ankommt. Der Ort der Verwaltungsführung im Sinne des § 5 Abs. 2 Var. 3 AktG befindet sich dort, wo die laufenden Geschäfte ausgeführt werden,[217] während es für den Hauptverwaltungsbegriff im Sinne des Art. 7 S. 2 SE-VO auf die Ausführung der grundlegenden Entscheidungen der Unternehmensleitung ankommt. Insoweit enthält § 5 Abs. 2 AktG also andere Einschränkungen der Sitzwahlfreiheit als Art. 7 S. 2 SE-VO.

Zum anderen ermächtigt Art. 7 S. 2 SE-VO zum Erlass einer Muss-Vorschrift, wohingegen § 5 Abs. 2 AktG eine Soll-Vorschrift darstellt. Insofern enthält § 5 Abs. 2 AktG eine geringere Einschränkung der Sitzwahlfreiheit als Art. 7 S. 2 SE-VO.

Es stellt sich daher die Frage, ob Art. 7 S. 2 SE-VO nur eine punktuelle Abweichung von Art. 7 S. 1 SE-VO oder jegliche Gestaltung zwischen der Minimalvorgabe des Art. 7 S. 1 SE-VO und der Maximalvorgabe des Art. 7 S. 2 SE-VO zulässt. Im ersten Fall könnte der deutsche Gesetzgeber lediglich vorschreiben, dass sich der Satzungssitz am Ort der Hauptverwaltung befinden muss. Ein Gleichlauf mit § 5 Abs. 2 AktG ließe sich folglich nicht erzielen. Im zweiten Fall könnte der deutsche Gesetzgeber nicht nur jeden beliebigen Ort als Satzungssitz vorsehen, sondern anstatt einer Muss- auch eine Soll-Vorschrift wählen. Mit dem Wortlaut des Art. 7 S. 2 SE-VO sind beide Auslegungsvarianten vereinbar. Es ist allerdings kein Grund ersichtlich, warum lediglich eine punktuelle Abweichung erlaubt sein soll.[218]

Folglich kann der gewünschte Gleichlauf mit § 5 Abs. 2 AktG durch eine Inanspruchnahme der Ermächtigung in Art. 7 S. 2 SE-VO realisiert werden.

---

216 *Kraft*, in: KöKo, AktG, § 5 Rn. 14; *Heider*, in MüKo, AktG, § 5 Rn. 35.

217 *Kraft*, in: KöKo, AktG, § 5 Rn. 15; *Heider*, in MüKo, AktG, § 5 Rn. 35.

218 *Brandt*, NZG 2002, S. 991 (994); *Neye/Teichmann*, AG 2003, S. 169 (173 Fn. 24).

Bei der Beantwortung der Frage, ob der deutsche Gesetzgeber von der Ermächtigung des Art. 7 S. 2 SE-VO Gebrauch machen soll, ist auch nachstehende Überlegung zu berücksichtigen. Wird die Ermächtigung nicht in Anspruch genommen, würde die SE eine größere Sitzwahlfreiheit genießen als die AG, die den Beschränkungen des § 5 Abs. 2 AktG unterliegt. Eine solche Privilegierung der SE gegenüber der AG lässt sich durch das alleinige Faktum der Grenzüberschreitung der SE nicht hinreichend rechtfertigen.[219]

Deutschland sollte daher durch die Inanspruchnahme der Ermächtigung des Art. 7 S. 2 SE-VO einen Gleichlauf mit § 5 Abs. 2 AktG herstellen.

bb) Konkrete Ausgestaltung einer deutschen Ausführungsregelung

Für die Erreichung des gewünschten Gleichlaufs mit § 5 Abs. 2 AktG stehen zwei Alternativen zur Verfügung:

- Aufnahme einer § 5 Abs. 2 AktG entsprechenden Regelung in das SEAG oder
- bloße Verweisung des SEAG auf § 5 Abs. 2 AktG[220].

Für eine bloße Verweisung des SEAG auf das AktG spricht, dass andernfalls fast ein ganzes neues Aktiengesetz weitestgehend wortgleich mit dem AktG nur für die SE mit Sitz in Deutschland geschrieben werden müsste.[221]
Für die Aufnahme einer § 5 Abs. 2 AktG entsprechenden Regelung in das SEAG sind folgende Argumente anzuführen:

---

219 *Teichmann*, ZGR 2002, S. 383 (457); *Wenz*, in: Theisen/Wenz, Europäische Aktiengesellschaft, S. 171 (203).

220 *Teichmann*, ZIP 2002, S. 1109 (1111); *Wenz*, in: Theisen/Wenz, Europäische Aktiengesellschaft, S. 171 (203).

221 *Lutter*, BB 2002, S. 1 (6); *Neye*, ZGR 2002, S. 377 (381).

Generell ist darauf zu achten, dass die Rechtsanwendung, die bereits durch die zahlreichen Verweisungen der SE-VO auf das deutsche Aktienrecht erheblich erschwert ist, nicht durch Verweisungen des SEAG weiter erschwert wird.[222]

Konkret bezogen auf Art. 7 S. 2 SE-VO stellt sich das Problem, dass die Ermächtigung des Art. 7 S. 2 SE-VO eine andere Einschränkung der Sitzwahlfreiheit vorsieht als § 5 Abs. 2 AktG, sodass bei einer bloßen Verweisung auf § 5 Abs. 2 AktG Zweifel hinsichtlich des Umfangs dieser Verweisung auftreten könnten.

Schließlich würde eine bloße Verweisung auf § 5 Abs. 2 AktG auch dessen Formulierung „Die Satzung hat als Sitz ..." und damit mittelbar die Sitzdefinition des § 5 Abs. 1 AktG erfassen. Diese Vorgehensweise wäre nicht damit zu vereinbaren, dass sich das SEAG einer Klarstellung mit Blick auf den autonom durch die SE-VO geprägten Sitzbegriff enthalten sollte.[223]

Im Ergebnis ist dem deutschen Gesetzgeber daher zu empfehlen, im SEAG nicht bloß auf § 5 Abs. 2 AktG zu verweisen, sondern eine dem § 5 Abs. 2 AktG entsprechende Regelung in das SEAG aufzunehmen, die wie folgt aussehen könnte:

„Sitz der SE

Der Sitz der SE hat sich in der Regel an dem Ort zu befinden, wo die SE einen Betrieb hat, wo sich die Geschäftsleitung befindet oder die Verwaltung geführt wird."

Während § 2 SEAG-DE mit diesem Formulierungsvorschlag im Wesentlichen übereinstimmte, stellte § 2 SEAG-RegE den Gleichlauf mit § 5 Abs. 2 AktG nur noch unvollkommen her, indem er verlangte, dass sich der Sitz zwingend am Ort der Verwaltung befindet.

Wie sich aus der Formulierung des S. 3 der Begründung zu § 2 SEAG-RegE „soweit wie möglich" ergibt, sah sich die Bundesregierung offenbar durch die auf den Begriff „Hauptverwaltung" beschränkte Formulierung des Art. 7 S. 2 SE-VO gehindert, einen

---

222 *Lutter*, BB 2002, S. 1 (6).

223 Ebenso *Teichmann*, ZIP 2002, S. 1109 (1110) zur Aufnahme von Klarstellungen in das SEAG im Allgemeinen.

vollständigen Gleichlauf mit § 5 Abs. 2 AktG herzustellen. Art. 7 S. 2 SE-VO steht aber einem solchen Gleichlauf nicht entgegen.[224] In § 2 SEAG wurde nun auf Vorschlag des Bundesrats[225] und des Rechtsausschusses des Bundestags[226] der Begriff „Verwaltung“ durch den Begriff „Hauptverwaltung“ ersetzt. Damit wird der angestrebte Gleichlauf mit § 5 Abs. 2 AktG verfehlt, da unter Hauptverwaltung im Sinne des Art. 7 S. 2 SE-VO etwas anderes zu verstehen ist als unter Verwaltung im Sinne des § 5 Abs. 2 AktG.[227]

Zu kritisieren ist ferner, dass § 2 SEAG aus § 5 Abs. 2 die Formulierung „Die Satzung hat als Sitz…“ übernimmt. Wie bereits erwähnt, lässt sich diese mittelbare Bezugnahme auf die Sitzdefinition des § 5 Abs. 1 AktG nicht damit vereinbaren, dass sich das SEAG einer solchen Klarstellung mit Blick auf den autonom durch die SE-VO geprägten Sitzbegriff enthalten sollte.[228]

II. Sanktionierung von Verstößen gegen Art. 7 SE-VO

Nachdem die Regelung des Sitzes der SE in Art. 7 SE-VO dargestellt wurde, ist nun zu untersuchen, welche Sanktionen ein Verstoß gegen ihre Vorgaben nach sich zieht.

Ausdrücklich geregelt wird die Sanktionierung von Verstößen gegen Art. 7 SE-VO in Art. 64 SE-VO. Daher ist zunächst auf diese Vorschrift einzugehen. Sollte Art. 64 SE-VO nicht auf alle Verstöße gegen Art. 7 SE-VO anwendbar sein, ist zu klären, wie die von Art. 64 SE-VO nicht erfassten Verstöße zu behandeln sind.

---

224 Siehe dazu oben Punkt B. I. 2. b) aa).

225 Stellungnahme des Bundesrats zu § 2 SEAG-RegE, Drucksache 15/3656, S. 2 f.

226 Beschlussempfehlung und Bericht des Rechtsausschusses (6. Ausschuss) des Bundestags zu § 2 SEAG-RegE, Drucksache 15/4053, S. 7.

227 Siehe dazu oben Punkt B. I. 2. b) aa).

228 Ebenso *Teichmann*, ZIP 2002, S. 1109 (1110) zur Aufnahme von Klarstellungen in das SEAG im Allgemeinen.

1. Art. 64 SE-VO

a) Anwendungsbereich

Die Untersuchung der Vorschrift des Art. 64 SE-VO hat mit der Festlegung ihres Anwendungsbereichs zu beginnen.
Nach Art. 64 Abs. 1 Hs. 1 SE-VO ist Art. 64 SE-VO anwendbar, wenn eine SE die Verpflichtung nach Art. 7 SE-VO nicht mehr erfüllt.

aa) Bedeutung der Formulierung „Verpflichtung nach Artikel 7"

Der Anwendungsbereich des Art. 64 SE-VO knüpft gemäß Art. 64 Abs. 1 Hs. 1 SE-VO zunächst an die Verpflichtung nach Art. 7 SE-VO an.

Die SE ist nach Art. 7 SE-VO verpflichtet,

- ihren Satzungssitz innerhalb der Gemeinschaft zu haben (Art. 7 S. 1 Hs. 1 SE-VO),
- ihren Satzungssitz in dem Mitgliedstaat zu haben, in dem sich ihre Hauptverwaltung befindet (Art. 7 S. 1 Hs. 2 SE-VO), und
- ihren Satzungssitz am Ort der Hauptverwaltung zu haben, falls der Satzungssitzstaat der SE von der Ermächtigung des Art. 7 S. 2 SE-VO Gebrauch gemacht hat.

Der Anwendungsbereich des Art. 64 SE-VO umfasst aber nicht alle der genannten Verpflichtungen. Dies ergibt die Auslegung der Formulierung „Verpflichtung nach Artikel 7".
Zunächst ist im Rahmen der sprachlich-grammatischen Auslegung[229] der Satzzusammenhang sowohl mit der Formulierung „im Sitzstaat" in Art. 64 Abs. 1 Hs. 2 Buchst. a SE-VO als auch mit der Formulierung „nach dem Verfahren des Artikels 8" in Art. 64 Abs. 1 Hs. 2 Buchst. b SE-VO zu berücksichtigen. Aus diesem ergibt sich, dass

229 Zu den Grundlagen siehe oben Punkt B. I. 1. b) aa) (1).

der Anwendungsbereich des Art. 64 SE-VO nur Verstöße gegen Art. 7 S. 1 Hs. 1 und 2 SE-VO erfasst. Eine Wiedererrichtung der Hauptverwaltung im Sitzstaat gemäß Art. 64 Abs. 1 Hs. 2 Buchst. a SE-VO ist nämlich nicht geeignet, einen Verstoß gegen Art. 7 S. 2 i. V. m. der entsprechenden mitgliedstaatlichen Rechtsvorschrift zu beseitigen, da dies innerhalb des jeweiligen Sitzstaats zusätzlich die Wiedererrichtung der Hauptverwaltung am Satzungssitz der SE erfordert. Ebenso wenig vermag die in Art. 64 Abs. 1 Hs. 2 Buchst. b SE-VO vorgesehene Sitzverlegung nach dem Verfahren des Art. 8 SE-VO den Verstoß gegen Art. 7 S. 2 SE-VO zu beheben, da hierfür eine Sitzverlegung innerhalb des Mitgliedstaats zum Ort der Hauptverwaltung der SE erforderlich ist. Art. 8 SE-VO ist indes nach Art. 8 Abs. 1 S. 1 SE-VO („in einen anderen Mitgliedstaat") nur auf die grenzüberschreitende Sitzverlegung anwendbar.[230]
Das Ergebnis der sprachlich-grammatischen Auslegung wird durch die logisch-systematische Auslegung[231] bestätigt, in deren Rahmen der Umfang der Ermächtigung des Art. 7 S. 2 SE-VO zu berücksichtigen ist. Art. 7 S. 2 SE-VO ermächtigt die Mitgliedstaaten nicht nur, den in ihrem Hoheitsgebiet eingetragenen SE vorzuschreiben, dass sich Satzungssitz und Hauptverwaltung an einem Ort befinden müssen. Art. 7 S. 2 SE-VO ermächtigt darüber hinaus diejenigen Mitgliedstaaten, die eine solche Ausführungsvorschrift erlassen, Regelungen für den Fall vorzusehen, dass Satzungssitz und Hauptverwaltung innerhalb ihres Hoheitsgebiets auseinander fallen. Da es den Mitgliedstaaten überlassen bleibt, ob sie von der Ermächtigung des Art. 7 S. 2 SE-VO Gebrauch machen, muss es ihnen auch freigestellt werden, ob und gegebenenfalls wie sie auf Verstöße gegen eine entsprechende mitgliedstaatliche Ausführungsvorschrift reagieren.

Die Formulierung „Verpflichtung nach Artikel 7" in Art. 64 Abs. 1 Hs. 1 SE-VO ist demnach im Sinne von Verpflichtung nach Art. 7 S. 1 SE-VO auszulegen. Der Anwendungsbereich des Art. 64 SE-VO umfasst daher nur die Verpflichtung der SE, ihren Sitz innerhalb der Gemeinschaft und dort in dem Mitgliedstaat, in dem sich ihre Hauptverwaltung befindet, zu haben.

---

230 Zum räumlichen Anwendungsbereich des Art. 8 SE-VO siehe unten Punkt C. I. 1. c).

231 Zu den Grundlagen siehe oben Punkt B. I. 1. b) bb) (1).

bb) Bedeutung der Formulierung „Erfüllt ... nicht mehr"

Der Anwendungsbereich des Art. 64 SE-VO ist nach Art. 64 Abs. 1 Hs. 1 SE-VO ferner nur eröffnet, wenn eine SE die Verpflichtung nach Art. 7 S. 1 SE-VO nicht mehr erfüllt.

Die Verpflichtung nach Art. 7 S. 1 SE-VO ist in den folgenden Fällen nicht erfüllt:

- Verstöße gegen Art. 7 S. 1 Hs. 1 SE-VO:
  Satzungssitz außerhalb der Gemeinschaft
  - bei Eintragung der SE,
  - auf Grund einer Sitzverlegung;
- Verstöße gegen Art. 7 S. 1 Hs. 2 SE-VO:
  - Satzungssitz und Hauptverwaltung in verschiedenen Mitgliedstaaten
    - bei Eintragung der SE,
    - auf Grund einer Sitzverlegung,
    - auf Grund einer tatsächlichen Verlagerung der Hauptverwaltung,
  - Hauptverwaltung außerhalb der Gemeinschaft
    - bei Eintragung der SE,
    - auf Grund einer tatsächlichen Verlagerung der Hauptverwaltung.

Der Anwendungsbereich des Art. 64 SE-VO umfasst indes nicht alle der vorgenannten Verstöße.

(1) Zeitliche Einschränkung

Zum einen ergibt die Auslegung der Formulierung „Erfüllt ... nicht mehr" eine Einschränkung des Anwendungsbereichs des Art. 64 SE-VO in zeitlicher Hinsicht.

(a) Sprachlich-grammatische Auslegung

Bei der sprachlich-grammatischen Auslegung[232] ist der Wortsinn der Formulierung „Erfüllt ... nicht mehr" zu ermitteln. Sie impliziert, dass die SE die Verpflichtung ursprünglich einmal erfüllt hat.

(b) Objektiv-teleologische Auslegung

Mit Hilfe der objektiv-teleologischen Auslegung[233] lässt sich der Zeitraum der ursprünglichen Erfüllung der Verpflichtung näher eingrenzen. Der objektive Sinn und Zweck des Art. 64 SE-VO besteht darin, Sanktionen für Verstöße gegen den Art. 7 S. 1 SE-VO bereitzustellen. Dieser Sanktionen bedarf es nicht vor Eintragung der SE in das Register. Denn bis zu diesem Zeitpunkt kann auf einen Verstoß gegen Art. 7 S. 1 SE-VO mit der Zurückweisung des Eintragungsantrags reagiert werden.
Die Formulierung „Erfüllt ... nicht mehr" bedeutet demnach, dass die SE jedenfalls bei ihrer Eintragung in das Register die Verpflichtung nach Art. 7 S. 1 SE-VO erfüllt hat.[234]

(c) Zusammenfassung

Der Anwendungsbereich des Art. 64 SE-VO erstreckt sich daher nur auf die folgenden Verstöße gegen Art. 7 S. 1 SE-VO:

- Verstoß gegen Art. 7 S. 1 Hs. 1 SE-VO:
  Satzungssitz außerhalb der Gemeinschaft auf Grund einer Sitzverlegung;
- Verstöße gegen Art. 7 S. 1 Hs. 2 SE-VO:
  - Satzungssitz und Hauptverwaltung in verschiedenen Mitgliedstaaten
    - auf Grund einer Sitzverlegung,
    - auf Grund einer tatsächlichen Verlagerung der Hauptverwaltung,

---

232 Zu den Grundlagen siehe oben Punkt B. I. 1. b) aa) (1).

233 Zu den Grundlagen siehe oben Punkt B. I. 1. b) dd) (1).

234 In diesem Sinne auch *Teichmann*, ZGR 2002, S. 383 (457).

- Hauptverwaltung außerhalb der Gemeinschaft auf Grund einer tatsächlichen Verlagerung der Hauptverwaltung.

(2) Qualitative Einschränkung

Zum anderen ergibt die Auslegung der Formulierung „Erfüllt … nicht mehr" in Art. 64 Abs. 1 Hs. 1 SE-VO eine Einschränkung hinsichtlich der Art der Verstöße.

(a) Sprachlich-grammatische Auslegung

Zu einer ersten qualitativen Einschränkung führt die sprachlich-grammatische Auslegung[235]. Aus dem Satzzusammenhang mit Art. 64 Abs. 1 Hs. 2 Buchst. a und b SE-VO folgt, dass mit der Formulierung nur solche Verstöße gemeint sein können, die entweder durch eine Wiedererrichtung der Hauptverwaltung im Satzungssitzstaat oder eine Sitzverlegung nach dem Verfahren des Art. 8 SE-VO beseitigt werden können. Wird der Satzungssitz in einen Staat außerhalb der Gemeinschaft verlegt, versagen beide Beseitigungsalternativen. In Betracht zu ziehen ist in dieser Konstellation von vornherein nur die Beseitigungsmöglichkeit des Art. 64 Abs. 1 Hs. 2 Buchst. b SE-VO. Sie vermag indes diesen Verstoß gegen Art. 7 S. 1 Hs. 1 SE-VO nicht zu beseitigen, da das Verlegungsverfahren nach Art. 8 Abs. 1 S. 1 SE-VO nur auf die Verlegung des Satzungssitzes von einem Mitgliedstaat in einen anderen anwendbar ist.[236]
Die Formulierung „Erfüllt … nicht mehr" erfasst daher diejenigen Verstöße gegen Art. 7 S. 1 Hs. 1 SE-VO nicht, die auf einer Verlegung des Satzungssitzes in einen Staat außerhalb der Gemeinschaft beruhen.[237]

---

[235] Zu den Grundlagen siehe oben Punkt B. I. 1. b) aa) (1).

[236] Zum räumlichen Anwendungsbereich des Art. 8 SE-VO siehe unten Punkt C. I. 1. c).

[237] A. A. *Schwarz*, ZIP 2001, S. 1847 (1858).

(b) Objektiv-teleologische Auslegung

Eine weitere qualitative Einschränkung könnte sich aus der objektiv-teleologischen Auslegung[238] ergeben. Wie bereits dargelegt,[239] besteht der objektive Sinn und Zweck des Art. 64 SE-VO darin, Sanktionen für Verstöße gegen Art. 7 S. 1 SE-VO bereitzustellen. Dieser Sanktionen bedarf es grundsätzlich nicht bei Verstößen gegen Art. 7 S. 1 Hs. 2 SE-VO, die darin bestehen, dass Satzungssitz und Hauptverwaltung auf Grund einer Sitzverlegung in verschiedenen Mitgliedstaaten liegen. Denn diese Verstöße werden bereits dadurch verhindert, dass die SE nach Art. 8 Abs. 9 SE-VO erst dann in das Register des neuen Sitzstaats eingetragen werden darf, nachdem sie ihre Hauptverwaltung in diesem Mitgliedstaat errichtet hat.[240] Die objektiv-teleologische Auslegung der Formulierung „Erfüllt … nicht mehr" spricht demnach dafür, dass diejenigen Verstöße gegen Art. 7 S. 1 Hs. 2 SE-VO, die darin bestehen, dass Satzungssitz und Hauptverwaltung auf Grund einer Sitzverlegung in verschiedenen Mitgliedstaaten liegen, nicht vom Anwendungsbereich des Art. 64 SE-VO erfasst werden.

Da sich jedoch der Ort der Hauptverwaltung einer SE nicht immer ohne weiteres bestimmen lässt,[241] kann nicht ausgeschlossen werden, dass eine SE ausnahmsweise doch in das Register des neuen Sitzstaats eingetragen wird, obwohl sich dort nicht ihre Hauptverwaltung befindet. Ein solcher Fehler muss durch das Verfahren des Art. 64 SE-VO nachträglich korrigiert werden können.[242]

Die objektiv-telelogische Auslegung der Formulierung „Erfüllt … nicht mehr" führt daher im Ergebnis nicht zu einer weiteren qualitativen Einschränkung des Anwendungsbereichs des Art. 64 SE-VO.

---

238 Zu den Grundlagen siehe oben Punkt B. I. 1. b) dd) (1).

239 Siehe dazu oben Punkt B. II. 1. a) bb) (1) (b).

240 Siehe dazu unten Punkt C. I. 2. b) aa) (2) (b).

241 Zur Bestimmung der Hauptverwaltung im Fall der Geschäftsführung an verschiedenen Orten siehe oben Punkt B. I. 2. a) bb).

242 *Teichmann*, ZGR 2002, S. 383 (457 f.); *ders.*, in: Theisen/Wenz, Europäische Aktiengesellschaft, S. 573 (608); *Wenz*, in: Theisen/Wenz, Europäische Aktiengesellschaft, S. 171 (204).

(3) Ergebnis

Der Anwendungsbereich des Art. 64 SE-VO erstreckt sich daher nur auf die folgenden Verstöße gegen Art. 7 S. 1 Hs. 2 SE-VO:

- Satzungssitz und Hauptverwaltung in verschiedenen Mitgliedstaaten
  - auf Grund einer Sitzverlegung,
  - auf Grund einer tatsächlichen Verlagerung der Hauptverwaltung[243],
- Hauptverwaltung außerhalb der Gemeinschaft auf Grund tatsächlicher Verlagerung der Hauptverwaltung.

b) Regelungsverpflichtung

Art. 64 Abs. 1 bis 3 SE-VO enthält die Verpflichtung, ein Verfahren für die Fälle vorzusehen, in denen einer der soeben genannten Verstöße gegen Art. 7 S. 1 Hs. 2 SE-VO vorliegt.
Zunächst soll dargestellt werden, an welchen Adressaten sich die Regelungsverpflichtung richtet. Anschließend werden die Vorgaben des Art. 64 Abs. 1 bis 3 SE-VO für die zu erlassenden Regelungen untersucht. Zuletzt werden Überlegungen angestellt, wie diese Vorgaben in Deutschland umgesetzt werden können.

aa) Adressat

Die in Art. 64 Abs. 1 bis 3 SE-VO enthaltene Regelungsverpflichtung richtet sich an den Mitgliedstaat, in dem die SE ihren Sitz hat (Abs. 1) bzw. an den Sitzstaat (Abs. 2 und 3). Nach der logisch-systematischen Auslegung[244] ist grundsätzlich davon auszugehen, dass ein Begriff, der in verschiedenen Vorschriften desselben Rechtsakts verwendet wird, jeweils die gleiche Bedeutung hat. Da der Begriff Sitz in Art. 7 SE-VO

---

243 *Jahn/Herfs-Röttgen*, DB 2001, S. 631 (634).

244 Zu den Grundlagen siehe oben Punkt B. I. 1. b) bb) (1).

die Bedeutung Satzungssitz hat,[245] ist auch der Begriff bzw. Begriffsbestandteil Sitz in Art. 64 Abs. 1 bis 3 SE-VO im Sinne von Satzungssitz zu verstehen.
Adressat der Regelungsverpflichtung in Art. 64 Abs. 1 bis 3 SE-VO ist somit der Mitgliedstaat, in dem sich der Satzungssitz der SE befindet.

bb) Vorgaben

Art. 64 Abs. 1 bis 3 SE-VO enthält Vorgaben hinsichtlich der erforderlichen Verfahrensschritte und ihrer Reihenfolge.

(1) Art. 64 Abs. 1 SE-VO

Nach Art. 64 Abs. 1 SE-VO muss der Satzungssitzstaat dafür sorgen, dass die SE den vorschriftswidrigen Zustand beendet. Danach muss die SE von ihrem Satzungssitzstaat verpflichtet werden, den vorschriftswidrigen Zustand innerhalb einer bestimmten Frist durch Wiedererrichtung der Hauptverwaltung im Sitzstaat (Buchst. a) oder Verlegung des Sitzes nach Art. 8 SE-VO in den Mitgliedstaat, in dem sich die Hauptverwaltung befindet (Buchst. b), zu beseitigen.

(a) Bedeutung der Formulierung „innerhalb einer bestimmten Frist“

Der Formulierung „innerhalb einer bestimmten Frist“ sind zwei Vorgaben zu entnehmen. Zum einen muss das mitgliedstaatliche Recht überhaupt eine Frist vorsehen. Zum anderen muss diese Frist seitens der mitgliedstaatlichen Behörde, die tätig wird, gegenüber der betroffenen SE nach Wochen oder Monaten „bestimmt“ im Sinne von Art. 64 Abs. 1 SE-VO festgelegt werden.
Dagegen sagt die Formulierung nichts darüber aus, wie lange die Frist zu sein hat.

---

245 Siehe dazu oben Punkt B. I. 1.

(b) Bedeutung der Formulierung „Wiedererrichtung der Hauptverwaltung im Sitzstaat“

Die Formulierung „Hauptverwaltung wieder im Sitzstaat errichtet“ in Art. 64 Abs. 1 Hs. 2 Buchst. a SE-VO besteht aus drei Begriffen.

Wie bereits dargelegt wurde,[246] hat der Begriff Sitzstaat die Bedeutung Satzungssitzstaat.

Hinsichtlich des Begriffs Hauptverwaltung ist die logisch-systematische Auslegung[247] entscheidend. Danach ist grundsätzlich davon auszugehen, dass ein Begriff, der in verschiedenen Vorschriften desselben Rechtsakts verwendet wird, jeweils die gleiche Bedeutung hat. In Art. 7 SE-VO ist der Begriff Hauptverwaltung als der Ort zu verstehen, an dem die grundlegenden Entscheidungen der Unternehmensleitung effektiv durch das zur Geschäftsführung berufene Vertretungsorgan nach außen in laufende Geschäftsführungsakte umgesetzt werden. Diese Bedeutung muss er auch in Art. 64 Abs. 1 Hs. 2 Buchst. a SE-VO haben.

Beim Begriff „wieder ... errichtet“ ist zunächst der Bestandteil „errichtet“ zu betrachten. Da der Ort der Hauptverwaltung dem tatsächlichen Sitz im Sinne der Sitztheorie entspricht,[248] muss auch die Errichtung ein tatsächlicher Vorgang im Sinne einer tatsächlichen räumlichen Verlagerung sein. Aus dem Bestandteil „wieder“ folgt, dass mit Art. 64 Abs. 1 Hs. 2 Buchst. a SE-VO nur diejenigen Verstöße gegen Art. 7 S. 1 Hs. 2 SE-VO beseitigt werden können, die auf einer zuvor erfolgten tatsächlichen Verlagerung der Hauptverwaltung beruhen.

Wiedererrichtung der Hauptverwaltung im Sitzstaat bedeutet demnach, dass die effektive Umsetzung der grundlegenden Entscheidungen der Unternehmensleitung nach außen in laufende Geschäftsführungsakte räumlich in den Satzungssitzstaat zurückverlagert werden muss.

---

246 Siehe dazu oben Punkt B. II. 1. b) aa).

247 Zu den Grundlagen siehe oben Punkt B. I. 1. b) bb) (1).

248 Siehe dazu unten Punkt B. III. 1. a) aa) (3) (a).

(c) Bedeutung der Formulierung „Sitz nach dem Verfahren des Artikels 8 verlegt“

In Bezug auf die in Art. 64 Abs. 1 Hs. 2 Buchst. b SE-VO genannte zweite Möglichkeit zur Beendigung des vorschriftswidrigen Zustands sei an dieser Stelle nur erwähnt, dass die Sitzverlegung nach Art. 8 SE-VO eine Änderung der Satzung der SE erfordert.[249] Hinsichtlich der übrigen Einzelheiten des Verfahrens wird auf die Ausführungen unter Punkt C. verwiesen.

Zwar schweigt Art. 64 Abs. 1 Hs. 2 Buchst. b SE-VO im Gegensatz zu Art. 64 Abs. 1 Hs. 2 Buchst. a SE-VO zur Frage, wohin der Sitz der SE zu verlegen ist. Jedoch ergibt sich im Rahmen der sprachlich-grammatischen Auslegung[250] aus dem Satzzusammenhang mit der Formulierung „den vorschriftswidrigen Zustand zu beenden, indem ...“, dass der Satzungssitz in den Mitgliedstaat zu verlegen ist, in dem sich die Hauptverwaltung befindet. Denn nur auf diese Weise kann der vorschriftswidrige Zustand, der in der Nichterfüllung der Verpflichtung nach Art. 7 S. 1 Hs. 2 SE-VO besteht, beseitigt werden.

(2) Art. 64 Abs. 2 SE-VO

Nach Art. 64 Abs. 2 SE-VO muss der Satzungssitzstaat dafür sorgen, dass die SE, die den vorschriftswidrigen Zustand nicht nach Art. 64 Abs. 1 SE-VO beendet, liquidiert wird.

Der Begriff „liquidiert“ ist im Sinne von Abwicklung der Gesellschaft im Anschluss an deren Auflösung auszulegen. Dafür spricht die historisch-genetische Auslegung[251]. In Art. 120 Nr. 1 S. 1 SE-VOV 1989 und Art. 120 Abs. 1 SE-VOV 1991 wird als Liquidation das Verfahren nach der Auflösung der SE bezeichnet. Dieses Verfahren umfasst nach Art. 122 Abs. 1 und Art. 126 SE-VOV 1989 bzw. nach Art. 126 SE-VOV 1991 die Beendigung der laufenden Geschäfte, die Einziehung der Forderungen, die

---

249 Siehe dazu unten Punkt C. I. 2. a) ee) (1).

250 Zu den Grundlagen siehe oben Punkt B. I. 1. b) aa) (1).

251 Zu den Grundlagen siehe oben Punkt B. I. 1. b) cc) (1).

Begleichung der Verbindlichkeiten und die Verteilung des Restvermögens der SE unter den Aktionären durch bestellte Liquidatoren.
Aus dieser Begriffsdefinition von Liquidation folgt mittelbar, dass der Satzungssitzstaat dafür Sorge tragen muss, dass die SE, die den vorschriftswidrigen Zustand nicht nach Art. 64 Abs. 1 SE-VO beendet, aufgelöst wird.

(3) Art. 64 Abs. 3 SE-VO

Art. 64 Abs. 3 S. 1 SE-VO, wonach der Satzungssitzstaat ein Rechtsmittel gegen die Feststellung des Verstoßes gegen Art. 7 S. 1 Hs. 2 SE-VO vorsehen muss, impliziert die Verpflichtung des Satzungssitzstaats, den Verstoß gegen Art. 7 S. 1 Hs. 2 SE-VO festzustellen.
Die sprachlich-grammatische Auslegung[252] des Begriffs Rechtsmittel führt zu der Feststellung, dass damit ein gerichtlicher Rechtsbehelf gemeint ist. Dies ergibt sich aus dem Vergleich mit anderen Sprachfassungen, die jeweils einen entsprechenden Zusatz enthalten.[253] Art. 64 Abs. 3 S. 2 SE-VO schreibt lediglich einen Suspensiveffekt gegenüber den Verfahrensschritten nach Art. 64 Abs. 1 und 2 SE-VO vor. Folglich ist der Begriff Rechtsmittel im Sinne von Rechtsbehelf zu verstehen, da nach dem juristisch-technischen Sprachgebrauch in Deutschland ein Rechtsmittel nicht nur Suspensiv-, sondern auch Devolutiveffekt haben müsste.

(4) Reihenfolge der Verfahrensschritte

Zum Schluss ist zu klären, in welcher Reihenfolge die drei Verfahrensschritte vorzunehmen sind. Der Formulierung „SE, die den vorschriftswidrigen Zustand nicht gemäß Absatz 1 beendet" in Art. 64 Abs. 2 SE-VO lässt sich entnehmen, dass die

---

252 Zu den Grundlagen siehe oben Punkt B. I. 1. b) aa) (1).

253 Andere Sprachfassungen lauten: „judicial remedy" (Englisch); „recours juridictionnel" (Französisch); „recurso jurisdiccional" (Spanisch); „ricorso giurisdizionale" (Italienisch); „recurso judicial" (Portugiesisch).

Verpflichtung der SE zur Beseitigung des vorschriftswidrigen Zustands ihrer Liquidation vorangehen muss.

Fraglich ist, wann die Feststellung des Verstoßes gegen Art. 7 S. 1 SE-VO zu erfolgen hat. Dabei ist zu berücksichtigen, dass das Rechtsmittel gegen die Feststellung die in den Abs. 1 und 2 vorgesehenen Verfahren aussetzt. Eine solche Suspensivwirkung setzt voraus, dass die Feststellung mindestens zeitgleich mit der Verpflichtung der SE zur Beendigung des vorschriftswidrigen Zustands getroffen werden muss.

cc) Konkrete Ausgestaltung der deutschen Ausführungsregelung

Zur Umsetzung der Vorgaben des Art. 64 Abs. 1 bis 3 SE-VO könnte man in Deutschland auf das Verfahren der Amtsauflösung nach § 262 Abs. 1 Nr. 5 AktG i. V. m. § 144a FGG zurückgreifen.[254]

Ein Rückgriff könnte durch eine Verweisung des SEAG auf diese Vorschriften erfolgen.[255]

Dabei muss es sich um eine Rechtsfolgenverweisung handeln. Denn das Verfahren der Amtsauflösung kann nach § 144a Abs. 1 S. 1 FGG nur eingeleitet werden, wenn die Bestimmung des Sitzes in der Satzung nichtig ist. Da aber dem deutschen Recht eine nachträglich eintretende Nichtigkeit eines ursprünglich wirksamen Rechtsgeschäfts auf Grund einer Sachverhaltsänderung fremd ist, kann das nachträgliche Auseinanderfallen von Satzungssitz und Hauptverwaltung der SE auf Grund einer tatsächlichen Verlagerung der Hauptverwaltung nicht zur Nichtigkeit der ursprünglich wirksamen Satzungsbestimmung über den Sitz der SE und damit zur Einleitung des Verfahrens der

---

254 *Teichmann*, ZGR 2002, S. 383 (458 f.); *ders.*, ZIP 2002, S. 1109 (1116); *ders.*, in: Theisen/Wenz, Europäische Aktiengesellschaft, S. 573 (608); *Wenz*, in: Theisen/Wenz, Europäische Aktiengesellschaft, S. 171 (205); *Brandt*, NZG 2002, S. 991 (995); ebenso *Leupold*, SE und deutsches Recht, S. 35 f. zum SE-VOV 1991.

255 *Brandt*, NZG 2002, S. 991 (995).

Amtsauflösung führen.[256] Das Verfahren nach § 144a FGG passt demnach auf keinen der von Art. 64 SE-VO erfassten Verstöße, da diese alle an die tatsächliche Verlagerung der Hauptverwaltung anknüpfen.
Die Rechtsfolgenverweisung lässt sich dadurch realisieren, dass die entsprechende Anwendung des § 262 Abs. 1 Nr. 5 i. V. m. § 144a FGG angeordnet wird. Zum selben Ergebnis führt die Fiktion der Voraussetzungen des § 262 Abs. 1 Nr. 5 AktG. Den zuletzt genannten Weg wählt § 52 Abs. 1 S. 1 SEAG.

Zu untersuchen ist, ob das Verfahren der Amtsauflösung nach § 262 Abs. 1 Nr. 5 AktG i. V. m. § 144a FGG den Vorgaben in Art. 64 Abs. 1 bis 3 SE-VO gerecht wird.
Das Amtsauflösungsverfahren beginnt nach § 144a Abs. 1 FGG mit der Zustellung einer Verfügung an die gesetzlichen Vertreter der Gesellschaft, die folgenden Inhalt haben muss:

- genaue Bezeichnung des Mangels der Satzung;
- Aufforderung, den Mangel innerhalb einer bestimmten Frist durch Anmeldung einer Änderung der Satzung zu beseitigen oder die Unterlassung durch Widerspruch zu rechtfertigen;
- Hinweis, dass ein nicht behobener Mangel nach § 144a Abs. 2 FGG festgestellt wird und die Gesellschaft nach Rechtskraft der Feststellung gemäß § 262 Abs. 1 Nr. 5 AktG aufgelöst ist.[257]

An die Aufforderung schließt sich nach § 144a Abs. 2 S. 1 FGG die Feststellung des Mangels an, wenn weder der Aufforderung genügt, noch Widerspruch erhoben oder der Widerspruch zurückgewiesen worden ist. Die Feststellung des Mangels führt nach § 262 Abs. 1 Nr. 5 AktG zur Auflösung der Gesellschaft, an die sich nach § 264 Abs. 1

---

[256] Ebenso OLG Frankfurt, Rpfleger 1979, S. 339 (339); BayObLGZ 1982, 140 (142 f.) jeweils zur GmbH; *Bumiller/Winkler*, FGG, § 144a Rn. 6; *G. Schmidt*, FG-Handbuch, 5. Kapitel Rn. 179; *Bassenge/Herbst*, FGG, § 144a Rn. 2; *Winkler*, in: Keidel, FGG, § 144a Rn. 5; a. A. *Heider*, in: MüKo, AktG, § 5 Rn. 67; *Hüffer*, AktG, § 5 Rn. 11 jeweils zu § 5 Abs. 2 AktG; BayObLG, GmbHR 2001, S. 347 (347) zur GmbH.

[257] *Jansen*, FGG, § 144a Rn. 11; *G. Schmidt*, FG-Handbuch, 5. Kapitel Rn. 182; *Bassenge/Herbst*, FGG, § 144a Rn. 7.

AktG deren Abwicklung anschließt. Gegen die Feststellung des Mangels oder die Zurückweisung des Widerspruchs steht der Gesellschaft nach § 144a Abs. 3 FGG die sofortige Beschwerde zu.

Nach Art. 64 Abs. 1 Hs. 1 SE-VO muss der Satzungssitzstaat die SE verpflichten, den vorschriftswidrigen Zustand zu beseitigen. Dies geschieht im Rahmen des Amtsauflösungsverfahrens durch die registergerichtliche Beseitigungsaufforderung nach § 144a Abs. 1 S. 1 FGG. Nach Art. 64 Abs. 1 Hs. 2 SE-VO muss der Satzungssitzstaat der SE zwei Möglichkeiten für die Beseitigung des vorschriftswidrigen Zustands zur Verfügung stellen. Nach § 144a Abs. 1 S. 1 FGG hat das Registergericht die Gesellschaft aufzufordern, einen Mangel der Satzung innerhalb einer bestimmten Frist durch eine entsprechende Änderung der Satzung zu beheben. Diese Vorschrift entspricht der Beseitigungsmöglichkeit nach Art. 64 Abs. 1 Hs. 2 Buchst. b SE-VO, da die Sitzverlegung nach Art. 8 SE-VO eine Satzungsänderung erfordert.[258] Demgegenüber fehlt in § 144a Abs. 1 S. 1 FGG eine Regelung, die wie Art. 64 Abs. 1 Hs. 2 Buchst. a SE-VO eine Behebung des Mangels der Satzung durch tatsächliche Maßnahmen zulässt.

Nach Art. 64 Abs. 2 SE-VO muss die SE, die den vorschriftswidrigen Zustand nicht nach Art. 64 Abs. 1 SE-VO beendet, aufgelöst und abgewickelt werden. Diese Vorgabe erfüllen die §§ 144a Abs. 2 S. 1 FGG, 262 Abs. 1 Nr. 5, 264 Abs. 1 AktG, wonach die Feststellung des Verstoßes durch das Registergericht ein zur Abwicklung führender Auflösungstatbestand ist.

Nach Art. 64 Abs. 3 SE-VO muss das mitgliedstaatliche Recht eine Feststellung des Verstoßes vorsehen, die mindestens zeitgleich mit der Beseitigungsaufforderung des Verstoßes erfolgen muss. Der Feststellung des Verstoßes im Sinne des Art. 64 Abs. 3 SE-VO kann daher nicht die Feststellung nach § 144a Abs. 2 S. 1 FGG entsprechen, da diese der Beseitigungsaufforderung nachfolgt. Gleiches gilt für die in § 52 Abs. 2 SEAG vorgesehene Feststellung. Vielmehr ist die Bezeichnung des Verstoßes in der Beseitigungsaufforderung nach § 144a Abs. 1 S. 1 FGG das Äquivalent zur Feststellung des Verstoßes nach Art. 64 Abs. 3 S. 1 SE-VO.

---

[258] Siehe dazu unten Punkt C. I. 2. a) ee) (1).

Nach Art. 64 Abs. 3 SE-VO muss der Satzungssitzstaat weiterhin einen Rechtsbehelf gegen die Feststellung des Verstoßes gegen Art. 7 S. 1 Hs. 2 SE-VO vorsehen, dessen aufschiebende Wirkung sowohl die Verpflichtung zur Beseitigung als auch die Auflösung und Abwicklung umfasst. Gegen die Beseitigungsaufforderung und damit auch gegen die darin enthaltene Bezeichnung des Verstoßes kann nach § 144a Abs. 1 S. 1 Hs. 2 FGG der Rechtsbehelf des Widerspruchs erhoben werden. Der Widerspruch hat aufschiebende Wirkung gegenüber der Beseitigungsaufforderung nach § 144a Abs. 1 S. 1 FGG. Denn nach § 144a Abs. 1 S. 1 FGG kann die Unterlassung der Beseitigung durch Widerspruch gegen die Beseitigungsaufforderung gerechtfertigt werden. Die aufschiebende Wirkung des Widerspruchs verhindert auch die zur Auflösung und Abwicklung führende Feststellung des Verstoßes nach § 144a Abs. 2 S. 1 FGG. Denn diese darf das Gericht nur treffen, wenn kein Widerspruch erhoben oder der Widerspruch zurückgewiesen worden ist. Der Widerspruch erfüllt damit die Vorgaben des Art. 64 Abs. 3 SE-VO. Darüber hinausgehend kann die Gesellschaft nach § 144a Abs. 3 FGG gegen die Feststellung des Verstoßes nach § 144a Abs. 2 S. 1 FGG auch noch sofortige Beschwerde einlegen. Die sofortige Beschwerde hat ebenfalls aufschiebende Wirkung. Denn sie verhindert, dass die Feststellung des Satzungsmangels rechtskräftig und die Gesellschaft damit nach § 262 Abs. 1 Nr. 5 AktG aufgelöst wird. Indem das Amtsauflösungsverfahren zwei Rechtsbehelfe mit Suspensiveffekt zur Verfügung stellt, werden die Anforderungen des Art. 64 Abs. 3 SE-VO mehr als erfüllt. Demgegenüber wird der auf das Rechtsmittel der sofortigen Beschwerde beschränkte § 52 Abs. 3 SEAG den Vorgaben des Art. 64 Abs. 3 SE-VO nicht gerecht. Denn die sofortige Beschwerde nach § 52 Abs. 3 SEAG hat lediglich aufschiebende Wirkung gegenüber der zur Auflösung führenden Feststellung des Mangels der Satzung nach § 52 Abs. 2 SEAG, nicht aber gegenüber der Beseitigungsaufforderung nach § 52 Abs. 1 S. 2 SEAG.

Als Ergebnis der Untersuchung ist daher festzuhalten, dass das Verfahren der Amtsauflösung nach § 262 Abs. 1 Nr. 5 AktG i. V. m. § 144a FGG den Vorgaben des Art. 64 Abs. 1 bis 3 SE-VO insoweit nicht gerecht wird, als eine Möglichkeit zur Beseitigung des Verstoßes durch nachträgliche Verlagerung der Hauptverwaltung (Art. 64 Abs. 1 Hs. 2 Buchst. a SE-VO) fehlt.[259]

Es bietet sich daher an, im SEAG eine entsprechend modifizierte Verweisung auf das Verfahren der Amtsauflösung nach § 262 Abs. 1 Nr. 5 AktG i. V. m. § 144a FGG vorzusehen. Diese könnte wie folgt aussehen:

„*Verfahren nach Art. 64 der Verordnung*

Erfüllt eine SE nicht mehr die Verpflichtung nach Artikel 7 der Verordnung, findet das Verfahren nach § 262 Abs. 1 Nr. 5 des Aktiengesetzes in Verbindung mit § 144a des Gesetzes über die Angelegenheiten der freiwilligen Gerichtsbarkeit entsprechende Anwendung mit der Maßgabe, dass das Registergericht die SE aufzufordern hat, innerhalb einer bestimmten Frist den vorschriftswidrigen Zustand zu beenden, indem sie

1. *entweder ihre Hauptverwaltung wieder in Deutschland errichtet oder*
2. *ihren Sitz nach dem Verfahren des Artikels 8 der Verordnung verlegt.*“

2. Von Art. 64 SE-VO nicht erfasste Verstöße

Der Klärung bedarf, wie diejenigen Verstöße gegen Art. 7 SE-VO sanktioniert werden, die nicht vom Anwendungsbereich des Art. 64 SE-VO erfasst werden.

a) Art. 15 Abs. 1 SE-VO i. V. m. § 38 Abs. 1 S. 2 AktG

Art. 64 Abs. 1 bis 3 SE-VO gilt nicht für diejenigen Verstöße gegen Art. 7 SE-VO, die schon vor Eintragung der SE bestehen. Auf diese finden über Art. 15 Abs. 1 SE-VO die aktienrechtlichen Gründungsvorschriften der Mitgliedstaaten Anwendung. Falls die SE ihren Satzungssitz in Deutschland begründen will, ist die Eintragung in das Handelsre-

---

[259] A. A. *Teichmann*, ZGR 2002, S. 383 (458); *ders.*, ZIP 2002, S. 1109 (1116).

gister nach Art. 15 Abs. 1 SE-VO i. V. m. § 38 Abs. 1 S. 2 AktG abzulehnen.[260] Dies setzt allerdings voraus, dass der Verstoß vor Eintragung bemerkt wird.

b) Art. 63 SE-VO i. V. m. § 262 Abs. 1 Nr. 5 AktG i. V. m. § 144a FGG

Wird die SE dagegen trotz des Verstoßes gegen Art. 7 SE-VO in das Handelsregister eingetragen, findet nach Art. 63 SE-VO i. V. m. § 262 Abs. 1 Nr. 5 AktG i. V. m. § 144a FGG das Verfahren der Amtsauflösung statt.[261]

c) Art. 9 Abs. 1 Buchst. c ii) SE-VO i. V. m. § 241 Nr. 3 Var. 3 AktG

Der Anwendungsbereich des Art. 64 Abs. 1 bis 3 SE-VO erfasst auch nicht die folgenden Verstöße gegen Art. 7 SE-VO, die auf einer Verlegung des Satzungssitzes der SE beruhen:

- Verlegung des Satzungssitzes der SE in einen Staat außerhalb der Gemeinschaft (Verstoß gegen Art. 7 S. 1 Hs. 1 SE-VO);
- Verlegung des Satzungssitzes der SE innerhalb des Sitzstaats an einen anderen Ort als den der Hauptverwaltung, falls der Satzungssitzstaat der SE von der Ermächtigung des Art. 7 S. 2 SE-VO Gebrauch gemacht hat (Verstoß gegen Art. 7 S. 2 SE-VO i. V. m. der jeweiligen mitgliedstaatlichen Rechtsvorschrift).

Die Verlegung des Satzungssitzes der SE erfordert einen satzungsändernden Hauptversammlungsbeschluss.[262] Dieser könnte in den oben genannten Fällen der Satzungssitzverlegung nach Art. 9 Abs. 1 Buchst. c ii) SE-VO i. V. m. § 241 Nr. 3 Var. 3 AktG nichtig sein, wenn die SE ihren Satzungssitz in Deutschland hat.

---

260 Ebenso *Heider*, in: MüKo, AktG, § 5 Rn. 60; *Hüffer*, AktG, § 5 Rn. 9 zum Verstoß der Satzung gegen § 5 Abs. 2 AktG.

261 Ebenso *Heider*, in: MüKo, AktG, § 5 Rn. 61; *Hüffer*, AktG, § 5 Rn. 9 zum Verstoß der Satzung gegen § 5 Abs. 2 AktG.

262 Siehe dazu unten Punkt C. I. 2. a) ee) (1).

Nach Art. 9 Abs. 1 Buchst. c ii) SE-VO gilt für fehlerhafte Hauptversammlungsbeschlüsse und ihre Rechtsfolgen das mitgliedstaatliche Recht,[263] da die SE-VO insoweit keine ausdrückliche Regelung enthält und das mitgliedstaatliche Recht eine sachgerechte Regelung ermöglicht.[264]

aa) Sitzverlegung in einen Staat außerhalb der Gemeinschaft

Im Gegensatz zu Art. 117a SE-VO, der bei einer Sitzverlegung in einen Staat außerhalb der Gemeinschaft die zwingende Auflösung der SE durch das Gericht auf Antrag eines Beteiligten oder einer zuständigen Behörde vorsah, enthält die SE-VO für diesen Fall keine Regelung.

Hat die SE ihren Satzungssitz in Deutschland, führt die Sitzverlegung in das Nicht-EU-Ausland zur Nichtigkeit des entsprechenden satzungsändernden Hauptversammlungsbeschlusses nach Art. 9 Abs. 1 Buchst. c ii) SE-VO i. V. m. § 241 Nr. 3 Var. 3 AktG.[265] Denn nach h. M. sind satzungsändernde Beschlüsse, die von zwingenden Vorschriften des Aktienrechts abweichen, stets nach § 241 Nr. 3 Var. 3 AktG nichtig.[266]

Der Verlegungsbeschluss ist nicht in einen Auflösungsbeschluss nach Art. 63 SE-VO i. V. m. § 262 Abs. 1 Nr. 2 AktG umzudeuten.[267] Denn im Verlegungsbeschluss bringt die Hauptversammlung ihren Willen zum Ausdruck, die Geschäftstätigkeit der werben-

---

263 *Hirte*, NZG 2002, S. 1 (8); *Theisen/Hölzl*, in: Theisen/Wenz, Europäische Aktiengesellschaft, S. 247 (263); ebenso *Wenz*, in: Theisen/Wenz, Europäische Aktiengesellschaft, S. 171 (221) zum Verlegungsbeschluss nach Art. 8 Abs. 6 SE-VO.

264 Zu den Voraussetzungen des Art. 9 Abs. 1 Buchst. c SE-VO siehe oben Punkt B. I. 1. a) bb) (1).

265 Ebenso *Heider*, in: MüKo, AktG, § 5 Rn, 65; *Hüffer*, AktG, § 5 Rn. 12 jeweils zur Verlegung des Sitzes einer deutschen AG in das Ausland.

266 Nachweise bei *Hüffer*, AktG, § 241 Rn. 19.

267 Ebenso *Heider*, in: MüKo, AktG, § 5 Rn. 65; *Hüffer*, AktG, § 5 Rn. 12 jeweils zur Verlegung des Sitzes der AG in das Ausland; a. A. RGZ 7, 68 (70); RGZ 107, 94 (97); ebenso RGZ 88, 53 (55) zur Sitzverlegung einer Gewerkschaft.

den Gesellschaft fortzusetzen.[268] Es fehlt daher der für eine Umdeutung in einen Auflösungsbeschluss nach § 140 BGB erforderliche mutmaßliche Parteiwille.

bb) Sitzverlegung innerhalb des Sitzstaats an einen anderen Ort als den der Hauptverwaltung

Wird der Satzungssitz einer deutschen SE innerhalb Deutschlands nach Art. 9 Abs. 1 Buchst. c ii) SE-VO i. V. m. § 45 AktG[269] entgegen der in Deutschland einzuführenden Ausführungsregelung zu Art. 7 S. 2 SE-VO[270] verlegt, führt dies gleichfalls zur Nichtigkeit des entsprechenden Hauptversammlungsbeschlusses nach Art. 9 Abs. 1 Buchst. c ii) SE-VO i. V. m. § 241 Nr. 3 Var. 3 AktG.
Verstößt die Änderung der Satzung einer deutschen AG gegen § 5 Abs. 2 AktG, so ist der entsprechende Hauptversammlungsbeschluss nach § 241 Nr. 3 Var. 3 AktG nichtig.[271] Das Registergericht hat die Eintragung der Satzungsänderung abzulehnen.[272] Gleiches muss für den Verstoß gegen die deutsche Ausführungsregelung zu Art. 7 S. 2 SE-VO gelten, da diese § 5 Abs. 2 AktG entsprechen sollte.[273]

d) Art. 8 Abs. 9 SE-VO

Weder Art. 64 Abs. 1 bis 3 SE-VO noch bei einer deutschen SE Art. 9 Abs. 1 Buchst. c ii) SE-VO i. V. m. § 241 Nr. 3 Var. 3 AktG gelten für den Fall, dass der Satzungssitz in einen anderen Mitgliedstaat verlegt wird und die Hauptverwaltung entgegen der ur-

---

268 Ebenso *Heider*, in: MüKo, AktG, § 5 Rn. 65 zur Verlegung des Sitzes der AG in das Ausland; a. A. RGZ 7, 68 (70); RGZ 107, 94 (97); ebenso RGZ 88, 53 (55) zur Sitzverlegung einer Gewerkschaft.

269 Siehe dazu unten Punkt C. III.

270 Siehe dazu oben Punkt B. I. 2. b).

271 *Kraft*, in: KöKo, AktG, § 5 Rn. 31; *Heider*, in: MüKo, AktG, § 5 Rn. 64; *Hüffer*, in: MüKo, AktG, § 262 Rn. 65; *ders.*, AktG, § 5 Rn. 9.

272 *Brändel*, in: Großkomm. AktG, § 5 Rn. 42; *Heider*, in: MüKo, AktG, § 5 Rn. 64.

273 Siehe dazu oben Punkt B. I. 2. b) bb).

sprünglichen im Verlegungsplan dokumentierten Absicht nicht im neuen Sitzstaat errichtet wird. Hier wird der Verstoß gegen Art. 7 S. 1 Hs. 2 SE-VO durch die Nichteintragung der SE im Register des neuen Sitzstaats nach Art. 8 Abs. 9 SE-VO sanktioniert, da die Errichtung der Hauptverwaltung der SE im neuen Sitzstaat eine „für die Eintragung der SE in dem neuen Sitzstaat erforderliche Formalität" im Sinne dieser Vorschrift ist.[274]

e) Art. 7 S. 2 SE-VO i. V. m. SEAG

Schließlich gilt Art. 64 Abs. 1 bis 3 SE-VO nicht, wenn die Hauptverwaltung der SE innerhalb des Sitzstaats an einen anderen Ort als den des Satzungssitzes verlagert wird. Insoweit enthält Art. 7 S. 2 SE-VO nicht nur eine Ermächtigung der Mitgliedstaaten, die Sitzwahlfreiheit weitergehend einzuschränken, sondern als Annex auch die Sanktionierung eines Verstoßes gegen die Ausführungsregelung zu Art. 7 S. 2 SE-VO zu regeln.

In Deutschland ist in diesem Zusammenhang jedoch die folgende Besonderheit zu beachten. Bei einer deutschen AG bleibt ein Verstoß gegen § 5 Abs. 2 AktG durch Verlagerung eines Betriebs, der Geschäftsleitung oder der Verwaltungsführung sanktionslos. Denn das Amtsauflösungsverfahren nach § 262 Abs. 1 Nr. 5 AktG i. V. m. § 144a FGG ist nicht anwendbar, weil eine solche tatsächliche Veränderung zu keinem Mangel der Satzung im Sinne dieser Vorschrift führt.[275] Wegen seiner Pflicht zur Gleichbehandlung der SE mit der deutschen AG nach Erwägungsgrund 5 SE-VO kann der deutsche Gesetzgeber den Verstoß gegen Art. 7 S. 2 i. V. m. SEAG nur sanktionieren, wenn er auch den Verstoß einer deutschen AG gegen § 5 Abs. 2 AktG ahndet.

---

274 Siehe dazu unten Punkt C. I. 2. b) aa) (2) (b).

275 Zu Nachweisen siehe oben Punkt B. II. 1. b) bb) (1).

3. Beweis- und Feststellungslast

Abschließend stellt sich die Frage, zu wessen Lasten nicht ausräumbare Zweifel hinsichtlich des Ortes der Hauptverwaltung im Rahmen der Verfahren zur Sanktionierung von Verstößen gegen Art. 7 SE-VO gehen. Der Ort der Hauptverwaltung lässt sich nämlich häufig nicht mit letzter Gewissheit bestimmen, insbesondere bei einer Verteilung der Geschäftsführung auf mehrere Orte.[276]

Zwar ist in Deutschland zwischen der für das Verhältnis der SE zu Privatpersonen im zivilprozessualen Verfahren maßgeblichen Beweislast (z. B. bei der Nichtigkeitsklage eines Aktionärs gegen einen gegen Art. 7 SE-VO verstoßenden satzungsändernden Hauptversammlungsbeschluss) und der für das Verhältnis der SE zu den Registerbehörden im Verwaltungsverfahren (z. B. nach Art. 15 Abs. 1 SE-VO i. V. m. § 38 Abs. 1 AktG) maßgeblichen Feststellungslast[277] zu unterscheiden. Da aber im deutschen Internationalen Gesellschaftsrecht für Beweis- und Feststellungslast im Wesentlichen dieselben Regeln gelten,[278] können beide gemeinsam dargestellt werden.

---

276 *KPMG*, in: Kommission, Sitzverlegungsstudie, S. 27.

277 Zur Feststellungslast im Verfahren der freiwilligen Gerichtsbarkeit: *Jansen*, FGG, § 12 Rn. 9-11; *Bumiller/Winkler*, FGG, § 12 Rn. 3 f.; *Kayser*, in: Keidel, FGG, § 12 Rn. 190-195.

278 *Haas*, DB 1997, S. 1501 (1504-1506); *Frowein*, Grenzüberschreitende Sitzverlegung, S. 31 f.

Nach überwiegender Ansicht soll eine Vermutung bestehen, derzufolge sich der tatsächliche Verwaltungssitz einer Gesellschaft in dem Staat befindet, in dem sie gegründet wurde[279] bzw. in dem sie ihren Satzungssitz hat.[280] Diese Vermutung kann widerlegt werden, wobei derjenige, der einen abweichenden tatsächlichen Sitz behauptet, nachweispflichtig für die dafür maßgeblichen Tatsachen ist.[281]

Für die SE ist der überwiegenden Ansicht zu folgen.
Zumindest in Deutschland wird eine SE wegen Art. 15 Abs. 1 SE-VO i. V. m. § 38 Abs. 1 S. 2 AktG nicht in das Handelsregister eingetragen, wenn sie nicht die Verpflichtung nach Art. 7 SE-VO erfüllt.[282] Daher ist bei einer in Deutschland ins Handelsregister eingetragenen SE davon auszugehen, dass sich jedenfalls bei Gründung der SE ihre Hauptverwaltung in Deutschland befand. Falls Deutschland von der Ermächtigung des Art. 7 S. 2 SE-VO in der hier vorgeschlagenen Weise[283] Gebrauch macht, gilt Entsprechendes für die Tatsache, dass sich der Satzungssitz am Ort eines Betriebes, der Geschäftsleitung oder der Verwaltungsführung befindet. Für die Vermutung, dass sich die Hauptverwaltung der SE in deren Gründungsstaat befindet, besteht deshalb zumindest in Deutschland ein tatsächlicher Anhaltspunkt, der eine entsprechende Verteilung der Beweis- und Feststellungslast rechtfertigt.
Ebenso wird die Verlegung des Sitzes der SE in einen anderen Mitgliedstaat wegen Art. 8 Abs. 9 SE-VO nur eingetragen, wenn die Hauptverwaltung der SE im neuen Sitzstaat errichtet wurde.[284] Deshalb gibt es auch für die Vermutung, dass sich die

---

279 OLG Oldenburg, NJW 1990, S. 1422 (1422); OLG Hamm, WM 1995, S. 456 (458); *Bungert*, AG 1995, S. 489 (496).

280 OLG München, RIW 1986, S. 820 (821); *Haas*, DB 1997, S. 1501 (1505); *Frowein*, Grenzüberschreitende Sitzverlegung, S. 31 f.; a. A. *Ebenroth/Bippus*, JZ 1988, S. 677 (681); *Ebenroth/Eyles*, DB-Beilage 2/88, S. 1 (6).

281 OLG München, RIW 1986, S. 820 (821 f.); *Haas*, DB 1997, S. 1501 (1505).

282 Siehe dazu oben Punkt B. II. 2. a).

283 Siehe dazu oben B. I. 2. b) bb).

284 Siehe dazu unten Punkt C. I. 2. b) aa) (2) (b).

Hauptverwaltung der SE im Sitzstaat befindet, einen tatsächlichen Anhaltspunkt, der für eine entsprechende Verteilung der Beweis- und Feststellungslast spricht.
Zum Teil wird der zuletzt genannten Argumentation entgegengehalten, dass eine solche Vermutung der Regelung des Art. 7 S. 1 Hs. 2 SE-VO widerspreche. Denn aus dieser ergebe sich, dass der Satzungssitz der SE ihrer Hauptverwaltung zu folgen habe und nicht umgekehrt.[285] Die Gegenansicht verkennt jedoch, dass die Vermutung nicht an die Tatsache anknüpft, dass sich der Satzungssitz in einem bestimmten Mitgliedstaat befindet, sondern daran, dass die für die Eintragung der SE in das Register zuständige Behörde die Eintragung nur vornimmt, wenn sich auch die Hauptverwaltung der SE in ihrem Mitgliedstaat befindet.

III. Rechtliche Relevanz

Zum Abschluss der Untersuchung des Sitzes der SE ist auf dessen rechtliche Relevanz einzugehen. Dabei ist zwischen der rechtlichen Relevanz des Satzungssitzes der SE im Allgemeinen und speziell in Deutschland zu unterscheiden.

1. Allgemein

Allgemein könnte der Satzungssitz der SE rechtliche Relevanz für das auf die SE anwendbare mitgliedstaatliche Recht sowie für die Gerichtsstände der SE nach der EuGVVO haben.

a) Auf die SE anwendbares mitgliedstaatliches Recht

Die Anwendbarkeit mitgliedstaatlichen Rechts auf die SE kann sich aus Verweisungen der SE-VO oder auf Grund des Internationalen Privat- und Steuerrechts ergeben.

---

[285] So *Grote*, Neues SE-Statut, S. 164 f. zu Art. 5 SE-VOV 1989; *Leupold*, SE und deutsches Recht, S. 32 zu Art. 5 S. 3 SE-VOV 1991.

aa) Verweisungen der SE-VO

Nach dem Grundsatz „lex specialis derogat legi generali" sind zunächst die Verweisungen der SE-VO auf das mitgliedstaatliche Recht zu untersuchen. In diesem Zusammenhang ist auf folgende Fragen einzugehen:

- Wird auf das Recht des Satzungssitzstaats der SE verwiesen?
- In welchem Ausmaß wird auf das mitgliedstaatliche Recht verwiesen?
- Folgt die SE-VO der Sitz- oder der Inkorporationstheorie?

(1) Maßgeblichkeit des Rechts des Satzungssitzstaats

Es ist zwischen den Spezialverweisungen der SE-VO und den Generalverweisungen in Art. 9 Abs. 1 Buchst. c i) und ii) SE-VO zu unterscheiden.

(a) Spezialverweisungen

Spezialverweisungen in der SE-VO sind einfache Verweisungen, Ermächtigungen und Verpflichtungen.[286]

Einfache Verweisungen – wie Art. 5 SE-VO – erklären für einzelne Rechtsfragen, aber auch für ganze Rechtsbereiche bestehendes mitgliedstaatliches Recht für anwendbar.[287]

Ermächtigungen – wie Art. 8 Abs. 5, Abs. 7 Unterabs. 2 und Abs. 14 Unterabs. 1 S. 1 SE-VO – stellen dem mitgliedstaatlichen Gesetzgeber eine mitgliedstaatliche Regelung frei.[288]

Regelungsverpflichtungen – wie z. B. Art. 64 Abs. 1, Abs. 2 und Abs. 3 S. 1 SE-VO – schreiben dem mitgliedstaatlichen Gesetzgeber vor, für einzelne die SE betreffende Rechtsfragen mitgliedstaatliche Regelungen zu schaffen.[289]

---

286 *Brandt/Scheifele*, DStR 2002, S. 547 (553); ebenso *Schwarz*, Europäisches Gesellschaftsrecht, Rn. 1104 zum SE-VOV 1991.

287 *Wagner*, NZG 2002, S. 985 (987); grundlegend *Schwarz*, Europäisches Gesellschaftsrecht, Rn. 958.

288 *Brandt/Scheifele*, DStR 2002, S. 547 (553).

289 *Wagner*, NZG 2002, S. 985 (987).

Die Einbeziehung der Ermächtigungen und Regelungsverpflichtungen in den Kreis der Spezialverweisungen rechtfertigt sich dadurch, dass diese ihrem Wesen nach nichts anderes als künftige einfache Verweisungen sind.[290] Denn sobald der mitgliedstaatliche Gesetzgeber die Ermächtigungen und Regelungsverpflichtungen umgesetzt hat, setzen sich diese als einfache Verweisungen fort.[291]

Die Spezialverweisungen der SE-VO erklären die Rechtsvorschriften des Mitgliedstaats für anwendbar, in dem die SE ihren Sitz hat.

Dies ergibt sich zum Teil bereits aus dem Wortlaut der Spezialverweisungen, wenn diese Formulierungen verwenden wie „Rechtsvorschriften eines Mitgliedstaats ... gelten auch für SE mit Sitz in dem betreffenden Mitgliedstaat“[292], „im Sitzstaat in ein nach dem Recht dieses Staates bestimmtes Register“[293], „Rechtsvorschriften des Sitzstaats“[294], „Recht des Staates ..., in dem die SE ihren Sitz begründet“[295], „Recht des Sitzstaats der SE“[296], „im Sitzstaat der SE ... maßgeblichen Rechtsvorschriften“[297], „im Sitzstaat der SE ... maßgeblichen einzelstaatlichen Rechtsvorschriften“[298] „Recht des Sitzstaats der SE“[299], „im Sitzstaat der SE ... maßgebliche Recht“[300], Rechtsvorschriften ... im Sitzstaat der SE“[301], „trifft der Mitgliedstaat, in dem die SE ihren Sitz hat, geeignete Maßnahmen“[302], „Der Sitzstaat trifft die erforderlichen

---

290 *Brandt/Scheifele*, DStR 2002, S. 547 (553).

291 *Brandt/Scheifele*, DStR 2002, S. 547 (553).

292 Art. 4 Abs. 3 SE-VO.

293 Art. 12 Abs. 1 SE-VO.

294 Art. 13 und Art. 62 Abs. 1 und 2 SE-VO.

295 Art. 15 Abs. 1 SE-VO.

296 Art. 47 Abs. 1, Art. 56 S. 2 und 3, Art. 61 und Art. 63 SE-VO

297 Art. 51, Art. 53 und Art. 54 Abs. 1 S. 1 SE-VO.

298 Art. 54 Abs. 2 SE-VO.

299 Art. 52 Unterabs. 2 SE-VO.

300 Art. 57 SE-VO.

301 Art. 59 Abs. 1 SE-VO.

302 Art. 64 Abs. 1 SE-VO.

Maßnahmen"[303] oder „Der Sitzstaat sieht vor, dass ..."[304]. Mit dem Begriff bzw. Begriffsbestandteil Sitz ist wie in Art. 7 SE-VO[305] der Satzungssitz gemeint. Denn nach der logisch-systematischen Auslegung[306] ist grundsätzlich davon auszugehen, dass ein Begriff, der in verschiedenen Vorschriften desselben Rechtsakts verwendet wird, jeweils die gleiche Bedeutung hat.

Zwar verweist Art. 5 SE-VO lediglich auf die Vorschriften, die für eine Aktiengesellschaft mit Sitz in dem Mitgliedstaat gelten würden, in dem die SE eingetragen ist. In der Sache ist damit eine Anknüpfung an das Recht des Satzungssitzstaats verbunden. Denn die SE wird nach Art. 12 Abs. 1 SE-VO nur in dem Mitgliedstaat in das Register eingetragen, in dem sie ihren Sitz hat, und auf Grund der logisch-systematischen Auslegung bedeutet Sitz in Art. 12 Abs. 1 SE-VO ebenso wie in Art. 7 SE-VO Satzungssitz.

Auch bei den Spezialverweisungen, die auf bereits durch Richtlinien angeglichene mitgliedstaatliche Rechtsvorschriften rekurrieren[307], ist das Recht des Satzungssitzstaats anwendbar. Denn im Rahmen der historisch-genetischen Auslegung[308] ergibt sich aus Erwägungsgrund 9 SE-VO, dass diese Verweisungen das angeglichene Aktienrecht des Sitzstaats zum Gegenstand haben,[309] und auf Grund der logisch-systematischen Zusammenschau mit Art. 7 SE-VO bedeutet Sitzstaat in Erwägungsgrund 9 SE-VO Satzungssitzstaat.

Soweit Art. 49 Hs. 2 SE-VO lediglich auf Bestimmungen des für Aktiengesellschaften geltenden einzelstaatlichen Rechts verweist, ergibt sich die Anwendbarkeit der Rechtsvorschriften des Satzungssitzstaats aus der logisch-systematischen Zusammenschau[310] mit Art. 47 Abs. 1 und Art. 51 SE-VO. Denn diese Vorschriften, die denselben Regelungsbereich betreffen, verweisen auf das Recht des Satzungssitzstaats.

---

303 Art. 64 Abs. 2 SE-VO.

304 Art. 64 Abs. 3 S. 1 SE-VO.

305 Siehe dazu oben Punkt B. I. 1.

306 Zu den Grundlagen siehe oben Punkt B. I. 1. b) bb) (1).

307 Art. 37 Abs. 5, Art. 66 Abs. 4 und Art. 66 Abs. 6 S. 2 SE-VO.

308 Zu den Grundlagen siehe oben Punkt B. I. 1. b) cc) (1).

309 *Wagner*, NZG 2002, S. 985 (987).

310 Zu den Grundlagen siehe oben Punkt B. I. 1. b) bb) (1).

(b) Generalverweisungen

Die Generalverweisungen in Art. 9 Abs. 1 Buchst. c i) und ii) SE-VO sehen ebenfalls vor, dass ausschließlich die Rechtsvorschriften des Mitgliedstaats anwendbar sind, in dem die SE ihren Satzungssitz hat.[311]

Dies ergibt sich im Fall des Art. 9 Abs. 1 Buchst. c i) SE-VO aus folgender Überlegung: In Art. 9 Abs. 1 Buchst. c i) SE-VO wird ausschließlich auf die mitgliedstaatlichen Rechtsvorschriften verwiesen, die zur Umsetzung der SE-AN-RL erlassen werden.[312] Dagegen rekurriert die Verweisung nicht auf die mitgliedstaatlichen Vorschriften, durch die die Regelungsverpflichtungen und Ermächtigungen der SE-VO umgesetzt werden, da sich die Regelungsverpflichtungen und Ermächtigungen nach ihrer Umsetzung als einfache Verweisungen fortsetzen.[313] Hinsichtlich der zur Umsetzung der Auffangregelung erlassenen mitgliedstaatlichen Rechtsvorschriften sieht Art. 7 Abs. 1 Unterabs. 2 SE-AN-RL die Geltung der Rechtsvorschriften des Mitgliedstaats, in dem die SE ihren Sitz haben soll, vor.[314] Mit Sitz in Art. 7 Abs. 1 Unterabs. 2 SE-AN-RL ist auf Grund der logisch-systematischen Zusammenschau mit Art. 7 SE-VO der Satzungssitz gemeint.

Im Fall des Art. 9 Abs. 1 Buchst. c ii) SE-VO ergibt sich die Anwendbarkeit der Rechtsvorschriften des Satzungssitzstaats aus dessen Wortlaut. Wie bereits dargelegt wurde,[315] ist in der Formulierung „die auf eine nach dem Recht des Sitzstaats der SE gegründete Aktiengesellschaft Anwendung finden würde“ mit Sitzstaat der Satzungssitzstaat gemeint.

---

311 *Blanquet*, ZGR 2002, S. 20 (50 f.).

312 Zur Umsetzung in Deutschland siehe das SEBG.

313 *Wagner*, NZG 2002, S. 985 (989); a. A. *Brödermann/Iversen*, EG-Recht und IPR, S. 180.

314 Zur Umsetzung in Deutschland siehe § 3 Abs. 1 S. 1 SEBG.

315 Siehe dazu oben Punkt B. I. 1. b) bb) (2) (b).

(c) Zusammenfassung

Zusammenfassend ist festzuhalten, dass im Rahmen der Verweisungen der SE-VO der Satzungssitz der SE rechtliche Relevanz für das anwendbare mitgliedstaatliche Recht hat. Denn es wird durchweg auf das Recht des Satzungssitzstaats der SE verwiesen.[316]

(2) Ausmaß

In Bezug auf das Ausmaß der Verweisungen der SE-VO sind folgende Fragen zu klären:

- Auf welches Sachrecht wird verwiesen?
- Wird nur auf das Sachrecht oder auf das Sachrecht und das Internationale Privatrecht verwiesen?

(a) Anwendbares Sachrecht

Ermächtigungen und Regelungsverpflichtungen verweisen ausschließlich auf die mitgliedstaatlichen Bestimmungen, die auf ihrer Grundlage erlassen werden, und damit auf SE-spezifisches mitgliedstaatliches Recht.

Die Generalverweisung des Art. 9 Abs. 1 Buchst. c i) SE-VO nimmt auf diejenigen mitgliedstaatlichen Rechtsvorschriften Bezug, die auf der Grundlage der SE-AN-RL erlassen werden,[317] und damit ebenfalls auf SE-spezifisches mitgliedstaatliches Recht.

Die einfachen Verweisungen sowie die Generalverweisung des Art. 9 Abs. 1 Buchst. c ii) SE-VO erklären die Vorschriften des mitgliedstaatlichen Aktienrechts für anwendbar.[318] Dafür spricht im Rahmen der logisch-systematischen Auslegung[319] bereits die

---

316 Ebenso *Brödermann/Iversen*, EG-Recht und IPR, S. 177 zum SE-VOV 1991.

317 Siehe dazu oben Punkt B. III. 1. a) aa) (1) (b).

318 *Teichmann*, ZGR 2002, S. 383 (395); *Wagner*, NZG 2002, S. 985 (987).

319 Zu den Grundlagen siehe oben Punkt B. I. 1. b) bb) (1).

Überschrift der SE-VO. Aus ihr ergibt sich, dass die SE-VO allein das Statut der SE regelt. Das Statut einer Gesellschaft ist die Summe aller Sachnormen, nach denen die gesellschaftsrechtlichen Beziehungen zu beurteilen sind.[320] Da die SE nach Art. 1 Abs. 2 SE-VO eine Aktiengesellschaft ist, beurteilen sich ihre gesellschaftsrechtlichen Beziehungen nach dem Aktienrecht. Regelt demnach die SE-VO das Aktienrecht der SE, können auch die einfachen Verweisungen der SE-VO sowie die Generalverweisung des Art. 9 Abs. 1 Buchst. c ii) SE-VO nur auf das mitgliedstaatliche Aktienrecht verweisen. Diese Deutung lässt auch der im Rahmen der historisch-genetischen Auslegung[321] zu berücksichtigende Erwägungsgrund 9 SE-VO zu.[322] Aus diesem ergibt sich die Regelungsabsicht des gesetzgebenden Rats, in Bereichen, in denen es für das Funktionieren der SE keiner einheitlichen Gemeinschaftsregelung bedarf, auf das Aktienrecht des Sitzmitgliedstaats zu verweisen. Gestützt wird diese Argumentation durch Erwägungsgrund 29 SE-VO, der ebenfalls im Rahmen der historisch-genetischen Auslegung zu berücksichtigen ist. Diesem ist zu entnehmen, dass die SE-VO in Übereinstimmung mit dem Subsidiaritätsprinzip des Art. 5 EG nicht über das Maß hinausgeht, das zur Erreichung der mit der SE-VO verfolgten Ziele erforderlich ist. Die mit der SE-VO verfolgten Ziele bestehen nach Erwägungsgrund 7 SE-VO im Wesentlichen darin, die Gründung und Leitung von Gesellschaften europäischen Zuschnitts zu ermöglichen. Die SE-VO kann daher nur diejenigen Rechtsgebiete zum Gegenstand haben, deren gemeinschaftsweit einheitliche Regelung erforderlich ist, um mit der SE eine funktionsfähige supranationale Aktiengesellschaft bereitzustellen. Um mit der SE eine funktionsfähige supranationale Aktiengesellschaft zur Verfügung stellen zu können, ist die gemeinschaftsweit einheitliche Regelung des für die SE geltenden Aktienrechts erforderlich. Die SE-VO kann daher mit Blick auf das in Erwägungsgrund 29 SE-VO sowie in Art. 5 EG verankerte Subsidiaritätsprinzip nur das Aktienrecht der SE regeln. Dementsprechend können auch die einfachen Verweisungen der SE-VO sowie die Ge-

---

320 *Huber*, Grenzüberschreitende Sitzverlegung, S. 8 f.; *Schwarz*, Europäisches Gesellschaftsrecht, Rn. 157.

321 Siehe dazu oben Punkt B. I. 1. b) cc) (1).

322 *Wagner*, NZG 2002, S. 985 (987).

neralverweisung des Art. 9 Abs. 1 Buchst. c ii) SE-VO lediglich auf das mitgliedstaatliche Aktienrecht verweisen.[323]

Aus den Formulierungen „Vorschriften, die für eine Aktiengesellschaft … gelten würden“[324], „Rechtsvorschriften …, die auf eine … Aktiengesellschaft Anwendung finden würden“[325], „das für Aktiengesellschaften geltende Recht“[326], „das für Aktiengesellschaften maßgebliche Recht“[327], „Bestimmungen des für Aktiengesellschaften geltenden einzelstaatlichen Rechts“[328], „für Aktiengesellschaften maßgeblichen Rechtsvorschriften“[329], „für Aktiengesellschaften … maßgeblichen Rechtsvorschriften[330], „für Aktiengesellschaften … maßgeblichen einzelstaatlichen Rechtsvorschriften“[331], „für Aktiengesellschaften maßgebliche Recht[332] und „Rechtsvorschriften, die für eine Aktiengesellschaft maßgeblich wären“[333] folgt, dass Aktienrecht nicht kodifikationsbezogen, sondern rechtsformbezogen zu verstehen ist. Aktienrecht ist folglich das Recht der Gründung, Verfassung und Willensbildung einer Aktiengesellschaft.[334] In Deutschland umfasst es neben dem AktG auch die Regelungen des Vereins als Grundform aller privatrechtlichen Körperschaften in den §§ 21 bis 79 BGB, für personalistisch strukturierte Aktiengesellschaften die Regelungen über Personengesellschaften in den §§ 105 bis 177a HGB sowie §§ 705 bis 740 BGB und im Fall von Aktiengesellschaften, die sich an den öffentlichen Kapitalmarkt wenden, die

---

323 *Blanquet*, ZGR 2002, S. 20 (51); *Teichmann*, ZGR 2002, S. 383 (395); *Wagner*, NZG 2002, S. 985 (989); a. A. *Merdausl*, EUGGES, S. 94 zum identischen Art. 7 Abs. 1 Buchst. c Spiegelstrich 2 EUGGES-VOV 1993 (umfassende Verweisung auf mitgliedstaatliches Recht).

324 Art. 5 SE-VO.

325 Art. 9 Abs. 1 Buchst. c ii) SE-VO.

326 Art. 15 Abs. 1 SE-VO.

327 Art. 47 Abs. 1 SE-VO.

328 Art. 49 Hs. 2 SE-VO.

329 Art. 51 und 53 SE-VO.

330 Art. 54 Abs. 1 S. 1 SE-VO.

331 Art. 54 Abs. 2 SE-VO.

332 Art. 57 SE-VO.

333 Art. 63 SE-VO.

334 *Zöllner*, in: KöKo, AktG, Einl. Rn. 1.

Gesetze des Kapitalmarktrechts wie das Börsengesetz oder das Wertpapierhandelsgesetz.[335]

(b) Sachnorm- oder Gesamtnormverweisung

An die Beantwortung der Frage, auf welches mitgliedstaatliche Sachrecht verwiesen wird, schließt sich die Frage an, ob die Verweisungen der SE-VO als Sachnorm- oder als Gesamtnormverweisungen zu qualifizieren sind.

Bei einer Sachnormverweisung wird unmittelbar auf das Sachrecht des Mitgliedstaats verwiesen.[336] Eine Gesamtnormverweisung verweist dagegen auf das mitgliedstaatliche Recht einschließlich des Internationalen Privatrechts; es kann somit zu Weiterverweisungen kommen, wenn das anwendbare mitgliedstaatliche Internationale Privatrecht auf das Recht eines weiteren Staats verweist.[337]

Da das auf Grund der Verweisungen der SE-VO zur Anwendung berufene mitgliedstaatliche Recht entweder SE-spezifisches Recht oder Aktienrecht ist,[338] geht es bei der Entscheidung zwischen Sachnorm- und Gesamtnormverweisung um die Anwendbarkeit des Internationalen Gesellschaftsrechts der Mitgliedstaaten. Denn als Teil des Internationalen Privatrechts der Mitgliedstaaten bestimmt das Internationale Gesellschaftsrecht, welches mitgliedstaatliche Gesellschaftsstatut[339] auf eine Gesellschaft anwendbar ist.[340] Im Wesentlichen knüpft das Internationale Gesellschaftsrecht der Mitgliedstaaten für die Bestimmung des anwendbaren Gesellschaftsstatuts entweder an den Satzungssitz (Inkorporationstheorie) oder an den tatsächlichen Sitz bzw. die Hauptverwaltung (Sitztheorie) an.[341]

---

335 Ähnlich *Hirte*, KapGesR, Rn. 31-34 zu den Rechtsquellen des Kapitalgesellschaftsrechts.

336 *Schwarz*, Europäisches Gesellschaftsrecht, Rn. 960; *Wagner*, NZG 2002, S. 985 (987).

337 *Schwarz*, Europäisches Gesellschaftsrecht, Rn. 960; *Wagner*, NZG 2002, S. 985 (987).

338 Siehe dazu oben Punkt B. III. 1. a) aa) (2) (a).

339 Zum Begriff Gesellschaftsstatut siehe oben Punkt B. III. 1. a) aa) (2) (a).

340 Siehe dazu unten Punkt B. III. 1. a) aa) (3) (a).

341 Siehe dazu unten Punkt B. III. 1. a) aa) (3) (a).

Die Verweisungen der SE-VO sind als Sachnormverweisungen zu qualifizieren. Hierfür sprechen die folgenden Gründe:

Zum einen ist im Rahmen der sprachlich-grammatischen Auslegung[342] zu berücksichtigen, dass der jeweilige Satzzusammenhang mit dem Begriff bzw. Begriffsbestandteil Sitz dafür spricht, die Begriffe „Vorschriften", „Rechtsvorschriften", „Recht" bzw. „Bestimmungen" nicht im Sinne von mitgliedstaatliches Recht einschließlich des Internationalen Gesellschaftsrechts auszulegen. Da die Verweisungen der SE-VO bereits ihrerseits für die Anwendbarkeit des mitgliedstaatlichen Rechts an den Satzungssitz der SE anknüpfen, ist für eine daneben bestehende Anknüpfung des mitgliedstaatlichen Internationalen Gesellschaftsrechts an den Satzungssitz oder den tatsächlichen Sitz bzw. die Hauptverwaltung der SE kein Raum.

Weiterhin ist im Rahmen der objektiv-teleologischen Auslegung[343] der Gesichtspunkt des effet utile des Gemeinschaftsrechts anzuführen, wonach jede Bestimmung des Gemeinschaftsrechts so auszulegen ist, dass sie eine möglichst große praktische Wirksamkeit bzw. Nutzwirkung entfaltet[344] und zur effizienten Umsetzung der gemeinschaftsrechtlichen Ziele beitragen kann.[345] Ziel der SE-VO ist es, eine funktionsfähige supranationale Gesellschaftsform bereitzustellen.[346]

Dieses Ziel lässt sich besser verwirklichen, wenn man die Verweisungen der SE-VO als Sachnormverweisungen und nicht als Gesamtnormverweisungen qualifiziert. Denn die Funktionsfähigkeit der SE setzt voraus, dass Rechtssicherheit über das ergänzend anwendbare mitgliedstaatliche Recht besteht. Würden die Verweisungen der SE-VO als

---

342 Zu den Grundlagen siehe oben Punkt B. I. 1. b) aa) (1).

343 Zu den Grundlagen siehe oben Punkt B. I. 1. b) dd) (1).

344 *Bleckmann*, NJW 1982, S. 1177 (1180); *Lutter*, JZ 1992, S. 593 (603); *Meyer*, Jura 1994, S. 455 (457); *Anweiler*, Auslegungsmethoden des EuGH, S. 219; *Oppermann*, EuropaR, Rn. 686; *Everling*, in: FS Lutter, S. 31 (39); *Epiney*, in: Beutler/Bieber, EU, Rn. 537.

345 EuGH (Schleswig-Holsteinische landwirtschaftliche Hauptgenossenschaft/Hauptzollamt Itzehoe), Slg. 1971, S. 1083 (1093 Rn. 3); *Zuleeg*, EuR 1969, S. 97 (107); *Bleckmann/Pieper*, in: Dauses, Handbuch des EU-Wirtschaftsrechts I, B. I Rn. 19, Stand: April 1997; *Teichmann*, ZGR 2002, S. 383 (405).

346 *Teichmann*, ZGR 2002, S. 383 (405 f.).

Gesamtnormverweisungen auch das Internationale Gesellschaftsrecht der Mitgliedstaaten zur Anwendung berufen, würde dies in den Mitgliedstaaten, deren Internationales Gesellschaftsrecht der Sitztheorie folgt, zu Rechtsunsicherheit über das auf die SE ergänzend anwendbare Recht führen. Denn bei der Feststellung des tatsächlichen Sitzes bzw. der Hauptverwaltung bestehen oft praktische Schwierigkeiten, die in den Mitgliedstaaten zu einer unterschiedlichen Beurteilung hinsichtlich des im konkreten Fall anwendbaren mitgliedstaatlichen Rechts führen können.[347] Folglich bietet die Qualifikation als Sachnormverweisung mit alleiniger Anknüpfung an das Recht des Satzungssitzstaats mehr Rechtssicherheit als die Qualifikation als Gesamtnormverweisung mit einer gegebenenfalls zusätzlichen Anknüpfung an das Recht des Mitgliedstaats des tatsächlichen Sitzes bzw. der Hauptverwaltung der SE.

Schließlich führt im Rahmen der objektiv-teleologischen Auslegung auch der Aspekt der Einheitlichkeit des auf die SE anwendbaren mitgliedstaatlichen Rechts zur Qualifikation der Verweisungen der SE-VO als Sachnormverweisungen. Würde man die Verweisungen der SE-VO als Gesamtnormverweisungen interpretieren, könnte dies bei einem Auseinanderfallen von Satzungssitz und Hauptverwaltung einer SE z. B. im Rahmen der Satzungssitzverlegung nach Art. 8 SE-VO[348] oder bis zum Ablauf der in Art. 64 Abs. 1 SE-VO genannten Frist dazu führen, dass auf eine SE gleichzeitig das Recht zweier Mitgliedstaaten anwendbar ist. Dies wäre dann der Fall, wenn das Internationale Gesellschaftsrecht des Satzungssitzstaats der Sitztheorie und das Internationale Gesellschaftsrecht des Mitgliedstaats der Hauptverwaltung der Inkorporationstheorie folgt oder umgekehrt.[349]

---

[347] *KPMG*, in: Kommission, Sitzverlegungsstudie, S. 28; *Höft*, Verwaltungssitzverlegung, S. 39; *Leupold*, SE und deutsches Recht, S. 29.

[348] Zum Erfordernis der Errichtung der Hauptverwaltung im neuen Sitzstaat vor Eintragung in das dortige Register siehe unten Punkt C. I. 2. b) aa) (2) (b).

[349] *Schwarz*, Europäisches Gesellschaftsrecht, Rn. 960; *Brandt/Scheifele*, DStR 2002, S. 547 (549); *Wagner*, NZG 2002, S. 985 (987).

(c) Zusammenfassung

Zusammenfassend ist daher festzustellen, dass der Sitz der SE im Rahmen der Verweisungen der SE-VO für die Frage relevant ist, welches mitgliedstaatliche Sachrecht in Gestalt von SE-spezifischem Recht oder Aktienrecht zur Anwendung berufen ist.

(3) Einordnung in das System des Internationalen Gesellschaftsrechts

Abschließend ist die SE-VO in das System des Internationalen Gesellschaftsrechts einzuordnen.

(a) Theorien des Internationalen Gesellschaftsrechts

Im Internationalen Gesellschaftsrecht gibt es im Wesentlichen zwei Theorien, um das auf eine Gesellschaft anwendbare Gesellschaftsstatut zu bestimmen:

- Sitztheorie,
- Inkorporationstheorie.

Gesellschaftsstatut ist die Summe aller Sachnormen, nach denen die gesellschaftsrechtlichen Beziehungen zu beurteilen sind.[350]

Die Sitztheorie unterstellt eine Gesellschaft einheitlich dem Gesellschaftsstatut desjenigen Staates, in dem die Gesellschaft ihren tatsächlichen Sitz hat, d. h. in dem die grundlegenden Entscheidungen der Unternehmensleitung effektiv nach außen in

---

[350] *Huber*, Grenzüberschreitende Sitzverlegung, S. 8 f.; *Schwarz*, Europäisches Gesellschaftsrecht, Rn. 157.

laufende Geschäftsführungsakte umgesetzt werden.[351] Da die Definition des tatsächlichen Sitzes mit der der Hauptverwaltung[352] übereinstimmt, ist nach der Sitztheorie auf eine Gesellschaft das Gesellschaftsstatut desjenigen Staates anwendbar, in dem sich ihre Hauptverwaltung befindet.[353]
Der mit der Sitztheorie verfolgte Zweck ist der Schutz der Rechtsordnung des Staates, der tatsächlich am meisten von der Tätigkeit einer Gesellschaft betroffen ist. Sie hat den Vorzug größerer Sachnähe, bietet den größtmöglichen Schutz der Gläubigerinteressen und ermöglicht eine wirksame staatliche Kontrolle.[354]

Nach der Inkorporationstheorie ist auf eine Gesellschaft das Gesellschaftsstatut desjenigen Staats anwendbar, in dem sich ihr Satzungssitz befindet.[355] Zunächst befindet sich der Satzungssitz im Gründungsstaat. Da in der Regel nur ein Bedürfnis für die Verlegung des tatsächlichen Sitzes, nicht aber für eine Veränderung des Satzungssitzes be-

---

351 BGHZ 53, 181 (183); BGHZ 97, 269 (271 f.); BayObLG, DB 1985, S. 2670 (2671); BayObLG, DB 1986, S. 1325 (1326); OLG Oldenburg, NJW 1990, S. 1422 (1422); BayObLGZ 1992, 113 (114 f.); BayObLGZ 1998, 195 (197); OLG Hamm, WM 1995, S. 456 (458); OLG Düsseldorf, WM 1995, S. 808 (810); *Ebenroth/Hopp*, JZ 1989, S. 883 (884); *Höft*, Verwaltungssitzverlegung, S. 40; *Leupold*, SE und deutsches Recht, S. 28; *Thömmes*, DB 1993, S. 1021 (1022); *ders.*, in: Theisen/Wenz, Europäische Aktiengesellschaft, S. 465 (530); *Ebenroth/Auer*, GmbHR 1994, S. 16 (16 f.); *Bellingwout*, RIW 1997, S. 550 (552); *Hügel*, ZGR 1999, S. 71 (73); *Schwarz*, Europäisches Gesellschaftsrecht, Rn. 162; *Wenz*, in: Theisen/Wenz, Europäische Aktiengesellschaft, S. 171 (190).

352 Zur Definition der Hauptverwaltung siehe oben Punkt B. I. 1. b) aa) (2) (a).

353 BayObLG, DB 1985, S. 2670 (2671); BayObLG, DB 1986, S. 1325 (1326); OLG Hamm, WM 1995, S. 456 (458); *Ebenroth/Hopp*, JZ 1989, S. 883 (884); *Kindler*, in: MüKo, BGB, IntGesR Rn. 316.

354 BayObLGZ 1992, S. 113 (115); BayObLGZ 1998, 195 (197); *Ebenroth/Bippus*, JZ 1988, S. 677 (677); *Ebenroth/Auer*, GmbHR 1994, S. 16 (18); *Grote*, Neues SE-Statut, S. 154; *Höft*, Verwaltungssitzverlegung, S. 41; *Leupold*, SE und deutsches Recht, S. 29; *Huber*, Grenzüberschreitende Sitzverlegung, S. 38; *Hügel*, ZGR 1999, S. 71 (73); *Schwarz*, Europäisches Gesellschaftsrecht, Rn. 162; *Frowein*, Grenzüberschreitende Sitzverlegung, S. 18.

355 *Frowein*, Grenzüberschreitende Sitzverlegung, S. 20.

steht, führt die Inkorporationstheorie dazu, dass auf eine Gesellschaft das Gesellschaftsstatut desjenigen Staats anwendbar ist, in dem sie gegründet wurde. Sie wird daher auch als Gründungstheorie bezeichnet.[356]

Die Inkorporationstheorie wurde im 18. Jahrhundert in England entwickelt und praktiziert, um dem Bedürfnis der damaligen Groß- und Kolonialmacht nach einem möglichst umfassenden Schutz seiner überseeischen Wirtschaftsaktivitäten Rechnung zu tragen.[357] Gesellschaften, die in England gegründet wurden und daher dort ihr registered office[358] hatten, konnten ihren tatsächlichen Sitz unter Aufrechterhaltung ihrer Rechtspersönlichkeit in die überseeischen Gebiete verlegen, ohne den Schutz des heimischen Rechts zu verlieren.[359] Die Inkorporationstheorie bietet damals wie heute den Vorteil der Rechtssicherheit, da sich der Satzungssitz als Verfahrensformalität an Hand der Gründungsdokumente und der Registereintragung leicht feststellen lässt.[360]

(b) Konzeption der SE-VO

Fraglich ist, welcher dieser Theorien die SE-VO folgt.

Formell wird die SE durch Art. 9 Abs. 1 Buchst. c i) und ii) SE-VO sowie die Spezialverweisungen ergänzend dem Recht desjenigen Mitgliedstaates unterstellt, in dem sich ihr Satzungssitz befindet.[361] Dies entspricht der Inkorporationstheorie.

---

356 So *Höft*, Verwaltungssitzverlegung, S. 38; *Huber*, Grenzüberschreitende Sitzverlegung, S. 25; *Passeyrer*, Sitzverlegung der SE, S. 8; *Di Marco*, ZGR 1999, S. 3 (4); *Freitag*, EuZW 1999, S. 267 (267); *Wenz*, in: Theisen/Wenz, Europäische Aktiengesellschaft, S. 171 (189).

357 *Ebenroth/Sura*, RabelsZ 43 (1979), S. 315 (326 f.); *Ebenroth/Eyles*, DB-Beilage 2/88, S. 1 (4); *Schwarz*, Europäisches Gesellschaftsrecht, Rn. 161.

358 Zum Begriff registered office siehe oben Punkt B. I. 1. b) aa) (2) (b).

359 *Schwarz*, Europäisches Gesellschaftsrecht, Rn. 161.

360 *Sanders*, SE-VE 1966, Art. I-4 Kommentierung 2; *KPMG*, in: Kommission, Sitzverlegungsstudie, S. 27 f.; *Grote*, Neues SE-Statut, S. 152; *Höft*, Verwaltungssitzverlegung, S. 38 f.; *Leupold*, SE und deutsches Recht, S. 28; *Huber*, Grenzüberschreitende Sitzverlegung, S. 26.

361 Siehe dazu oben Punkt B. III. 1. a) aa) (1); ebenso *Grote*, Neues SE-Statut, S. 155 zum SE-VOV 1989.

Der Satzungssitz der SE muss aber nach Art. 7 S. 1 Hs. 2 SE-VO stets in dem Mitgliedstaat liegen, in dem sich die Hauptverwaltung der SE befindet. Nach dieser Vorschrift hat der Satzungssitz also stets dem Ort der Hauptverwaltung zu folgen.[362] Materiell entscheidet deshalb der Ort der Hauptverwaltung darüber, welches mitgliedstaatliche Recht ergänzend anwendbar ist.[363] Im Ergebnis folgt die SE-VO daher der Sitztheorie.[364] Gestützt wird dieses Ergebnis durch Erwägungsgrund 27 SE-VO. Aus diesem ergibt sich die Regelungsabsicht des Rates, dass für die SE die Sitztheorie gelten soll.[365]

Die Sitztheorie gilt jedoch nicht uneingeschränkt.

Liegen Satzungssitz und Hauptverwaltung der SE nicht mehr in ein und demselben Mitgliedstaat, lässt Art. 64 Abs. 1 SE-VO bis zum Ablauf der Frist für die Beseitigung dieses vorschriftswidrigen Zustands eine Verteilung des Satzungssitzes und der Hauptverwaltung der SE auf verschiedene Mitgliedstaaten zu. Dies hat zur Konsequenz, dass vorübergehend auf die SE das Recht desjenigen Mitgliedstaats anwendbar ist, in dem

---

362 Ebenso *Grote*, Neues SE-Statut, S. 165 zu Art. 5 SE-VOV 1989.

363 Ebenso *Snaith*, in: Schulze, SCE, 2. Kapitel, Rn. 76 zur identischen Regelung in der SCE-VO.

364 *Hofer*, Europäische Gesellschaft, S. 29; *Schulz/Geismar*, DStR 2001, S. 1078 (1079); *Wenz*, in: Theisen/Wenz, Europäische Aktiengesellschaft, S. 171 (203); ebenso *Grote*, Neues SE-Statut, S. 158 zum SE-VOV 1989; *Großfeld*, in: Staudinger, BGB, IntGesR Rn. 122 zum SE-VOV 1991; *Burtscher*, SE, S. 146 zum SE-RE 1998; *Merdausl*, EUGGES, S. 87 zum EUGGES-VOV 1993; *Buchheim*, SE und Konzernverschmelzung, S. 132 f. zum SE-RE vom 16. April 1999; *Snaith*, in: Schulze, SCE, 2. Kapitel, Rn. 36 zur SCE-VO; *Hagen-Eck*, EUGEN, S. 124 zum EUGEN-VOV 1993; *Fischer*, EUGEN, S. 103 zum EUGEN-VOV 1993; zweifelnd *Schwarz*, ZIP 2001, S. 1847 (1849 Fn. 30); a. A. *Brödermann/Iversen*, EG-Recht und IPR, Rn. 332 zum SE-VOV 1991 und *Thömmes*, in: Theisen/Wenz, Europäische Aktiengesellschaft, S. 465 (530 f.), die die Regelung als Kompromiss zwischen Sitz- und Gründungstheorie interpretieren; *Passeyrer*, Sitzverlegung der SE, S. 61 f. zum SE-RE 1998, der von der Geltung der Inkorporationstheorie ausgeht; *Hirte*, NZG 2002, S. 1 (4).

365 Siehe dazu oben Punkt B. I. 2. a) aa) (3) (a).

sich nur noch der Satzungssitz der SE befindet.[366] Insoweit gilt also die Inkorporationstheorie.[367]
Bei der Verlegung des Satzungssitzes in einen anderen Mitgliedstaat nach Art. 8 SE-VO gilt ebenfalls die Inkorporationstheorie. Denn die SE ist nach Art. 7 S. 1 Hs. 2 SE-VO verpflichtet, ihre Hauptverwaltung im Zuzugstaat zu errichten, bevor sie in das dortige Register eingetragen werden kann.[368] Temporär ist daher auch in diesem Fall auf die SE das Recht desjenigen Mitgliedstaats anwendbar, in dem sich allein ihr Satzungssitz befindet.

Die Konzeption der SE-VO lässt sich daher wie folgt zusammenfassen: Die SE-VO folgt bezüglich des auf die SE ergänzend anwendbaren mitgliedstaatlichen Rechts grundsätzlich der Sitztheorie. Nur bei der Verlegung des Satzungssitzes nach Art. 8 SE-VO und bei der Beseitigung des vorschriftswidrigen Zustands nach Art. 64 Abs. 1 SE-VO gilt für eine Übergangszeit die Inkorporationstheorie.

bb) Internationales Privat- und Steuerrecht

Außerhalb der Verweisungen der SE-VO[369] ist für die Bestimmung desjenigen Mitgliedstaats, dessen Privatrecht anwendbar ist, das Internationale Privatrecht der Mitgliedstaaten maßgebend.[370] Die rechtliche Relevanz des Satzungssitzes der SE für das anwendbare mitgliedstaatliche Recht hängt dementsprechend vom Internationalen Privatrecht des jeweiligen Mitgliedstaats ab.

---

366 *Teichmann*, ZGR 2002, S. 383 (398 Fn. 80); ebenso *Grote*, Neues SE-Statut, S. 156 zum SE-VOV 1989; *Leupold*, SE und deutsches Recht, S. 35 zu Art. 7 Abs. 1 Buchst. c SE-VOV 1991; *Passeyrer*, Sitzverlegung der SE, S. 60 f. zum SE-RE 1998.

367 Ebenso *Grote*, Neues SE-Statut, S. 158 zum SE-VOV 1989; *Passeyrer*, Sitzverlegung der SE, S. 61 zum SE-RE 1998.

368 Siehe dazu unten Punkt C. I. 2. b) aa) (2) (b).

369 Zum Ausmaß der Verweisungen der SE-VO siehe oben Punkt B. III. 1. a) aa) (2).

370 *Wagner*, NZG 2002, S. 985 (990); ebenso *Brandt/Scheifele*, DStR 2002, S. 547 (549) bezogen auf Art. 9 Abs. 1 SE-VO; *Snaith*, in: Schulze, SCE, 2. Kapitel, Rn. 12 zur SCE-VO.

Ebenso richtet sich die Bestimmung des Mitgliedstaats, dessen Steuerrecht anwendbar ist, nach dem Internationalen Steuerrecht der Mitgliedstaaten einschließlich der Doppelbesteuerungsabkommen.[371] Die rechtliche Relevanz des Satzungssitzes der SE für das anwendbare mitgliedstaatliche Steuerrecht hängt daher vom Internationalen Steuerrecht des jeweiligen Mitgliedstaats sowie den jeweils bestehenden Doppelbesteuerungsabkommen ab. Die Feststellung, dass sich die Besteuerung der SE stets nach dem Recht ihres Satzungssitzstaats richtet,[372] ist daher in ihrer Allgemeinheit abzulehnen.

b) Gerichtsstände nach der EuGV-VO

Der Satzungssitz der SE könnte ferner rechtliche Relevanz für ihre Gerichtsstände nach der EuGV-VO haben. Der Anwendungsbereich der EuGV-VO beschränkt sich nach Art. 1 Abs. 1 S. 1 EuGV-VO auf Zivil- und Handelssachen. Ungeschriebene Voraussetzung ist dabei, dass diese einen grenzüberschreitenden Bezug aufweisen.[373]

aa) Art. 2 Abs. 1 EuGV-VO

Der allgemeine Gerichtsstand befindet sich nach Art. 2 Abs. 1 EuGV-VO bei den Gerichten des Mitgliedstaats, in dem die zu verklagende Person ihren Wohnsitz hat. Art. 60 Abs. 1 EuGV-VO regelt, was bei Gesellschaften und juristischen Personen unter dem Wohnsitz zu verstehen ist. Diese Vorschrift gilt auch für die SE, da sie nach Art. 1 Abs. 3 SE-VO juristische Person ist. Danach befindet sich der Wohnsitz einer juristischen Person unter anderem am Ort ihres satzungsmäßigen Sitzes (Art. 60 Abs. 1

---

[371] *Brandt/Scheifele*, DStR 2002, S. 547 (549); a. A. *Förster/Lange*, DB 2002, S. 288 (288); *Wacht*, in: Andersen, KStG, § 12 Rn. 32.2, Stand: Oktober 2002; *Kloster*, EuZW 2003, S. 293 (297), die jeweils das auf die SE anwendbare mitgliedstaatliche Steuerrecht nach Art. 9 Abs. 1 Buchst. c ii) SE-VO bestimmen.

[372] So *Schulz/Geismar*, DStR 2001, S. 1078 (1082); *Hirte*, NZG 2002, S. 1 (2); *Förster/Lange*, DB 2002, S. 288 (288); *Schulz/Petersen*, DStR 2002, S. 1508 (1509).

[373] *Hüßtege*, in: Thomas/Putzo, ZPO, Vorb. EuGV-VO Rn. 11.

Buchst. a EuGV-VO) oder am Ort ihrer Hauptverwaltung (Art. 60 Abs. 1 Buchst. b EuGV-VO).

Auf Grund des in Art. 7 S. 1 Hs. 2 SE-VO angeordneten Gleichlaufs von Satzungssitz und Hauptverwaltung befindet sich der allgemeine Gerichtsstand der SE nach Art. 2 Abs. 1 i. V. m. Art. 60 Abs. 1 Buchstaben a und b EuGV-VO grundsätzlich nur in einem Mitgliedstaat. Allerdings hat die SE in den beiden folgenden Konstellationen ihren allgemeinen Gerichtsstand in zwei Mitgliedstaaten. Dies ist zum einen der Fall, wenn sich Satzungssitz und Hauptverwaltung der SE in verschiedenen Mitgliedstaaten befinden und die SE diesen vorschriftswidrigen Zustand innerhalb einer bestimmten Frist nach Art. 64 Abs. 1 SE-VO beseitigen muss. Dies ist zum anderen bei der Verlegung des Satzungssitzes nach Art. 8 SE-VO der Fall, weil die SE nach Art. 7 S. 1 Hs. 2 SE-VO verpflichtet ist, ihre Hauptverwaltung im Zuzugstaat zu errichten, bevor sie in das dortige Register eingetragen werden kann.[374] Auch nach Eintragung in das Register des neuen Sitzes besteht ein allgemeiner Gerichtsstand in zwei Mitgliedstaaten. Zwar liegen nun Satzungssitz und Hauptverwaltung wieder in einem Mitgliedstaat. Aber gegen die SE können auch weiterhin im bisherigen Satzungssitzstaat Forderungen eingeklagt werden, die vor ihrer Eintragung in das Register des neuen Sitzes entstanden sind. Denn Art.8 Abs. 16 SE-VO fingiert den Satzungssitz im Sinne des Art. 60 Abs. 1 Buchst. a EuGV-VO und damit den Wohnsitz im Sinne des Art. 2 Abs. 1 EuGV-VO entsprechend.[375]

bb) Art. 9 Abs. 1 Buchst. a, 12 Abs. 1, 16 Abs. 1 Alt. 1, 19 Nr. 1 EuGV-VO

Auch die Gerichtsstände in Versicherungs- und Verbrauchersachen knüpfen an den Wohnsitz und damit wegen Art. 60 Abs. 1 Buchst. a EuGV-VO, 1 Abs. 3 SE-VO an den Satzungssitz der SE an: Art. 9 Abs. 1 Buchst. a (Gerichtsstand des Versicherers), Art. 12 Abs. 1 (Gerichtsstand des Versicherungsnehmers, Versicherten oder

---

[374] Siehe dazu unten Punkt C. I. 2. b) aa) (2) (b).

[375] Siehe dazu unten Punkt C. II. 1. b) ee).

Begünstigten), Art. 16 Abs. 1 Alt. 1 (Gerichtsstand bei Verbraucherklagen) und Art. 19 Nr. 1 EuGV-VO (Gerichtsstand des Arbeitgebers).

cc) Art. 13 Nr. 3, 17 Nr. 3, 23 Abs. 1 S. 1 EuGV-VO

Der Satzungssitz der SE ist ferner für Gerichtsstandsvereinbarungen relevant. Denn diese sind nur bei bestimmten Wohnsitzkonstellationen der Parteien zulässig, wie sich aus Art. 13 Nr. 3 (Gerichtsstandsvereinbarung in Versicherungssachen), Art. 17 Nr. 3 (Gerichtsstandsvereinbarung in Verbrauchersachen) und Art. 23 Abs. 1 S. 1 EuGV-VO (allgemeine Gerichtsstandsvereinbarung) ergibt. Auch insoweit gilt nach Art. 60 Abs. 1 Buchst. a EuGV-VO, Art. 1 Abs. 3 SE-VO als Wohnsitz der Satzungssitz der SE.

dd) Art. 22 Nr. 2 EuGV-VO

Nach Art. 22 Nr. 2 S. 1 EuGV-VO befindet sich der ausschließliche Gerichtsstand für Klagen, die die Gültigkeit, Nichtigkeit oder die Auflösung einer juristischen Person sowie die Gültigkeit der Beschlüsse ihrer Organe zum Gegenstand haben, bei den Gerichten des Mitgliedstaats, in dem die juristische Person ihren Sitz hat. Der Begriff Sitz in Art. 22 Nr. 2 S. 1 EuGV-VO ist kein autonom durch die EuGV-VO geprägter Begriff, der europaweit einheitlich auszulegen ist. Vielmehr verweist Art. 22 Nr. 2 S. 2 EuGV-VO insoweit auf das Internationale Gesellschaftsrecht des Mitgliedstaats, in dem das angerufene Gericht liegt. Da die Verweisungen der SE-VO für die SE jedoch nicht auf das Internationale Gesellschaftsrecht der Mitgliedstaaten verweisen,[376] ist für sie der Sitzbegriff der SE-VO maßgeblich. Demnach ist unter dem Begriff Sitz in Art. 22 Nr. 2 S. 1 EuGV-VO ebenso wie in Art. 7 SE-VO[377] der Satzungssitz zu verstehen.

---

[376] Siehe dazu oben Punkt B. III. 1. a) aa) (2) (b).

[377] Siehe dazu oben Punkt B. I. 1. a).

2. In Deutschland

In Deutschland ist der Satzungssitz der SE relevant für Gerichtsstände, Organisationsregelungen und das Körperschaftsteuerrecht.

a) Gerichtsstände

Der Satzungssitz der SE ist für folgende Gerichtsstände von Bedeutung:

- § 17 Abs. 1 S. 1 ZPO
  Danach wird der allgemeine Gerichtsstand juristischer Personen durch ihren Sitz bestimmt. Wie sich aus der systematischen Zusammenschau mit § 17 Abs. 1 S. 2 ZPO ergibt, ist damit der Satzungssitz gemeint. Denn nach § 17 Abs. 1 S. 2 ZPO gilt als Sitz nur dann der Ort der Verwaltungsführung, wenn sich nichts anderes ergibt, z. B. aus der Satzung.[378]
- § 22 ZPO
  Diese Vorschrift verweist für alle Klagen, die sich auf Mitglieder als solche beziehen, auf den allgemeinen Gerichtsstand der juristischen Person nach § 17 Abs. 1 S. 1 ZPO.
- § 14 AktG
  Danach ist das Gericht des Sitzes der Gesellschaft für Aktiensachen im Verfahren der freiwilligen Gerichtsbarkeit zuständig.[379] Mit Sitz ist nach § 5 Abs. 1 AktG der Satzungssitz gemeint.

b) Organisationsregelungen

Daneben kann der Satzungssitz der SE rechtliche Relevanz haben für Organisationsregelungen. So soll nach Art. 53 SE-VO i. V. m. § 121 Abs. 5 S. 1 AktG die Hauptver-

---

378 *Putzo*, in: Thomas/Putzo, ZPO, § 17 Rn. 3; ebenso *Kruse*, Sitzverlegung von Kapitalgesellschaften, S. 22; *Hüffer*, AktG, § 5 Rn. 2 jeweils zur AG.

379 *Kruse*, Sitzverlegung von Kapitalgesellschaften, S. 22; ebenso *Kraft*, in: KöKo, AktG, § 5 Rn. 9; *Hüffer*, AktG, § 5 Rn. 2 und § 14 Rn. 3 jeweils zur AG.

sammlung am Satzungssitz der SE stattfinden, wenn die Satzung nichts anderes bestimmt.

c) Körperschaftsteuerrecht

Schließlich besitzt der Satzungssitz der SE rechtliche Bedeutung für das Körperschaftsteuerrecht. Denn Kapitalgesellschaften, die ihren Sitz in Deutschland haben, sind nach § 1 Abs. 1 Nr. 1 KStG unbeschränkt körperschaftsteuerpflichtig. Sitz bedeutet nach § 11 AO Satzungssitz.

C. Verlegung des Sitzes

I. Art. 8 SE-VO

Die Verlegung des Sitzes der SE ist in Art. 8 SE-VO geregelt.

1. Anwendungsbereich

Nach Art. 8 Abs. 1 S. 1 SE-VO ist Art. 8 SE-VO anwendbar, wenn

- der Sitz der SE
- verlegt wird
- in einen anderen Mitgliedstaat.

a) Bedeutung des Begriffs „Sitz"

Art. 8 SE-VO definiert den Begriff „Sitz" nicht, weswegen seine Bedeutung durch Auslegung ermittelt werden muss.

Im Rahmen der logisch-systematischen Auslegung[380] ist grundsätzlich davon auszugehen, dass ein Begriff, der in verschiedenen Vorschriften desselben Rechtsakts verwendet wird, jeweils die gleiche Bedeutung hat. Da mit dem Begriff Sitz in Art. 7 SE-VO der Satzungssitz gemeint ist,[381] muss er auch in Art. 8 Abs. 1 S. 1 SE-VO diese Bedeutung haben.

Bei der logisch-systematischen Auslegung ist ferner das Verhältnis zu Rechtsakten mit ähnlichem Regelungsanliegen zu würdigen. Dieses spricht ebenfalls für eine Auslegung im Sinne von Satzungssitz. Denn auch in der Verlegungsvorschrift des Art. 5 Abs. 1 S. 1 EUV-VOV 1993 wird Sitz wegen Art. 4 S. 1 EUV-VOV 1993 im Sinne von

---

380 Zu den Grundlagen siehe oben Punkt B. I. 1. b) bb) (1).

381 Siehe dazu oben Punkt B. I. 1.

Satzungssitz[382] verstanden. Entsprechendes gilt für die Verlegungsvorschrift des Art. 13 S. 1 EWIV-VO mit Blick auf Art. 5 Buchst. b EWIV-VO.[383]
Sitz im Sinne des Art. 8 Abs. 1 S. 1 SE-VO ist deshalb der Satzungssitz, also der Ort, den die Satzung der SE als Sitz bestimmt.

Art. 8 SE-VO ist daher ausschließlich auf die Verlegung des Satzungssitzes der SE anwendbar.[384]

b) Bedeutung des Begriffs „verlegt"

Die Sitzverlegung nach Art. 8 SE-VO ist somit kein tatsächlicher Akt, sondern ein Rechtsakt,[385] weil der Satzungssitz ein rechtlicher Sitz ist.[386]
Bei der Auslegung des Begriffs „verlegt" in Art. 8 Abs. 1 S. 1 SE-VO ist ferner auf Art. 8 Abs. 1 S. 2 SE-VO einzugehen, der im Rahmen der logisch-systematischen Auslegung[387] zu berücksichtigen ist. Danach führt die Sitzverlegung weder zur Auflösung der SE noch zur Gründung einer neuen juristischen Person. Der Begriff verlegt beschreibt dementsprechend die Verlegung des Sitzes der SE unter Wahrung ihrer Identität. Art. 8 SE-VO hat damit die sog. eigentliche[388] oder identitätswahrende[389] Sitzverlegung zum Gegenstand.
Art. 8 SE-VO ist dagegen nicht anwendbar auf die sog. uneigentliche[390], faktische bzw.

---

382 *Wagner*, EUV, S. 248.

383 *Meyer-Landrut*, EWIV, S. 164.

384 *Teichmann*, ZGR 2002, S. 383 (457 f.).

385 Ebenso *Wagner*, EUV, S. 248 zur Sitzverlegung nach Art. 5 EUV-VOV 1993.

386 Siehe dazu oben Punkt B. I. 1. b) aa) (2) (a).

387 Zu den Grundlagen siehe oben Punkt B. I. 1. b) bb) (1).

388 Grundlegend zum Begriff: *Kruse*, Sitzverlegung von Kapitalgesellschaften, S. 27 f.

389 *Thömmes*, in: Theisen/Wenz, Europäische Aktiengesellschaft, S. 465 (529 Fn. 2); grundlegend zum Begriff: *Frowein*, Grenzüberschreitende Sitzverlegung, S. 11.

390 Grundlegend zum Begriff: *Kruse*, Sitzverlegung von Kapitalgesellschaften, S. 28.

unechte[391] Sitzverlegung. Eine solche liegt vor, wenn sich die Gesellschaft im Wegzugstaat unter Verlust ihrer bisherigen Rechtspersönlichkeit auflöst und im Zuzugstaat neu gründet.[392]

c) Räumlicher Anwendungsbereich

Der räumliche Anwendungsbereich des Art. 8 SE-VO wird durch die Formulierung „in einen anderen Mitgliedstaat" festgelegt.

Dabei grenzt der Begriff „Mitgliedstaat" den räumlichen Anwendungsbereich des Art. 8 SE-VO dahin gehend ab, dass dieser sich nicht auf die Verlegung des Sitzes der SE in das Nicht-EU-Ausland erstreckt.

Der Begriff „anderen" grenzt den räumlichen Anwendungsbereich des Art. 8 SE-VO in zweierlei Hinsicht ab.
Zum einen ist Art. 8 SE-VO nicht anwendbar auf die Verlegung des Sitzes der SE innerhalb eines Mitgliedstaats. Zum anderen findet er keine Anwendung auf die Verlegung des Sitzes der SE vom Nicht-EU-Ausland in einen Mitgliedstaat. Dafür spricht die sprachlich-grammatische Auslegung[393] des Begriffs anderen. Im allgemeinen Sprachgebrauch stellt der Begriff anderen eine Sache oder Person einer gleichartigen Sache oder Person gegenüber.

d) Zusammenfassung

Art. 8 SE-VO ist damit nach Art. 8 Abs. 1 S. 1 SE-VO anwendbar, wenn der Satzungssitz der SE identitätswahrend von einem Mitgliedstaat in einen anderen Mitgliedstaat verlegt wird.

---

391 Grundlegend zu den Begriffen: *Frowein*, Grenzüberschreitende Sitzverlegung, S. 13-15.

392 *Kruse*, Sitzverlegung von Kapitalgesellschaften, S. 28.

393 Zu den Grundlagen siehe oben Punkt B. I. 1. b) aa) (1).

2. Verfahren

Das Verfahren der identitätswahrenden Verlegung des Satzungssitzes der SE von einem Mitgliedstaat in einen anderen ist in Art. 8 Abs. 2 bis 14 SE-VO geregelt.
Das Verfahren lässt sich grob gliedern in

- Maßnahmen, die in dem Mitgliedstaat zu ergreifen sind, von dem aus der Satzungssitz der SE verlegt wird (im Folgenden „Wegzugstaat"[394] genannt), sowie
- Maßnahmen, die in dem Mitgliedstaat zu ergreifen sind, in den der Satzungssitz der SE verlegt wird (im Folgenden „Zuzugstaat"[395] genannt).

a) Maßnahmen im Wegzugstaat

aa) Verlegungsplan

Die erste Maßnahme im Wegzugstaat ist die Erstellung und Offenlegung eines Verlegungsplans nach Art. 8 Abs. 2 S. 1 SE-VO.

(1) Bedeutung des Begriffs „Verlegungsplan"

Zunächst ist durch Auslegung zu klären, was der Begriff „Verlegungsplan" in Art. 8 Abs. 2 S. 1 SE-VO bedeutet. Der Begriff setzt sich zusammen aus den Bestandteilen Verlegung und Plan.
Bezüglich des Begriffselements Verlegung kann auf die Ausführungen zum Anwendungsbereich des Art. 8 SE-VO[396] verwiesen werden.

---

394 So auch *KPMG*, in: Kommission, Sitzverlegungsstudie, S. 2 und 53; *Priester*, ZGR 1999, S. 36 (38 f.); *Wenz*, in: Theisen/Wenz, Europäische Aktiengesellschaft, S. 171 (211 und 216).

395 So auch *KPMG*, in: Kommission, Sitzverlegungsstudie, S. 2 und 53; *Priester*, ZGR 1999, S. 36 (38 und 45); *Wenz*, in: Theisen/Wenz, Europäische Aktiengesellschaft, S. 171 (211 und 232).

396 Siehe dazu oben Punkt C. I. 1.

Nachfolgend ist deshalb nur noch das Begriffselement Plan auszulegen. Aus Gründen der Übersichtlichkeit ist dabei zwischen seiner Rechtsnatur und Funktion auf der einen Seite sowie seiner Sprache und Form auf der anderen Seite zu differenzieren.

(a) Rechtsnatur und Funktion

Zu beginnen ist mit der Untersuchung der Rechtsnatur und Funktion des Plans in Art. 8 Abs. 2 S. 1 SE-VO.

(α) Sprachlich-grammatische Auslegung

Dabei sind zunächst im Rahmen der sprachlich-grammatischen Auslegung[397] die verschiedenen Sprachfassungen des Art. 8 Abs. 2 S. 1 SE-VO zu betrachten.

Die deutsche Sprachfassung des Art. 8 Abs. 2 S. 1 SE-VO enthält den Begriffsbestandteil Plan. Der Begriffsbestandteil Plan ist im deutschen Umwandlungsrecht von Bedeutung.

Der Verschmelzungsplan nach Art. 5 Verschmelzungs-RL wurde als Verschmelzungsvertrag in die §§ 4 bis 7 UmwG umgesetzt. Der Spaltungsplan nach Art. 3 Spaltungs-RL findet sich als Spaltungs- und Übernahmevertrag in § 126 UmwG. Daraus könnte man schließen, dass die Begriffe Plan und Vertrag im deutschen Recht synonym verwendet werden. Die synonyme Verwendung setzt jedoch voraus, dass mindestens zwei Rechtsträger beteiligt sind. Daran fehlt es bei der Verlegung des Sitzes der SE.

Im Rahmen der Spaltung zur Neugründung wurde der Spaltungsplan nach Art. 3 Spaltungs-RL als Spaltungsplan in § 136 UmwG umgesetzt.[398] Dieser Spaltungsplan ist eine nicht empfangsbedürftige Willenserklärung.[399] Eine Willenserklärung ist die Kund-

---

397 Zu den Grundlagen siehe oben Punkt B. I. 1. b) aa) (1).

398 *Priester*, in: Lutter, UmwG, § 136 Rn. 1; *Mayer*, in: Widmann/Mayer, UmwR, § 136 UmwG Rn. 1, Stand: Juni 2000.

399 *Priester*, in: Lutter, UmwG, § 136 Rn. 4; *Mayer*, in: Widmann/Mayer, UmwR, § 136 UmwG Rn. 7, Stand: Juni 2000.

gabe eines auf eine bestimmte Rechtsfolge gerichteten Willens.[400] Da an der Spaltung zur Neugründung nach den §§ 135 ff. UmwG ebenso wie an der Sitzverlegung nach Art. 8 SE-VO nur ein Rechtsträger beteiligt ist, bietet es sich an, auch unter dem Verlegungsplan nach Art. 8 Abs. 2 S. 1 SE-VO eine nicht empfangsbedürftige Willenserklärung zu verstehen.

In eine ähnliche Richtung weisen andere Sprachfassungen des Art. 8 Abs. 2 S. 1 SE-VO. Diese enthalten an Stelle des deutschen Begriffsbestandteils Plan Begriffe[401], die mit Vorschlag[402], Antrag[403], Entwurf[404] oder Vorhaben[405] zu übersetzen sind.

(β) Logisch-systematische Auslegung

Als Nächstes erfolgt eine logisch-systematische Zusammenschau[406] mit folgenden Vorschriften:

- Art. 8 Abs. 2 S. 2, Abs. 4, Abs. 6 S. 1 SE-VO, die weitere den Verlegungsplan betreffende Regelungen enthalten;
- Art. 8 Abs. 3 SE-VO, der den Verlegungsbericht regelt;

---

400 *Larenz/Wolf*, BGB AT, § 22 Rn. 6.

401 Andere Sprachfassungen lauten: „transfer proposal" (Englisch); „projet de transfert" (Französisch); „proyecto de traslado" (Spanisch); „progetto di trasferimento" (Italienisch); „projecto de transferência" (Portugiesisch); „voorstel tot zetelverplaatsing" (Niederländisch).

402 *Dietl/Lorenz*, Wörterbuch für Recht, Wirtschaft und Politik I, S. 656; *Potonnier/Potonnier*, Wörterbuch für Wirtschaft, Recht und Handel II, S. 1354; *Scheer*, Wörterbuch der deutschen und niederländischen Rechtssprache II, S. 392.

403 *Dietl/Lorenz*, Wörterbuch für Recht, Wirtschaft und Politik I, S. 656.

404 *Conte/Boss*, Wörterbuch der Rechts- und Wirtschaftssprache I, S. 382; *Potonnier/Potonnier*, Wörterbuch für Wirtschaft, Recht und Handel II, S. 1354; *Becher*, Wörterbuch der Rechts- und Wirtschaftssprache I, S. 1002; *Jayme/Neuss/Hansen*, Wörterbuch der Rechts- und Wirtschaftssprache I, 375.

405 *Conte/Boss*, Wörterbuch der Rechts- und Wirtschaftssprache I, S. 382; *Potonnier/Potonnier*, Wörterbuch für Wirtschaft, Recht und Handel II, S. 1354; *Becher*, Wörterbuch der Rechts- und Wirtschaftssprache I, S. 1002; *Jayme/Neuss/Hansen*, Wörterbuch der Rechts- und Wirtschaftssprache I, 375.

406 Zu den Grundlagen siehe oben Punkt B. I. 1. b) bb) (1).

- Rechtsakte mit ähnlichem Regelungsanliegen.

Die Betrachtung von Art. 8 Abs. 2 S. 2 SE-VO sowie von Art. 8 Abs. 4, Abs. 6 S. 1 SE-VO, die weitere den Verlegungsplan betreffende Regelungen enthalten, führt zu folgenden Feststellungen.

Art. 8 Abs. 2 S. 2 SE-VO regelt den Inhalt des Verlegungsplans.[407] Der in dieser Vorschrift verwendete Begriff Angaben spricht dafür, dass der Verlegungsplan über die beabsichtigte Verlegung und ihre Folgen informieren soll, ohne sie zu bewerten.

Art. 8 Abs. 4 SE-VO gibt den Aktionären und Gläubigern der SE das Recht, den Verlegungsplan einzusehen.[408] Art. 8 Abs. 6 S. 1 SE-VO schreibt darüber hinaus eine zweimonatige Wartezeit zwischen der Offenlegung des Verlegungsplans und der Fassung des Verlegungsbeschlusses vor. Aus diesen Vorschriften ergibt sich, dass der Verlegungsplan die wesentliche Grundlage für die Entscheidung der Aktionäre über die Verlegung[409] und für die Entscheidung der Gläubiger über ihr weiteres Vorgehen darstellt. Dies ist ein gewichtiges Argument dafür, dem Verlegungsplan wie einer Willenserklärung einseitige Verbindlichkeit beizumessen, um dadurch ein nachträgliches Abweichen des Leitungs- oder Verwaltungsorgans der SE von den Angaben des Verlegungsplans auszuschließen.

Die Betrachtung von Art. 8 Abs. 2 S. 2 SE-VO und von Art. 8 Abs. 4, Abs. 6 S. 1 SE-VO ist in dem Zwischenergebnis zusammenzufassen, dass der Begriffsbestandteil Plan in Art. 8 Abs. 2 S. 1 SE-VO im Sinne von verbindlicher Information ohne Bewertung zu verstehen ist.

Nach Art. 8 Abs. 3 SE-VO sind die Aspekte der Verlegung in einem Bericht zu erläutern und zu begründen. Der Vergleich mit dieser Vorschrift legt folgenden Schluss nahe. Der Verlegungsplan dient dazu, den Vorgang der Verlegung und dessen Folgen zu beschreiben, während es die Aufgabe des Berichts nach Art. 8 Abs. 3 SE-VO ist, den

---

407 Zum Inhalt des Verlegungsplans siehe unten Punkt C. I. 2. a) aa) (3).

408 Siehe dazu unten Punkt C. I. 2. a) cc).

409 *Kleinsorge/Neye*, BArbBl. 2001, S. 5 (6).

Vorgang der Verlegung und dessen Folgen zu bewerten. Der Vergleich mit Art. 8 Abs. 3 SE-VO bestätigt daher das bisherige Auslegungsergebnis insofern, als der Plan lediglich informiert, ohne zu bewerten.

Das Verhältnis zu Rechtsakten mit ähnlichem Regelungsanliegen ist wie folgt zu beurteilen.

Die Auslegung des Begriffs Verlegungsplan in Art. 14 Abs. 1 S. 1 EWIV-VO ist umstritten.
Zum Teil wird darunter die Anzeige der Absicht der Sitzverlegung[410] bzw. die schriftlich formulierte Erklärung der Absicht zur Sitzverlegung[411] verstanden. Diese Auslegung scheidet für den Verlegungsplan nach Art. 8 Abs. 2 S. 1 SE-VO schon deswegen aus, weil der Verlegungsplan bei der SE – anders als bei der EWIV – über die bloße Absichtsanzeige bzw. -erklärung hinaus bestimmte Angaben enthalten muss (Art. 8 Abs. 2 S. 2 SE-VO).
Andere legen den Begriff Verlegungsplan in Art. 14 Abs. 1 S. 1 EWIV-VO im Sinne von Vorveröffentlichung des zu fassenden Verlegungsbeschlusses aus.[412] Die zuletzt genannte Auslegung kommt für den Verlegungsplan nach Art. 8 Abs. 2 S. 1 SE-VO nicht in Betracht. Denn der Verlegungsplan muss nach Art. 8 Abs. 2 S. 2 Buchst. c SE-VO die etwaigen Folgen der Verlegung für die Beteiligung der Arbeitnehmer angeben.[413] Die Beteiligung der Arbeitnehmer im Sinne des Art. 2 Buchst. h SE-AN-RL[414] kann jedoch nicht Gegenstand eines Hauptversammlungsbeschlusses sein. Sie wird nämlich entweder zwischen dem Leitungs- oder Verwaltungsorgan der SE und dem Verhandlungsgremium als Vertretung der Arbeitnehmer vereinbart (Art. 4 SE-AN-

---

410 *Von Rechenberg*, in: von der Heydt/von Rechenberg, EWIV, S. 3 (96).

411 *Manz*, in: Selbherr/Manz, EWIV, Art. 14 Rn. 2.

412 *Meyer-Landrut*, EWIV, S. 167; *Huber*, Grenzüberschreitende Sitzverlegung, S. 237.

413 Siehe dazu unten Punkt C. I. 2. a) aa) (3) (e).

414 Zur Umsetzung in Deutschland siehe § 2 Abs. 8 SEBG.

RL[415]) oder durch die zwingend vorgeschriebene mitgliedstaatliche Auffangregelung festgelegt (Art. 7 Abs. 1 S. 2 i. V. m. Anhang SE-AN-RL[416]). Diese Argumentation lässt sich auch nicht dadurch entkräften, dass der Umwandlungsbeschluss nach § 194 Abs. 1 Nr. 7 UmwG die Folgen für die Arbeitnehmer und ihre Vertretungen angeben muss.[417] Hierbei handelt es sich jedoch lediglich um berichtende Angaben ohne jeden Regelungscharakter,[418] was zeigt, dass die Arbeitnehmerbeteiligung an sich gerade nicht Gegenstand eines Hauptversammlungsbeschlusses sein kann.

Gegen eine Auslegung des Begriffs Verlegungsplan im Sinne von Vorveröffentlichung des zu fassenden Verlegungsbeschlusses spricht ferner folgende Überlegung. Wäre der Begriff Verlegungsplan in Art. 8 Abs. 2 S. 1 SE-VO in diesem Sinne zu verstehen, läge es nahe, dass die Hauptversammlung diesem zustimmt. Während für den Verschmelzungs-, Gründungs- und Umwandlungsplan in Art. 23 Abs. 1, Art. 32 Abs. 6 und Art. 37 Abs. 7 S. 1 SE-VO eine solche Zustimmung der Hauptversammlung vorgesehen ist, fehlt für den Verlegungsplan eine vergleichbare Regelung. Vielmehr ergibt sich aus Art. 8 Abs. 4 SE-VO, dass die Hauptversammlung nicht über den Verlegungsplan, sondern über die Verlegung befindet.[419]

Als Zwischenergebnis ist festzuhalten, dass aus dem Verständnis des Begriffs Verlegungsplan in Art. 14 Abs. 1 S. 1 EWIV-VO für die Bedeutung des Begriffs Verlegungsplan in Art. 8 Abs. 2 S. 1 SE-VO keine Folgerungen gezogen werden können.

In Art. 4 Sitzverlegungs-RLVE wird der Begriff Verlegungsplan im Sinne von Entwurf des Verlegungsbeschlusses ausgelegt.[420] Eine solche Auslegung des Begriffs

---

415 Zur Umsetzung in Deutschland siehe § 21 SEBG.

416 Zur Umsetzung in Deutschland siehe die §§ 22 bis 39 SEBG.

417 So aber *Priester*, ZGR 1999, S. 36 (40) zum Verlegungsplan nach Art. 4 Sitzverlegungs-RLVE.

418 *Decher*, in: Lutter, UmwG, § 194 Rn. 27.

419 A. A. offenbar *Blanquet*, ZGR 2002, S. 20 (43): „Nachdem die Hauptversammlung dem Verlegungsplan zugestimmt hat, …".

420 *Priester*, ZGR 1999, S. 36 (40).

Verlegungsplans in Art. 8 Abs. 2 S. 1 SE-VO ist aus denselben Gründen abzulehnen wie die Interpretation im Sinne von Vorveröffentlichung des Verlegungsbeschlusses.

Als Ergebnis der logisch-systematischen Auslegung ist daher festzuhalten, dass der Begriff Verlegungsplan in Art. 8 Abs. 2 S. 1 SE-VO im Sinne von verbindlicher Information ohne Bewertung auszulegen ist. In dieser Formulierung sind alle Zwischenergebnisse berücksichtigt.

(γ) Historisch-genetische Auslegung

Die historisch-genetische Auslegung[421] beschränkt sich auf die Feststellung, dass weder Erwägungsgrund 24 S. 2 SE-VO noch ein anderer Erwägungsgrund Rückschlüsse auf die Regelungsabsicht des Rates bezüglich Rechtsnatur und Funktion des Verlegungsplans in Art. 8 Abs. 2 S. 1 SE-VO zulassen.

(δ) Objektiv-teleologische Auslegung

Schließlich ist bei der objektiv-teleologischen Auslegung[422] der objektive Sinn und Zweck des Verlegungsplans in Art. 8 Abs. 2 S. 1 SE-VO zu würdigen.
Der Verlegungsplan dient der Information der Aktionäre und Gläubiger der SE über die beabsichtigte Verlegung des Sitzes der SE.[423] Die Aktionäre und Gläubiger der SE sollen durch den Verlegungsplan die Möglichkeit erhalten, sich rechtzeitig auf die Verlegung des Sitzes der SE einzustellen und entsprechend zu reagieren.[424] Dieser Zweck des Verlegungsplans lässt sich am besten realisieren, wenn dem Verlegungsplan die einseitige Verbindlichkeit einer Willenserklärung beigemessen wird. Denn Aktionäre

---

421 Zu den Grundlagen siehe oben Punkt B. I. 1. b) cc) (1).

422 Zu den Grundlagen siehe oben Punkt B. I. 1. b) dd) (1).

423 *Hommelhoff/Teichmann*, SZW/RSDA 2002, S. 1 (10 f.); ebenso *Passeyrer*, Sitzverlegung der SE, S. 65 zu Art. 8 Abs. 2 SE-RE 1998.

424 Ebenso *Passeyrer*, Sitzverlegung der SE, S. 65 zu Art. 8 Abs. 2 SE-RE 1998.

und Gläubiger müssen sich bei ihrer Entscheidung über ihre weitere Vorgehensweise auf die einmal gegebene Informationsgrundlage verlassen können.
Die objektiv-teleologische Auslegung bestätigt daher das bisherige Auslegungsergebnis insofern, als dem Verlegungsplan in Art. 8 Abs. 2 S. 1 SE-VO Verbindlichkeit zukommt.

(ε) Zusammenfassung

Die Gesamtschau der Auslegungskriterien ergibt bezüglich Rechtsnatur und Funktion des Plans nachstehendes Bild:
Die sprachlich-grammatische Auslegung legt nahe, dass die Verbindlichkeit ein Merkmal des Begriffsbestandteils Plan in Art. 8 Abs. 2 S. 1 SE-VO ist. Die logisch-systematische Auslegung bestätigt dieses Teilergebnis ebenso wie die objektiv-teleologische Auslegung.
Aus der logisch-systematischen Auslegung folgt ferner zweierlei: Zum einen scheiden diejenigen Auslegungsalternativen aus, die den Verlegungsplan als eine Vorstufe des Verlegungsbeschlusses ansehen. Zum anderen führt sie zur Information ohne Bewertung als weiterem Begriffsmerkmal.
Rechtsnatur und Funktion des Plans in Art. 8 Abs. 2 S. 1 SE-VO lassen sich demnach in der folgenden Definition zusammenfassen: Plan ist die verbindliche Information ohne Bewertung.

(b) Form und Sprache

Zu klären bleibt, was im Hinblick auf Form und Sprache des Plans nach Art. 8 Abs. 2 S. 1 SE-VO zu beachten ist.

(α) Sprachlich-grammatische Auslegung

Im Rahmen der sprachlich-grammatischen Auslegung[425] ist der Satzzusammenhang des Begriffs Verlegungsplan und der Offenlegung nach Art. 13 SE-VO zu beachten.
Nach Art. 13 SE-VO i. V. m. Art. 3 Abs. 3 Unterabs. 1 S. 1 Publizitäts-RL i. V. m. der jeweiligen mitgliedstaatlichen Rechtsvorschrift kann von der Registerbehörde die Übersendung vollständiger oder auszugsweiser Abschriften verlangt werden. Abschriften können nur angefertigt werden, wenn der Verlegungsplan schriftlich vorliegt.

(β) Logisch-systematische Auslegung

Im Rahmen der logisch-systematischen Auslegung[426] ist das Verhältnis zu anderen Vorschriften der SE-VO und zu Rechtsakten mit ähnlichem Regelungsanliegen zu untersuchen.

Die Zusammenschau mit anderen Vorschriften der SE-VO führt zu den folgenden Feststellungen:
Aus der Betrachtung des Art. 8 Abs. 4 SE-VO folgt ein weiteres Argument für die Schriftform des Verlegungsplans, weil diese notwendige Voraussetzung für die Einsichtnahme der Aktionäre und Gläubiger ist. Dieser Vorschrift ist darüber hinaus zu entnehmen, dass der Verlegungsplan in der Sprache des Wegzugstaats abzufassen ist. Denn dort muss er zur Einsichtnahme ausgelegt werden.
Letzteres Ergebnis wird gestützt durch Art. 8 Abs. 8 SE-VO. Danach bedarf die SE einer Bescheinigung einer Behörde des Wegzugstaats, aus der unter anderem die Erstellung des Verlegungsplans als einer der Verlegung vorausgehenden Rechtshandlung[427] hervorgeht. Die Behörde des Wegzugstaats kann die ordnungsgemäße

---

425 Zu den Grundlagen siehe oben Punkt B. I. 1. b) aa) (1).

426 Zu den Grundlagen siehe oben Punkt B. I. 1. b) bb) (1).

427 Siehe dazu unten Punkt C. I. 2. a) hh) (3) (a)

Erstellung des Verlegungsplans jedoch nur überprüfen, wenn er in der Sprache des Wegzugstaats abgefasst ist.

Die Betrachtung von Rechtsakten mit ähnlichem Regelungsanliegen ergibt Folgendes: Der Verschmelzungsplan in Art. 5 Abs. 1 Verschmelzungs-RL, der Plan für die grenzüberschreitende Verschmelzung in Art. 5 Abs. 1 S. 1 Grenzüberschreitender Verschmelzungs-RLV i. V. m. Art. 5 Abs. 1 Verschmelzungs-RL und der Spaltungsplan in Art. 3 Abs. 1 Spaltungs-RL werden ausdrücklich als schriftlich bezeichnet. Zum einen könnte man daraus den Umkehrschluss ziehen, dass der Verlegungsplan nicht der Schriftform bedarf, weil der Rat trotz Kenntnis dieser Vorschriften bei ihm einen entsprechenden Zusatz weggelassen hat. Andererseits aber ist die Systematisierung des europäischen Gesellschaftsrechts im Bereich der Strukturmaßnahmen dafür anzuführen, auch für den Verlegungsplan die Schriftform zu verlangen. So wird auch der Begriff Verlegungsplan in Art. 14 Abs. 1 S. 1 EWIV-VO dahingehend ausgelegt, dass er schriftlich abzufassen ist,[428] obwohl hier ebenfalls ein ausdrücklicher Zusatz fehlt. Gleiches gilt für die Auslegung des Begriffs Verlegungsplan in Art. 4 Sitzverlegungs-RLVE.[429]

Der Begriff Verlegungsplan in Art. 4 Sitzverlegungs-RLVE wird ferner in dem Sinne verstanden, dass er in der Sprache des Wegzugstaats abzufassen ist.[430]

Auf Grund der logisch-systematischen Auslegung kommt zum Erfordernis der Schriftlichkeit hinzu, dass der Plan in der Sprache des Wegzugstaats abzufassen ist.

---

428 *Manz*, in: Selbherr/Manz, EWIV, Art. 14 Rn. 2.

429 *Priester*, ZGR 2002, S. 36 (41).

430 *Priester*, ZGR 2002, S. 36 (41).

(γ) Objektiv-teleologische Auslegung

Bei der objektiv-teleologischen Auslegung[431] ist davon auszugehen, dass der Verlegungsplan Aktionäre und Gläubiger der SE über die beabsichtigte Verlegung des Sitzes der SE informieren soll.
Dieser objektive Zweck spricht dafür, für den Verlegungsplan die Schriftform zu verlangen. Denn nur ein Schriftstück stellt einen dauerhaften und damit verlässlichen Informationsträger dar.

(δ) Zusammenfassung

Die Gesamtschau der Auslegungskriterien ergibt bezüglich Form und Sprache des Plans nachstehendes Bild:
Auf Grund der sprachlich-grammatischen, logisch-systematischen und objektiv-teleologischen Auslegung ist für den Plan die Schriftform zu fordern.
Die logisch-systematische Auslegung ergibt die Abfassung in der Sprache des Wegzugstaats als weiteres Erfordernis.
Form und Sprache des Plans in Art. 8 Abs. 2 S. 1 SE-VO lassen sich demnach in der folgenden Definition zusammenfassen: Der Plan ist schriftlich in der Sprache des Wegzugstaats abzufassen.

(c) Ergebnis

Führt man beide Definitionen zusammen, ergibt sich folgender Planbegriff:
Plan ist die verbindliche Information ohne Bewertung, die schriftlich in der Sprache des Wegzugstaats zu erfolgen hat.

(2) Schuldner der Planungspflicht

Als Nächstes muss ermittelt werden, wer den Verlegungsplan zu erstellen hat.

---

431 Zu den Grundlagen siehe oben Punkt B. I. 1. b) dd) (1).

Dies ist nach Art. 8 Abs. 2 S. 1 SE-VO das Leitungs- oder Verwaltungsorgan der SE. Damit wird das im dualistischen[432] bzw. monistischen[433] System jeweils zur Geschäftsführung berufene Organ bezeichnet (Art. 39 Abs. 1 S. 1 bzw. Art. 43 Abs. 1 S. 1 SE-VO).

Die Erstellung des Verlegungsplans durch das Leitungs- bzw. Verwaltungsorgan vollzieht sich in zwei Schritten. Zunächst beschließt das Leitungs- bzw. Verwaltungsorgan den Verlegungsplan. Anschließend unterzeichnet es ihn.

Nach Art. 50 Abs. 1 Buchst. b SE-VO werden Beschlüsse des Leitungs- oder Verwaltungsorgans mit der Mehrheit der anwesenden oder vertretenen Mitglieder gefasst, sofern weder die SE-VO noch die Satzung der SE etwas anderes bestimmen. Da Art. 8 SE-VO keine abweichende Regelung enthält, wird der Verlegungsplan von der Mehrheit der anwesenden oder vertretenen Mitglieder beschlossen.

Dagegen muss die Unterzeichnung durch die Gesamtheit der Mitglieder erfolgen. Denn nach Art. 39 Abs. 1 S. 1 bzw. Art. 43 Abs. 1 S. 1 SE-VO obliegt die Geschäftsführung grundsätzlich dem Leitungs- bzw. Verwaltungsorgan in seiner Gesamtheit. Lediglich für laufende Geschäfte können die Mitgliedstaaten nach Art. 39 Abs. 1 S. 2 bzw. Art. 43 Abs. 1 S. 2 SE-VO vorsehen, dass sie von einem oder mehreren Geschäftsführern geführt werden. Der Verlegungsplan ist Bestandteil der Sitzverlegung, die als strukturändernde Maßnahme kein laufendes Geschäft darstellt.

---

432 Zum dualistischen System der Art. 39-42 SE-VO: *Jahn/Herfs-Röttgen*, DB 2001, S. 631 (633); *Hommelhoff*, AG 2001, S. 279 (283 f.); *Schwarz*, ZIP 2001, S. 1847 (1854 f.); *ders.*, Europäisches Gesellschaftsrecht, Rn. 1149-1155 zum SE-VOV 1991 und Rn. 1199 zum SE-RE 1998; *Bungert/Beier*, EWS 2002, S. 1 (3 f.).

433 Zum monistischen System der Art. 43-45 SE-VO: *Jahn/Herfs-Röttgen*, DB 2001, S. 631 (633); *Hommelhoff*, AG 2001, S. 279 (284); *Schwarz*, ZIP 2001, S. 1847 (1855); *ders.*, Europäisches Gesellschaftsrecht, Rn. 1156-1159 zum SE-VOV 1991 und Rn. 1199 zum SE-RE 1998; *Bungert/Beier*, EWS 2002, S. 1 (4).

Sofern der Beschluss über den Verlegungsplan nicht einstimmig, sondern nach Art. 50 Abs. 1 Buchst. b SE-VO mit der Mehrheit der anwesenden oder vertretenen Mitglieder gefasst wurde, dürfen die überstimmten Mitglieder ihre divergierende Meinung zur Verlegung im Bericht nach Art. 8 Abs. 3 SE-VO zum Ausdruck bringen.[434]

(3) Inhalt

Der Inhalt des Verlegungsplans ist in Art. 8 Abs. 2 S. 2 SE-VO geregelt.

(a) Bisherige und neue Firma

Nach Art. 8 Abs. 2 S. 2 Var. 1 und Var. 4 Buchst. b Alt. 2 SE-VO sind im Verlegungsplan die bisherige sowie gegebenenfalls die neue Firma anzugeben.
Die Formulierung, dass gegebenenfalls die neue Firma anzugeben ist, lässt sich mit folgender Überlegung erklären. Nur Art. 11 SE-VO enthält eine Regelung zur Firma der SE. Diese beschränkt sich auf den Firmenzusatz „SE". Im Übrigen gilt das mitgliedstaatliche Firmenrecht.[435] Daher kann infolge der Sitzverlegung ein anderes mitgliedstaatliches Firmenrecht zur Anwendung gelangen, das abweichende Anforderungen an die Zulässigkeit der Firma stellt.[436] Dies kann die Änderung der Firma der SE und damit die Angabe der neuen Firma im Verlegungsplan erfordern.

(b) Bisheriger und vorgesehener neuer Sitz der SE

Nach Art. 8 Abs. 2 S. 2 Var. 2 und Var. 4 Buchst. a SE-VO gehören zum Inhalt des Verlegungsplans ferner der bisherige und der vorgesehene neue Sitz der SE. Dabei be-

---

434 Ähnlich *Keil*, Verschmelzungsbericht, S. 31 zum Verschmelzungsbericht nach § 340a AktG a. F.

435 *Hofer*, Europäische Gesellschaft, S. 31; so im Ergebnis auch *Hirte*, NZG 2002, S. 1 (4), der allerdings die Anwendbarkeit des mitgliedstaatlichen Firmenrechts auf Art. 9 Abs. 1 Buchst. c ii) SE-VO stützt; ebenso EuGH (EITO), Slg. 1997, S. I-7515 (I-7528 Rn. 23), der bei der EWIV die Anwendbarkeit des mitgliedstaatlichen Firmenrechts auf Art. 2 Abs. 1 EWIV-VO stützt.

436 Ebenso *KPMG*, in: Kommission, Sitzverlegungsstudie, S. 44 zur grenzüberschreitenden Verlegung des Sitzes einer mitgliedstaatlichen Gesellschaft.

deutet „Sitz“ Satzungssitz. Denn nach der logisch-systematischen Auslegung[437] hat ein Begriff, der in verschiedenen Vorschriften desselben Rechtsakts verwendet wird, jeweils die gleiche Bedeutung. Da mit Sitz in Art. 7 und Art. 8 Abs. 1 S. 1 SE-VO der Satzungssitz gemeint ist,[438] muss er auch in Art. 8 Abs. 2 S. 2 SE-VO diese Bedeutung haben.

(c) Bisherige Registriernummer der SE

Nach Art. 8 Abs. 2 S. 2 Var. 3 SE-VO muss der Verlegungsplan des Weiteren die bisherige Registriernummer der SE angeben.

Der Begriff „Registriernummer“ in Art. 8 Abs. 2 S. 2 Var. 3 SE-VO bezeichnet die Nummer, die die SE bei ihrer Eintragung in das Register des Wegzugstaats nach Art. 12 Abs. 1 SE-VO erhalten hat. Art. 12 Abs. 1 SE-VO schreibt vor, dass für die Registereintragung der SE Art. 3 Publizitäts-RL gilt. Zwar sieht Art. 3 Publizitäts-RL eine Registriernummer nicht ausdrücklich vor. Dass eine solche zu vergeben ist, ergibt sich jedoch aus der logisch-systematischen Zusammenschau mit Art. 4 S. 1 Spiegelstrich 1 Alt. 2 Publizitäts-RL.

(d) Für die SE vorgesehene Satzung

Der Inhalt des Verlegungsplans umfasst nach Art. 8 Abs. 2 S. 2 Var. 4 Buchst. b Alt. 1 SE-VO darüber hinaus die für die SE vorgesehene Satzung.

Der Begriff „Satzung der SE“ ist in Art. 6 SE-VO legal definiert, sodass er keiner Auslegung bedarf. Die Satzung der SE umfasst danach sowohl die Gründungsurkunde der SE als auch die Satzung der SE im eigentlichen Sinne, sofern Letztere Gegenstand einer getrennten Urkunde ist.

Allerdings besteht die Satzung der SE nur in der Republik Irland und im Vereinigten Königreich von Großbritannien und Nordirland nach Art. 6 SE-VO aus zwei Doku-

---

[437] Zu den Grundlagen siehe oben Punkt B. I. 1. b) bb) (1).

[438] Siehe dazu oben Punkte B. I. 1. und C. I. 1. a).

menten („memorandum of incorporation“ und „articles of association“), während in allen anderen Mitgliedstaaten die Satzung gleichzeitig die Gründungsurkunde darstellt.[439]

(e) Etwaige Folgen der Verlegung für die Beteiligung der Arbeitnehmer

Der Verlegungsplan hat zudem nach Art. 8 Abs. 2 S. 2 Var. 4 Buchst. c SE VO über etwaige Folgen der Sitzverlegung für die Beteiligung der Arbeitnehmer zu informieren.

Für die „Beteiligung der Arbeitnehmer“ gilt die Legaldefinition des Art. 2 Buchst. h SE-AN-RL[440]. Grundsätzlich sind Legaldefinitionen auf den Zweck des jeweiligen Rechtsakts zugeschnitten und daher nicht ohne weiteres auf einen anderen Rechtsakt übertragbar. So gelten auch die Legaldefinitionen des Art. 2 SE-AN-RL nach dessen Einleitungssatz nur für die Zwecke dieser Richtlinie. Dennoch sprechen vorliegend folgende Argumente für die Übertragung der Definition des Art. 2 Buchst. h SE-AN-RL auf die SE-VO. Zum einen nimmt Art. 1 Abs. 4 SE-VO ausdrücklich Bezug auf die SE-AN-RL. Zum anderen stellt die SE-AN-RL nach Erwägungsgrund 19 SE-VO eine untrennbare Ergänzung der SE-VO dar.
Beteiligung der Arbeitnehmer im Sinne des Art. 8 Abs. 2 S. 2 Var. 4 Buchst. c SE-VO ist demnach jedes Verfahren, durch das die Vertreter der Arbeitnehmer auf die Beschlussfassung innerhalb der SE Einfluss nehmen können. Die Beteiligung der Arbeitnehmer umfasst insbesondere die Unterrichtung im Sinne des Art. 2 Buchst. i SE-AN-RL[441], die Anhörung im Sinne des Art. 2 Buchst. j SE-AN-RL[442] und die Mitbestimmung im Sinne des Art. 2 Buchst. k SE-AN-RL[443].

---

439 *KPMG*, in: Kommission, Sitzverlegungsstudie, S. 53.

440 Zur Umsetzung in Deutschland siehe § 2 Abs. 8 SEBG.

441 Zur Umsetzung in Deutschland siehe § 2 Abs. 10 SEBG.

442 Zur Umsetzung in Deutschland siehe § 2 Abs. 11 SEBG.

443 Zur Umsetzung in Deutschland siehe § 2 Abs. 12 SEBG.

Ob die Verlegung des Satzungssitzes Folgen für die so definierte Beteiligung der Arbeitnehmer hat, hängt primär davon ab, ob bei der Gründung der SE eine diesbezügliche Vereinbarung ausgehandelt wurde (Art. 3 bis 6 SE-AN-RL i. V. m. mitgliedstaatlichen Rechtsvorschriften[444]) oder ob eine mitgliedstaatliche Auffangregelung anwendbar ist (Art. 7 SE-AN-RL i. V. m. Anhang SE-AN-RL i. V. m. mitgliedstaatlichen Rechtsvorschriften[445]).

Die bei der Gründung der SE ausgehandelte Vereinbarung über die Beteiligung der Arbeitnehmer bleibt wirksam, da die Sitzverlegung nach Art. 8. Abs. 1 S. 2 SE-VO identitätswahrend erfolgt. Allerdings kann die Vereinbarung vorsehen, dass im Fall der Verlegung des Satzungssitzes eine Neuverhandlung stattfinden soll (Art. 4 Abs. 2 Buchst. h SE-AN-RL i. V. m. mitgliedstaatlichen Rechtsvorschriften[446]).[447] Existiert eine solche vertragliche Regelung, hat die Sitzverlegung insofern Folgen für die Arbeitnehmerbeteiligung, als diese neu auszuhandeln ist.

Entsprechendes gilt, wenn eine mitgliedstaatliche Auffangregelung kraft Vereinbarung anwendbar ist (Art. 7 Abs. 1 Unterabs. 2 Buchst. a SE-AN-RL i. V. m. mitgliedstaatlichen Rechtsvorschriften[448]) und diese vorsieht, dass bei Sitzverlegung eine Neuverhandlung stattfinden soll.

Ist eine mitgliedstaatliche Auffangregelung mangels Einigung der Verhandlungsparteien anwendbar (Art. 7 Abs. 1 Unterabs. 2 Buchst. b SE-AN-RL i. V. m. mitgliedstaatlichen Rechtsvorschriften[449]), hat die Verlegung des Satzungssitzes insofern Folgen für die Arbeitnehmerbeteiligung, als die Auffangregelung eines anderen Mitgliedstaats Anwendung findet. Denn nach Art. 9 Abs. 1 Buchst. c i) SE-VO gilt die Auffangregelung des Mitgliedstaats, in dem die SE ihren Satzungssitz hat.[450] Da sich aber nur das

---

444 Zur Umsetzung in Deutschland siehe die §§ 11 bis 21 SEBG.

445 Zur Umsetzung in Deutschland siehe die §§ 22 bis 39 SEBG.

446 Zur Umsetzung in Deutschland siehe § 21 Abs. 1 Buchst. f und Abs. 4 SEBG.

447 Zur Wiederaufnahme der Verhandlungen siehe unten Punkt C. I. 2. a) jj).

448 Zur Umsetzung in Deutschland siehe die §§ 22 Abs. 1 Buchst. a, 34 Abs. 1 SEBG.

449 Zur Umsetzung in Deutschland siehe die §§ 22 Abs. 1 Buchst. b, 34 Abs. 1 SEBG.

450 Siehe dazu oben Punkt B. III. 1. a) aa) (1) (b).

anwendbare mitgliedstaatliche Recht ändert, nicht jedoch die Auffangregelung selbst, werden die Beteiligungsrechte der Arbeitnehmer auch in diesem Fall nicht durch die grenzüberschreitende Sitzverlegung berührt.

Zusammenfassend lässt sich daher sagen, dass sich die Folgen der Verlegung für die Beteiligung der Arbeitnehmer grundsätzlich in einer Änderung des anwendbaren mitgliedstaatlichen Rechts erschöpfen. Die vor der Verlegung in der SE bestehende Beteiligung der Arbeitnehmer bleibt auch danach anwendbar. Diese Feststellung gilt unabhängig davon, ob die Beteiligung der Arbeitnehmer Gegenstand einer Vereinbarung oder einer mitgliedstaatlichen Auffangregelung ist.[451]

(f) Vorgesehener Zeitplan für die Verlegung

Zum Inhalt des Verlegungsplans gehört nach Art. 8 Abs. 2 S. 2 Var. 4 Buchst. d SE-VO überdies der vorgesehene Zeitplan für die Verlegung.

Die sprachlich-grammatische Auslegung[452] der Formulierung „vorgesehener Zeitplan" führt zu der Feststellung, dass es sich um eine zeitliche Prognose handelt. Die logisch-systematische Auslegung[453] der Formulierung „für die Verlegung" ergibt, dass sich die zeitliche Prognose auf die nach Art. 8 Abs. 2 bis 13 SE-VO erforderlichen Verfahrensschritte erstrecken muss.

Im Einzelnen ist eine zeitliche Prognose für die folgenden Verfahrensschritte erforderlich:

- Erstellung des Berichts nach Art. 8 Abs. 3 SE-VO;[454]
- Offenlegung des Verlegungsplans nach Art. 8 Abs. 2 S. 1 i. V. m. Art. 13 SE-VO i. V. m. den Rechtsvorschriften des Wegzugstaats;[455]

---

451 Zu den Auswirkungen der Sitzverlegung auf die Beteiligung der Arbeitnehmer in Deutschland siehe unten Punkt C. II. 2. b).

452 Zu den Grundlagen siehe oben Punkt B. I. 1. b) aa) (1).

453 Zu den Grundlagen siehe oben Punkt B. I. 1. b) bb) (1).

454 Zum Bericht nach Art. 8 Abs. 3 SE-VO siehe unten Punkt C. I. 2. a) bb).

455 Zur Offenlegung des Verlegungsplans siehe unten Punkt C. I. 2. a) aa) (5).

- einmonatige Auslegung des Verlegungsplans und des Berichts nach Art. 8 Abs. 3 SE-VO, damit die Aktionäre und Gläubiger der SE Einsicht nehmen und die unentgeltliche Aushändigung von Abschriften dieser Unterlagen verlangen können (Art. 8 Abs. 4 SE-VO);[456]
- Fassung des Verlegungsbeschlusses nach Art. 8 Abs. 6 SE-VO[457] frühestens zwei Monate nach Offenlegung des Verlegungsplans;[458]
- Offenlegung des Verlegungsbeschlusses nach Art. 8 Abs. 6 S. 2 i. V. m. Art. 59 Abs. 3 i. V. m. Art. 13 SE-VO i. V. m. den Rechtsvorschriften des Wegzugstaats;[459]
- Erbringung des Nachweises nach Art. 8 Abs. 7 Unterabs. 1 SE-VO;[460]
- Ausstellung der Bescheinigung nach Art. 8 Abs. 8 SE-VO;[461]
- Errichtung der Hauptverwaltung im Zuzugstaat;[462]
- Eintragung der SE im Register des Zuzugstaats[463] und ihre Offenlegung[464] nach Art. 8 Abs. 10, Abs. 12 Alt. 1 i. V. m. Art. 13 SE-VO i. V. m. den Rechtsvorschriften des Zuzugstaats;

---

456 Zu den Informationsrechten der Aktionäre und Gläubiger vor der Fassung des Verlegungsbeschlusses siehe unten Punkt C. I. 2. a) cc).

457 Zum Verlegungsbeschluss siehe unten Punkt C. I. 2. a) ee).

458 Zu den bei der Fassung des Verlegungsbeschlusses zu beachtenden Fristen siehe unten Punkt C. I. 2. a) ee) (4) (c).

459 Zur Offenlegung des Verlegungsbeschlusses siehe unten Punkt C. I. 2. a) ee) (7).

460 Zum Nachweis des angemessenen Schutzes der Gläubiger und sonstigen Forderungsberechtigten siehe unten Punkt C. I. 2. a) ff).

461 Zur Bescheinigung nach Art. 8 Abs. 8 SE-VO siehe unten Punkt C. I. 2. a) hh).

462 Zur Errichtung der Hauptverwaltung als einer im Zuzugstaat zu erfüllenden Formalität im Sinne des Art. 8 Abs. 9 SE-VO siehe unten Punkt C. I. 2. b) aa) (2) (b).

463 Zur Eintragung der SE in das Register des Zuzugstaats siehe unten Punkt C. I. 2. b) aa).

464 Zur Offenlegung der Eintragung der SE in das Register des Zuzugstaats siehe unten Punkt C. I. 2. b) aa) (5).

- Löschung der SE im Register des Wegzugstaats und ihre Offenlegung nach Art. 8 Abs. 11 S. 2, Abs. 12 Alt. 2 i. V. m. Art. 13 SE-VO i. V. m. den Rechtsvorschriften des Wegzugstaats[465].

(g) Etwaige Rechte zum Schutz der Aktionäre und/oder Gläubiger

Schließlich muss der Verlegungsplan nach Art. 8 Abs. 2 S. 2 Var. 4 Buchst. e SE-VO noch „etwaige zum Schutz der Aktionäre und/oder Gläubiger vorgesehene Rechte" angeben.

Die logisch-systematische Auslegung[466] ergibt, dass mit den etwaigen Rechten zum Schutz der Aktionäre auf diejenigen mitgliedstaatlichen Vorschriften Bezug genommen wird, die auf der Grundlage der Ermächtigung nach Art. 8 Abs. 5 SE-VO erlassen werden können. Danach können die Mitgliedstaaten Vorschriften zum Schutz derjenigen Minderheitsaktionäre vorsehen, die sich gegen die Verlegung ausgesprochen haben.[467] Existieren solche Schutzvorschriften im Wegzugstaat, muss der Verlegungsplan darlegen, wie ihnen im konkreten Fall Rechnung getragen werden soll.

Auf Grund der logisch-systematischen Auslegung ist ferner davon auszugehen, dass mit den Rechten zum Schutz der Gläubiger auf diejenigen Vorschriften rekurriert wird, zu deren Erlass die Mitgliedstaaten nach Art. 8 Abs. 7 Unterabs. 1 SE-VO verpflichtet sind. Danach müssen die Mitgliedstaaten Regelungen einführen, um die Interessen der Gläubiger angemessen zu schützen.[468] Der Verlegungsplan muss daher angeben, welche konkreten Gläubigerschutzmaßnahmen vorgesehen sind.

---

465 Zur Löschung der SE im Register des Wegzugstaats siehe unten Punkte C. I. 2. a) ii).

466 Zu den Grundlagen siehe oben Punkt B. I. 1. b) bb) (1).

467 Siehe dazu unten Punkt C. I. 2. a) dd).

468 Siehe dazu unten Punkt C. I. 2. a) ff).

(h) Zulässigkeit weiterer Angaben

Noch zu klären ist, ob das Leitungs- bzw. Verwaltungsorgan den in Art. 8 Abs. 2 S. 2 SE-VO genannten Angaben noch weitere hinzufügen darf.

Zunächst ist auf die logisch-systematische Auslegung[469] einzugehen:

Dabei ist mit anderen Normen der SE-VO zu beginnen. Art. 20 Abs. 2 SE-VO sieht für den Verschmelzungsplan ausdrücklich vor, dass die sich verschmelzenden Gesellschaften dem Verschmelzungsplan weitere Punkte hinzufügen können. Da für den Verlegungsplan eine entsprechende Regelung fehlt, liegt der Umkehrschluss nahe, dass das Leitungs- bzw. Verwaltungsorgan dem Verlegungsplan keine weiteren Angaben hinzufügen darf.

Es ist fortzufahren mit der Betrachtung von Rechtsakten, die ein ähnliches Regelungsanliegen haben.
Ebenso wie Art. 8 Abs. 2 S. 2 SE-VO leitet Art. 4 Abs. 1 S. 2 Sitzverlegungs-RLVE die Aufzählung der erforderlichen Angaben im Verlegungsplan mit den Worten „enthält folgende Angaben“ ein. Zwar wird der dort beschriebene Inhalt als Mindestinhalt interpretiert.[470] Jedoch lässt sich auch die gegenteilige Ansicht, dass das Leitungs- bzw. Verwaltungsorgan dem Verlegungsplan keine weiteren Angaben hinzufügen darf, mit dem Wortlaut der Vorschrift vereinbaren. Außerdem ist folgender Unterschied zwischen beiden Rechtsakten zu berücksichtigen. Art. 8 Abs. 2 S. 2 SE-VO gilt nach Art. 249 Abs. 2 S. 2 Hs. 2 EG unmittelbar für das Leitungs- bzw. Verwaltungsorgan der SE. Die hier zu klärende Frage lautet also, ob das Leitungs- bzw. Verwaltungsorgan weitere Angaben im Verlegungsplan machen darf. Demgegenüber handelt es sich bei Art. 4 Abs. 1 S. 2 Sitzverlegungs-RLVE um den Vorentwurf einer Richtlinie, die sich nach Art. 249 Abs. 3 EG an den mitgliedstaatlichen Gesetzgeber richtet und diesem einen

---

469 Zu den Grundlagen siehe oben Punkt B. I. 1. b) bb) (1).

470 *Priester*, ZGR 1999, S. 36 (40); *Frowein*, Grenzüberschreitende Sitzverlegung, S. 209.

Spielraum bei der Umsetzung einräumt. Folglich geht es bei dieser Vorschrift um eine andere Frage, nämlich darum, ob der mitgliedstaatliche Gesetzgeber für den Verlegungsplan zusätzliche Angaben vorschreiben darf.
Art. 5 Abs. 2 Verschmelzungs-RL und Art. 3 Abs. 2 Spaltungs-RL stellen durch die Verwendung des Begriffs „mindestens" klar, dass es sich um einen Mindestinhalt handelt. Zu beachten ist allerdings auch hier, dass es sich um Richtlinien handelt, deren Adressat nach Art. 249 Abs. 3 EG der mitgliedstaatliche Gesetzgeber und nicht das Leitungs- bzw. Verwaltungsorgan ist.
Ebenso wenig hilft die Betrachtung des Art. 5 Abs. 1 S. 2 Grenzüberschreitender Verschmelzungs-RLV bei der Klärung der Frage, ob das Leitungs- bzw. Verwaltungsorgan den in Art. 8 Abs. 2 S. 2 SE-VO genannten Angaben noch weitere hinzufügen darf. Zwar stellt diese Vorschrift klar, dass nur die in Art. 5 Abs. 2 Verschmelzungs-RL genannten Angaben verlangt werden dürfen. Aber auch diese Regelung richtet sich an den mitgliedstaatlichen Gesetzgeber und nicht an das Leitungs- bzw. Verwaltungsorgan.
Art. 3 Abs. 2 S. 2 EUGEN-VOV 1993 wird dahin gehend ausgelegt, dass er lediglich einen Mindestinhalt des Verlegungsplans festlegt.[471] Jedoch lässt sich auch die gegenteilige Ansicht, dass das Leitungs- bzw. Verwaltungsorgan dem Verlegungsplan keine weiteren Angaben hinzufügen darf, mit dem Wortlaut der Vorschrift vereinbaren.

Die logisch-systematische Auslegung lässt sich in der Aussage zusammenfassen, dass der Umkehrschluss aus Art. 20 Abs. 2 SE-VO gegen die Zulässigkeit weiterer Angaben im Verlegungsplan spricht, während sich den Rechtsakten mit ähnlichem Regelungsanliegen Argumente dafür und dagegen entnehmen lassen.

Bei der objektiv-teleologischen Auslegung[472] ist davon auszugehen, dass der Verlegungsplan Aktionäre und Gläubiger der SE über die beabsichtigte Sitzverlegung informieren soll. Dies spricht einerseits dafür, die nach Art. 8 Abs. 2 S. 2 SE-VO erforderlichen Angaben als Mindestangaben zu interpretieren, da zusätzliche Angaben

---

471 *Vom Brocke*, EUGEN, S. 30.

472 Zu den Grundlagen siehe oben Punkt B. I. 1. b) dd) (1).

grundsätzlich die Informationsgrundlage verbessern. Auf der anderen Seite kann der Verlegungsplan so viele Informationen enthalten, dass die in Art. 8 Abs. 2 S. 2 SE-VO genannten wesentlichen Angaben nicht mehr deutlich genug hervortreten. Dieser Gefahr kann man entgegenwirken, indem die zulässigen Angaben auf die in Art. 8 Abs. 2 S. 2 SE-VO genannten beschränkt werden.
Auch die objektiv-teleologische Auslegung liefert daher Argumente für und gegen die Zulässigkeit weiterer Angaben.

Die Gesamtschau der Auslegungskriterien ergibt, dass lediglich der Umkehrschluss aus Art. 20 Abs. 2 SE-VO ein eindeutiges Argument zu Tage fördert. Dieses Argument gegen die Zulässigkeit weiterer Angaben im Verlegungsplan wird weder durch die Untersuchung des Verhältnisses zu Rechtsakten mit ähnlichem Regelungsanliegen noch durch die objektiv-teleologische Auslegung widerlegt.

Als Ergebnis ist daher festzuhalten, dass es dem Leitungs- bzw. Verwaltungsorgan der SE versagt ist, den in Art. 8 Abs. 2 S. 2 SE-VO genannten Angaben weitere hinzuzufügen.[473]

(4) Rechtsfolgen der Nichterstellung oder fehlerhaften Erstellung

Einzugehen ist noch darauf, welche Rechtsfolgen eintreten, wenn der Verlegungsplan überhaupt nicht oder fehlerhaft erstellt worden ist.

Der Verlegungsplan ist fehlerhaft, wenn ihn nicht alle Mitglieder des Leitungs- bzw. Verwaltungsorgans unterzeichnet haben.[474]

---

473 In diesem Sinne wohl auch *Wenz*, in: Theisen/Wenz, Europäische Aktiengesellschaft, S. 171 (218); a. A. *Hofer*, Europäische Gesellschaft, S. 30; *Jahn/Herfs-Röttgen*, DB 2001, S. 631 (632); *Thoma/Leuering*, NJW 2002, S. 1449 (1453); diese qualifizieren die Angaben nach Art. 8 Abs. 2 S. 2 SE-VO als Mindestangaben; *Passeyrer*, Sitzverlegung der SE, S. 63 f. zum SE-RE 1998.

474 Zum Schuldner der Pflicht zur Erstellung des Verlegungsplans siehe oben Punkt C. I. 2. a) aa) (2).

Ein Erstellungsfehler kann ferner darin bestehen, dass der Verlegungsplan nicht alle nach Art. 8 Abs. 2 S. 2 SE-VO erforderlichen Angaben oder unzulässigerweise zusätzliche Angaben enthält.[475] Werden etwaige im Verlegungsplan fehlende Angaben in der Hauptversammlung, die über die Verlegung befinden soll, nachgereicht, führt dies nicht zur Heilung des Fehlers. Gegen eine solche Heilungsmöglichkeit spricht die objektiv-teleologische Auslegung[476]. Aus Art 8 Abs. 4 SE-VO, der den Gläubigern das Recht einräumt, sich über den Inhalt des Verlegungsplans zu informieren, ergibt sich, dass objektiver Zweck des Verlegungsplans auch die Information der Gläubiger ist. Da die Gläubiger aber an der Hauptversammlung nicht teilnehmen, kann ihnen gegenüber ein Nachtrag fehlender Angaben in der Hauptversammlung keine heilende Wirkung entfalten. Aber auch gegenüber den Aktionären ist eine Heilung durch nachträgliche Information in der Hauptversammlung ausgeschlossen. Objektiver Zweck des Verlegungsplans ist es, den Aktionären die Möglichkeit zu geben, sich im Wege der Vorabinformation ein Bild von der beabsichtigten Verlegung zu machen. Ein mündlicher Bericht, der zudem nur die auf der Hauptversammlung erschienenen Aktionäre erreicht, kann daher etwaige im Verlegungsplan fehlende Angaben nicht substituieren.[477]

Wurde der Verlegungsplan überhaupt nicht oder fehlerhaft erstellt, kann die zuständige Behörde die Ausstellung der Bescheinigung nach Art. 8 Abs. 8 SE-VO verweigern, weil die Erstellung des Verlegungsplans als eine der Verlegung vorangehende Rechtshandlung nicht ordnungsgemäß durchgeführt wurde.[478] Dies hat nach Art. 8 Abs. 9 SE-VO zur Konsequenz, dass die SE nicht in das Register des Zuzugstaats eingetragen werden kann.

---

475 Zum Inhalt des Verlegungsplans siehe oben Punkt C. I. 2. a) aa) (3).

476 Zu den Grundlagen siehe oben Punkt B. I. 1. b) dd) (1).

477 Ebenso *Grunewald*, in: Geßler/Hefermehl, AktG, § 340a Rn. 22; *Kraft*, in: KöKo, AktG, § 340a Rn. 20 jeweils zum Verschmelzungsbericht nach § 340a AktG a. F.; *Mayer*, in: Widmann/Mayer, UmwR, § 8 UmwG Rn. 73, Stand: November 1999 zum Verschmelzungsbericht nach § 8 UmwG; a. A. *Mertens*, AG 1990, S. 20 (29 f.) zum Verschmelzungsbericht nach § 340a AktG a. F.

478 Zur Erstellung des Verlegungsplans als einer der Verlegung im Wegzugstaat vorangehenden Rechtshandlung im Sinne des Art. 8 Abs. 8 SE-VO siehe unten Punkt C. I. 2. a) hh) (3) (a).

Außerdem ist bei einer SE mit Satzungssitz in Deutschland der später gefasste Verlegungsbeschluss[479] gegebenenfalls nach Art. 9 Abs. 1 Buchst. c ii) SE-VO i. V. m. § 243 Abs. 1 AktG anfechtbar.[480] Nach § 243 Abs. 1 AktG kann ein Hauptversammlungsbeschluss wegen einer Gesetzesverletzung durch Klage angefochten werden. Von einem formellen Mangel des Hauptversammlungsbeschlusses spricht man, wenn die Gesetzesverletzung das Beschlussverfahren betrifft.[481] Zum Beschlussverfahren gehört auch die Vorbereitung der Beschlussfassung.[482] Der Verlegungsplan dient der Vorbereitung des Verlegungsbeschlusses. Dies ergibt sich aus Art. 8 Abs. 4 SE-VO, wonach den Aktionären vor der Hauptversammlung, die über die Verlegung befinden soll, Einsicht in den Verlegungsplan zu gewähren ist.

Formelle Mängel führen nur dann zur Anfechtbarkeit des Hauptversammlungsbeschlusses nach § 243 Abs. 1 AktG, wenn sie auf das Ergebnis der Beschlussfassung Einfluss gehabt haben.[483] Enthält der Verlegungsplan nicht alle nach Art. 8 Abs. 2 S. 2 SE-VO erforderlichen Angaben, ist der erforderliche Einfluss auf die Beschlussfassung über die Verlegung zu bejahen. Denn Art. 8 Abs. 2 S. 2 SE-VO legt einen abstrakten Informationsstandard fest, den die SE-VO für erforderlich hält.[484]

Die Einflussnahme auf das Ergebnis der Beschlussfassung ist auch gegeben, wenn die Angaben zu den etwaigen Folgen der Verlegung für die Beteiligung der Arbeitnehmer

---

479 Zum Verlegungsbeschluss siehe unten Punkt C. I. 2. a) ee).

480 Ebenso BGHZ 107, 296 (306 f.); BGH, WM 1990, S. 140 (143); *Bayer*, AG 1988, S. 323 (330); *Grunewald*, in: Geßler/Hefermehl, AktG, § 340a Rn. 21; *Kraft*, in: KöKo, AktG, § 340a Rn. 19 jeweils zum Verschmelzungsbericht nach § 340a AktG a. F.; *Lutter*, in: Lutter, UmwG, § 8 Rn. 54; *Hüffer*, AktG, § 243 Rn. 18; *Mayer*, in: Widmann/Mayer, UmwR, § 8 UmwG Rn. 68, Stand: November 1999 jeweils zum Verschmelzungsbericht nach § 8 UmwG; *Hommelhoff*, in: Lutter, UmwG, § 127 Rn. 55 zum Spaltungsbericht nach § 127 UmwG; a. A. *Messer*, in: FS Quack, S. 321 (331 f.); *Mertens*, AG 1990, S. 20 (23) jeweils zum Verschmelzungsbericht nach § 340a AktG a. F.

481 *Lutter*, in: UmwG, § 13 Rn. 41.

482 *Hüffer*, AktG, § 243 Rn. 11.

483 *Hüffer*, AktG, § 243 Rn. 12 f.; siehe dort auch zum Streit über die entscheidenden Kriterien.

484 Ebenso *Lutter*, in: Lutter, UmwG, § 13 Rn. 42 zum Verschmelzungs- und Prüfungsbericht nach §§ 8 und 12 UmwG.

fehlen oder unvollständig sind.[485] Denn es ist nicht auszuschließen, dass diese Angaben auch für die Aktionäre von Interesse sind.[486]

(5) Offenlegung

Nach Art. 8 Abs. 2 S. 1 SE-VO ist der Verlegungsplan offen zu legen.

(a) Art. 13 SE-VO

Art. 8 Abs. 2 S. 1 SE-VO verweist für die Offenlegung auf Art. 13 SE-VO. Nach Art. 13 SE-VO sind die die SE betreffenden Urkunden und Angaben „gemäß der Richtlinie 68/151/EWG nach Maßgabe der Rechtsvorschriften des Sitzstaats der SE“ offen zu legen.

Art. 13 SE-VO enthält folglich weder eine Verpflichtung noch eine Ermächtigung der Mitgliedstaaten, Regelungen für die Offenlegung der die SE betreffenden Urkunden und Angaben zu erlassen. Er verweist vielmehr auf die bereits bestehenden Regelungen, mit denen in dem Sitzstaat der SE die Publizitäts-RL umgesetzt wird.

Dieses Verständnis wird im Rahmen der logisch-systematischen Auslegung[487] durch den insoweit eindeutig formulierten Art. 12 Abs. 1 SCE-VO bestätigt, der nur noch auf die im Sitzstaat für Aktiengesellschaften geltenden Publizitätsvorschriften verweist. Dass diese den Bestimmungen der Publizitäts-RL entsprechen müssen, bedarf keiner besonderen Erwähnung mehr, ergibt sich diese Verpflichtung doch bereits aus der Publizitäts-RL selbst (Art. 13 Abs. 1 Publizitäts-RL).[488]

---

485 Ebenso *Lutter*, in: Lutter, UmwG, § 13 Rn. 42 zur Verletzung der Angabepflicht nach § 5 Abs. 1 Nr. 9 UmwG; a. A. *Mayer*, in: Widmann/Mayer, UmwR, § 5 UmwG Rn. 203, Stand: November 1999 zur Verletzung der Angabepflicht nach § 5 Abs. 1 Nr. 9 UmwG; *Decher*, in: Lutter, UmwG, § 194 Rn. 33 zur Verletzung der Angabepflicht nach § 194 Abs. 1 Nr. 7 UmwG.

486 Ebenso *Lutter*, in: Lutter, UmwG, § 13 Rn. 42 zur Verletzung der Angabepflicht nach § 5 Abs. 1 Nr. 9 UmwG.

487 Zu den Grundlagen siehe oben Punkt B. I. 1. b) bb) (1).

488 In diesem Sinne *Ebers*, in: Schulze, SCE, 3. Kapitel, Rn. 18.

In Deutschland wird der Verlegungsplan demnach durch Einreichung zum Handelsregister und Bekanntmachung nach § 10 HGB offen gelegt.[489]

„Sitzstaat" in Art. 13 SE-VO bedeutet Satzungssitzstaat. Denn mit Sitzstaat in Art. 64 Abs. 1 bis 3 SE-VO ist der Satzungssitzstaat gemeint,[490] weswegen nach den Grundsätzen der logisch-systematischen Auslegung[491] in Art. 13 SE-VO von derselben Bedeutung auszugehen ist.

Im Fall der Sitzverlegung nach Art. 8 SE-VO befindet sich der Satzungssitz bis zur Eintragung in das Register des neuen Sitzes nach Art. 8 Abs. 10 SE-VO im Wegzugstaat.

(b) Zusätzliche Offenlegungsformen des Sitzmitgliedstaats

Nach Art. 8 Abs. 2 S. 1 SE-VO erfolgt die Offenlegung des Verlegungsplans gemäß Art. 13 „unbeschadet etwaiger vom Sitzmitgliedstaat vorgesehener zusätzlicher Offenlegungsformen". Damit wird der Sitzmitgliedstaat ermächtigt, zusätzliche Offenlegungsformen vorzuschreiben. Dies ergibt die sprachlich-grammatische Auslegung[492], in deren Rahmen insbesondere der Begriff „vorgesehener" zu berücksichtigen ist. Die Mitgliedstaaten können daher insbesondere die Bekanntmachung des Verlegungsplans in den Gesellschaftsblättern der SE vorschreiben.

Mit dem Begriff „Sitzmitgliedstaat" in Art. 8 Abs. 2 S. 1 SE-VO wird derjenige Mitgliedstaat bezeichnet, in dem die SE ihren Satzungssitz hat. Denn mit Sitz in Art. 7 SE-VO sowie Art. 8 Abs. 1 S. 1 SE-VO ist der Satzungssitz gemeint,[493] weswegen nach den Grundsätzen der logisch-systematischen Auslegung[494] davon auszugehen ist, dass der entsprechende Begriffsbestandteil in Art. 8 Abs. 2 S. 1 SE-VO dieselbe Bedeutung hat.

---

489 *Wenz*, in: Theisen/Wenz, Europäische Aktiengesellschaft, S. 171 (218).

490 Siehe dazu oben Punkt B. II. 1. b) aa).

491 Zu den Grundlagen siehe oben Punkt B. I. 1. b) bb) (1).

492 Zu den Grundlagen siehe oben Punkt B. I. 1. b) aa) (1).

493 Siehe dazu oben Punkte B. I. 1. und C. I. 1. a).

494 Zu den Grundlagen siehe oben Punkt B. I. 1. b) bb) (1).

Der Satzungssitz befindet sich bis zur Eintragung in das Register des neuen Sitzes nach Art. 8 Abs. 10 SE-VO im Wegzugstaat.

(6) Muster

Verlegt eine X-SE ihren Satzungssitz von München nach London, könnte ein diesbezüglicher Verlegungsplan, der am 01.06.09 erstellt wird, wie folgt aussehen:[495]

„Der Vorstand[496] erstellt den folgenden

<u>*Verlegungsplan*</u>

<u>*nach Artikel 8 Absatz 2*</u>

<u>*der Verordnung (EG) Nr. 2157/2001 des Rates vom 8. Oktober 2001*</u>

<u>*über das Statut der Europäischen Gesellschaft (SE)*</u>*:*

1. *Die bisherige Firma lautet „X-SE".*
2. *Der bisherige Satzungssitz ist München, Bundesrepublik Deutschland.*
3. *Die bisherige Registriernummer ist HRB 4231.*
4. *Der vorgesehene neue Satzungssitz ist London, Vereinigtes Königreich von Großbritannien und Nordirland.*
5. *Die vorgesehene Satzung befindet sich in der Anlage zu diesem Verlegungsplan.*
6. *Die vorgesehene neue Firma lautet „Y-SE".*
7. *Die Verlegung hat für die Beteiligung der Arbeitnehmer keine Folgen, da die Vereinbarung über die Beteiligung der Arbeitnehmer der X-SE vom 01.04.05 weiterhin gilt.*

   [oder:

   Die Verlegung hat für die Beteiligung der Arbeitnehmer zur Folge, dass die Vereinbarung über die Beteiligung der Arbeitnehmer der X-SE vom 01.04.05 neu

---

[495] Zu Grunde gelegt wurde das Muster für einen Spaltungsplan von *Mayer*, in: Widmann/Meyer, UmwR, Anh. 4 Rn. M 80, Stand: März 2001.

[496] Die X-SE verfügt über das dualistische System. Würde die X-SE über das monistische System verfügen, wäre nach Art. 8 Abs. 2 S. 1 SE-VO der Verwaltungsrat für die Erstellung des Verlegungsplans zuständig.

ausgehandelt werden muss.[497] *Sollte keine neue Vereinbarung zu Stande kommen, wäre die gesetzliche Auffangregelung zur Beteiligung der Arbeitnehmer im Vereinigten Königreich von Großbritannien und Nordirland anwendbar.*

a) *Diese sieht für die Unterrichtung der Arbeitnehmer Folgendes vor:* [Wiedergabe der entsprechenden Rechtsvorschriften]

b) *Diese sieht für die Anhörung der Arbeitnehmer Folgendes vor:* [Wiedergabe der entsprechenden Rechtsvorschriften]

c) *Diese sieht für die Mitbestimmung der Arbeitnehmer Folgendes vor:* [Wiedergabe der entsprechenden Rechtsvorschriften]]

[oder:

Die Verlegung hat für die Beteiligung der Arbeitnehmer zur Folge, dass die gesetzliche Auffangregelung zur Beteiligung der Arbeitnehmer nicht mehr im Recht der Bundesrepublik Deutschland festgelegt ist, sondern im Recht des Vereinigten Königreichs von Großbritannien und Nordirland. Dieses sieht vor ... [Wiedergabe der entsprechenden Rechtsvorschriften, siehe dazu oben Buchst. a bis c]]

8. *Zum Schutz der Aktionäre und Gläubiger sind folgende Rechte vorgesehen:*

a) *Jedem Aktionär, der gegen den Verlegungsbeschluss Widerspruch zur Niederschrift des die Hauptversammlung beurkundenden Notars erklärt, wird der Erwerb seiner Aktien Zug um Zug gegen Zahlung einer Barabfindung in Höhe von Euro 200,00 für jede Aktie im Nennbetrag von Euro 100,00 angeboten.*[498]

b) *Zum Zweck des angemessenen Schutzes der Interessen der Gläubiger und sonstigen Forderungsberechtigten (einschließlich der öffentlich-rechtlichen Körperschaften) werden die folgenden Sicherheiten bestellt: ...*[499]

9. *Der vorgesehene Zeitplan für die Sitzverlegung sieht folgendermaßen aus:*

---

[497] Art. 4 Abs. 2 Buchst. h Var. 3 SE-AN-RL; zur Umsetzung in Deutschland siehe § 21 Abs. 1 Buchst. f und Abs. 4 SEBG.

[498] Zum angemessenen Schutz der Minderheitsaktionäre siehe unten Punkt C. I. 2. a) dd).

[499] Zum angemessenen Schutz der Gläubiger und sonstigen Forderungsberechtigten siehe unten Punkt C. I. 2. a) ff).

a) *Erstellung des Verlegungsberichts, in dem die rechtlichen und wirtschaftlichen Aspekte der Verlegung erläutert und begründet und die Auswirkungen der Verlegung für die Aktionäre, die Gläubiger sowie die Arbeitnehmer im Einzelnen dargelegt werden, bis 01.06.09;*

b) *Bekanntmachung dieses Verlegungsplans durch das Amtsgericht München – Registergericht –, die spätestens am 01.12.09 erwartet wird;*

c) *Auslegung dieses Verlegungsplans und des Verlegungsberichts in der Zeit vom 01.12.09 bis 31.12.09 im Hauptverwaltungsgebäude der X-SE in München, Musterstraße 1000, damit die Aktionäre und Gläubiger der X-SE Einsicht nehmen und die unentgeltliche Aushändigung von Abschriften dieser Unterlagen verlangen können;*

d) *Fassung des Verlegungsbeschlusses voraussichtlich am 15.02.10, frühestens zwei Monate nach Bekanntmachung des Verlegungsplans durch das Amtsgericht München – Registergericht;*

e) *Bekanntmachung des Verlegungsbeschlusses durch das Amtsgericht München – Registergericht –, die spätestens am 01.08.10 erwartet wird;*

f) *Nachweis über die Bestellung der Sicherheiten für alle bis zum Zeitpunkt der Verlegung*[500] *entstandenen Verbindlichkeiten gegenüber dem Amtsgericht München – Registergericht – voraussichtlich bis 01.09.10;*

g) *Ausstellung der Bescheinigung über die Durchführung der der Verlegung vorangehenden Rechtshandlungen und Formalitäten durch das Amtsgericht München – Registergericht –, die spätestens am 01.03.11 erwartet wird;*

h) *Errichtung der Hauptverwaltung in London voraussichtlich bis 02.05.11;*

i) *Eintragung der Y-SE im Companies Registration Office in Cardiff durch den Registrar of Companies und ihre Offenlegung, die spätestens am 01.11.11 erwartet wird;*

---

500 Dem deutschen Gesetzgeber wird empfohlen, von der Ermächtigung des Art. 8 Abs. 7 Unterabs. 2 SE-VO Gebrauch zu machen; siehe dazu unten Punkt C. I. 2. a) ff) (7) (c).

j) Löschung der X-SE im Handelsregister und deren Bekanntmachung durch das Amtsgericht München – Registergericht –, die spätestens am 01.05.12 erwartet wird.

München, 01.06.09

[*Unterschriften aller Mitglieder des Vorstands der X-SE*]

Anlage"

bb) Bericht nach Art. 8 Abs. 3 SE-VO

Die zweite Maßnahme im Wegzugstaat ist die Erstellung eines Berichts nach Art. 8 Abs. 3 SE-VO, in dem die rechtlichen und wirtschaftlichen Aspekte der Verlegung erläutert und begründet sowie die Auswirkungen der Verlegung für die Aktionäre, Gläubiger und Arbeitnehmer dargelegt werden. Der Bericht nach Art. 8 Abs. 3 SE-VO wird in der vorliegenden Arbeit auch als Verlegungsbericht bezeichnet.

(1) Form und Sprache

Der Bericht nach Art. 8 Abs. 3 SE-VO ist schriftlich in der Sprache des Wegzugstaats abzufassen. Ebenso wie beim Verlegungsplan sind dafür anzuführen die logisch-systematische Zusammenschau[501] mit Art. 8 Abs. 4 und Abs. 8 SE-VO[502] sowie der objektive Sinn und Zweck des Verlegungsberichts, der in der Information der Aktionäre und Gläubiger der SE besteht[503].

(2) Schuldner der Berichtspflicht

Der Verlegungsbericht ist nach Art. 8 Abs. 3 SE-VO vom Leitungs- bzw. Verwaltungsorgan zu erstellen.

---

501 Zu den Grundlagen siehe oben Punkt B. I. 1. b) bb) (1).

502 Siehe dazu oben Punkt C. I. 2. a) aa) (1) (b) (β).

503 Siehe dazu oben Punkt C. I. 2. a) aa) (1) (b) (γ).

Auch bei der Erstellung des Verlegungsberichts ist zwischen dem Beschluss darüber und seiner Unterzeichnung zu differenzieren.

Nach Art. 50 Abs. 1 Buchst. b SE-VO werden Beschlüsse des Leitungs- oder Verwaltungsorgans mit der Mehrheit der anwesenden oder vertretenen Mitglieder gefasst, sofern weder die SE-VO noch die Satzung der SE etwas anderes bestimmen. Da Art. 8 SE-VO keine abweichende Regelung enthält, wird der Verlegungsbericht von der Mehrheit der anwesenden oder vertretenen Mitglieder beschlossen.

Dagegen muss die Unterzeichnung durch die Gesamtheit der Mitglieder erfolgen. Denn nach Art. 39 Abs. 1 S. 1 bzw. Art. 43 Abs. 1 S. 1 SE-VO obliegt die Geschäftsführung grundsätzlich dem Leitungs- bzw. Verwaltungsorgan in seiner Gesamtheit. Lediglich für laufende Geschäfte können die Mitgliedstaaten nach Art. 39 Abs. 1 S. 2 bzw. Art. 43 Abs. 1 S. 2 SE-VO vorsehen, dass sie von einem oder mehreren Geschäftsführern geführt werden. Der Bericht nach Art. 8 Abs. 3 SE-VO ist Bestandteil der Sitzverlegung, die als strukturändernde Maßnahme kein laufendes Geschäft darstellt.

(3) Inhalt

Der Verlegungsbericht ist nach Art. 8 Abs. 3 SE-VO in zwei Teile gegliedert.

(a) Erster Teil

In seinem ersten Teil werden „die rechtlichen und wirtschaftlichen Aspekte der Verlegung erläutert und begründet“.

Bezüglich der Bedeutung des Begriffs Verlegung kann auf die Ausführungen zum Anwendungsbereich des Art. 8 SE-VO[504] verwiesen werden. Die übrigen Begriffe bedürfen der Auslegung.

(α) Bedeutung des Begriffs „Aspekte“

Es ist zu beginnen mit der Auslegung des Begriffs „Aspekte“.

---

[504] Siehe dazu oben Punkt C. I. 1.

Es erfolgt zunächst eine logisch-systematische Zusammenschau[505] mit anderen Normen der SE-VO.

Nach Art. 8 Abs. 4 SE-VO dürfen die Aktionäre und Gläubiger der SE sowohl den Verlegungsplan als auch den Verlegungsbericht einsehen. Dieses zweifache Einsichtsrecht ist nur sinnvoll, wenn dem Verlegungsbericht andere Informationen zu entnehmen sind als dem Verlegungsplan. Da der Verlegungsplan die Sitzverlegung nicht bewerten darf,[506] müssen die Informationen im Verlegungsbericht diese Aufgabe erfüllen. Folglich sind unter Aspekten im Sinne von Art. 8 Abs. 3 SE-VO Informationen zu verstehen, die eine Bewertung der Verlegung ermöglichen.

Ferner ist auf Art. 49 Hs. 1 SE-VO einzugehen. Danach dürfen die Mitglieder der Organe der SE Informationen, deren Verbreitung den Interessen der SE schaden könnte, nicht weitergeben. Demzufolge dürfen auch im Bericht nach Art. 8 Abs. 3 SE-VO keine Informationen mitgeteilt werden, deren Veröffentlichung das Geheimhaltungsinteresse der SE entgegensteht.[507] Beruft sich das Leitungs- oder Verwaltungsorgan der SE im Bericht auf die Geheimhaltungsbedürftigkeit einer Tatsache, so muss es hierfür im Bericht konkrete Gründe angeben.[508] Deshalb gehören zu den Aspekten im Sinne des Art. 8 Abs. 3 SE-VO nur Informationen, die nicht geheimhaltungsbedürftig sind.

Im Rahmen der logisch-systematischen Auslegung sind weiterhin Rechtsakte mit ähnlichem Regelungsanliegen zu untersuchen.

Der objektive Zweck des Verschmelzungsberichts nach Art. 9 Verschmelzungs-RL bzw. Art. 2 Abs. 1 Grenzüberschreitender Verschmelzungs-RLVE i. V. m. Art. 9

---

505 Zu den Grundlagen siehe oben Punkt B. I. 1. b) bb) (1).

506 Siehe dazu oben Punkt C. I. 2. a) aa) (1) (a) (ε).

507 Ebenso BGH, WM 1990, S. 140 (142); OLG Hamm, ZIP 1988, S. 1051 (1054); OLG Köln, ZIP 1988, S. 1391 (1393); OLG Karlsruhe, ZIP 1989, S. 988 (991); *Mertens*, AG 1990, S. 20 (27); *Keil*, Verschmelzungsbericht, S. 77; *Kraft*, in: KöKo, AktG, § 340a Rn. 12 jeweils zum Verschmelzungsbericht nach § 340a AktG a. F.

508 Ebenso BGHZ 107, 296 (306); BGH, WM 1990, S. 140 (142) jeweils zum Verschmelzungsbericht nach § 340a AktG a. F.

Verschmelzungs-RL sowie des Spaltungsberichts nach Art. 7 Spaltungs-RL besteht darin, den Aktionären eine Informationsgrundlage für ihre Meinungsbildung über die Verschmelzung bzw. Spaltung zur Verfügung zu stellen, damit sie sich auf die bevorstehende Beschlussfassung vorbereiten können.[509] Die Aktionäre sollen durch den Bericht also in die Lage versetzt werden, ihre Stimme in Kenntnis aller für die Verschmelzung bzw. Spaltung wesentlichen Umstände abzugeben.[510] Zu diesem Zweck muss der Bericht alle entscheidungserheblichen Umstände zur Kenntnis der Aktionäre bringen,[511] d. h. er muss alle für den Verschmelzungs- bzw. Spaltungsbeschluss relevanten Tatsachen mitteilen und darf keine beurteilungserheblichen Informationen vorenthalten.[512]

Insbesondere soll der Bericht eine Plausibilitätskontrolle des Verschmelzungs- bzw. Spaltungsplans durch die Aktionäre ermöglichen.[513] Denn nach Art. 9 Verschmelzungs-RL sowie Art. 7 Spaltungs-RL wird im Bericht der Verschmelzungs- bzw. Spaltungsplan erläutert und begründet.

---

509 Ebenso OLG Karlsruhe, ZIP 1989, S. 988 (990); *Priester*, NJW 1983, S. 1459 (1461); *Mertens*, AG 1990, S. 20 (22 f.); *Kraft*, in: KöKo, AktG, § 340a Rn. 12 jeweils zum Verschmelzungsbericht nach § 340a AktG a. F.; *Lutter*, in: Lutter, UmwG, § 8 Rn. 14; *Mayer*, in: Widmann/Mayer, UmwR, § 8 UmwG Rn. 9, Stand: November 1999 jeweils zum Verschmelzungsbericht nach § 8 UmwG; *Engelmeyer*, AG 1996, S. 193 (198) zum Spaltungsbericht nach § 127 UmwG.

510 BGHZ 107, 296 (302 f.); ebenso *Kraft*, in: KöKo, AktG, § 340a Rn. 12 zum Verschmelzungsbericht nach § 340a AktG a. F.; *Mayer*, in: Widmann/Mayer, UmwR, § 8 UmwG Rn. 9, Stand: November 1999 zum Verschmelzungsbericht nach § 8 UmwG; *Hommelhoff*, in: Lutter, UmwG, § 127 Rn. 4 zum Spaltungsbericht nach § 127 UmwG; *Stockenhuber*, RIW 1994, S. 278 (284) zum Spaltungsbericht nach österreichischem Recht.

511 Ebenso *Bayer*, WM 1989, S. 121 (122) zum Verschmelzungsbericht nach § 340a AktG a. F.

512 Ebenso *Kraft*, in: KöKo, AktG, § 340a Rn. 12 zum Verschmelzungsbericht nach § 340a AktG a. F.

513 Ebenso OLG Karlsruhe, ZIP 1989, S. 988 (990); *Mertens*, AG 1990, S. 20 (22 f.) jeweils zum Verschmelzungsbericht nach § 340a AktG a. F.; *Lutter*, in: Lutter, UmwG, § 8 Rn. 5 und 14; *Mayer*, in: Widmann/Mayer, UmwR, § 8 UmwG Rn. 19.1, Stand: November 1999 jeweils zum Verschmelzungsbericht nach § 8 UmwG; *Hommelhoff*, in: Lutter, UmwG, § 127 Rn. 16; *Mayer*, in: Widmann/Mayer, UmwR, § 127 UmwG Rn. 15, Stand: April 2000 jeweils zum Spaltungsbericht nach § 127 UmwG.

Im Interesse einer Systematisierung des europäischen Gesellschaftsrechts im Bereich der Strukturmaßnahmen sind diese Überlegungen bei der Bestimmung des Begriffs Aspekte in Art. 8 Abs. 3 SE-VO zu berücksichtigen. So wird auch für den Verlegungsbericht nach Art. 5 Abs. 1 Sitzverlegungs-RLVE auf die Rechtsprechung und Literatur zum Verschmelzungsbericht verwiesen.[514] Unter Aspekte sind folglich alle Informationen zu verstehen, die für eine Bewertung der Verlegung erforderlich sind. Hierzu gehören insbesondere die für eine Plausibilitätskontrolle des Verlegungsplans notwendigen Informationen.

Als Ergebnis der logisch-systematischen Auslegung ist daher festzuhalten, dass unter dem Begriff Aspekte in Art. 8 Abs. 3 SE-VO alle Informationen zu verstehen sind, die für eine Bewertung der Verlegung erforderlich und nicht geheimhaltungsbedürftig sind. Hierzu gehören insbesondere die für eine Plausibilitätskontrolle des Verlegungsplans notwendigen Informationen.

Die objektiv-teleologische Auslegung[515] führt zu den folgenden Feststellungen:
Der Bericht nach Art. 8 Abs. 3 SE-VO dient der Information der Aktionäre und Gläubiger über die beabsichtigte Verlegung des Satzungssitzes der SE und damit deren A-priori-Schutz[516]. Eine zu detaillierte Berichterstattung könnte die Aktionäre und Gläubiger der SE überfordern und damit die bezweckte Information vereiteln.[517] Die Aspekte in Art. 8 Abs. 3 SE-VO umfassen daher nicht alle Informationen, die eine Bewertung der Verlegung ermöglichen, sondern beschränken sich auf diejenigen Informationen, die für eine Bewertung der Verlegung erforderlich sind. Insoweit wird das Ergebnis der logisch-systematischen Auslegung bestätigt.

---

514 *Priester*, ZGR 1999, S. 36 (41).

515 Zu den Grundlagen siehe oben Punkt B. I. 1. b) dd) (1).

516 Ebenso *Buchheim*, SE und Konzernverschmelzung, S. 278 zum Bericht nach Art. 8 Abs. 2a SE-RE vom 16. April 1999; *Priester*, NJW 1983, S. 1459 (1460) zum Verschmelzungsbericht nach § 340a AktG a. F.; *ders.*, ZGR 1999, S. 36 (41) zum Bericht nach Art. 5 Abs. 1 Sitzverlegungs-RLVE.

517 *Brandt*, NZG 2002, S. 991 (994).

Eine Beschränkung der Aspekte auf die für die Bewertung erforderlichen Informationen ergibt sich ferner aus dem Grundsatz des effet utile. Dieser verbietet es, an die Berichtspflicht nach Art. 8 Abs. 3 SE-VO so hohe Anforderungen zu stellen, dass die Durchführung einer Verlegung des Sitzes der SE praktisch unmöglich gemacht wird. Nicht verlangt werden kann daher eine umfassende rechts- oder wirtschaftsvergleichende Darstellung aller Einzelaspekte.[518] Dies wäre eine gewaltige Aufgabe, die die Unternehmen überfordern und die Sitzverlegung faktisch verhindern würde.[519] Da die Unvollständigkeit des Berichts nach Art. 8 Abs. 3 SE-VO den Verlegungsbeschluss anfechtbar macht,[520] würden allzu hohe Anforderungen an die Berichtspflicht die grenzüberschreitende Verlegung des Sitzes der SE zudem zu einem unkalkulierbaren Risiko machen, wodurch das Rechtsinstitut ebenfalls seiner praktischen Wirksamkeit beraubt werden würde.[521]

Die Auslegung des Begriffs Aspekte in Art. 8 Abs. 3 SE-VO lässt sich in folgender Definition zusammenfassen: Aspekte sind alle Informationen, die für eine Bewertung der Verlegung erforderlich und nicht geheimhaltungsbedürftig sind. Hierzu gehören insbesondere die für eine Plausibilitätskontrolle des Verlegungsplans notwendigen Informationen.

(β) Bedeutung der Begriffe „rechtlich“ und „wirtschaftlich“

Der erste Teil des Berichts nach Art. 8 Abs. 3 SE-VO betrifft die „rechtlichen und wirtschaftlichen“ Aspekte der Verlegung.

Für die Interpretation dieser Begriffe ist die logisch-systematische Auslegung[522] entscheidend. In deren Rahmen sind der Verschmelzungsbericht nach Art. 9

---

518 *Brandt*, NZG 2002, S. 991 (994).

519 *Brandt*, NZG 2002, S. 991 (994).

520 Siehe dazu unten Punkt C. I. 2. a) bb) (5).

521 Ebenso *Grunewald*, in: Geßler/Hefermehl, AktG, § 340a Rn. 8 zum Verschmelzungsbericht nach § 340a AktG.

522 Zu den Grundlagen siehe oben Punkt B. I. 1. b) bb) (1).

Verschmelzungs-RL bzw. Art. 2 Abs. 1 Grenzüberschreitender Verschmelzungs-RLV i. V. m. Art. 9 Verschmelzungs-RL sowie der Spaltungsbericht nach Art. 7 Spaltungs-RL zu würdigen. Dort werden ebenfalls die Begriffe rechtlich und wirtschaftlich verwendet und wie folgt verstanden. Beim Begriff rechtlich geht es darum, ob die Strukturmaßnahme den gesetzlichen Anforderungen genügt. Mit dem Begriff wirtschaftlich ist demgegenüber die wirtschaftliche Zweckmäßigkeit der Strukturmaßnahme gemeint.[523] Im Interesse einer Systematisierung des europäischen Gesellschaftsrechts im Bereich der Strukturmaßnahmen ist dieses Begriffsverständnis auch bei Art. 8 Abs. 3 SE-VO zu Grunde zu legen. Rechtliche Aspekte sind demnach diejenigen Informationen, die für die Beurteilung der Gesetzmäßigkeit der Verlegung erforderlich sind, während man unter wirtschaftlichen Aspekten diejenigen Informationen versteht, die für die Beurteilung der wirtschaftlichen Zweckmäßigkeit der Verlegung notwendig sind.

(γ) Bedeutung der Begriffe „erläutern“ und „begründen“

Die rechtlichen und wirtschaftlichen Aspekte der Verlegung müssen schließlich nach Art. 8 Abs. 3 SE-VO „erläutert und begründet“ werden.

Im Interesse einer Systematisierung des europäischen Gesellschaftsrechts ist vom selben Begriffsverständnis auszugehen wie beim Verschmelzungsbericht nach Art. 9 Verschmelzungs-RL bzw. Art. 2 Abs. 1 Grenzüberschreitender Verschmelzungs-RLV i. V. m. Art. 9 Verschmelzungs-RL sowie beim Spaltungsbericht nach Art. 7 Spaltungs-RL. Die logisch-systematische Auslegung[524] führt demnach zu folgendem Ergebnis: Erläutern bedeutet, dass der juristische Sinngehalt und die wirtschaftliche Funktion der einzelnen Angaben für einen weder juristisch noch wirtschaftlich vorgebildeten Be-

---

523 Ebenso BGHZ 107, 296 (303); *Kraft*, in: KöKo, AktG, § 340a Rn. 13 jeweils zum Verschmelzungsbericht nach § 340a AktG a. F.; *Lutter*, in: Lutter, UmwG, § 8 Rn. 14 zum Verschmelzungsbericht nach § 8 UmwG; *Hommelhoff*, in: Lutter, UmwG, § 127 Rn. 16 zum Spaltungsbericht nach § 127 UmwG.

524 Zu den Grundlagen siehe oben Punkt B. I. 1. b) bb) (1).

richtsadressaten erklärt wird.[525] Begründen heißt darzulegen, warum bei der Abwägung der Vor- und Nachteile der Verlegung die Vorteile überwiegen.[526]

(δ) Konkrete Gestaltung

Auf der Grundlage der vorstehenden Auslegungsergebnisse ist der erste Teil des Verlegungsberichts wie folgt zu gestalten:

Am Anfang ist das Verlegungsvorhaben in seiner Gesamtheit zu beschreiben.[527] Dieser einleitende Gesamtüberblick hat dem Berichtsadressaten Sinn und Zweck des Verlegungsvorhabens in rechtlicher und wirtschaftlicher Hinsicht zu verdeutlichen.[528]

Im Anschluss daran sind die Vorteile der Sitzverlegung darzustellen, z. B. geringere Steuerbelastung, niedrigere Löhne und Gehälter, Kundennähe, günstigere Einkaufsmöglichkeiten. Dies geschieht durch einen Vergleich der Ausgangslage mit der durch die Sitzverlegung angestrebten Ziellage anhand von aufgeschlüsselten Kenndaten, wie Steuerquote, Personalkosten pro Mitarbeiter, Umsatz, Marktanteile.[529]
Den Vorteilen der Verlegung des Sitzes der SE sind sodann deren Nachteile gegenüberzustellen, z. B. Kosten der Errichtung der Hauptverwaltung im Zuzugstaat, Gebühren für Berater und Behörden, Aufwendungen für Sozialpläne im Wegzugstaat.[530] Insoweit ist ebenfalls eine Aufschlüsselung nach Kenndaten erforderlich.

---

525 Ebenso *Hommelhoff*, in: Lutter, UmwG, § 127 Rn. 26 zum Spaltungsbericht nach § 127 UmwG.

526 Ebenso *Kraft*, in: KöKo, AktG, § 340a Rn. 14 zum Verschmelzungsbericht nach § 340a AktG a. F.

527 Ebenso *Hommelhoff*, in: Lutter, UmwG, § 127 Rn. 17 zum Spaltungsbericht nach § 127 UmwG.

528 Ebenso *Hommelhoff*, in: Lutter, UmwG, § 127 Rn. 17 zum Spaltungsbericht nach § 127 UmwG.

529 Ebenso *Grunewald*, in: Geßler/Hefermehl, AktG, § 340a Rn. 7 zum Verschmelzungsbericht nach § 340a AktG a. F.; *Lutter*, in: Lutter, UmwG, § 8 Rn. 16 f. zum Verschmelzungsbericht nach § 8 UmwG; *Hommelhoff*, in: Lutter, UmwG, § 127 Rn. 18 zum Spaltungsbericht nach § 127 UmwG.

530 Ebenso *Grunewald*, in: Geßler/Hefermehl, AktG, § 340a Rn. 7 zum Verschmelzungsbericht nach § 340a AktG a. F.; *Lutter*, in: Lutter, UmwG, § 8 Rn. 17 zum Verschmelzungsbericht nach § 8 UmwG; *Decher*, in: Lutter, UmwG, § 192 Rn. 19 zum Umwandlungsbericht nach § 192 UmwG.

In jedem Fall darzustellen sind die wesentlichen steuerlichen Auswirkungen der Verlegung für die SE, da davon die Entscheidung der Aktionäre maßgeblich beeinflusst wird.[531] In den Verlegungsbericht sind folglich die Ausgangssteuerbelastung der SE sowie deren voraussichtliche Steuerbelastung im Zuzugstaat aufzunehmen.
Die Vor- und Nachteile der Sitzverlegung sind vom Leitungs- bzw. Verwaltungsorgan zu kommentieren und wertend gegeneinander abzuwägen.[532] Aus diesem Abschnitt des Berichts muss sich schlüssig ergeben, warum das Leitungs- bzw. Verwaltungsorgan die Verlegung des Sitzes der SE vorschlägt.[533]

Die Ausführungen im ersten Teil des Verlegungsberichts sollten auch Aufschluss darüber geben, ob das Leitungs- bzw. Verwaltungsorgan Alternativen geprüft, und auf der Grundlage welcher Überlegungen es der vorgeschlagenen Sitzverlegung den Vorrang eingeräumt hat.[534]

Der erste Teil des Verlegungsberichts schließt mit der Erklärung der einzelnen Angaben des Verlegungsplans nach rechtlichem Sinngehalt und wirtschaftlicher Funktion.[535] Die ist erforderlich, damit der juristisch nicht vorgebildete Aktionär die im Verlegungsplan enthaltenen, oft juristisch-technisch formulierten Angaben verstehen kann.[536]

---

531 Ebenso *Lutter*, in: Lutter, UmwG, § 8 Rn. 17 zum Verschmelzungsbericht nach § 8 UmwG; *Decher*, in: Lutter, UmwG, § 192 Rn. 27 zum Umwandlungsbericht nach § 192 UmwG.

532 Ebenso *Lutter*, in: Lutter, UmwG, § 8 Rn. 18 zum Verschmelzungsbericht nach § 8 UmwG; *Hommelhoff*, in: Lutter, UmwG, § 127 Rn. 24 f. zum Spaltungsbericht nach § 127 UmwG.

533 Ebenso *Hommelhoff*, in: Lutter, UmwG, § 127 Rn. 25 zum Spaltungsbericht nach § 127 UmwG.

534 Ebenso BGHZ 83, 319 (326) zum Bericht nach § 186 Abs. 4 S. 2 AktG; *Bayer*, WM 1989, S. 121 (122) zum Verschmelzungsbericht nach § 340a AktG a. F.; *Mayer*, in: Widmann/Mayer, UmwR, § 192 UmwG Rn. 34, Stand: Oktober 2001; *Decher*, in: Lutter, UmwG, § 192 Rn. 20 jeweils zum Umwandlungsbericht nach § 192 UmwG.

535 Ebenso *Lutter*, in: Lutter, UmwG, § 8 Rn. 19 zum Verschmelzungsbericht nach § 8 UmwG; *Hommelhoff*, in: Lutter, UmwG, § 127 Rn. 26 zum Spaltungsbericht nach § 127 UmwG.

536 Ebenso *Lutter*, in: Lutter, UmwG, § 8 Rn. 19 zum Verschmelzungsbericht nach § 8 UmwG.

(b) Zweiter Teil

Im zweiten Teil des Berichts nach Art. 8 Abs. 3 SE-VO werden „die Auswirkungen der Verlegung für die Aktionäre, die Gläubiger sowie die Arbeitnehmer im Einzelnen dargelegt".

Bezüglich der Bedeutung des Begriffs Verlegung kann auf die Ausführungen zum Anwendungsbereich des Art. 8 SE-VO[537] verwiesen werden. Im Übrigen muss die Formulierung ausgelegt werden.

(α) Bedeutung der Formulierung „Auswirkungen der Verlegung für die Aktionäre"

Unter „Auswirkungen der Verlegung für die Aktionäre" sind die mit der Verlegung verbundenen Veränderungen der Mitgliedschaft (z. B. Veränderungen der Informationsrechte, Veränderungen der Minderheitenrechte oder Verschiebungen im Kompetenzgefüge der Organe) zu verstehen.[538]

Die Beschränkung auf Veränderungen der Mitgliedschaft ergibt sich aus dem Grundsatz des effet utile, der Bestandteil der objektiv-teleologischen Auslegung[539] ist. Andere Veränderungen als die der Mitgliedschaft sind praktisch nicht darstellbar. Dies gilt insbesondere für die steuerrechtlichen Folgen der Verlegung, da die steuerlichen Verhältnisse der Aktionäre zu individuell sind, um im Bericht nach Art. 8 Abs. 3 SE-VO abgebildet werden zu können.[540] Würde von einer SE im Rahmen des Art. 8 Abs. 3 SE-VO verlangt, auch andere Veränderungen als die der Mitgliedschaft darzustellen, würde dies dazu führen, dass die SE ihrer Berichtspflicht praktisch nicht nachkommen kann. Da-

---

537 Siehe dazu oben Punkt C. I. 1.

538 Ebenso *Frowein*, Grenzüberschreitende Sitzverlegung, S. 210 f. zum Bericht nach Art. 5 Abs. 1 Sitzverlegungs-RLVE.

539 Zu den Grundlagen siehe oben Punkt B. I. 1. b) dd) (1).

540 Ebenso *Lutter*, in: Lutter, UmwG, § 8 Rn. 37 zum Verschmelzungsbericht nach § 8 UmwG; a. A. *Mayer*, in: Widmann/Mayer, UmwR, § 192 UmwG Rn. 42, Stand: Oktober 2001; *Decher*, in: Lutter, UmwG, § 192 Rn. 27 jeweils zum Umwandlungsbericht nach § 192 UmwG.

durch würde die Regelung der Sitzverlegung in Art. 8 SE-VO insgesamt ihrer praktischen Wirksamkeit beraubt.

(β) Bedeutung der Formulierung „Auswirkungen der Verlegung für die Gläubiger"

Die objektiv-teleologische Auslegung[541] der Formulierung „Auswirkungen der Verlegung für die Gläubiger" ergibt, dass hierunter die mit der Verlegung verbundenen Veränderungen für die Geltendmachung von Forderungen zu verstehen sind. Wie sich aus Art. 8 Abs. 4 SE-VO ableiten lässt, dient der Verlegungsbericht auch der Information der Gläubiger, und für diese sind lediglich Informationen, die die Geltendmachung ihrer Forderungen betreffen, von Interesse.

(γ) Bedeutung der Formulierung „Auswirkungen der Verlegung für die Arbeitnehmer"

Bei der Auslegung der Formulierung „Auswirkungen der Verlegung für die Arbeitnehmer" sind folgende Überlegungen von Bedeutung.
Der Wortlaut der Formulierung erlaubt es, darunter alle kollektiv- und individualarbeitsrechtlichen Veränderungen zu verstehen, unabhängig davon, ob sie eine unmittelbare Folge der Sitzverlegung darstellen oder bloß mittelbar mit der Sitzverlegung verbunden sind.
Innerhalb der kollektivarbeitsrechtlichen Veränderungen führt die logisch-systematische Auslegung[542] jedoch zu einer Beschränkung auf Veränderungen der betrieblichen Mitbestimmung. Die Zusammenschau mit Art. 8 Abs. 2 S. 2 Var. 4 Buchst. c SE-VO ergibt, dass die Veränderungen der unternehmerischen Mitbestimmung nicht zu den Auswirkungen der Verlegung für die Arbeitnehmer gehören. Denn die Folgen für die

---

541 Zu den Grundlagen siehe oben Punkt B. I. 1. b) dd) (1).

542 Zu den Grundlagen siehe oben Punkt B. I. 1. b) bb) (1).

Beteiligung der Arbeitnehmer im Sinne des Art. 2 Buchst. h SE-AN-RL[543] und damit die unternehmerische Mitbestimmung sind nach Art. 8 Abs. 2 S. 2 Var. 4 Buchst. c SE-VO bereits im Verlegungsplan anzugeben und damit im ersten Teil des Verlegungsberichts zu erläutern und zu begründen[544].

Weitere Einschränkungen ergeben sich nicht. Zu den Auswirkungen der Verlegung für die Arbeitnehmer gehören daher nicht nur die unmittelbaren Folgen für Arbeitsverträge, Tarifverträge und Betriebsvereinbarungen,[545] sondern auch mittelbare Folgen, also geplante Umstrukturierungs- und Rationalisierungsmaßnahmen wie die Zusammenlegung oder Ausgliederung von Betrieben, Werkschließungen, Umgruppierungen, Versetzungen.[546]

(δ) Bedeutung der Formulierung „im Einzelnen darlegen"

Die Auswirkungen der Verlegung für die Aktionäre, die Gläubiger sowie die Arbeitnehmer müssen schließlich nach Art. 8 Abs. 3 SE-VO „im Einzelnen dargelegt" werden.

---

543 Zur Umsetzung in Deutschland siehe § 2 Abs. 8 SEBG.

544 Siehe dazu oben Punkt C. I. 2. a) bb) (3) (a) (α).

545 Ebenso *Bachner*, NJW 1995, S. 2881 (2886) zu §§ 5 Abs. 1 Nr. 9, 126 Abs. 1 Nr. 11, 194 Abs. 1 Nr. 7 UmwG; *Engelmeyer*, DB 1996, S. 2542 (2542) zu §§ 5 Abs. 1 Nr. 9, 126 Abs. 1 Nr. 11 UmwG; *Lutter*, in: Lutter, UmwG, § 5 Rn. 40-46 zu § 5 Abs. 1 Nr. 9 UmwG; *Mayer*, in: Widmann/Mayer, UmwR, § 5 UmwG Rn. 180 f., Stand: November 1999 zu § 5 Abs. 1 Nr. 9 UmwG.

546 Ebenso OLG Düsseldorf, DB 1998, S. 1399 (1399 f.) zu § 5 Abs. 1 Nr. 9 UmwG; *Joost*, ZIP 1995, S. 976 (979) zu §§ 5 Abs. 1 Nr. 9, 126 Abs. 1 Nr. 11, 194 Abs. 1 Nr. 7 UmwG; *Wlotzke*, DB 1995, S. 40 (45) zu §§ 5 Abs. 1 Nr. 9, 126 Abs. 1 Nr. 11, 194 Abs. 1 Nr. 7 UmwG; *Mayer*, DB 1995, S. 861 (864) zu § 126 Abs. 1 Nr. 11 UmwG; *Engelmeyer*, DB 1996, S. 2542 (2542 f.) zu §§ 5 Abs. 1 Nr. 9, 126 Abs. 1 Nr. 11 UmwG; a. A. *Drygala*, ZIP 1996, S. 1365 (1368) zu § 5 Abs. 1 Nr. 9 UmwG; *Müller*, DB 1997, S. 713 (714) zu § 5 Abs. 1 Nr. 9 UmwG; *Lutter*, in: Lutter, UmwG, § 5 Rn. 54-59 zu § 5 Abs. 1 Nr. 9 UmwG.

Der Begriff darlegen hat dieselbe Bedeutung wie der Begriff erläutern in Art. 8 Abs. 3 SE-VO.[547] Dafür sprechen die anderen Sprachfassungen des Art. 8 Abs. 3 SE-VO, die im Rahmen der sprachlich-grammatischen Auslegung[548] zu berücksichtigen sind und an Stelle des Begriffs darlegen dieselben Begriffe verwenden wie an Stelle des Begriffs erläutern.[549]
Darlegen bedeutet folglich, dass der juristische Sinngehalt und die wirtschaftliche Funktion der einzelnen Angaben für einen weder juristisch noch wirtschaftlich vorgebildeten Berichtsadressaten erklärt wird.

Der Formulierung „im Einzelnen" kommt keine eigenständige Bedeutung zu. Dies ergibt sich im Rahmen der sprachlich-grammatischen Auslegung aus der Tatsache, dass in anderen Sprachfassungen des Art. 8 Abs. 3 SE-VO eine entsprechende Formulierung fehlt.

(ε) Konkrete Gestaltung

Aus den vorstehenden Auslegungsergebnissen ergibt sich für die Gestaltung des zweiten Teils des Verlegungsberichts Folgendes:

Die Darlegung der Auswirkungen der Verlegung für die Aktionäre hat mit dem Hinweis zu beginnen, dass auf die Mitgliedschaft der Aktionäre einer SE ergänzend das Aktienrecht des Satzungssitzstaats anwendbar ist und dass sich dieses Recht mit der Verlegung des Satzungssitzes in einen anderen Mitgliedstaat ändert. Anschließend sind die Rechte der Aktionäre nach dem ergänzend anwendbaren Recht des Wegzugstaats den Rechten

---

547 Zur Bedeutung des Begriffs erläutern siehe oben Punkt C. I. 2. a) bb) (3) (a) (γ).

548 Zu den Grundlagen siehe oben Punkt B. I. 1. b) aa) (1).

549 Andere Sprachfassungen lauten: „explaining" (Englisch); „expliquant" (Französisch); „spiegati" bzw. „spiegate" (Italienisch); „explique" (Portugiesisch); „toegelicht" (Niederländisch).

der Aktionäre nach dem ergänzend anwendbaren Recht des Zuzugstaats gegenüberzustellen.[550]

Bei der Darlegung der Auswirkungen für die Gläubiger ist zwischen der gerichtlichen Geltendmachung von Forderungen und der Vollstreckung titulierter Forderungen zu unterscheiden.
Die Ausführungen zur gerichtlichen Geltendmachung von Forderungen haben den Hinweis zu enthalten, dass Gläubiger, deren Forderungen vor der Eintragung der SE in das Register des Zuzugstaats entstanden sind, die SE auch weiterhin im Wegzugstaat verklagen können.[551] Die übrigen Gläubiger sind mit den Konsequenzen der Sitzverlegung für die Gerichtsstände nach der EuGV-VO vertraut zu machen.[552]
Im Anschluss daran sind die Auswirkungen der Verlegung für die Vollstreckung titulierter Forderungen zu behandeln. In diesem Zusammenhang ist darauf hinzuweisen, dass die Vollstreckung infolge einer Verlagerung des Vermögens der SE in den Zuzugstaat erschwert sein kann, sofern die Vollstreckung im Wegzugstaat nicht nach Art. 8 Abs. 7 Unterabs. 1 SE-VO sichergestellt ist[553].

Wie die Angaben zu den Auswirkungen der Verlegung für die Arbeitnehmer zu gestalten sind, lässt sich nicht generell sagen.

(c) Regelung im SEAG

Auf Grund der wenig detaillierten Beschreibung des Berichtsinhalts in Art. 8 Abs. 3 SE-VO wird in der Literatur zum Teil gefordert, in das SEAG eine den §§ 8, 127 und 192

---

550 Ebenso *Buchheim*, SE und Konzernverschmelzung, S. 280 zum Bericht nach Art. 8 Abs. 2a SE-RE vom 16. April 1999.

551 Siehe dazu unten Punkt C. II. 1. b) ee).

552 Siehe dazu unten Punkt C. II. 1. b).

553 Siehe dazu unten Punkt C. I. 2. a) ff).

UmwG vergleichbare Regelung des Berichtsinhalts aufzunehmen, um insoweit die Rechtssicherheit zu erhöhen.[554]

Dies ist abzulehnen. Art. 8 Abs. 3 SE-VO enthält keine ausdrückliche Ermächtigung der Mitgliedstaaten, den Inhalt des Berichts nach Art. 8 Abs. 3 SE-VO zu konkretisieren. Aus dem Fehlen einer detaillierten Beschreibung des Berichtsinhalts kann auch nicht auf eine stillschweigende Ermächtigung der Mitgliedstaaten geschlossen werden. Denn die Einzigartigkeit jeder Sitzverlegung und des daraus resultierenden Informationsbedarfs der Aktionäre und Gläubiger lässt eine detailliertere Regelung des Berichtsinhalts nicht zu.

(4) Verzicht auf die Erstellung

Im Gegensatz zu Art. 10 Spaltungs-RL lässt Art. 8 Abs. 3 SE-VO keinen Verzicht der Aktionäre auf die Erstellung des Verlegungsberichts zu, da der Verlegungsbericht nach Art. 8 Abs. 4 SE-VO auch der Information der Gläubiger dient.[555]

(5) Rechtsfolgen der Nichterstellung oder fehlerhaften Erstellung

Für die Rechtsfolgen der Nichterstellung oder fehlerhaften Erstellung des Berichts nach Art. 8 Abs. 3 SE-VO gelten die Ausführungen zu den Rechtsfolgen der Nichterstellung oder fehlerhaften Erstellung des Verlegungsplans[556] entsprechend. Denn die fehlerfreie Erstellung des Verlegungsberichts ist ebenso wie die fehlerfreie Erstellung des Verlegungsplans Voraussetzung für die Ausstellung der Bescheinigung nach Art. 8 Abs. 8 SE-VO.[557] Ein fehlerhafter Verlegungsbericht kann bei einer SE mit Satzungssitz in Deutschland auch zur Anfechtbarkeit des Verlegungsbeschlusses[558] nach Art. 9 Abs. 1

---

554 So *Brandt*, NZG 2002, S. 991 (994).

555 Ebenso *Priester*, ZGR 1999, S. 36 (41 f.); *Frowein*, Grenzüberschreitende Sitzverlegung, S. 211 jeweils zum Bericht nach Art. 5 Abs. 1 Sitzverlegungs-RLVE.

556 Siehe dazu oben Punkt C. I. 2. a) aa) (4).

557 Zur Erstellung des Verlegungsberichts als einer der Verlegung im Wegzugstaat vorangehenden Rechtshandlung im Sinne des Art. 8 Abs. 8 SE-VO siehe unten Punkt C. I. 2. a) hh) (3) (a).

558 Zum Verlegungsbeschluss siehe unten Punkt C. I. 2. a) ee).

Buchst. c ii) SE-VO i. V. m. § 243 Abs. 1 AktG führen. Denn wie sich aus Art. 8 Abs. 4 SE-VO ergibt, gehört der Verlegungsbericht genauso wie der Verlegungsplan zu den Unterlagen, die der Vorbereitung des Verlegungsbeschlusses dienen.

(6) Muster

Verlegt eine X-SE ihren Satzungssitz von München nach London, könnte ein diesbezüglicher Bericht nach Art. 8 Abs. 3 SE-VO, der am 01.06.09 erstellt wird, wie folgt aussehen:[559]

„Zur Erläuterung und Begründung der rechtlichen und wirtschaftlichen Aspekte der vorgesehenen Verlegung des Satzungssitzes der X-SE von München, Bundesrepublik Deutschland, nach London, Vereinigtes Königreich von Großbritannien und Nordirland, sowie zur Darlegung der damit verbundenen Auswirkungen für die Aktionäre, Gläubiger und Arbeitnehmer erstattet der Vorstand[560] *den folgenden*

Bericht
nach Artikel 8 Absatz 3
der Verordnung (EG) Nr. 2157/2001 des Rates vom 8. Oktober 2001
über das Statut der Europäischen Gesellschaft (SE):

1. Erläuterung und Begründung der rechtlichen und wirtschaftlichen Aspekte der Verlegung

a) Beschreibung des Vorhabens in seiner Gesamtheit

---

559 Zu Grunde gelegt wurden das Muster für einen Verschmelzungsbericht von *Heckschen*, in: Widmann/Meyer, UmwR, Anh. 4 Rn. M 2, das Muster für einen Spaltungsbericht von *Mayer*, in: Widmann/Meyer, UmwR, Anh. 4 Rn. M 104, Stand: März 2001 und das Muster für einen Umwandlungsbericht von *Vossius*, in: Widmann/Meyer, UmwR, Anh. 4 Rn. M 168, Stand: Februar 1999.

560 Die X-SE verfügt über das dualistische System. Würde die X-SE über das monistische System verfügen, wäre nach Art. 8 Abs. 3 SE-VO der Verwaltungsrat für die Erstellung des Verlegungsberichts zuständig.

Der Schwerpunkt der wirtschaftlichen Aktivitäten der X-SE hat sich in den vergangenen Jahren in das Vereinigte Königreich von Großbritannien und Nordirland (im Folgenden „Vereinigtes Königreich" genannt) verschoben. Das Vereinigte Königreich ist mittlerweile der mit Abstand größte Absatzmarkt der X-SE. Zur Sicherung dieses Absatzmarkts ist es aus Sicht des Vorstands wirtschaftlich erforderlich, dass die Hauptverwaltung in das Vereinigte Königreich verlagert wird, damit die dortigen Kunden vor Ort betreut werden können.[561]

Eine Verlagerung der Hauptverwaltung der X-SE in das Vereinigte Königreich ist jedoch rechtlich nur zulässig, wenn auch ihr Satzungssitz in das Vereinigte Königreich verlegt wird. Denn Artikel 7 Satz 1 der Verordnung (EG) Nr. 2157/2001 des Rates vom 8. Oktober 2001 über das Statut der Europäischen Gesellschaft (SE) (im Folgenden „SE-VO" genannt) bestimmt, dass der Satzungssitz einer SE in dem Mitgliedstaat der Europäischen Union liegen muss, in dem sich ihre Hauptverwaltung befindet. Die Verlegung des Satzungssitzes der X-SE erfordert einen Beschluss der Hauptversammlung, mit dem § 2 der Satzung dahin gehend geändert wird, dass Satzungssitz zukünftig London ist.

b) Vorteile

Die Vorteile des Vorhabens ergeben sich aus einem Vergleich der Ausgangs- und der Ziellage.

aa) Ausgangslage

Die X-SE ist seit dem Jahr 01 als Hersteller von ... Maschinen tätig. Seitdem vertreibt sie ihre Produkte in allen Mitgliedstaaten der Europäischen Union. Der Vertrieb in Frankreich und Irland erfolgt über

---

561 Weitere wirtschaftliche Motive für die Verlegung der Hauptverwaltung können die Einsparung von Verwaltungskosten, die Reduzierung der Steuerbelastung oder die Verfügbarkeit hoch qualifizierter Mitarbeiter sein (*Höft*, Verwaltungssitzverlegung, S. 25-27; *Buchheim*, SE und Konzernverschmelzung, S. 277).

Tochtergesellschaften. Im Übrigen wird der Vertrieb zentral von der Hauptverwaltung in München aus geleitet.

Seit dem Jahr 05 ist das Vereinigte Königreich der mit Abstand größte Absatzmarkt der X-SE. In Höhe folgender Prozentsätze erwirtschaftete die X-SE seither ihren Umsatz und Gewinn durch Verkäufe im Vereinigten Königreich:

Jahr	Gesamtumsatz in Euro	davon Vereinigtes Königreich in %	Gesamtgewinn in Euro	davon Vereinigtes Königreich in %
05	...	55	...	60
06	...	65	...	70
07	...	75	...	80
08	...	70	...	75

Der Rückgang des im Vereinigten Königreich erwirtschafteten Umsatz- und Gewinnanteils im Jahr 08 ist auf das Auftreten eines englischen Mitbewerbers zurückzuführen. Dieser erhielt zwei Großaufträge, für die auch die X-SE Angebote abgegeben hatte. Die Auftraggeber begründeten ihre Vergabeentscheidung jeweils damit, dass die X-SE im Gegensatz zum englischen Mitbewerber keine Kundenbetreuung vor Ort zur Verfügung stelle. Der Vorstand geht daher davon aus, dass dem englischen Mitbewerber auch bei künftigen Aufträgen der Vorzug gegenüber der X-SE gegeben wird und der im Vereinigten Königreich erwirtschaftete Umsatz- und Gewinnanteil weiter sinkt.

bb) Ziellage

Nur wenn die Hauptverwaltung der X-SE in das Vereinigte Königreich verlegt wird, kann der dort erwirtschaftete Umsatz- und Gewinnanteil und damit letztlich der Gesamtumsatz und -gewinn auf dem bisherigen Niveau gehalten werden. Darüber hinaus erscheint sogar eine leichte Gewinnsteigerung möglich.

Im Einzelnen prognostiziert das ... Institut in seinem Gutachten vom ... (Anlage 1) nachstehende Umsatz- und Gewinnentwicklung. Der Prognosezeitraum erstreckt sich dabei auf zehn Jahre ab Errichtung der Hauptverwaltung in London, mit deren Abschluss spätestens am 02.05.11 gerechnet wird.

Jahr	*Gesamtumsatz in Euro*	*davon Vereinigtes Königreich in %*	*Gesamtgewinn in Euro*	*davon Vereinigtes Königreich in %*
11	...	...	...	...
12	...	...	...	...
13	...	...	...	...
14	...	...	...	...
15	...	...	...	...
16	...	...	...	...
17	...	...	...	...
18	...	...	...	...
19	...	...	...	...
20	...	...	...	...

Außerdem führt die Verlagerung der Hauptverwaltung zu folgenden Verbesserungen: ...

cc) Steuerliche Auswirkungen

Die Prognose der Gewinnentwicklung fällt vor allem deswegen so günstig aus, weil die Verlagerung der Hauptverwaltung und die damit verbundene Verlegung des Satzungssitzes in das Vereinigte Königreich zu einer deutlichen Reduzierung der Steuerbelastung führt.

Die Ertragsteuerbelastung der X-SE in den ersten sieben Geschäftsjahren stellt sich wie folgt dar:

Jahr	*Ertragsteuern*	
	in Euro	*in % vom Betriebsergebnis*
01	...	...
02	...	...

03	...	...
04	...	...
05	...	...
06	...	...
07	...	...

Im Einzelnen prognostiziert die ... Steuerberatungsgesellschaft in ihrem Gutachten vom ... (Anlage 2) nachstehende Entwicklung der Ertragsteuerbelastung. Der Prognosezeitraum erstreckt sich dabei auf zehn Jahre ab Errichtung der Hauptverwaltung in London, mit deren Abschluss spätestens am 02.05.11 gerechnet wird.

Jahr	*Ertragsteuern*	
	in Euro	*in % vom Betriebsergebnis*
11	...	...
12	...	...
13	...	...
14	...	...
15	...	...
16	...	...
17	...	...
18	...	...
19	...	...
20	...	...

c) Nachteile

Hauptnachteil der Verlagerung der Hauptverwaltung und der damit verbundenen Verlegung des Satzungssitzes sind die hohen Kosten des Vorhabens. Diese hat die Finanzabteilung wie folgt kalkuliert:

Jahr	*Kostenart 1 in Euro*	*Kostenart 2 in Euro*	*Kostenart ... in Euro*	*Gesamtkosten in Euro*
09				
10				

11				
12				
Summe				

Einzelheiten zur Kostenkalkulation sind der Anlage 3 zu entnehmen.

Weitere Nachteile des Vorhabens sind ...

d) *Gesamtabwägung*

Die wertende Gesamtabwägung der dargestellten Vorzüge und Nachteile der Verlagerung der Hauptverwaltung ergibt, dass die Vorzüge überwiegen. Denn die prognostizierten Umsatzvorteile übersteigen die zu erwartenden Kosten des Vorhabens. Außerdem ...

e) *Alternativen*

Der Vorstand hat als Alternative zur Verlagerung der Hauptverwaltung den Aufbau einer Vertriebsorganisation im Vereinigten Königreich in Erwägung gezogen. Hierfür bieten sich grundsätzlich zwei Möglichkeiten an, nämlich der Vertrieb über das eigene Unternehmen oder über unternehmensfremde Dritte, z. B. Handelsvertreter. Der Vertrieb über das eigene Unternehmen wiederum kann mittels einer Niederlassung oder einer Tochtergesellschaft erfolgen. Zwar sind diese Alternativen deutlich kostengünstiger als die Verlagerung der Hauptverwaltung, wie sich aus nachstehender Tabelle ergibt.

	Kosten in Euro
Handelsvertreter	...
Vertriebsniederlassung	...
Vertriebsgesellschaft	...
Verlagerung der Hauptverwaltung	...

Aus dem Gutachten des ... Instituts vom ... (Anlage 1) ergibt sich jedoch, dass die Verlagerung der Hauptverwaltung der X-SE in das Vereinigte Königreich die beste Kundenbetreuung vor Ort und damit auf Dauer die höchsten Umsätze und Gewinne verspricht.

aa) Umsatz- und Gewinnentwicklung bei Einsatz von Handelsvertretern

Jahr	*Gesamtumsatz in Euro*	*davon Vereinigtes Königreich in %*	*Gesamtgewinn in Euro*	*davon Vereinigtes Königreich in %*
11	...	...	...	...
12	...	...	...	...
13	...	...	...	...
14	...	...	...	...
15	...	...	...	
16	...	...	...	...
17	...	...	...	...
18	...	...	...	...
19	...	...	...	...
20	...	...	...	...

...

dd) Umsatz- und Gewinnentwicklung bei Verlagerung der Hauptverwaltung

Jahr	*Gesamtumsatz in Euro*	*davon Vereinigtes Königreich in %*	*Gesamtgewinn in Euro*	*davon Vereinigtes Königreich in %*
11	...	...	...	...
12	...	...	...	...
13	...	...	...	...
14	...	...	...	...
15	...	...	...	...
16	...	...	...	...
17	...	...	...	...
18	...	...	...	...
19	...	...	...	...
20	...	...	...	...

f) Erläuterung des Verlegungsplans

Der Vorstand der X-SE hat am 01.06.09 einen Verlegungsplan nach Artikel 8 Absatz 2 SE-VO erstellt.

Die Angaben in diesem Verlegungsplan werden wie folgt erläutert und begründet:

aa) Zu den Punkten 1. bis 3. des Verlegungsplans (Angabe der bisherigen Firma, des bisherigen Satzungssitzes und der bisherigen Registriernummer)

Der Verlegungsplan muss nach Artikel 8 Absatz 2 Satz 2 SE-VO die bisherige Firma, den bisherigen Satzungssitz und die bisherige Registriernummer angeben.

bb) Zu Punkt 4. des Verlegungsplans (Angabe des vorgesehenen neuen Satzungssitzes)

Der Verlegungsplan muss nach Artikel 8 Absatz 2 Satz 2 SE-VO den vorgesehenen neuen Satzungssitz angeben.

Die X-SE muss einen neuen Satzungssitz im Vereinigten Königreich begründen, weil die wirtschaftlich erforderliche Verlagerung der Hauptverwaltung in das Vereinigte Königreich nur unter dieser Bedingung rechtlich zulässig ist. Insoweit wird auf die Ausführungen unter Punkt 1. a) dieses Berichts verwiesen.

Innerhalb des Vereinigten Königreichs wurde als neuer Satzungssitz London gewählt, weil ...

cc) Zu Punkt 5. des Verlegungsplans (Angabe der vorgesehenen neuen Satzung)

Der Verlegungsplan muss nach Artikel 8 Absatz 2 Satz 2 SE-VO Angaben zur vorgesehenen neuen Satzung enthalten.

Die neue Satzung unterscheidet sich von der bisherigen Satzung dadurch, dass sie in § 2 einen neuen Satzungssitz und in § 3 eine neue Firma vorsieht. Die Gründe für diese Änderungen der Satzung werden in diesem Bericht unter den Punkten 1. f) cc) und 1. f) dd) dargestellt.

Beide Satzungsänderungen bedürfen nach Artikel 52 Unterabsatz 2 SE-VO in Verbindung mit § 179 Absatz 1 Satz 1 des Aktiengesetzes jeweils eines Beschlusses der Hauptversammlung, der am 15.02.10 gefasst werden soll.

dd) Zu Punkt 6. des Verlegungsplans (Angabe der neuen Firma)

Der Verlegungsplan muss nach Artikel 8 Absatz 2 Satz 2 SE-VO die neue Firma angeben.

Für die Verlegung des Satzungssitzes nach London ist eine neue Firma erforderlich, weil die derzeitige Firma nicht den firmenrechtlichen Bestimmungen in Teil 1 Kapitel 2 des britischen Companies Act 1985 entspricht. Diese Bestimmungen sehen vor, dass ...[562]

ee) Zu Punkt 7. des Verlegungsplans (Angabe etwaiger Folgen der Verlegung für die Beteiligung der Arbeitnehmer)

Der Verlegungsplan muss nach Artikel 8 Absatz 2 Satz 2 SE-VO Angaben zu den etwaigen Folgen der Verlegung für die Beteiligung der Arbeitnehmer enthalten.

Die Beteiligung der Arbeitnehmer der X-SE wird bislang durch die Vereinbarung über die Beteiligung der Arbeitnehmer der X-SE vom 01.04.05 geregelt. Diese Vereinbarung würde durch die Verlegung des Satzungssitzes nach London nicht berührt, da die Satzungssitzverlegung nach Artikel 8 Absatz 1 Satz 2 SE-VO weder die Auflösung der X-SE noch die Neugründung der Y-SE zur Folge hat. Die Gesellschaft bliebe als Rechtspersönlichkeit und damit als Partner der Vereinbarung erhalten.

[oder:

Die Beteiligung der Arbeitnehmer der X-SE wird bislang durch die Vereinbarung über die Beteiligung der Arbeitnehmer der X-SE vom 01.04.05 geregelt. Diese Vereinbarung sieht vor, dass die Beteiligung der Arbeitnehmer im Fall einer Verlegung des Satzungssitzes der X-SE in einen anderen Mitgliedstaat der Europäischen Union neu ver-

---

562 Zum Firmenrecht nach Teil 1 Kapitel 2 des britischen Companies Act 1985: *Keenan*, in: Smith and Keenan's, S. 36-46; *Gower*, Modern Company Law, S. 267-273; *Güthoff*, Gesellschaftsrecht in Großbritannien, S. 22 f.; *Pennington*, Company Law, S. 4-12; *Mayson, French & Ryan*, Company Law, S. 64-71.

handelt werden muss.[563] *Das Verfahren der Neuverhandlung ist in der Vereinbarung wie folgt geregelt: ...* [564]

Sollte die Neuverhandlung nicht zum Abschluss einer neuen Vereinbarung führen, wäre die im Recht des Vereinigten Königreichs verankerte gesetzliche Auffangregelung zur Beteiligung der Arbeitnehmer anwendbar. Diese unterscheidet sich von der bislang geltenden Vereinbarung insbesondere in den folgenden Punkten: ...]

[oder:

Die Verlegung des Satzungssitzes der X-SE nach London hätte zur Folge, dass in Zukunft die im Recht des Vereinigten Königreichs verankerte gesetzliche Auffangregelung zur Beteiligung der Arbeitnehmer anwendbar wäre. Diese unterscheidet sich von der bislang geltenden gesetzlichen Auffangregelung des deutschen Rechts insbesondere in den folgenden Punkten: ...]

ff) *Zu Punkt 8. des Verlegungsplans (Angabe des vorgesehenen Zeitplans für die Verlegung)*

Der Verlegungsplan muss nach Artikel 8 Absatz 2 Satz 2 SE-VO Angaben zum vorgesehenen Zeitplan der Verlegung enthalten.

Die Angaben im vorgelegten Zeitplan beruhen auf Erfahrungswerten aus der Verlegung des Satzungssitzes der T-SE, einer Tochtergesellschaft der X-SE,[565] *von Nürnberg, Bundesrepublik Deutschland, nach Dublin, Republik Irland. Der zeitliche Verlauf dieser Satzungssitzverlegung ergibt sich aus Anlage 4.*

---

563 Art. 4 Abs. 2 Buchst. h Var. 3 SE-AN-RL; zur Umsetzung in Deutschland siehe § 21 Abs. 1 Buchst. f und Abs. 4 S. 1 SEBG.

564 Art. 4 Abs. 2 Buchst. h Var. 4 SE-AN-RL; zur Umsetzung in Deutschland siehe § 21 Abs. 1 Buchst. f und Abs. 4 S. 2 SEBG.

565 Nach Art. 3 Abs. 2 S. 1 SE-VO kann eine SE eine oder mehrere Tochtergesellschaften in Form einer SE gründen.

gg) Zu Punkt 9. des Verlegungsplans (Angabe der zum Schutz der Aktionäre und Gläubiger vorgesehenen Rechte)

Der Verlegungsplan muss nach Artikel 8 Absatz 2 Satz 2 SE-VO die zum Schutz der Aktionäre und Gläubiger vorgesehenen Rechte angeben.

Zum Schutz der Aktionäre der X-SE ist eine Barabfindung in Höhe von Euro 200,00 für jede Aktie im Nennbetrag von Euro 100,00 vorgesehen. Dies entspricht den Anforderungen in § ... des deutschen Ausführungsgesetzes zur SE-VO. Die Angemessenheit der Abfindung wurde geprüft. Insoweit wird auf den Prüfungsbericht (Anlage 5) verwiesen.[566]

Die zum Schutz der Gläubiger der X-SE bestellten Sicherheiten entsprechen den Anforderungen in § ... des deutschen Ausführungsgesetzes zur SE-VO. Sie haben folgende rechtliche Bedeutung: ... Sie schützen die Gläubiger der X-SE ausreichend, weil ...[567]

2. *Darlegung der Auswirkungen der Verlegung für die Aktionäre, Gläubiger und Arbeitnehmer*

a) Darlegung der Auswirkungen der Verlegung für die Aktionäre

Auf die Mitgliedschaft der Aktionäre einer SE ist ergänzend zur SE-VO das Aktienrecht des Mitgliedstaats anwendbar, in dem die SE ihren Satzungssitz hat. Das ergänzend anwendbare Aktienrecht ändert sich mit der Verlegung des Satzungssitzes in einen anderen Mitgliedstaat.

Die Mitgliedschaft der Aktionäre in der X-SE wird zurzeit ergänzend durch das deutsche Aktiengesetz geregelt. Nach vollzogener Satzungssitzverlegung würde sich die Mitgliedschaft der Aktionäre in der Y-SE nach den ergänzenden Regelungen des britischen Companies Act 1985 richten.

---

566 Zum angemessenen Schutz der Minderheitsaktionäre siehe unten Punkt C. I. 2. a) dd).

567 Zum angemessenen Schutz der Gläubiger und sonstigen Forderungsberechtigten siehe unten Punkt C. I. 2. a) ff).

Aus der Gegenüberstellung des deutschen Aktiengesetzes und des britischen Companies Act 1985 ergeben sich für die mitgliedschaftliche Stellung der Aktionäre die folgenden Veränderungen: ...

b) Darlegung der Auswirkungen der Verlegung für die Gläubiger

aa) Klagen

Gegenüber Gläubigern, deren Forderungen vor Eintragung der Y-SE im Companies Registration Office entstehen, würde die Y-SE nach Artikel 8 Absatz 16 SE-VO auch weiterhin als SE mit Satzungssitz in der Bundesrepublik Deutschland gelten. Diese Gläubiger könnten die Y-SE also vor einem deutschen Gericht verklagen.

Für Gläubiger, deren Forderungen nach Eintragung der Y-SE im Companies Registration Office entstehen, gilt Folgendes:

Ab Eintragung der Y-SE im Companies Registration Office befände sich der allgemeine Gerichtsstand der Gesellschaft für Klagen in Zivil- und Handelssachen im Vereinigten Königreich.

Gleiches würde für Klagen gegen die Y-SE als Versicherungsnehmer, Versicherter oder Begünstigter einer Versicherung gelten.

Die Verlegung des Satzungssitzes in das Vereinigte Königreich hätte ferner Auswirkungen auf den ausschließlichen Gerichtsstand für Klagen, die die Gültigkeit, Nichtigkeit oder die Auflösung der Gesellschaft sowie die Gültigkeit der Beschlüsse der Organe der Gesellschaft betreffen. Würde ein Gericht in der Bundesrepublik Deutschland angerufen, befände sich der ausschließliche Gerichtsstand ab Errichtung der Hauptverwaltung im Vereinigten Königreich. Läge das angerufene Gericht im Vereinigten Königreich, würde mit der Eintragung der Y-SE im Companies Registration Office der ausschließliche Gerichtsstand im Vereinigten Königreich begründet.[568]

bb) Vollstreckung

---

[568] Zur Änderung der Gerichtsstände nach der EuGV-VO siehe unten Punkt C. II. 1. b).

Hinsichtlich der Vollstreckung von Titeln ist auf Folgendes hinzuweisen:

Im Zuge der Errichtung der Hauptverwaltung in London ist zwar mittelfristig eine Verlagerung der Produktion im Werk München und damit der in der Bundesrepublik Deutschland belegenen Betriebsstätten und sonstigen Gegenstände des Betriebsvermögens in das Vereinigte Königreich beabsichtigt. Zumindest die Vollstreckung von titulierten Forderungen, die vor Eintragung[569] *der Y-SE im Companies Registration Office entstehen, wäre jedoch durch die unter Punkt 1. f) gg) dieses Berichts dargestellten Sicherheiten gewährleistet.*

c) Darlegung der Auswirkungen der Verlegung für die Arbeitnehmer

aa) Arbeitnehmer in der Hauptverwaltung

Den Arbeitnehmern in der Hauptverwaltung würde angeboten, entweder unter Beibehaltung ihrer bisherigen Position und Bezahlung in der neuen Hauptverwaltung in London zu arbeiten oder sich in die vorerst in München verbleibende Verwaltung für das dortige Werk versetzen zu lassen.

bb) Arbeitnehmer im Werk München

Im Zuge der Errichtung der Hauptverwaltung in London ist mittelfristig eine Verlagerung der Produktion im Werk München in das Vereinigte Königreich beabsichtigt. Das Werk München würde in diesem Fall geschlossen werden.

[Soweit vorhanden:

3. Abweichende Stellungnahmen einzelner Mitglieder des Vorstands]

München, 01.06.09

[*Unterschriften aller Mitglieder des Vorstands der X-SE*]

Anlagen"

---

569 Zur Frage, ob und inwieweit der deutsche Gesetzgeber von der Ermächtigung des Art. 8 Abs. 7 Unterabs. 2 SE-VO Gebrauch machen sollte, siehe unten Punkt C. I. 2. a) ff) (7) (c).

cc) Informationsrechte der Aktionäre und Gläubiger

Sind der Verlegungsplan und der Verlegungsbericht erstellt, hat das Leitungs- bzw. Verwaltungsorgan nach Art. 8 Abs. 4 SE-VO als Nächstes dafür Sorge zu tragen, dass die Aktionäre und Gläubiger vor der Hauptversammlung, die über die Sitzverlegung befinden soll, mindestens einen Monat lang die Möglichkeit haben, beide Dokumente am Satzungssitz einzusehen und Abschriften dieser Dokumente zu erhalten.

(1) Gegenstand

Gegenstand dieser Informationsrechte sind die Originale des Verlegungsplans und des Verlegungsberichts.[570] Art. 8 Abs. 4 SE-VO schreibt dies zwar nicht ausdrücklich vor. Dass die Begriffe „Verlegungsplan“ und „Bericht nach Absatz 3“ jedoch im Sinne von Originale des Verlegungsplans und des Verlegungsberichts zu verstehen sind, ergibt sich im Rahmen der sprachlich-grammatischen Auslegung[571] aus dem Satzzusammenhang. Denn Art. 8 Abs. 4 SE-VO unterscheidet zwischen dem Recht, den Verlegungsplan und den Verlegungsbericht einzusehen, und dem Recht, Abschriften „dieser“ Unterlagen zu verlangen. Werden den Aktionären und Gläubigern demnach Abschriften ausgehändigt, kann es sich bei den Unterlagen, die die Aktionäre und Gläubiger einsehen dürfen, nicht auch um Abschriften handeln. Andernfalls hätte das Einsichtsrecht neben dem Recht, Abschriften zu verlangen, keine eigenständige Bedeutung.
Für diese Auslegung spricht auch die objektiv-teleologische Auslegung[572]. Denn das Einsichtsrecht soll es den Aktionären und Gläubigern in erster Linie ermöglichen, die ausgehändigten Abschriften auf ihre Übereinstimmung mit den Originalen zu überprüfen.

---

570 Ebenso *Keil*, Verschmelzungsbericht, S. 34 f. zum Verschmelzungsbericht nach § 340a AktG a. F.

571 Zu den Grundlagen siehe oben Punkt B. I. 1. b) aa) (1).

572 Zu den Grundlagen siehe oben Punkt B. I. 1. b) dd) (1).

(2) Bedeutung des Begriffs „einzusehen“

Eingehender zu untersuchen ist die Frage, welche Bedeutung der Begriff „einzusehen“ in Art. 8 Abs. 4 SE-VO hat.

Im Rahmen der sprachlich-grammatischen Auslegung[573] ist zunächst die deutsche Sprachfassung des Art. 8 Abs. 4 SE-VO zu betrachten.
Der Begriff einzusehen wird im deutschen Recht u. a. in § 716 Abs. 1 Var. 2 BGB und in § 118 Abs. 1 Var. 2 HGB jeweils in Gestalt des Begriffs einsehen verwendet. In diesem Zusammenhang bedeutet einsehen die Duldung der eigenständigen Informationsbeschaffung.[574] Diese Interpretation schließt grundsätzlich einen Anspruch auf Auskunftserteilung aus.[575] Das Einsichtsrecht umfasst grundsätzlich auch nicht die körperliche Überlassung der zu betrachtenden Unterlagen.[576] Dieses Verständnis wird durch den Satzzusammenhang mit der Formulierung „Aushändigung von Abschriften“ bestätigt. Hieraus lässt sich ableiten, dass nur die Aushändigung von Abschriften der einzusehenden Unterlagen, nicht aber die Aushändigung der einzusehenden Unterlagen selbst verlangt werden kann.
Andere Sprachfassungen des Art. 8 Abs. 4 SE-VO verwenden an Stelle des Begriffs einzusehen Begriffe,[577] die mit prüfen,[578] untersuchen[579] bzw. kontrollieren[580] zu übersetzen sind.

---

573 Zu den Grundlagen siehe oben Punkt B. I. 1. b) aa) (1).

574 *Sprau*, in: Palandt, BGB, § 716 Rn. 1.

575 *Sprau*, in: Palandt, BGB, § 716 Rn. 1.

576 *Baumbach/Hopt*, HGB, § 118 Rn. 4.

577 Weitere Sprachfassungen lauten: „examine“ (Englisch); „examiner“ (Französisch); „examinar“ (Spanisch); „esaminare“ (Italienisch).

578 *Romain/Bader/Byrd*, Wörterbuch der Rechts- und Wirtschaftssprache I, S. 298; *Potonnier/Potonnier*, Wörterbuch für Wirtschaft, Recht und Handel II, S. 721; *Becher*, Wörterbuch der Rechts- und Wirtschaftssprache I, S. 537; *Conte/Boss*, Wörterbuch der Rechts- und Wirtschaftssprache I, S. 210.

Als Zusammenfassung der sprachlich-grammatischen Auslegung kann demnach festgehalten werden, dass der Begriff einzusehen in Art. 8 Abs. 4 SE-VO im Sinne von Duldung der eigenständigen Informationsbeschaffung zu Prüfungszwecken zu verstehen ist.

Dass die Informationsbeschaffung zu Prüfungszwecken erfolgt, wird durch die logisch-systematische Auslegung[581] bestätigt. Denn die dem Art. 8 Abs. 4 SE-VO entsprechenden Regelungen in Art. 5 Abs. 2b EUV-VOV 1993, Art. 3 Abs. 2b EUGEN-VOV 1993 und Art. 6 Abs. 2b EUGGES-VOV 1993 sehen jeweils die „Prüfung" des Verlegungsplans und des Verlegungsberichts durch die Mitglieder und Gläubiger vor. Im Interesse einer Systematisierung des europäischen Gesellschaftsrechts im Bereich der Sitzverlegung ist daher davon auszugehen, dass auch das Einsichtsrecht nach Art. 8 Abs. 4 SE-VO der Prüfung des Verlegungsplans und des Verlegungsberichts durch die Aktionäre und Gläubiger dient.

Die Auslegung des Begriffs einzusehen lässt sich folglich in der Aussage zusammenfassen, dass einzusehen die Duldung der eigenständigen Informationsbeschaffung zu Prüfungszwecken bedeutet.

(3) Bedeutung des Begriffs „Abschriften"

Weiterhin ist auf die Bedeutung des Begriffs „Abschriften" in Art. 8 Abs. 4 SE-VO einzugehen. Mit Abschriften sind einfache Kopien gemeint. Eine notarielle Beglaubigung oder Beurkundung ist also nicht erforderlich.

---

579 *Potonnier/Potonnier*, Wörterbuch für Wirtschaft, Recht und Handel II, S. 721; *Becher*, Wörterbuch der Rechts- und Wirtschaftssprache I, S. 537; *Conte/Boss*, Wörterbuch der Rechts- und Wirtschaftssprache I, S. 210.

580 *Potonnier/Potonnier*, Wörterbuch für Wirtschaft, Recht und Handel II, S. 721; *Becher*, Wörterbuch der Rechts- und Wirtschaftssprache I, S. 537.

581 Zu den Grundlagen siehe oben Punkt B. I. 1. b) bb) (1).

Für dieses Begriffsverständnis spricht zunächst der Satzzusammenhang, der im Rahmen der sprachlich-grammatischen Auslegung[582] zu berücksichtigen ist. Durch das in Art. 8 Abs. 4 SE-VO ebenfalls vorgesehene Recht auf Einsicht der Originalunterlagen[583] können die Aktionäre und Gläubiger sicherstellen, dass die ihnen ausgehändigten Abschriften mit den Originalunterlagen übereinstimmen. Einer zusätzlichen Bestätigung durch einen Notar bedarf es deshalb nicht.[584]

Es ist jedoch vor allem die logisch-systematische Auslegung[585], die es nahe legt, unter dem Begriff Abschriften einfache Kopien zu verstehen. Denn die dem Art. 8 Abs. 4 SE-VO entsprechenden Regelungen in Art. 5 Abs. 2b EUV-VOV 1993, Art. 3 Abs. 2b EUGEN-VOV 1993 und Art. 6 Abs. 2b EUGGES-VOV 1993 sehen jeweils die Aushändigung von „Kopien" vor. Im Interesse einer Vereinheitlichung des europäischen Gesellschaftsrechts im Bereich der Sitzverlegung sollte daher auch der Begriff Abschriften in Art. 8 Abs. 4 SE-VO im Sinne von einfache Kopien interpretiert werden.

(4) Bedeutung des Begriffs „verlangen"

Für das Verlangen der Aushändigung von Abschriften genügt ein formloser Antrag. Dies ergibt der Vergleich mit Art. 11 Abs. 3 Verschmelzungs-RL und Art. 9 Abs. 3 Spaltungs-RL, der Bestandteil der logisch-systematischen Auslegung[586] ist. Nach Art. 11 Abs. 3 Verschmelzungs-RL bzw. Art. 9 Abs. 3 Spaltungs-RL sind Abschriften der Verschmelzungs- bzw. Spaltungsunterlagen jedem Aktionär auf formlosen Antrag auszuhändigen. Im Sinne einer Vereinheitlichung des Rechts auf Aushändigung von Abschriften im Bereich der strukturändernden Maßnahmen sollte daher auch im Rahmen des Art. 8 Abs. 4 SE-VO ein formloser Antrag ausreichen.

---

582 Zu den Grundlagen siehe oben Punkt B. I. 1. b) aa) (1).

583 Zum Gegenstand des Einsichtsrechts siehe oben Punkt C. I. 2. a) cc) (1).

584 Ebenso *Keil*, Verschmelzungsbericht, S. 34 zum Verschmelzungsbericht nach § 340a AktG a. F.

585 Zu den Grundlagen siehe oben Punkt B. I. 1. b) bb) (1).

586 Zu den Grundlagen siehe oben Punkt B. I. 1. b) bb) (1).

(5) Bedeutung der Begriffe „Aktionäre“ und „Gläubiger“

Als Nächstes ist der Kreis der durch Art. 8 Abs. 4 SE-VO Berechtigten zu bestimmen. Berechtigt, den Verlegungsplan sowie den Bericht nach Art. 8 Abs. 3 SE-VO einzusehen und Abschriften dieser Unterlagen zu verlangen, sind nach Art. 8 Abs. 4 SE-VO die Aktionäre und Gläubiger der SE.

(a) Arbeitnehmer als Gläubiger

Da der juristisch-technische Sprachgebrauch des Begriffs „Gläubiger“ alle Personen umfasst, die kraft eines Schuldverhältnisses berechtigt sind, von einer anderen Person eine Leistung zu fordern, stellt sich die Frage, ob auch den Arbeitnehmern als Inhabern von Lohnforderungen die Informationsrechte nach Art. 8 Abs. 4 SE-VO zustehen.

Gegen ein solches Verständnis des Begriffs Gläubiger spricht jedoch die logisch-systematische Auslegung[587]. Die Zusammenschau mit Art. 8 Abs. 2 S. 2 Var. 4 Buchst. c und e Alt. 2 sowie mit Art. 8 Abs. 3 SE-VO ergibt, dass in Art. 8 SE-VO zwischen Arbeitnehmern auf der einen Seite und Gläubigern auf der anderen Seite differenziert wird. Dies schließt es aus, unter Gläubigern im Sinne des Art. 8 Abs. 4 SE-VO auch Arbeitnehmer zu verstehen.
Arbeitnehmer gehören deshalb nicht zu den nach Art. 8 Abs. 4 SE-VO Berechtigten.

Dieses Ergebnis lässt scheinbar unberücksichtigt, dass der Verlegungsplan und der Bericht nach Art. 8 Abs. 3 SE-VO mit den Folgen der Verlegung für die Beteiligung der Arbeitnehmer[588] bzw. den Auswirkungen der Verlegung für die Arbeitnehmer[589] jeweils arbeitnehmerbezogene Angaben enthalten. Insoweit stellt sich die Frage, ob der Rat die

---

587 Zu den Grundlagen siehe oben Punkt B. I. 1. b) bb) (1).

588 Siehe dazu oben Punkt C. I. 2. a) aa) (3) (e).

589 Siehe dazu oben Punkt C. I. 2. a) bb) (3) (b) (γ).

Arbeitnehmer in Art. 8 Abs. 4 SE-VO planwidrig nicht berücksichtigt hat und Art. 8 Abs. 4 SE-VO daher analog auf die Arbeitnehmer anzuwenden ist.
Gegen eine analoge Anwendung des Art. 8 Abs. 4 SE-VO auf die Arbeitnehmer spricht jedoch das Fehlen einer Regelungslücke. Denn nach Teil 2 Buchst. b Abs. 2 Anhang SE-AN-RL[590] sind dem Vertretungsorgan der Arbeitnehmer Kopien aller Unterlagen, die der Hauptversammlung unterbreitet werden, zu übermitteln. Sowohl der Verlegungsplan als auch der Bericht nach Art. 8 Abs. 3 SE-VO sind dem Verlegungsbeschluss zwingend als Anlage beizufügen[591] und gehören daher zu den Unterlagen, die der Hauptversammlung unterbreitet werden. Das Vertretungsorgan der Arbeitnehmer hat folglich nach Teil 2 Buchst. b Abs. 2 Anhang SE-AN-RL ein Recht auf Aushändigung von Kopien des Verlegungsplans und des Verlegungsberichts.[592] Die Arbeitnehmer werden also über ihr Vertretungsorgan informiert. Einer Regelung ihrer Informationsrechte in Art. 8 Abs. 4 SE-VO bedurfte es daher nicht.

(b) Ausübung durch Dritte

Nicht in Art. 8 Abs. 4 SE-VO geregelt und daher durch Auslegung zu ermitteln ist, ob die Aktionäre und Gläubiger ihre Informationsrechte nur persönlich ausüben oder ob sie deren Ausübung auch auf Dritte (z. B. Bevollmächtigte) übertragen können.

Die Informationsrechte aus Art. 8 Abs. 4 SE-VO müssten von den Aktionären und Gläubigern nur dann persönlich ausgeübt werden, wenn die Rechtsbeziehung zwischen ihnen und der SE auf einem besonderen persönlichen Vertrauen beruht, das der Einschaltung Dritter entgegensteht. Ein besonderes persönliches Vertrauensverhältnis besteht jedoch keinesfalls zwischen der SE und ihren Gläubigern, weil die Gläubiger im Verhältnis zur SE außenstehende Dritte mit entgegengesetzten Interessen sind. Aber

---

590 Zur Umsetzung in Deutschland siehe § 28 Abs. 1 S. 2 Nr. 3 SEBG.

591 Siehe dazu unten Punkt C. I. 2. a) ee) (5) (b).

592 Ebenso *Luttermann*, EWS 1994, S. 14 (16) zur EUGEN; *Merdausl*, EUGGES, S. 91 zur EUGGES.

auch zwischen der SE und ihren Aktionären fehlt es regelmäßig an einem besonderen persönlichen Vertrauensverhältnis, da die SE als Kapitalgesellschaft nach Art. 1 Abs. 2 SE-VO in der Regel keine einer Personengesellschaft vergleichbare personalistische Struktur aufweist.

Die Informationsrechte aus Art. 8 Abs. 4 SE-VO müssen demnach nicht persönlich durch die Aktionäre und Gläubiger der SE ausgeübt werden. Ihre Ausübung kann vielmehr auch Dritten übertragen werden.

(6) Ort der Ausübung

Klärungsbedürftig ist weiterhin die Frage, an welchem Ort die Informationsrechte nach Art. 8 Abs. 4 SE-VO von den Aktionären und Gläubigern ausgeübt werden müssen. Art. 8 Abs. 4 SE-VO sieht als Ort der Ausübung den „Sitz der SE" im Sinne des Art. 7 SE-VO und damit den Satzungssitz der SE vor.

Aus der Stellung der Formulierung „am Sitz der SE" vor der Formulierung „den Verlegungsplan und den Bericht nach Absatz 3 einzusehen" lässt sich folgern, dass jedenfalls das Einsichtsrecht am Satzungssitz der SE ausgeübt werden muss.

Da es die grammatikalische Stellung der Formulierung „am Sitz der SE" aber zulässt, diese auch auf die Formulierung „und die unentgeltliche Aushändigung von Abschriften dieser Unterlagen zu verlangen" zu beziehen, stellt sich die Frage, ob auch das Recht auf Aushändigung von Abschriften am Satzungssitz der SE auszuüben ist. Von der Beantwortung dieser Frage hängt es ab, ob die Aktionäre und Gläubiger die Abschriften am Satzungssitz der SE abholen müssen oder ob die SE verpflichtet ist, die Abschriften den Aktionären und Gläubigern auf Verlangen zuzusenden. Wäre die SE zur Versendung der Abschriften verpflichtet, müsste sie mit Blick auf die Unentgeltlichkeit der Aushändigung der Abschriften nach Art. 8 Abs. 4 SE-VO neben den Kosten für die Anfertigung der Abschriften auch die Kosten für die Versendung tragen.

Im Rahmen der sprachlich-grammatischen Auslegung[593] ist zunächst ein Blick in andere Sprachfassungen des Art. 8 Abs. 4 SE-VO geboten. Dieser ergibt, dass nur das Einsichtsrecht am Satzungssitz der SE ausgeübt werden muss, nicht aber das Recht auf Aushändigung von Abschriften. Denn die Formulierung der englischen Sprachfassung „to examine at the SE's registered office" lässt nur diese Deutung zu.
Vor allem die objektiv-teleologische Auslegung[594] spricht indes dafür, dass das Recht auf Aushändigung von Abschriften nicht am Satzungssitz der SE ausgeübt werden muss, sondern die SE zur Versendung der Verlegungsunterlagen auf ihre Kosten verpflichtet ist. Der Gedanke des effet utile gebietet es, Art. 8 Abs. 4 SE-VO derart auszulegen, dass er eine möglichst große praktische Wirksamkeit entfaltet. Eine möglichst große praktische Wirksamkeit entfaltet Art. 8 Abs. 4 SE-VO aber nur dann, wenn die Wahrnehmung der Informationsrechte ohne Kosten und Mühen möglich ist. Da die Einsicht in die Verlegungsunterlagen am Satzungssitz der SE stets mit Kosten und Mühen verbunden sein wird, muss zumindest die Aushändigung der Abschriften kosten- und mühelos möglich sein. Die Aushändigung der Abschriften ist indes nur dann kosten- und mühelos, wenn die SE zur Versendung der Verlegungsunterlagen auf ihre Kosten verpflichtet ist. Art. 8 Abs. 4 SE-VO ist daher dahin gehend auszulegen, dass das Recht auf Aushändigung von Abschriften nicht am Satzungssitz der SE ausgeübt werden muss, sondern die SE verpflichtet ist, die Verlegungsunterlagen auf ihre Kosten an die Aktionäre und Gläubiger zu versenden.

Zusammenfassend ist daher festzuhalten, dass nur das Einsichtsrecht am Satzungssitz der SE ausgeübt werden muss. Demgegenüber können die Aktionäre und Gläubiger verlangen, dass die SE ihnen Abschriften des Verlegungsplans und des Verlegungsberichts zusendet und die Kosten der Versendung trägt.[595]

---

593 Zu den Grundlagen siehe oben Punkt B. I. 1. b) aa) (1).

594 Zu den Grundlagen siehe oben Punkt B. I. 1. b) dd) (1).

595 Ebenso *Hüffer*, AktG, § 175 Rn. 6 zum Recht auf Aushändigung von Abschriften nach § 175 Abs. 2 S. 2 AktG; *Rieger*, in: Widmann/Mayer, UmwR, § 63 UmwG Rn. 32, Stand: September 1996 zum Recht auf Aushändigung von Abschriften nach § 63 Abs. 3 UmwG.

(7) Rechtsfolgen der Nichtbeachtung des Art. 8 Abs. 4 SE-VO durch die SE

Abschließend ist zu untersuchen, welche Rechtsfolgen die Nichtbeachtung des Art. 8 Abs. 4 SE-VO durch die SE nach sich zieht.

Zunächst kann die zuständige Behörde die Ausstellung der Bescheinigung nach Art. 8 Abs. 8 SE-VO verweigern, weil bei Nichtbeachtung des Art. 8 Abs. 4 SE-VO eine der Verlegung vorangehende Rechtshandlung nicht ordnungsgemäß durchgeführt wurde.[596] Dies hat nach Art. 8 Abs. 9 SE-VO zur Konsequenz, dass die SE nicht in das Register des Zuzugstaats eingetragen werden kann.

Die Nichtbeachtung des Art. 8 Abs. 4 SE-VO führt bei einer SE mit Satzungssitz in Deutschland zudem zur Anfechtbarkeit des Verlegungsbeschlusses[597] nach Art. 9 Abs. 1 Buchst. c ii) SE-VO i. V. m. § 243 Abs. 1 AktG.[598] Denn die Informationsrechte der Aktionäre nach Art. 8 Abs. 4 SE-VO dienen der Vorbereitung der Beschlussfassung und sind daher Bestandteil des Beschlussverfahrens, sodass ihre Verletzung einen formellen Mangel des Verlegungsbeschlusses begründet.[599] Der bei formellen Beschlussmängeln für die Anfechtung erforderliche Einfluss auf das Beschlussergebnis ist in den Fällen, in denen die Verlegungsunterlagen gar nicht oder zu kurz ausgelegt wurden, kaum zu verneinen, weil nicht festgestellt werden kann, wie viele Aktionäre von diesem Fehler betroffen sind.[600] Besteht die Nichtbeachtung des Art. 8 Abs. 4 SE-VO dagegen lediglich

---

596 Zur Beachtung des Art. 8 Abs. 4 SE-VO als einer der Verlegung im Wegzugstaat vorangehenden Rechtshandlung im Sinne des Art. 8 Abs. 8 SE-VO siehe unten Punkt C. I. 2. a) hh) (3) (a).

597 Zum Verlegungsbeschluss siehe unten Punkt C. I. 2. a) ee).

598 Ebenso *Hüffer*, AktG, § 175 Rn. 5 zum Recht auf Einsicht und Aushändigung von Abschriften nach § 175 Abs. 2 AktG; *Grunewald*, in: Lutter, UmwG, § 63 Rn. 7; *Rieger*, in: Widmann/Mayer, UmwR, § 63 UmwG Rn. 34, Stand: September 1996 jeweils zum Recht auf Einsicht und Aushändigung von Abschriften nach § 63 Abs. 1 und 3 UmwG.

599 Zur Anfechtbarkeit des Verlegungsbeschlusses wegen formeller Mängel siehe oben Punkt C. I. 2. a) aa) (4).

600 Ebenso *Hüffer*, AktG, § 175 Rn. 5 zum Recht auf Einsicht und Aushändigung von Abschriften nach § 175 Abs. 2 AktG; *Rieger*, in: Widmann/Mayer, UmwR, § 63 UmwG Rn. 34, Stand:

darin, dass die Abschriften nicht oder nicht rechtzeitig ausgehändigt wurden, kann eine Anfechtbarkeit des Verlegungsbeschlusses ausgeschlossen sein, wenn feststeht, dass der Beschluss auch ohne die Stimmen derjenigen Aktionäre, die die Abschriften nicht oder nicht rechtzeitig erhalten haben, zu Stande gekommen wäre.[601]

dd) Angemessener Schutz der Minderheitsaktionäre

Als vierte Maßnahme können die Rechtsvorschriften des Wegzugstaats nach Art. 8 Abs. 5 SE-VO vorsehen, dass die wegziehende SE diejenigen Minderheitsaktionäre angemessen schützen muss, die sich gegen die Verlegung ausgesprochen haben.

(1) Inanspruchnahme durch Deutschland

Deutschland sollte die Ermächtigung des Art. 8 Abs. 5 SE-VO in Anspruch nehmen. Hierfür sprechen folgende Gründe:
Zum einen sieht das deutsche Recht bei allen wesentlichen Strukturänderungen einen Schutz der Minderheitsaktionäre vor (bei der Verschmelzung nach § 29 UmwG, bei der Spaltung mit Ausnahme der Ausgliederung nach § 125 S. 1 i. V. m. § 29 UmwG und beim Formwechsel nach § 207 UmwG). Da auch die Verlegung des Satzungssitzes der SE in einen anderen Mitgliedstaat wegen des Wechsels des nach Art. 9 Abs. 1 Buchst. c ii) SE-VO ergänzend anwendbaren mitgliedstaatlichen Rechts[602] eine wesentliche Strukturänderung darstellt, spricht ein Gleichlauf mit dem bereits bestehenden Schutz-

---

September 1996 zum Recht auf Einsicht und Aushändigung von Abschriften nach § 63 Abs. 1 und 3 UmwG.

601 Ebenso *Hüffer*, AktG, § 175 Rn. 6 zum Recht auf Einsicht und Aushändigung von Abschriften nach § 175 Abs. 2 AktG; *Rieger*, in: Widmann/Mayer, UmwR, § 63 UmwG Rn. 35, Stand: September 1996 zum Recht auf Einsicht und Aushändigung von Abschriften nach § 63 Abs. 1 und 3 UmwG; a. A. *Grunewald*, in: Lutter, UmwG, § 63 Rn. 8 zum Recht auf Einsicht und Aushändigung von Abschriften nach § 63 Abs. 1 und 3 UmwG, die einen Ausschluss des Anfechtungsrechts nur annimmt, wenn es dem betroffenen Aktionär zumutbar war, die Unterlagen in den Geschäftsräumen einzusehen.

602 Siehe dazu unten Punkt C. II. 1. a).

system bei wesentlichen Strukturänderungen dafür, die Ermächtigung des Art. 8 Abs. 5 SE-VO in Anspruch zu nehmen.

Zum anderen ist eine Umsetzung des Art. 8 Abs. 5 SE-VO in Deutschland aus Gründen der Gleichbehandlung der Minderheitsaktionäre geboten. Billigt man den Minderheitsaktionären bei der Verschmelzung, bei der Spaltung und beim Formwechsel einen Schutz zu, so muss man diesen Schutz auch denjenigen Aktionären einräumen, die sich gegen die Verlegung des Satzungssitzes der SE in einen anderen Mitgliedstaat aussprechen. Denn die Minderheitsaktionäre sind bei einer Verlegung des Satzungssitzes der SE in einen anderen Mitgliedstaat wegen des Wechsels des nach Art. 9 Abs. 1 Buchst. c ii) SE-VO ergänzend anwendbaren mitgliedstaatlichen Rechts[603] mindestens genauso schutzbedürftig wie bei einer Verschmelzung, einer Spaltung oder einem Formwechsel.[604]

(2) Konkrete Ausgestaltung einer deutschen Ausführungsregelung

Ist demnach dem deutschen Gesetzgeber zu empfehlen, die Ermächtigung des Art. 8 Abs. 5 SE-VO in Anspruch zu nehmen, stellt sich die Frage, wie diese im SEAG konkret umgesetzt werden soll.

(a) Angebot der Barabfindung

Da die Umsetzung des Art. 8 Abs. 5 SE-VO der Herstellung eines Gleichlaufs mit dem bereits bestehenden Schutzsystem bei wesentlichen Strukturänderungen dienen soll und an der grenzüberschreitenden Sitzverlegung genauso wie am Formwechsel nur ein Rechtsträger beteiligt ist, bietet es sich an, die deutsche Ausführungsregelung entsprechend den §§ 207 bis 209 UmwG zu gestalten und die SE zur Abgabe eines ent-

---

603 Siehe dazu unten Punkt C. II. 1. a).

604 *Teichmann*, ZGR 2002, S. 383 (460); *ders.*, ZIP 2002, S. 1109 (1111); *Neye/Teichmann*, AG 2003, S. 169 (174); ebenso *Priester*, ZGR 1999, S. 36 (43) zu Art. 7 Sitzverlegungs-RLVE.

sprechenden Angebots der Barabfindung zu verpflichten.[605]

In diesem Zusammenhang ist allerdings auf Folgendes hinzuweisen: Entsprechend § 209 S. 1 UmwG kann das Angebot der Barabfindung erst angenommen werden, wenn die Eintragung der SE in das Register des Zuzugstaats nach Art. 8 Abs. 12 Alt. 1 SE-VO i. V. m. Art. 13 SE-VO offen gelegt ist. Die Annahme des Barabfindungsangebots erfolgt also zu einem Zeitpunkt, zu dem nach Art. 5 SE-VO bereits die Kapitalerhaltungsvorschriften des Zuzugstaats anwendbar sind. Ob ein Erwerb eigener Aktien durch die SE gegen Barabfindung entsprechend § 207 Abs. 1 S. 1 Hs. 1 SE-VO zulässig ist, richtet sich folglich danach, ob und in welchem Umfang die Kapitalerhaltungsvorschriften des Zuzugstaats einen Erwerb eigener Aktien durch die SE zulassen. Die deutsche Ausführungsregelung muss deshalb entsprechend § 207 Abs. 1 S. 2 UmwG auch ein Angebot für den Fall des Ausscheidens aus der SE vorsehen, falls der Erwerb eigener Aktien durch die SE nach den Vorschriften des Zuzugstaats nicht möglich ist. Insoweit ist § 12 Abs. 1 S. 1 SEAG ergänzungsbedürftig. Dagegen geht die Verweisung in § 12 Abs. 1 S. 2 SEAG auf die Vorschriften des AktG über den Erwerb eigener Aktien fehl, da diese nach Art. 5 SE-VO im Zeitpunkt der Annahme des Barabfindungsangebots nicht mehr anwendbar sind.

(b) Gesondertes Verfahren zur gerichtlichen Nachprüfung der Abfindung

Fraglich ist, ob der Gleichlauf mit dem Schutzsystem der §§ 207 ff. UmwG so weit gehen sollte, dass entsprechend § 212 UmwG Streitigkeiten über die Höhe des Barabfindungsangebots in das Spruchverfahren nach den §§ 305 bis 312 UmwG verwiesen und entsprechend § 210 UmwG Anfechtungsklagen gegen den Verlegungsbe-

---

605 Im Ergebnis ebenso Begründung zu § 12 SEAG-RegE, Drucksache 15/3405, S. 35, und Drucksache 438/04, S. 86 f.; *Teichmann*, ZIP 2002, S. 1109 (1111); *ders.*, in: Theisen/Wenz, Europäische Aktiengesellschaft, S. 573 (595); *Wenz*, in: Theisen/Wenz, Europäische Aktiengesellschaft, S. 171 (213, 222); *Priester*, ZGR 1999, S. 36 (43) zu Art. 7 Sitzverlegungs-RLVE; *Buchheim*, SE und Konzernverschmelzung, S. 281 zu Art. 8 Abs. 2c SE-RE vom 16. April 1999.

schluss insoweit ausgeschlossen werden. Diesen Weg beschreitet das SEAG durch seine Verweisung in § 12 Abs. 2 auf § 7 Abs. 7.

Dafür spricht, dass Streitigkeiten über die Höhe des Barabfindungsangebots das Verlegungsverfahren unangemessen verzögern können.[606]

Auf der anderen Seite ist zu berücksichtigen, dass bei einer grenzüberschreitenden Sitzverlegung im Unterschied zu den rein nationalen Umstrukturierungen nach dem UmwG der Rechtsträger mit dem Wirksamwerden der Sitzverlegung dem Zugriff der deutschen Rechtsordnung entzogen ist.[607]

Letztlich kann aber die mit der Umsetzung des Art. 8 Abs. 5 SE-VO bezweckte Herstellung eines Gleichlaufs mit dem bereits bestehenden Schutzsystem bei wesentlichen Strukturänderungen nur erreicht werden, wenn auch das Spruchverfahren Eingang in die deutsche Ausführungsregelung findet.[608]

Im SEAG sollten daher Streitigkeiten über die Höhe des Barabfindungsangebots entsprechend § 212 UmwG in das Spruchverfahren nach den §§ 305 bis 312 UmwG verwiesen und Anfechtungsklagen gegen den Verlegungsbeschluss insoweit entsprechend § 210 UmwG ausgeschlossen werden.

(c) Bestandteil des Verlegungsplans und des Verlegungsbeschlusses

Nach Art. 8 Abs. 2 S. 2 Var. 4 Buchst. e SE-VO ist das Angebot der Barabfindung als zum Schutz der Aktionäre vorgesehenes Recht zwingend in den Verlegungsplan aufzunehmen.[609] Zu Recht lautet daher die Überschrift des § 12 SEAG auch „Abfindungsangebot im Verlegungsplan". Demgegenüber kommt der Regelung in § 12 Abs. 1 S. 3 SEAG, nach der der Wortlaut des Barabfindungsangebots in der Bekanntmachung des Verlegungsplans enthalten sein muss, mit Blick auf die insoweit

---

606 Ebenso *Priester*, ZGR 1999, S. 36 (43) zu Art. 7 Sitzverlegungs-RLVE.

607 Ebenso *Priester*, ZGR 1999, S. 36 (43) zu Art. 7 Sitzverlegungs-RLVE.

608 *Wenz*, in: Theisen/Wenz, Europäische Aktiengesellschaft, S. 171 (222).

609 Siehe dazu oben Punkt C. I. 2. a) aa) (3) (g).

abschließende Regelung in Art. 8 Abs. 2 S. 2 Var. 4 Buchst. e SE-VO nur klarstellende Bedeutung zu.

In der deutschen Ausführungsregelung sollte zudem vorgesehen werden, dass die Hauptversammlung das Barabfindungsangebot an die Minderheitsaktionäre zusammen mit der Verlegung des Satzungssitzes der SE beschließt. Zu diesem Zweck bietet es sich an, nach dem Vorbild des § 194 Abs. 1 Nr. 6 UmwG vorzuschreiben, dass das Barabfindungsangebot in den Verlegungsbeschluss aufgenommen werden muss.[610] Es ist daher zu begrüßen, dass § 12 Abs. 1 S. 3 SEAG eine entsprechende Regelung enthält.

(d) Verweisung oder eigenständige Regelung

Zum Schluss ist noch zu überlegen, ob Art. 8 Abs. 5 SE-VO in Gestalt einer bloßen Verweisung auf die §§ 207 bis 213 und 305 bis 312 UmwG oder in Gestalt einer entsprechenden eigenständigen Regelung umgesetzt werden sollte.

Zwar ist generell darauf zu achten, dass die Rechtsanwendung, die bereits durch die zahlreichen Verweisungen der SE-VO auf das mitgliedstaatliche Recht erheblich erschwert ist, nicht durch Verweisungen innerhalb des SEAG zusätzlich verkompliziert wird.[611]
Da jedoch die Regelung der §§ 207 bis 213 UmwG auf Grund der Verweisungen in § 207 Abs. 2, § 208, § 209 S. 1 und § 213 UmwG sowie der Weiterverweisungen in § 30 UmwG sehr kompliziert ist, empfiehlt es sich, im SEAG lediglich eine Verweisung auf die §§ 207 bis 213 und 305 bis 312 vorzusehen.[612]

Diese könnte wie folgt aussehen:

---

610 Ebenso *Priester*, ZGR 1999, S. 36 (43) zu Art. 7 Sitzverlegungs-RLVE.

611 *Lutter*, BB 2002, S. 1 (6).

612 § 12 Abs. 2 SEAG wählt demgegenüber durch seine Verweisung auf § 7 Abs. 2 bis 7 SEAG den Weg einer weitgehend separaten Regelung im SEAG.

„Angebot der Barabfindung

(1) Verlegt eine SE ihren Sitz nach Maßgabe des Art. 8 der Verordnung, finden die §§ 207 bis 213 und die §§ 305 bis 312 des Umwandlungsgesetzes entsprechende Anwendung mit der Maßgabe, dass an die Stelle der Bekanntmachung der Eintragung der neuen Rechtsform oder des Rechtsträgers neuer Rechtsform in das Register die Offenlegung der Eintragung der SE in das Register des neuen Sitzes nach Art. 8 Abs. 12 in Verbindung mit Art. 13 der Verordnung tritt.

(2) Das Angebot der Barabfindung muss im Verlegungsbeschluss bestimmt werden.“

ee) Verlegungsbeschluss

Art. 8 Abs. 6 SE-VO sieht als fünfte Maßnahme im Wegzugstaat die Fassung des Verlegungsbeschlusses durch die Hauptversammlung vor.

(1) Rechtsnatur

Die Darstellung des Verlegungsbeschlusses hat mit der Untersuchung seiner Rechtsnatur zu beginnen. In Betracht kommen insoweit zwei Möglichkeiten:

- Der Verlegungsbeschluss ändert unmittelbar die Bestimmung des Sitzes in der Satzung. In diesem Fall wäre er als satzungsändernder Beschluss zu qualifizieren.[613]
- Der Verlegungsbeschluss enthält lediglich die Erklärung der Verlegung des Satzungssitzes, ohne die entsprechende Sitzbestimmung der Satzung zu ändern. In diesem Fall wäre der Verlegungsbeschluss lediglich ein qualifizierter Beschluss, der noch der Umsetzung durch einen weiteren satzungsändernden Beschluss bedürfte.[614]

---

613 Ebenso *Priester*, ZGR 1999, S. 36 (42); *Schwarz*, Europäisches Gesellschaftsrecht, Rn. 824; *Frowein*, Grenzüberschreitende Sitzverlegung, S. 212 jeweils zu Art. 6 Sitzverlegungs-RLVE.

614 So offenbar *Bungert/Beier*, EWS 2002, S. 1 (6): „Sowohl der Verlegungsbeschluss als auch der entsprechende Beschluss zur Änderung der Satzung ...“.

Für die letztgenannte Ansicht sprechen im Rahmen der logisch-systematischen Auslegung[615] die folgenden Erwägungen:
Zum einen ist die Verweisung des Art. 8 Abs. 6 S. 2 SE-VO auf die Regelung der satzungsändernden Beschlüsse in Art. 59 SE-VO grundsätzlich nur sinnvoll, wenn der Verlegungsbeschluss selbst kein satzungsändernder Beschluss ist. Andernfalls wäre Art. 59 SE-VO bereits unmittelbar anwendbar.
Zum anderen legt auch die Unterscheidung in Art. 8 Abs. 10 SE-VO zwischen dem Wirksamwerden der Sitzverlegung einerseits und der sich daraus ergebenden Satzungsänderungen andererseits eine entsprechend zweigeteilte Beschlussfassung der Hauptversammlung nahe.

Letztlich lässt sich aber eine Differenzierung zwischen dem Verlegungsbeschluss einerseits und dem den Verlegungsbeschluss vollziehenden satzungsändernden Beschluss andererseits nicht sinnvoll begründen. Da der Verlegungsbeschluss zwingend eine entsprechende Änderung der Sitzbestimmung in der Satzung nach sich zieht, besteht insoweit kein zusätzlicher Entscheidungsspielraum, der eine erneute Befassung der Hauptversammlung rechtfertigen würde.

Der Verlegungsbeschluss ist folglich als satzungsändernder Beschluss zu qualifizieren.[616] Die Verweisung in Art. 8 Abs. 6 S. 2 SE-VO hat lediglich klarstellende Bedeutung.

(2) Form und Sprache

In Bezug auf Form und Sprache des Verlegungsbeschlusses ist auf Folgendes hinzuweisen:
Der Verlegungsbeschluss einer SE mit Satzungssitz in Deutschland muss durch eine über die Verhandlung notariell aufgenommene Niederschrift beurkundet werden. Da die

---

615 Zu den Grundlagen siehe oben Punkt B. I. 1. b) bb) (1).

616 *Wenz*, in: Theisen/Wenz, Europäische Aktiengesellschaft, S. 171 (219).

Art. 52 bis 60 SE-VO insoweit keine Regelung enthalten, findet über Art. 53 SE-VO auf den Verlegungsbeschluss § 130 Abs. 1 S. 1 AktG Anwendung.[617]

Der Verlegungsbeschluss ist ferner in der Sprache des Wegzugstaats abzufassen. Entscheidendes Auslegungskriterium ist in diesem Zusammenhang die logisch-systematische Zusammenschau[618] mit Art. 8 Abs. 8 SE-VO. Insoweit gelten die Ausführungen zur Form und Sprache des Verlegungsplans[619] entsprechend.

(3) Zuständigkeit

Zuständig für die Fassung des Verlegungsbeschlusses ist die Hauptversammlung der SE.[620] Die Zuständigkeit der Hauptversammlung lässt sich einerseits der Formulierung des Art. 8 Abs. 4 SE-VO „Hauptversammlung, die über die Verlegung befinden soll" entnehmen. Sie folgt andererseits aus der Verweisung des Art. 8 Abs. 6 S. 2 SE-VO auf Art. 59 SE-VO, der nach seinem Abs. 1 die Änderung der Satzung durch einen Beschluss der Hauptversammlung betrifft.

(4) Vorbereitung der Hauptversammlung

Bei der Vorbereitung der Hauptversammlung, die den Verlegungsbeschluss fassen soll, ist Folgendes zu beachten.

(a) Einberufung

Für die Einberufung von Hauptversammlungen gelten generell nach Art. 54 Abs. 2 SE-VO die für Aktiengesellschaften maßgeblichen Rechtsvorschriften des Satzungssitzstaats.

---

617 Ebenso im Ergebnis *Wenz*, in: Theisen/Wenz, Europäische Aktiengesellschaft; S. 171 (220), der die Anwendbarkeit des § 130 AktG allerdings auf Art. 9 Abs. 1 Buchst. c ii) SE-VO stützt.

618 Zu den Grundlagen siehe oben Punkt B. I. 1. b) bb) (1).

619 Siehe dazu oben Punkt C. I. 2. a) aa) (1) (b) (β).

620 *Bungert/Beier*, EWS 2002, S. 1 (4).

Die Hauptversammlung einer SE mit Satzungssitz in Deutschland ist dementsprechend nach Art. 54 Abs. 2 SE-VO i. V. m. § 123 Abs. 1 AktG mindestens einen Monat vor dem Tag der Versammlung einzuberufen. Da der Verlegungsbeschluss als satzungsändernder Beschluss zu qualifizieren ist,[621] sind zudem die besonderen Vorschriften des deutschen Aktienrechts für die Vorbereitung von Hauptversammlungen, die über Satzungsänderungen beschließen sollen, zu beachten. Insbesondere ist nach Art. 54 Abs. 2 SE-VO i. V. m. § 124 Abs. 2 S. 2 AktG bei der Einberufung der Hauptversammlung auch der Wortlaut des vorgeschlagenen Verlegungsbeschlusses in den Gesellschaftsblättern der SE bekannt zu machen.

(b) Übermittlung des Beschlussentwurfs an das Vertretungsorgan der Arbeitnehmer

Weiterhin ist darauf zu achten, dass der Entwurf des Verlegungsbeschlusses nach Teil 2 Buchst. b Abs. 2 Anhang SE-AN-RL i. V. m. der entsprechenden mitgliedstaatlichen Rechtsvorschrift[622] dem Vertretungsorgan der Arbeitnehmer in Kopie übermittelt werden muss, es sei denn, eine Vereinbarung über die Beteiligung der Arbeitnehmer sieht eine andere Regelung vor.

(c) Fristen

Schließlich gelten für die Fassung des Verlegungsbeschlusses zwei Fristen.[623] Zum einen darf die Hauptversammlung die Sitzverlegung nach Art. 8 Abs. 4 SE-VO erst beschließen, wenn die Aktionäre und Gläubiger zuvor mindestens einen Monat lang die Möglichkeit hatten, den Verlegungsplan und den Verlegungsbericht einzusehen sowie Abschriften dieser Unterlagen zu verlangen. Zum anderen sieht Art. 8 Abs. 6 S. 1 SE-

---

621 Siehe dazu oben Punkt C. I. 2. a) ee) (1).

622 Zur Umsetzung in Deutschland siehe § 28 Abs. 1 S. 2 Nr. 3 SEBG.

623 *Wenz*, in: Theisen/Wenz, Europäische Aktiengesellschaft, S. 171 (220 f.).

VO vor, dass der Verlegungsbeschluss erst zwei Monate nach der Offenlegung des Verlegungsplans[624] gefasst werden kann.

(5) Inhalt

Nachdem geklärt ist, worauf bei der Vorbereitung der Hauptversammlung, die die Sitzverlegung beschließen soll, geachtet werden muss, ist als Nächstes auf den Inhalt des von der Hauptversammlung zu fassenden Verlegungsbeschlusses einzugehen.

(a) Zwingender Inhalt

Der Verlegungsbeschluss muss in jedem Fall die Sitzbestimmung der Satzung ändern.[625]

Ferner sollte das Angebot der Barabfindung an die Minderheitsaktionäre ein zwingender Bestandteil des Verlegungsbeschlusses sein. § 12 Abs. 1 S. 3 SEAG enthält eine entsprechende Regelung.[626]

(b) Zwingende Anlagen

Nicht zum Inhalt des Verlegungsbeschlusses gehören dagegen der Verlegungsplan und der Verlegungsbericht.[627] Soweit § 12 Abs. 1 S. 3 SEAG den Verlegungsplan als „Gegenstand der Beschlussfassung" bezeichnet, trifft dies nicht zu. Es wurde bereits festgestellt, dass der Verlegungsplan weder als Vorveröffentlichung noch als Entwurf des Verlegungsbeschlusses qualifiziert werden kann.[628] Aus denselben Gründen kann er auch nicht Gegenstand des Verlegungsbeschlusses sein.

---

624 Siehe dazu oben Punkt C. I. 2. a) aa) (5).

625 Zur Qualifikation des Verlegungsbeschlusses als satzungsändernder Beschluss siehe oben Punkt C. I. 2. a) ee) (1).

626 Siehe dazu oben Punkt C. I. 2. a) dd) (2) (c).

627 A. A. offenbar *Blanquet*, ZGR 2002, S. 20 (43): „Nachdem die Hauptversammlung dem Verlegungsplan zugestimmt hat …".

628 Siehe dazu oben Punkt C. I. 2. a) aa) (1) (a) (β).

Verlegungsplan und Verlegungsbericht sind dem Verlegungsbeschluss jedoch zwingend als Anlagen beizufügen.

Hierfür ist folgende Überlegung maßgeblich. Aus Art. 8 Abs. 4 SE-VO lässt sich ableiten, dass sowohl der Verlegungsplan als auch der Verlegungsbericht die Entscheidungsgrundlage der Aktionäre und der Gläubiger für ihr weiteres Vorgehen im Hinblick auf die beabsichtigte Sitzverlegung bilden. Diese Entscheidungsgrundlage darf nicht dadurch gegenstandslos werden, dass die Hauptversammlung die Sitzverlegung abweichend von den Angaben im Verlegungsplan und im Verlegungsbericht beschließt.[629] Die Hauptversammlung kann daher den Verlegungsbeschluss nur in Übereinstimmung mit den Angaben im Verlegungsplan und im Verlegungsbericht fassen. Damit dies nach Art. 8 Abs. 8 SE-VO von der zuständigen Behörde im Wegzugstaat bescheinigt werden kann,[630] müssen sowohl der Verlegungsplan als auch der Verlegungsbericht dem Verlegungsbeschluss zwingend als Anlagen beigefügt werden. Begehrt die Hauptversammlung dennoch eine vom Verlegungsplan und Verlegungsbericht abweichende Beschlussfassung, muss das Verfahren nach Art. 8 Abs. 2 bis 4 SE-VO von neuem mit entsprechend angepasstem Verlegungsplan und Verlegungsbericht durchgeführt werden.

(c) Fakultativer Inhalt

Der Verlegungsbeschluss kann fakultativ weitere Punkte enthalten. In Betracht kommen vor allem weitere für die Sitzverlegung erforderliche Satzungsänderungen[631], etwaige zum Schutz der Minderheitsaktionäre vorgesehene Rechte[632], sofern diese nicht ohnehin zwingender Inhalt des Verlegungsbeschlusses sind,[633] etwaige zum Schutz der

---

629 Zur Verbindlichkeit des Verlegungsplans siehe oben Punkt C. I. 2. a) aa) (1) (a).

630 Zum Verlegungsbeschluss als einer der Verlegung im Wegzugstaat vorangehenden Rechtshandlung im Sinne des Art. 8 Abs. 8 SE-VO siehe unten Punkt C. I. 2. a) hh) (3) (a).

631 Siehe dazu unten Punkt C. I. 2. b) aa) (2) (b).

632 Siehe dazu oben Punkt C. I. 2. a) dd).

633 Siehe dazu oben Punkte C. I. 2. a) dd) (2) (c) und C. I. 2. a) ee) (5) (a).

Gläubiger vorgesehene Rechte[634] oder die Zustimmung zu einer im Zusammenhang mit der Sitzverlegung neu ausgehandelten Vereinbarung betreffend die Beteiligung der Arbeitnehmer[635].

(6) Erforderliche Mehrheit

Eine zentrale, aber durchaus nicht einfach zu beantwortende Frage ist die nach der für den Verlegungsbeschluss erforderlichen Mehrheit.

(a) Art. 8 Abs. 6 S. 2 i. V. m. Art. 59 Abs. 1 SE-VO

Nach Art. 8 Abs. 6 S. 2 i. V. m. Art. 59 Abs. 1 SE-VO muss der Verlegungsbeschluss mit einer Mehrheit von mindestens zwei Dritteln der abgegebenen Stimmen gefasst werden, sofern die Rechtsvorschriften für Aktiengesellschaften im Satzungssitzstaat für satzungsändernde Beschlüsse keine größere Mehrheit vorsehen oder zulassen.

In der Literatur wird die Auffassung vertreten, dass § 179 Abs. 2 S. 1 AktG eine größere Mehrheit im Sinne des Art. 59 Abs. 1 Hs. 2 SE-VO vorsehe. Für die Änderung der Satzung einer SE mit Satzungssitz in Deutschland sei daher grundsätzlich eine Mehrheit von mindestens drei Vierteln des bei der Beschlussfassung vertretenen Kapitals erforderlich.[636]

Die Auffassung der Literatur trifft jedoch nur dann zu, wenn die Mehrheit von drei Vierteln des bei der Beschlussfassung vertretenen Kapitals nach § 179 Abs. 2 S. 1 AktG stets größer ist als die Mehrheit von zwei Dritteln der abgegebenen Stimmen nach Art. 59 Abs. 1 Hs. 1 SE-VO. Dies ist zwar in der Regel der Fall. Ausnahmsweise kann die qualifizierte Kapitalmehrheit nach § 179 Abs. 2 S. 1 AktG aber kleiner sein als die

---

634 Siehe dazu unten Punkt C. I. 2. a) ff).

635 Siehe dazu oben Punkt C. I. 2. a) aa) (3) (e).

636 *Wenz*, in: Theisen/Wenz, Europäische Aktiengesellschaft; S. 171 (220); ebenso *Buchheim*, SE und Konzernverschmelzung, S. 278 zu Art. 8 Abs. 3 S. 2 SE-RE vom 16. April 1999.

qualifizierte Stimmenmehrheit nach Art. 59 Abs. 1 Hs. 1 SE-VO, wenn die Satzung einer nicht börsennotierten SE mit Satzungssitz in Deutschland nach Art. 5 SE-VO i. V. m. § 134 Abs. 1 S. 2 bis 6 AktG Stimmrechtsbeschränkungen vorsieht.[637] Folglich ist die qualifizierte Kapitalmehrheit nach § 179 Abs. 2 S. 1 AktG nicht stets größer als die in Art. 59 Abs. 1 Hs. 1 SE-VO genannte Mehrheit von zwei Dritteln der abgegebenen Stimmen. Die Auffassung der Literatur trifft also nicht ausnahmslos zu.

Für satzungsändernde Beschlüsse und damit auch für Verlegungsbeschlüsse einer SE mit Satzungssitz in Deutschland sind demnach folgende Mehrheiten erforderlich:
Vereinigen zwei Drittel der abgegebenen Stimmen mehr als drei Viertel des bei der Beschlussfassung vertretenen Kapitals auf sich, ist für die Beschlussfassung eine Mehrheit von mindestens zwei Dritteln der abgegebenen Stimmen erforderlich.
Vereinigen zwei Drittel der abgegebenen Stimmen weniger als drei Viertel des bei der Beschlussfassung vertretenen Kapitals auf sich, ist für die Beschlussfassung eine Mehrheit von mindestens drei Vierteln des bei der Beschlussfassung vertretenen Kapitals erforderlich.

(b) Art. 8 Abs. 6 S. 2 i. V. m. Art. 59 Abs. 2 SE-VO i. V. m. mitgliedstaatlichen Rechtsvorschriften

Macht der Wegzugstaat allerdings von der Ermächtigung des Art. 59 Abs. 2 SE-VO Gebrauch, ist nach Art. 8 Abs. 6 S. 2 SE-VO für den Verlegungsbeschluss abweichend von den soeben dargestellten Mehrheitserfordernissen die einfache Stimmenmehrheit ausreichend, wenn bei der Beschlussfassung mindestens die Hälfte des gezeichneten Kapitals vertreten ist.

---

637 Ebenso *Zöllner*, in: KöKo, AktG, § 179 Rn. 152; *Bungeroth*, in: Geßler/Hefermehl, AktG, § 179 Rn. 77; *Hüffer*, AktG, § 179 Rn. 14 jeweils zu Stimmrechtsbeschränkungen bei nicht börsennotierten Aktiengesellschaften.

Dem deutschen Gesetzgeber wird empfohlen, von der Ermächtigung des Art. 59 Abs. 2 SE-VO Gebrauch zu machen.[638] Dadurch könnte ein Gleichlauf mit dem allgemeinen Aktienrecht hergestellt werden, das nach § 133 Abs. 1 AktG für satzungsändernde Beschlüsse lediglich eine einfache Stimmenmehrheit verlangt. Art. 59 Abs. 2 SE-VO ermöglicht hingegen keinen Gleichlauf mit § 179 Abs. 2 S. 2 AktG.[639] Denn die Ermächtigung des Art. 59 Abs. 2 SE-VO bezieht sich nur auf die Stimmenmehrheit, während § 179 Abs. 2 S. 2 AktG die Kapitalmehrheit betrifft.

In das SEAG sollte daher eine Regelung aufgenommen werden, die wie folgt aussehen könnte:

„*Einfache Stimmenmehrheit bei Satzungsänderungen*

(1) Für Satzungsänderungen reicht die einfache Mehrheit der abgegebenen Stimmen aus, sofern mindestens die Hälfte des gezeichneten Kapitals vertreten ist.

(2) Die Satzung kann eine größere Mehrheit oder weitere Erfordernisse bestimmen.“

§ 51 S. 1 SEAG stellt im Gegensatz zu dem vorstehenden Vorschlag die Entscheidung über den Gleichlauf mit § 133 Abs. 1 AktG in das Ermessen des Satzungsgebers. Zu kritisieren ist, dass § 51 S. 2 SEAG – im Gegensatz zu § 48 S. 2 SEAG-DE – den Beschluss nach Art. 8 Abs. 6 SE-VO ausdrücklich von der Ermächtigung des S. 1 ausnimmt, ohne dass hierfür ein Grund ersichtlich ist.

(7) Offenlegung

Der Verlegungsbeschluss muss nach Art. 8 Abs. 6 S. 2 i. V. m. Art. 59 Abs. 3 i. V. m. Art. 13 SE-VO offen gelegt werden. Insoweit wird auf die Ausführungen zur Offenle-

---

[638] A. A. offenbar *Hirte*, NZG 2002, S. 1 (9) unter Hinweis auf die anders geartete Rechtstradition Deutschlands.

[639] A. A. offenbar *Teichmann*, ZIP 2002, 1109 (1115); Begründung zu § 51 SEAG-RegE, Drucksache 15/3405, S. 40, und Drucksache 438/04, S. 100.

gung des Verlegungsplans nach Art. 8 Abs. 2 S. 1 i. V. m. Art. 13 SE-VO[640] Bezug genommen.

In Deutschland hat das Leitungs- bzw. Verwaltungsorgan den Verlegungsbeschluss als satzungsändernden Beschluss nach § 181 Abs. 1 S. 1 AktG zur Eintragung in das Handelsregister anzumelden. Anschließend wird der Verlegungsbeschluss nach § 181 Abs. 2 S. 1 i. V. m. § 39 AktG in das Handelsregister eingetragen und nach § 10 HGB bzw. § 181 Abs. 2 S. 2 AktG bekannt gemacht.

(8) Nichtigkeit und Anfechtbarkeit

Mängel des Verlegungsbeschlusses führen nach Art. 9 Abs. 1 Buchst. c ii) SE-VO i. V. m. §§ 241 bis 249 AktG zur Nichtigkeit bzw. Anfechtbarkeit des Verlegungsbeschlusses.[641]

(a) Mängel des Verlegungsbeschlusses

Die Mängel des Verlegungsbeschlusses können formeller oder materieller Art sein.

Formelle Mängel betreffen die Verletzung des zum Beschluss führenden Verfahrens.[642] Sie können sich im Fall der Sitzverlegung nach Art. 8 SE-VO aus vier Fehlerquellen ergeben:

- Mängel der vorbereitenden Unterlagen (Verlegungsplan und Bericht nach Art. 8 Abs. 3 SE-VO),
- Mängel der Offenlegung des Verlegungsplans nach Art. 8 Abs. 2 S. 1 SE-VO,
- Nichtbeachtung der Informationsrechte nach Art. 8 Abs. 4 SE-VO,

---

640 Siehe dazu oben Punkt C. I. 2. a) aa) (5) (a).

641 *Wenz*, in: Theisen/Wenz, Europäische Aktiengesellschaft, S. 171 (221); ebenso *Hirte*, NZG 2002, S. 1 (8); *Theisen/Hölzl*, in: Theisen/Wenz, Europäische Aktiengesellschaft, S. 247 (263) jeweils zur Nichtigkeit und Anfechtbarkeit von Hauptversammlungsbeschlüssen der SE im Allgemeinen.

642 *K. Schmidt*, GesR, S. 858; *Lutter*, in: Lutter, UmwG, § 13 Rn. 41.

- Mängel der Ladung und der Versammlungsdurchführung (z. B. Umfang des Rede- und Fragerechts in der Hauptversammlung).[643]

Hinsichtlich der Anfechtbarkeit des Verlegungsbeschlusses wegen Nichterstellung oder fehlerhafter Erstellung des Verlegungsplans oder des Verlegungsberichts sowie wegen Nichtbeachtung des Art. 8 Abs. 4 SE-VO wird auf die diesbezüglichen Ausführungen verwiesen.[644]

Materielle Mängel liegen vor, wenn der Verlegungsbeschluss durch seinen Inhalt entweder das Gesetz oder die Satzung der SE verletzt.[645] So führen beispielsweise Verstöße des Verlegungsbeschlusses gegen Art. 7 SE-VO zur Nichtigkeit des Beschlusses.[646]

Nicht zu einem Mangel des Verlegungsbeschlusses führt hingegen die fehlende sachliche Rechtfertigung der Sitzverlegung.[647] Denn der Verlegungsbeschluss ist durch die Erstellung des Verlegungsplans und des Berichts nach Art. 8 Abs. 3 SE-VO bereits ausreichend legitimiert.

(b) Faktisch aufschiebende Wirkung der Anfechtungsklage

Im Zusammenhang mit der Darstellung der Anfechtbarkeit des Verlegungsbeschlusses ist noch auf Folgendes hinzuweisen.

Grundsätzlich haben Anfechtungsklagen gegen Hauptversammlungsbeschlüsse keine aufschiebende Wirkung. Denn aus Art. 9 Abs. 1 Buchst. c ii) SE-VO i. V. m. § 241 Nr. 5 und § 248 Abs. 1 S. 1 AktG ergibt sich, dass anfechtbare Hauptversammlungsbe-

---

643 Ebenso *Lutter*, in: Lutter, UmwG, § 13 Rn. 41 zu den Beschlüssen über den Verschmelzungsvertrag nach § 13 UmwG.

644 Siehe dazu oben Punkte C. I. 2. a) aa) (4), C. I. 2. a) bb) (5) und C. I. 2. a) cc) (7).

645 *Lutter*, in: Lutter, UmwG, § 13 Rn. 43.

646 Siehe dazu oben Punkt B. II. 2. c).

647 Ebenso BGHZ 76, 352 (353) zum Auflösungsbeschluss nach § 60 Abs. 1 Nr. 2 GmbHG; BGHZ 103, 184 (190) zum Auflösungsbeschluss nach § 262 Abs. 1 Nr. 2 AktG.

schlüsse bis zur rechtskräftigen Entscheidung über die Anfechtungsklage wirksam sind.[648]

Anfechtungsklagen gegen Verlegungsbeschlüsse im Sinne des Art. 8 Abs. 6 SE-VO kommt demgegenüber eine faktisch aufschiebende Wirkung zu.[649] Denn die Sitzverlegung wird nach Art. 8 Abs. 10 SE-VO erst mit der Eintragung in das Register des Zuzugstaats wirksam. Diese Eintragung kann jedoch nach Art. 8 Abs. 9 SE-VO erst vorgenommen werden, wenn die zuständige Behörde des Wegzugstaats nach Art. 8 Abs. 8 SE-VO bescheinigt, dass die der Verlegung vorangehenden Rechtshandlungen durchgeführt wurden. Zu diesen der Verlegung vorangehenden Rechtshandlungen gehört auch der Verlegungsbeschluss.[650] Dessen Durchführung kann aber erst dann bescheinigt werden, wenn über etwaige Anfechtungsklagen rechtskräftig entschieden worden ist. Denn erst dann steht fest, dass der Verlegungsbeschluss nicht mehr durch Urteil für nichtig erklärt werden kann. § 14 SEAG stellt dies klar, indem er die Erteilung der Bescheinigung nach Art. 8 Abs. 8 SE-VO von der Abgabe einer Negativerklärung nach dem Vorbild des § 16 Abs. 2 UmwG abhängig macht.

Der Gefahr missbräuchlicher Anfechtungsklagen kann nur durch eine richterrechtliche Durchbrechung dieser faktisch aufschiebenden Wirkung begegnet werden. Analog § 16 Abs. 3 UmwG könnte auf Antrag der SE festgestellt werden, dass die Erhebung der Anfechtungsklage der Erteilung der Bescheinigung nach Art. 8 Abs. 8 SE-VO nicht entgegensteht, wenn die Anfechtungsklage unzulässig oder offensichtlich unbegründet ist oder wenn das alsbaldige Wirksamwerden der Sitzverlegung vorrangig erscheint.[651]

---

648 *K. Schmidt*, GesR, S. 860.

649 *Bungert/Beier*, EWS 2002, S. 1 (6); *Schindler*, Europäische Aktiengesellschaft, S. 52.

650 Siehe dazu unten Punkt C. I. 2. a) hh) (3) (a).

651 Ebenso im Ergebnis auch *Wenz*, in: Theisen/Wenz, Europäische Aktiengesellschaft; S. 171 (221).

(9) Muster

Verlegt eine X-SE ihren Satzungssitz von München nach London, könnte ein diesbezüglicher Verlegungsbeschluss, der am 15.02.10 gefasst wird, wie folgt aussehen:[652]

„UR.Nr. /10

Heute, den 15.02.10

begab ich, Notar N, Notar in München mit der Geschäftsstelle in der Musterstraße 2000, mich in die Hauptverwaltung der X-SE in München, Musterstraße 1000, um dort die Niederschrift über die Hauptversammlung der X-SE mit Sitz in München (Handelsregister München HRB 4231) aufzunehmen.

Ich traf dort an:

- *sämtliche Mitglieder des Vorstands*[653] *der X-SE, nämlich ...,*
- *sämtliche Mitglieder des Aufsichtsrats der X-SE, nämlich ...,*[654]
- *die Aktionäre der X-SE gemäß dem dieser Urkunde als Anlage 1 beigefügten Teilnehmerverzeichnis.*

Nach Angabe war der beurkundende Notar in dieser Angelegenheit nicht außerhalb seiner Amtstätigkeit für die Beteiligten tätig.

Der Vorsitzende des Aufsichtsrats, Herr A, eröffnete die Hauptversammlung um 15.00 Uhr und übernahm den Vorsitz.

Er stellte fest, dass die Hauptversammlung form- und fristgerecht unter Ankündigung der Verlegung des Satzungssitzes der X-SE als Tagesordnungspunkt am 02.01.10 einberufen wurde.

Er gab bekannt, dass 930.000 Stimmen (93 % des Kapitals der X-SE) vertreten seien. Die Hauptversammlung sei mithin beschlussfähig.

Einziger Tagesordnungspunkt der Hauptversammlung war:

---

652 Zu Grunde gelegt wurde das Muster für einen Umwandlungsbeschluss von *Vossius*, in: Widmann/Meyer, UmwR, Anh. 4 Rn. M 169, Stand: Februar 1999.

653 Die X-SE verfügt über das dualistische System. Würde die X-SE über das monistische System verfügen, wären an dieser Stelle die Mitglieder des Verwaltungsrats zu nennen.

654 Würde die X-SE über das monistische System verfügen, würde dieser Punkt entfallen.

Verlegung des Satzungssitzes der X-SE von München nach London

Der Vorsitzende bestimmte, dass die Abstimmung durch Handaufheben nach namentlichem Aufruf anhand des Teilnehmerverzeichnisses erfolge. Hierbei werde er nach der Subtraktionsmethode verfahren, also erst um die Abgabe der Gegenstimmen und der Stimmenthaltungen bitten. Die verbleibenden Stimmen würden als Ja-Stimmen gewertet.

Sodann wurde die Tagesordnung wie folgt erledigt:

Vorab stellte der Vorsitzende fest:

- *Der Verlegungsplan wurde am 01.06.09 erstellt, am 02.06.09 zum Amtsgericht München – Registergericht – eingereicht und am 02.11.09 durch das Amtsgericht München – Registergericht – bekannt gemacht. Er ist dieser Niederschrift als Anlage 1 beigefügt.*
- *Der Bericht nach Art. 8 Abs. 3 der Verordnung (EG) Nr. 2157/2001 des Rates vom 8. Oktober 2001 über das Statut der Europäischen Gesellschaft (SE) (im Folgenden „SE-VO" genannt) wurde am 01.06.09 erstellt. Er ist dieser Niederschrift als Anlage 2 beigefügt.*
- *Der Verlegungsplan sowie der Bericht nach Art. 8 Abs. 3 SE-VO lagen in der Zeit vom 01.12.09 bis 31.12.09 zur Einsicht der Aktionäre und Gläubiger der X-SE im Hauptverwaltungsgebäude der X-SE in München, Musterstraße 1000, aus. In dieser Zeit wurden den Aktionären und Gläubigern der X-SE auf Verlangen Abschriften dieser Unterlagen unentgeltlich zugesandt.*
- *Der Wortlaut des vorgeschlagenen Verlegungsbeschlusses, des Verlegungsplans und des Berichts nach Art. 8 Abs. 3 SE-VO wurde am 02.01.10 in den Gesellschaftsblättern der X-SE bekannt gemacht.*
- [Soweit erforderlich:
  Die neu ausgehandelte Vereinbarung betreffend die Beteiligung der Arbeitnehmer der Y-SE vom 01.12.09 wurde am 02.01.10 in den Gesellschaftsblättern der X-SE bekannt gemacht.][655]

---

[655] Muss entsprechend Art. 23 Abs. 2 S. 2 und Art. 32 Abs. 6 Unterabs. 2 S. 2 SE-VO die neu ausgehandelte Vereinbarung von der Hauptversammlung der X-SE genehmigt werden, ist nach

- *Der Entwurf des Verlegungsbeschlusses, der Verlegungsplan und der Bericht nach Art. 8 Abs. 3 SE-VO wurden am 02.01.10 dem Vertretungsorgan der Arbeitnehmer der X-SE in Kopie übermittelt. Das Empfangsbekenntnis des Vorsitzenden des Vertretungsorgans der Arbeitnehmer liegt vor.*
- *Die ... Wirtschaftsprüfungsgesellschaft hat in ihrem Prüfungsbericht vom 01.12.09 die Angemessenheit der im Entwurf des Verlegungsbeschlusses angebotenen Barabfindung festgestellt.*
- *Der Vorsitzende beantragte, die Verlegung des Satzungssitzes der X-SE wie folgt zu beschließen:*

„1. § 2 der Satzung wird wie folgt gefasst:
Sitz ist London im Vereinigten Königreich von Großbritannien und Nordirland.

2. § 3 der Satzung wird wie folgt gefasst:
Die Firma lautet Y-SE.

3. Jedem Aktionär, der gegen diesen Beschluss Widerspruch zur Niederschrift des die Hauptversammlung beurkundenden Notars erklärt, wird gegen Übertragung seiner Aktien[656] *die Zahlung einer Barabfindung in Höhe von Euro 200,00 für jede Aktie im Nennbetrag von Euro 100,00 angeboten. Dieses Angebot ist befristet. Die Frist endet zwei Monate nach dem Tag, an dem die Eintragung der Y-SE im Companies Registration Office in Cardiff offen gelegt worden ist. Ist ein Antrag auf Bestimmung der Barabfindung durch das Gericht gestellt worden, so kann das Angebot binnen zwei Monaten nach dem Tag angenommen werden, an dem die Entscheidung im Bundesanzeiger bekannt gemacht worden ist.*[657]

Art. 53 SE-VO i. V. m. § 124 Abs. 2 S. 2 Alt. 2 AktG der wesentliche Inhalt der Vereinbarung in den Gesellschaftsblättern bekannt zu machen.

656 Sofern dies nach den Rechtsvorschriften des Zuzugstaats nicht zulässig ist, gegen Ausscheiden aus der Gesellschaft.

657 Ebenso *Decher*, in: Lutter, UmwG, § 194 Rn. 20 zur Formulierung des Abfindungsangebots im Umwandlungsbeschluss nach § 194 Abs. 1 Nr. 6 UmwG.

4. *Zum Zweck des angemessenen Schutzes der Interessen der Gläubiger und sonstigen Forderungsberechtigten der X-SE werden die folgenden Sicherheiten bestellt: ...*
5. *Die Hauptversammlung stimmt der neu ausgehandelten Vereinbarung betreffend die Beteiligung der Arbeitnehmer der Y-SE vom 1. Juni 2009 zu.*
6. *Dieser Beschluss wird auf der Grundlage der Angaben im Verlegungsplan vom 01.06.09 und im Bericht nach Art. 8 Abs. 3 SE-VO vom 01.06.09 gefasst. "*

Sodann wurde in der vorbeschriebenen Weise abgestimmt:

Bei einer Präsenz von 930.000 Stimmen (93 % des Kapitals der X-SE) stimmten die Aktionäre mit 900.000 Stimmen (90 % des Kapitals der X-SE) für, mit 15.000 Stimmen (1,5 % des Kapitals der X-SE) gegen diesen Antrag. Mit 15.000 Stimmen (1,5 % des Kapitals der X-SE) lagen Enthaltungen vor.

Der Vorsitzende stellte fest, dass die Aktionäre mit der erforderlichen Mehrheit von drei Vierteln des bei der Beschlussfassung vertretenen Kapitals den gestellten Antrag angenommen hätten. Er verkündet den gefassten Beschluss.

Der Aktionär W erklärte zur Niederschrift des die Hauptversammlung beurkundenden Notars:

„Gegen den soeben gefassten Beschluss erhebe ich Widerspruch zur Niederschrift. "

Der Vorsitzende wies den Aktionär W auf seine Rechte nach § ... des Gesetzes zur Ausführung der Verordnung (EG) Nr. 2157/2001 des Rates vom 8. Oktober 2001 über das Statut der Europäischen Gesellschaft (SE) in Verbindung mit den §§ 207 ff. des Umwandlungsgesetzes hin.

Nach Erledigung der Tagesordnung schloss der Vorsitzende die Hauptversammlung um 16.00 Uhr.

Von dieser Niederschrift erhält die X-SE 20 Ausfertigungen.

Von dieser Niederschrift erhält das Amtsgericht München – Registergericht – eine beglaubigte Abschrift.

Hierüber Niederschrift:

[*Unterschrift des Notars*]

ff) Angemessener Schutz der Gläubiger und sonstigen Forderungsberechtigten

Sechste Maßnahme im Wegzugstaat ist nach Art. 8 Abs. 7 Unterabs. 1 SE-VO der Nachweis der SE gegenüber der für die Ausstellung der Bescheinigung nach Art. 8 Abs. 8 SE-VO zuständigen Behörde[658], dass die Interessen der Gläubiger und sonstigen Forderungsberechtigten in Bezug auf alle Verbindlichkeiten, die vor der Offenlegung des Verlegungsplans[659] entstanden sind, im Einklang mit den Anforderungen des Wegzugstaats angemessen geschützt sind.

(1) Bedeutung der Formulierung „Nachweis zu erbringen"

Art. 8 Abs. 7 Unterabs. 1 SE-VO wirft zunächst die Frage auf, was mit der Formulierung „Nachweis zu erbringen" gemeint ist.

Die Formulierung „Nachweis zu erbringen" ist im Sinne von Beweisführung zu verstehen. Hierfür sprechen im Rahmen der sprachlich-grammatischen Auslegung[660] andere Sprachfassungen des Art. 8 Abs. 7 Unterabs. 1 SE-VO, die an Stelle der Formulierung „Nachweis zu erbringen" Begriffe verwenden,[661] die auch mit „beweisen" bzw. „Beweis antreten" übersetzt werden können.[662]

„Nachweis zu erbringen" bedeutet folglich, dass die Behörde von der Wahrheit der Tatsachenbehauptung zu überzeugen ist.[663] § 13 Abs. 3 SEAG sieht insoweit vor, dass die Mitglieder des Leitungsorgans bzw. die geschäftsführenden Direktoren eine

---

658 Siehe dazu unten Punkt C. I. 2. a) hh) (2).

659 Siehe dazu oben Punkt C. I. 2. a) aa) (5).

660 Zu den Grundlagen siehe oben Punkt B. I. 1. b) aa) (1).

661 Andere Sprachfassungen lauten: „prouver" (Französisch); „demostrar" (Spanisch); „provar" (Portugiesisch); „aantonten" (Niederländisch).

662 *Potonnier/Potonnier*, Wörterbuch für Wirtschaft, Recht und Handel II, S. 1367; *Becher*, Wörterbuch der Rechts- und Wirtschaftssprache I, S. 381; *Jayme/Neuss/Hansen*, Wörterbuch der Rechts- und Wirtschaftssprache I, S. 381; *Scheer*, Wörterbuch der deutschen und niederländischen Rechtssprache II, S. 79.

663 Ebenso *Snaith*, in: Schulze, SCE, 2. Kapitel, Rn. 78 zu Art. 7 SCE-VO; *Reichold*, in: Thomas/Putzo, ZPO, Vorb. § 284 Rn. 1 zur Beweisführung im Zivilprozess.

Versicherung abgeben müssen, deren Unrichtigkeit nach § 53 Abs. 3 Nr. 2 SEAG mit Strafe bedroht ist.

(2) Bedeutung des Begriffs „Interessen"

Als Nächstes ist zu ermitteln, welche Bedeutung dem Begriff „Interessen" zukommt.
Der Begriff Interessen steht in Art. 8 Abs. 7 Unterabs. 1 SE-VO für die Vollstreckbarkeit der Rechte im Wegzugstaat. Hierfür sind die folgenden Überlegungen maßgeblich.
Zunächst ist der im Rahmen der sprachlich-grammatischen Auslegung[664] zu berücksichtigende Satzzusammenhang zu betrachten. Der Satzzusammenhang mit der Formulierung „Gläubiger und sonstigen Forderungsberechtigten" führt zu der Feststellung, dass mit Interessen die Durchsetzbarkeit von Rechten gemeint ist. Denn die Gläubiger und Forderungsberechtigten sind ausschließlich daran interessiert, ihre Rechte durchzusetzen. Aus dem Satzzusammenhang mit der Formulierung „Mitgliedstaats, in dem die SE vor der Verlegung ihren Sitz hat" lässt sich ableiten, dass es bei den Interessen um die Durchsetzbarkeit von Rechten im Wegzugstaat geht.
Schließlich ergibt die logisch-systematische Zusammenschau[665] mit Art. 8 Abs. 16 SE-VO, dass der Begriff Interessen lediglich die Vollstreckbarkeit von Rechten im Wegzugstaat betrifft. Da Art. 8 Abs. 16 SE-VO bereits die gerichtliche Geltendmachung von Rechten im Wegzugstaat regelt, ist davon auszugehen, dass dieser Teil der Rechtsdurchsetzung nicht Gegenstand der Regelung in Art. 8 Abs. 7 Unterabs. 1 SE-VO ist.

(3) Bedeutung des Begriffs „Gläubiger"

Schwierigkeiten bereitet die Auslegung des Begriffs „Gläubiger".
Die sprachlich-grammatische Auslegung[666] der deutschen Sprachfassung spricht dafür, unter Gläubigern Inhaber schuldrechtlicher Ansprüche zu verstehen. Denn nach § 241

---

664 Zu den Grundlagen siehe oben Punkt B. I. 1. b) aa) (1).

665 Zu den Grundlagen siehe oben Punkt B. I. 1. b) bb) (1).

666 Zu den Grundlagen siehe oben Punkt B. I. 1. b) aa) (1).

Abs. 1 S. 1 BGB sind Gläubiger kraft eines Schuldverhältnisses berechtigt, von einer anderen Person eine Leistung zu fordern.

Fraglich ist jedoch, ob sich aus dem Satzzusammenhang mit den „sonstigen Forderungsberechtigten" etwas anderes ergibt. Die Formulierung „sonstige Forderungsberechtigte" spricht dafür, die Gläubiger als Unterfall der Forderungsberechtigten zu qualifizieren. Dies ist insofern problematisch, als nach dem juristisch-technischen Sprachgebrauch in Deutschland die Begriffe Forderungsberechtigter und Gläubiger Synonyme sind. Beide Begriffe bezeichnen den Inhaber eines schuldrechtlichen Anspruchs.

Dieses Problem lässt sich lösen, wenn man andere Sprachfassungen des Art. 8 Abs. 7 Unterabs. 1 SE-VO betrachtet. Diese verwenden zwar an Stelle des Begriffs Gläubiger ebenfalls Begriffe,[667] die mit Gläubiger zu übersetzen sind.[668] An Stelle der Formulierung „sonstigen Forderungsberechtigten" finden sich jedoch Formulierungen,[669] die im Sinne von „Inhaber sonstiger Rechte" zu verstehen sind. Dementsprechend sehen auch die im Rahmen der logisch-systematischen Auslegung[670] zu berücksichtigenden Art. 5 Abs. 4 S. 1 EUV-VOV 1993, Art. 3 Abs. 4 S. 1 EUGEN-VOV 1993 und Art. 6 Abs. 4 S. 1 EUGGES-VOV 1993 neben dem Schutz der Gläubiger den Schutz der „Inhaber von vor Offenlegung des Verlegungsplans entstandenen Rechten" vor. In Art. 7 Abs. 2 S. 2 Buchst. e, Abs. 3 und Abs. 4 SCE-VO

---

667 Andere Sprachfassungen lauten: „creditors" (Englisch); „créanciers" (Französisch); „acreedores" (Spanisch); „creditori" (Italienisch); „credores" (Portugiesisch); „schuldeisers" (Niederländisch).

668 *Romain/Bader/Byrd*, Wörterbuch der Rechts- und Wirtschaftssprache I, S. 200; *Potonnier/Potonnier*, Wörterbuch für Wirtschaft, Recht und Handel II, S. 461; *Becher*, Wörterbuch der Rechts- und Wirtschaftssprache I, S. 23; *Conte/Boss*, Wörterbuch der Rechts- und Wirtschaftssprache I, S. 152; *Jayme/Neuss/Hansen*, Wörterbuch der Rechts- und Wirtschaftssprache I, S. 133; *Scheer*, Wörterbuch der deutschen und niederländischen Rechtssprache II, S. 176.

669 Andere Sprachfassungen lauten: „holders of other rights" (Englisch); „titulaires d'autres droits" (Französisch); „titulares de otros derechos" (Spanisch); „titolari di altri diritti" (Italienisch); „titulares de outros direitos" (Portugiesisch); „houders van andere rechten" (Niederländisch).

670 Zu den Grundlagen siehe oben Punkt B. I. 1. b) bb) (1).

wird der Begriff „Gläubiger" jeweils durch die Formulierung „Inhaber anderer Rechte" ergänzt. Mit sonstigen Forderungsberechtigten sind folglich die Inhaber sonstiger Ansprüche gemeint. Sonstige Ansprüche sind andere als schuldrechtliche Ansprüche, z. B. solche aus der Verletzung oder Beeinträchtigung absoluter Rechte.

Es bleibt daher dabei, dass Gläubiger im Sinne des Art. 8 Abs. 7 Unterabs. 1 SE-VO Inhaber schuldrechtlicher Ansprüche sind.

(4) Bedeutung der Formulierung „sonstigen Forderungsberechtigten"

Unter sonstigen Forderungsberechtigten sind demgegenüber die Inhaber sonstiger Ansprüche zu verstehen.

(5) Bedeutung des Begriffs „Verbindlichkeiten"

Der Begriff „Verbindlichkeiten" umfasst alle Verpflichtungen der SE gegenüber Gläubigern und Inhabern sonstiger Ansprüche. Diese Auslegung ergibt sich aus dem im Rahmen der sprachlich-grammatischen Auslegung[671] zu berücksichtigenden Satzzusammenhang mit der Formulierung „Gläubiger und sonstigen Forderungsberechtigten".

(6) Bedeutung des Begriffs „entstanden"

Die Verbindlichkeiten sind im Sinne des Art. 8 Abs. 7 Unterabs. 1 SE-VO entstanden, wenn der Entstehungsgrund für die Forderungen und sonstigen Ansprüche gelegt ist.[672] Entscheidende Bedeutung kommt in diesem Zusammenhang der objektiv-teleologischen Auslegung[673] zu. Objektiver Sinn und Zweck des Art. 8 Abs. 7 Unterabs. 1 SE-VO ist es, die Gläubiger und Inhaber sonstiger Ansprüche vor den mit der grenzüberschreitenden Sitzverlegung verbundenen Beeinträchtigungen für die Durch-

---

671 Zu den Grundlagen siehe oben Punkt B. I. 1. b) aa) (1).

672 Ebenso *Grunewald*, in: Lutter, UmwG, § 22 Rn. 6 zu § 22 UmwG.

673 Zu den Grundlagen siehe oben Punkt B. I. 1. b) dd) (1).

setzung ihrer Ansprüche zu schützen. Schutzbedürftig sind diejenigen Gläubiger und Inhaber sonstiger Ansprüche, die keine andere Möglichkeit haben, ihre Ansprüche gegen die mit der Sitzverlegung verbundenen Risiken abzusichern.[674] Andere Möglichkeiten zur Absicherung der Ansprüche bestehen aber in der Regel nur, solange deren Entstehungsgrund noch nicht gelegt ist.

Entstanden im Sinne des Art. 8 Abs. 7 Unterabs. 1 SE-VO sind daher auch befristete und bedingte Ansprüche.[675] Forderungen aus Dauerschuldverhältnissen entstehen im Zeitpunkt der Begründung des Verhältnisses.[676]

(7) Bedeutung der Formulierung „im Einklang mit den Anforderungen des Mitgliedstaats ... angemessen geschützt"

Schließlich ist zu untersuchen, was mit der Formulierung „im Einklang mit den Anforderungen des Mitgliedstaats ... angemessen geschützt" gemeint ist.

(a) Bedeutung der Formulierung „Anforderungen des Mitgliedstaats"

Dies verlangt zunächst eine Auseinandersetzung mit der Formulierung „Anforderungen des Mitgliedstaats".

Die sprachlich-grammatische Auslegung[677] führt dabei zu der Feststellung, dass mit Anforderungen Rechtsvorschriften gemeint sind. Es ist vor allem die niederländische Sprachfassung, die mit der Verwendung des Begriffs „voorschriften" an Stelle des Begriffs Anforderungen ein solches Verständnis nahe legt. Aber auch die Formulierung der englischen Sprachfassung „requirements laid down by the Member State" lässt sich in diesem Sinne verstehen, da Anforderungen seitens des Mitgliedstaats nur in Form von Rechtsvorschriften aufgestellt werden können.

---

674 Ebenso *Grunewald*, in: Lutter, UmwG, § 22 Rn. 7 zu § 22 UmwG.

675 Ebenso *Grunewald*, in: Lutter, UmwG, § 22 Rn. 6 zu § 22 UmwG.

676 Ebenso *Hüffer*, AktG, § 303 Rn. 3 zu § 303 AktG.

677 Zu den Grundlagen siehe oben Punkt B. I. 1. b) aa) (1).

Konsequenz dieses Auslegungsergebnisses ist, dass die Formulierung „Anforderungen des Mitgliedstaats" jedenfalls als stillschweigende Ermächtigung der Mitgliedstaaten zum Erlass entsprechender Rechtsvorschriften aufzufassen ist.[678] Wie sich Punkt II. der Begründung zum Sitzverlegungs-RLVE entnehmen lässt, sieht das Recht der Mitgliedstaaten nämlich kein Verfahren vor, das die Verlegung des Sitzes einer Gesellschaft in einen anderen Mitgliedstaat regelt. Folglich existieren in den Mitgliedstaaten auch keine Rechtsvorschriften zum angemessenen Schutz der Gläubigerinteressen im Fall einer grenzüberschreitenden Sitzverlegung. Soll die Formulierung „Anforderungen des Mitgliedstaats" daher einen Sinn ergeben, müssen die Mitgliedstaaten derartige Rechtsvorschriften erlassen können.

Die Formulierung „Anforderungen des Mitgliedstaats" ist aber darüber hinaus sogar als stillschweigende Verpflichtung der Mitgliedstaaten zu verstehen, die Anforderungen in mitgliedstaatlichen Rechtsvorschriften zu regeln. Zu diesem Ergebnis führt im Rahmen der logisch-systematischen Auslegung[679] der Vergleich mit den Gläubigerschutzvorschriften in anderen Rechtsakten.

In diesem Zusammenhang ist zunächst festzustellen, dass Art. 8 Abs. 1 S. 2 Sitzverlegungs-RLVE, Art. 5 Abs. 4 S. 2 EUV-VOV 1993, Art. 3 Abs. 4 S. 2 EUGEN-VOV 1993 und Art. 6 Abs. 4 S. 2 EUGGES-VOV 1993 Regelungsverpflichtungen enthalten.[680] Dies ergibt sich aus folgender Überlegung. Art. 8 Abs. 1 S. 1 Sitzverlegungs-RLVE, Art. 5 Abs. 4 S. 1 EUV-VOV 1993, Art. 3 Abs. 4 S. 1 EUGEN-VOV 1993 und Art. 6 Abs. 4 S. 1 EUGGES-VOV 1993 gewähren den Gläubigern einen Anspruch auf Sicherheitsleistung. Seine Inanspruchnahme ist nach Art. 8 Abs. 1 S. 2 Sitzverlegungs-RLVE, Art. 5 Abs. 4 S. 2 EUV-VOV 1993, Art. 3 Abs. 4 S. 2 EUGEN-VOV 1993 und

---

678 *Wenz*, in: Theisen/Wenz, Europäische Aktiengesellschaft, S. 171 (223); in diesem Sinne auch *Bungert/Beier*, EWS 2002, S. 1 (5); *Teichmann*, ZGR 2002, S. 383 (460); *ders.*, ZIP 2002, S. 1109 (1111).

679 Zu den Grundlagen siehe oben Punkt B. I. 1. b) bb) (1).

680 Ebenso *Priester*, ZGR 1999, 36 (44) zu Art. 8 Abs. 1 S. 2 Sitzverlegungs-RLVE.

Art. 6 Abs. 4 S. 2 EUGGES-VOV 1993 der Regelung durch mitgliedstaatliche Rechtsvorschriften überantwortet. Da aber nur das Wie, nicht aber das Ob der vorgesehenen Sicherheitsleistung von den Mitgliedstaaten geregelt werden darf, sind Art. 8 Abs. 1 S. 2 Sitzverlegungs-RLVE, Art. 5 Abs. 4 S. 2 EUV-VOV 1993, Art. 3 Abs. 4 S. 2 EUGEN-VOV 1993 und Art. 6 Abs. 4 S. 2 EUGGES-VOV 1993 als Regelungsverpflichtungen aufzufassen.
Gleiches gilt für Art. 13 Abs. 1 Verschmelzungs-RL, Art. 12 Abs. 1 Spaltungs-RL und Art. 9 Abs. 1 Grenzüberschreitender Verschmelzungs-RLV i. V. m. Art. 13 Abs. 1 Verschmelzungs-RL, die die Mitgliedstaaten ausdrücklich zur Einführung von Gläubigerschutzbestimmungen auffordern.
Die genannten Regelungen sprechen dafür, im Interesse einer Vereinheitlichung des europäischen Gesellschaftsrechts im Bereich des Gläubigerschutzes auch die Formulierung „Anforderungen des Mitgliedstaats" als Regelungsverpflichtung zu interpretieren.

(b) Bedeutung der Formulierung „angemessen geschützt"

Enthält demnach Art. 8 Abs. 7 Unterabs. 1 SE-VO eine Regelungsverpflichtung, ist als Nächstes zu überlegen, welche Vorgaben bei der Umsetzung dieser Regelungsverpflichtung in mitgliedstaatliches Recht zu beachten sind. Art. 8 Abs. 7 Unterabs. 1 SE-VO sieht insoweit vor, dass die Gläubiger und Inhaber sonstiger Ansprüche durch die mitgliedstaatlichen Anforderungen „angemessen geschützt" werden müssen.

Der Begriff „geschützt" verlangt eine Sicherheitsleistung zugunsten der Gläubiger und Inhaber sonstiger Ansprüche. Hierauf weisen im Rahmen der logisch-systematischen Auslegung[681] die Gläubigerschutzvorschriften in Art. 8 Abs. 1 S. 1 Sitzverlegungs-RLVE, Art. 13 Abs. 2 Verschmelzungs-RL, Art. 12 Abs. 2 Spaltungs-RL, Art. 9 Abs. 1 Grenzüberschreitender Verschmelzungs-RLV i. V. m. Art. 13 Abs. 2 Verschmelzungs-RL, Art. 5 Abs. 4 S. 1 EUV-VOV 1993, Art. 3 Abs. 4 S. 1 EUGEN-VOV 1993 und

---

681 Zu den Grundlagen siehe oben Punkt B. I. 1. b) bb) (1).

Art. 6 Abs. 4 S. 1 EUGGES-VOV 1993 hin, die alle die Leistung von Sicherheiten bzw. Garantien vorsehen. Im Interesse einer Vereinheitlichung des europäischen Gesellschaftsrechts im Bereich des Gläubigerschutzes bei strukturändernden Maßnahmen ist daher der Begriff geschützt in dem Sinne auszulegen, dass eine Sicherheitsleistung erforderlich ist.

Die Auslegung des Begriffs „angemessen" hat sich im Rahmen der objektiv-teleologischen Auslegung[682] zunächst am objektiven Sinn und Zweck der Regelungsverpflichtung des Art. 8 Abs. 7 Unterabs. 1 SE-VO zu orientieren. Dieser besteht darin, den nach Art. 8 Abs. 16 SE-VO bereits auf der Ebene des Erkenntnisverfahrens existierenden Schutz der Gläubiger und Inhaber sonstiger Ansprüche auf der Ebene des Vollstreckungsverfahrens zu ergänzen.[683] Maßstab für diesen Schutz ist zweierlei. Zum einen die Schutzbedürftigkeit der Gläubiger und Inhaber sonstiger Ansprüche. Zum anderen der Grad der von der SE ausgehenden Gefahr einer Verlagerung von Vermögensgegenständen in den Zuzugstaat, durch die die Vollstreckung im Wegzugstaat vereitelt werden könnte.[684] Hieraus ergibt sich für die Auslegung des Begriffs angemessen Folgendes. Die Gläubiger und Inhaber sonstiger Ansprüche bedürfen keines Schutzes, wenn ihr Anspruch bereits fällig ist. Denn dann können sie diesen einklagen und Sicherheitsleistung im Wege des einstweiligen Rechtsschutzes erlangen. Ferner muss die SE nur Sicherheit leisten, wenn überhaupt die Gefahr einer Vermögensverlagerung in den Zuzugstaat im Raum steht. Denn mit der grenzüberschreitenden Sitzverlegung ist zwar häufig, aber nicht generell die Gefahr einer Vermögensverlagerung in den Zuzugstaat verbunden.[685] Ein Schutz der Gläubiger und Inhaber sonstiger Ansprüche ist daher nur dann angemessen, wenn diese die Gefahr der Vermögensverla-

---

682 Zu den Grundlagen siehe oben Punkt B. I. 1. b) dd) (1).

683 Ähnlich Abs. 2 der Begründung zu § 13 SEAG-RegE, Drucksache 15/3405, S. 35, und Drucksache 438/04, S. 87.

684 Ähnlich Abs. 2 der Begründung zu § 13 SEAG-RegE, Drucksache 15/3405, S. 35, und Drucksache 438/04, S. 87.

685 *Teichmann*, ZGR 2002, S. 383 (462).

gerung in den Zuzugstaat zumindest glaubhaft machen.[686] Hierfür spricht auch der Grundsatz des effet utile. Die Regelung in Art. 8 SE-VO würde praktisch nicht in Anspruch genommen werden, wenn jede verlegungswillige SE unabhängig von einer im Raum stehenden Gefahr der Vermögensverlagerung sämtliche Gläubiger und Inhaber sonstiger Ansprüche absichern müsste. Denn dies könnte sich kaum ein Unternehmen leisten.[687] Zudem wären mit der grenzüberschreitenden Sitzverlegung unverhältnismäßig strenge Auflagen verbunden, was der sich aus Erwägungsgrund 5 SE-VO ergebenden und im Rahmen der historisch-genetischen Auslegung[688] zu berücksichtigenden Regelungsabsicht des Rates widersprechen würde.

(c) Konkrete Ausgestaltung einer deutschen Ausführungsregelung

Nachdem die Vorgaben des Art. 8 Abs. 7 Unterabs. 1 SE-VO für die Umsetzung der Regelungsverpflichtung in mitgliedstaatliches Recht herausgearbeitet worden sind, ist nun zu untersuchen, wie eine deutsche Ausführungsregelung aussehen könnte, die diesen Vorgaben entspricht.

Da die Regelung des § 22 UmwG den Anforderungen des Art. 8 Abs. 7 Unterabs. 1 SE-VO genügt, bietet es sich an, in das SEAG eine entsprechende Bestimmung aufzunehmen.[689] Die Frist für die Anmeldung der Ansprüche sollte allerdings an die Zwei-Monats-Frist des Art. 8 Abs. 6 S. 1 SE-VO angepasst werden, da diese auch Leitbildcharakter für die angemessene Bedenkzeit der Anspruchsinhaber hat.[690]

---

686 Ebenso *Frowein*, Grenzüberschreitende Sitzverlegung, S. 213 zu Art. 8 Abs. 1 S. 1 Sitzverlegungs-RLVE.

687 In diesem Sinne auch *Wenz*, in: Theisen/Wenz, Europäische Aktiengesellschaft, S. 171 (214 und 226); *Teichmann*, in: Theisen/Wenz, Europäische Aktiengesellschaft, S. 573 (597).

688 Zu den Grundlagen siehe oben Punkt B. I. 1. b) cc) (1).

689 *Teichmann*, ZGR 2002, S. 383 (460 f.).

690 *Teichmann*, ZGR 2002, S. 383 (461); Abs. 3 der Begründung zu § 13 SEAG-RegE, Drucksache 15/3405, S. 35, und Drucksache 438/04, S. 87 f.

Fraglich ist, ob der deutsche Gesetzgeber die Ermächtigung des Art. 8 Abs. 7 Unterabs. 2 SE-VO in Anspruch nehmen und die Anwendung des Art. 8 Abs. 7 Unterabs. 1 SE-VO auf Verbindlichkeiten ausdehnen soll, die „bis zum Zeitpunkt der Verlegung entstehen (oder entstehen können)“.

Mit der Formulierung „Zeitpunkt der Verlegung“ ist der Zeitpunkt der Eintragung der SE in das Register des Zuzugstaats nach Art. 8 Abs. 10 SE-VO gemeint. Dies ergibt sich im Rahmen der logisch-systematischen Auslegung[691] aus dem Vergleich mit der entsprechenden Formulierung in Art. 8 Abs. 16 SE-VO, die den Zusatz „gemäß Absatz 10“ enthält.

§ 13 Abs. 2 SEAG macht von der Ermächtigung des Art. 8 Abs. 7 Unterabs. 2 SE-VO nur in modifizierter Form Gebrauch, indem er die Anwendung des Art. 8 Abs. 7 Unterabs. 1 SE-VO lediglich auf Verbindlichkeiten ausdehnt, die vor oder bis zu 15 Tage nach Offenlegung des Verlegungsplans entstanden sind.

Demgegenüber spricht der objektive Sinn und Zweck der Regelungsverpflichtung in Art. 8 Abs. 7 Unterabs. 1 SE-VO, den nach Art. 8 Abs. 16 SE-VO bereits auf der Ebene des Erkenntnisverfahrens bestehenden Schutz der Anspruchsinhaber im Wegzugstaat auf der Ebene des Vollstreckungsverfahrens zu ergänzen, dafür, den Anwendungsbereich des Art. 8 Abs. 7 Unterabs. 1 SE-VO auf alle Forderungen auszudehnen, die nach Art. 8 Abs. 16 SE-VO vor den Gerichten des Wegzugstaats geltend gemacht werden können. Vor den Gerichten des Wegzugstaats können jedoch nach Art. 8 Abs. 16 SE-VO alle Forderungen geltend gemacht werden, die bis zur Eintragung der SE in das Register des Wegzugstaats entstehen.

Einer solchen Ausdehnung des Anwendungsbereichs des Art. 8 Abs. 7 Unterabs. 1 SE-VO wird entgegengehalten, dass sie die Durchführung der Sitzverlegung immer weiter verzögert, weil ständig neue Anspruchsinhaber auftauchen und Sicherheitsleistung verlangen können.[692] Dieser Einwand trifft indes nicht zu. Denn für die Durchführung der Sitzverlegung muss nach Art. 8 Abs. 9 Alt. 1 SE-VO nur die Bescheinigung nach Art. 8

691 Zu den Grundlagen siehe oben Punkt B. I. 1. b) bb) (1).

692 So Abs. 4 der Begründung zu § 13 SEAG-RegE, Drucksache 15/3405, S. 35, und Drucksache 438/04, S. 88; *Neye/Teichmann*, AG 2003, S. 169 (175).

Abs. 8 SE-VO vorgelegt werden. Für deren Ausstellung ist es indes nicht erforderlich, dass die SE allen Anspruchsinhabern, die eine Sicherheitsleistung verlangen, auch tatsächlich Sicherheit leistet. Wie sich aus der Formulierung des Art. 8 Abs. 7 Unterabs. 2 SE-VO „oder entstehen können" ergibt, setzt die Ausstellung der Bescheinigung lediglich voraus, dass die SE auch für diejenigen Ansprüche Sicherheit leistet, mit deren Entstehung bis zur Eintragung der SE in das Register des Zuzugstaats zu rechnen ist. Das Auftauchen neuer Anspruchsinhaber in der Zeit bis zur Eintragung der SE in das Register des Zuzugstaats hat folglich keinen Einfluss auf die Ausstellung der Bescheinigung nach Art. 8 Abs. 8 SE-VO. Die Ausdehnung des Anwendungsbereichs des Art. 8 Abs. 7 Unterabs. 1 SE-VO auf Ansprüche, die bis zur Eintragung der SE in das Register des Zuzugstaats entstehen, verzögert daher nicht die Durchführung der Sitzverlegung.
Im Sinne eines umfassenden Schutzes der Anspruchsinhaber im Wegzugstaat sowohl auf der Ebene des Erkenntnis- als auch auf der Ebene des Vollstreckungsverfahrens ist dem deutschen Gesetzgeber zu empfehlen, die Ermächtigung des Art. 8 Abs. 7 Unterabs. 2 SE-VO in vollem Umfang in Anspruch zu nehmen.[693]

Dem Rechtsgedanken des Art. 8 Abs. 13 S. 2 SE-VO entsprechend sollte die Frist für die Anmeldung der Ansprüche dann aber erst ab dem Zeitpunkt laufen, in dem die Löschung der SE im Handelsregister bekannt gemacht worden ist.

Die Ausführungsregelung sollte die Begriffe des Art. 8 Abs. 7 Unterabs. 1 SE-VO übernehmen und nicht entsprechend den vorstehenden Ausführungen zu deren Auslegung[694] konkretisieren. Denn auf Fragen der Auslegung des Art. 8 Abs. 7 Unterabs. 1 SE-VO kann nach Art. 234 Abs. 1 Buchst. b EG nur der EuGH verbindliche Antworten geben.[695]

---

693 *Wenz*, in: Theisen/Wenz, Europäische Aktiengesellschaft, S. 171 (224).

694 Siehe dazu oben Punkte C. I. 2. a) ff) (3) bis (6).

695 *Teichmann*, ZIP 2002, S. 1109 (1110).

Eine deutsche Ausführungsregelung zu Art. 8 Abs. 7 Unterabs. 1 SE-VO könnte nach alledem wie folgt aussehen:

„Sicherheitsleistung

(1) Verlegt eine SE ihren Sitz nach Maßgabe des Art. 8 der Verordnung, ist den Inhabern von Ansprüchen gegenüber der SE, wenn sie binnen zwei Monaten nach dem Tag, an dem die Löschung der SE im Register offen gelegt worden ist, die Verbindlichkeit der SE nach Grund und Höhe schriftlich anmelden, Sicherheit zu leisten, soweit sie nicht Befriedigung verlangen können. Dieses Recht steht den Anspruchsinhabern jedoch nur zu, wenn sie glaubhaft machen, dass durch die Verlegung des Sitzes die Erfüllung der Verbindlichkeit durch die SE gefährdet wird. Die Anspruchsinhaber sind bei der Offenlegung der Löschung auf dieses Recht hinzuweisen.

(2) *Das Recht, Sicherheitsleistung zu verlangen, steht den Anspruchsinhabern nur zu, wenn die Verbindlichkeit der SE bis zu deren Eintragung in das Register des neuen Sitzes entstanden ist.*"

(8) Zahlungen an öffentlich-rechtliche Körperschaften

Rechtsvorschriften des Wegzugstaats, die eine Sicherheitsleistung für Ansprüche öffentlich-rechtlicher Körperschaften vorsehen (in Deutschland z. B. §§ 109 Abs. 2 Alt. 1, 165 Abs. 1 S. 4 Alt. 1, 221 S. 2 Hs. 2, 222 S. 2, 223, 361 Abs. 2 S. 5 AO) finden nach Art. 8 Abs. 7 Unterabs. 3 SE-VO neben den Rechtsvorschriften Anwendung, die auf der Grundlage des Art. 8 Abs. 7 Unterabs. 1 SE-VO zu erlassen sind.

gg) Einspruch aus Gründen des öffentlichen Interesses

Hat die SE alle Voraussetzungen nach Art. 8 Abs. 2 bis 7 SE-VO erfüllt, stellt sich die Frage, ob die Behörden des Wegzugstaats die Sitzverlegung trotzdem noch verhindern können. Insoweit könnte Art. 8 Abs. 14 SE-VO von Bedeutung sein. Denn dieser ermächtigt die Mitgliedstaaten, Bestimmungen zu erlassen, die einer zuständigen Behörde das Recht einräumen, innerhalb der Zwei-Monats-Frist des Art. 8 Abs. 6 SE-VO Einspruch gegen die Verlegung des Satzungssitzes zu erheben. Dieser Einspruch ist nach

Art. 8 Abs. 14 Unterabs. 1 S. 2 SE-VO aus Gründen des öffentlichen Interesses zulässig. Gegen den Einspruch muss nach Art. 8 Abs. 14 Unterabs. 3 SE-VO ein Rechtsmittel vor einem Gericht eingelegt werden können.

(1) Ermächtigung nach Art. 8 Abs. 14 Unterabs. 1 S. 1 SE-VO

(a) Adressat

Im Rahmen der Untersuchung des Art. 8 Abs. 14 Unterabs. 1 S. 1 SE-VO ist zunächst zu klären, an wen die Ermächtigung adressiert ist.
Der Adressatenkreis wird in Art. 8 Abs. 14 Unterabs. 1 S. 1 SE-VO durch die Formulierung „eines Mitgliedstaats" umschrieben. Bei der Auslegung dieser Formulierung ist im Rahmen der sprachlich-grammatischen Auslegung[696] der Satzzusammenhang mit der Formulierung „der in dem betreffenden Mitgliedstaat eingetragenen SE" zu beachten. Dieser spricht für eine Interpretation der Formulierung „eines Mitgliedstaats" im Sinne von Wegzugstaat. Denn das Wort „betreffenden" stellt eine Beziehung zwischen beiden Formulierungen her, die deutlich macht, dass mit der Formulierung „eines Mitgliedstaats" der Mitgliedstaat gemeint ist, in dem die SE in das Register eingetragen ist. Bei der Verlegung des Satzungssitzes bleibt eine SE im Register des Wegzugstaats eingetragen, bis sie in diesem nach Art. 8 Abs. 11 S. 2 SE-VO gelöscht wird. Daher ist mit der Formulierung „eines Mitgliedstaats" der Wegzugstaat gemeint.
Adressat der Ermächtigung sind also die Mitgliedstaaten als Wegzugstaaten.

(b) Anwendungsbereich

Der Anwendungsbereich des Art. 8 Abs. 14 Unterabs. 1 S. 1 SE-VO wird durch die Formulierung „Sitzverlegung, die einen Wechsel des maßgeblichen Rechts zur Folge hätte" beschrieben.

---

[696] Zu den Grundlagen siehe oben Punkt B. I. 1. b) aa) (1).

Mit „Sitzverlegung“ ist dabei die identitätswahrende Verlegung des Satzungssitzes von einem Mitgliedstaat in einen anderen gemeint. Dies ergibt sich im Rahmen der sprachlich-grammatischen Auslegung[697] aus dem Satzzusammenhang mit der Formulierung „innerhalb der in Absatz 6 genannten Frist von zwei Monaten“. Denn die Zwei-Monats-Frist des Art. 8 Abs. 6 S. 1 SE-VO beginnt mit der Offenlegung des Verlegungsplans. Ein Verlegungsplan muss aber nach Art. 8 Abs. 1 S. 1 i. V. m. Abs. 2 S. 1 SE-VO nur bei der identitätswahrenden Satzungssitzverlegung in einen anderen Mitgliedstaat erstellt und offen gelegt werden.[698]

Da die Verlegung des Satzungssitzes einer SE in einen anderen Mitgliedstaat stets mit einer Änderung des ergänzend anwendbaren mitgliedstaatlichen Rechts verbunden ist,[699] kommt dem Relativsatz „die einen Wechsel des maßgeblichen Rechts zur Folge hätte“ keine eigenständige Bedeutung zu. Die Existenz dieses Relativsatzes lässt sich vielmehr wie folgt erklären. Art. 8 Abs. 14 Unterabs. 1 und Unterabs. 3 SE-VO sind im Wesentlichen mit Art. 14 Abs. 4 EWIV-VO identisch. Es ist daher davon auszugehen, dass der Rat die Formulierung des Art. 14 Abs. 4 EWIV-VO in Art. 8 Abs. 14 Unterabs. 1 und Unterabs. 3 SE-VO übernommen hat. Dabei hat er aber offenbar übersehen, dass die EWIV-VO zwei Arten der Sitzverlegung regelt, nämlich zum einen die Sitzverlegung nach Art. 13 S. 2 EWIV-VO, die keinen Wechsel des anwendbaren Rechts zur Folge hat, und zum anderen die Sitzverlegung nach Art. 14 EWIV-VO, die zu einem Wechsel des anwendbaren Rechts führt. Demgegenüber kennt die SE-VO nur die in Art. 8 geregelte grenzüberschreitende Sitzverlegung, die stets einen Wechsel des anwendbaren mitgliedstaatlichen Rechts nach sich zieht.

(c) Inhalt der mitgliedstaatlichen Rechtsvorschriften

Nach Art. 8 Abs. 14 Unterabs. 1 S. 1 SE-VO dürfen die Mitgliedstaaten in ihren Rechtsvorschriften vorsehen, „dass eine Sitzverlegung ... nicht wirksam wird, wenn

---

697 Zu den Grundlagen siehe oben Punkt B. I. 1. b) aa) (1).

698 Zum Anwendungsbereich des Art. 8 SE-VO siehe oben Punkt C. I. 1.

699 Siehe dazu unten C. II. 1. a).

eine zuständige Behörde dieses Staates innerhalb der in Absatz 6 genannten Frist von zwei Monaten dagegen Einspruch erhebt".

Die Mitgliedstaaten können daher bestimmen, dass eine Behörde gegen die Sitzverlegung Einspruch erheben kann.

Die zur Einspruchserhebung befugte Behörde ist von den Mitgliedstaaten nach Art. 68 Abs. 2 S. 1 SE-VO zu benennen.
In diesem Zusammenhang stellt sich die Frage, ob die Mitgliedstaaten das Einspruchsrecht nur einer Behörde übertragen können oder auch mehreren. Eine Antwort auf diese Frage gibt die sprachlich-grammatische Auslegung[700] der Formulierung „eine zuständige Behörde". Denn der im Rahmen der sprachlich-grammatischen Auslegung durchzuführende Vergleich mit anderen Sprachfassungen führt zu der folgenden Feststellung. Während einige Sprachfassungen[701] der deutschen Sprachfassung entsprechen, ist die englische Sprachfassung mit der Formulierung „any of that Member State's competent authorities" eindeutig in dem Sinne zu verstehen, dass die Mitgliedstaaten mehrere zuständige Behörden benennen dürfen. Da die englische Sprachfassung eine präzisere Formulierung verwendet als die anderen Sprachfassungen, ist deren Bedeutungsinhalt vorzuziehen, wenn sich auch die anderen Sprachfassungen in diesem Sinne verstehen lassen. Dies ist der Fall, da mit „eine zuständige Behörde" auch eine von mehreren zuständigen Behörden gemeint sein kann.
Die Mitgliedstaaten dürfen folglich nach Art. 68 Abs. 2 S. 1 SE-VO mehrere zur Einspruchserhebung nach Art. 8 Abs. 14 Unterabs. 1 S. 1 SE-VO befugte Behörden benennen.[702]

---

700 Zu den Grundlagen siehe oben Punkt B. I. 1. b) aa) (1).

701 Andere Sprachfassungen lauten: „une autorité" (Französisch); „un'autorità" (Italienisch); „uma autoridade" (Portugiesisch); „een bevoegde autoriteit" (Niederländisch).

702 In diesem Sinne offenbar auch *Wenz*, in: Theisen/Wenz, Europäische Aktiengesellschaft, S. 171 (226).

Unterliegt eine SE der mitgliedstaatlichen Aufsicht für Finanzdienstleistungs- und Versicherungsunternehmen, steht das Einspruchsrecht nach Art. 8 Abs. 14 Unterabs. 2 SE-VO zusätzlich auch der zuständigen Aufsichtsbehörde zu. In Deutschland wäre dementsprechend die Bundesanstalt für Finanzdienstleistungsaufsicht einspruchsberechtigt.

Nicht der Bestimmung durch die mitgliedstaatlichen Rechtsvorschriften unterliegen demgegenüber die Einspruchsgründe. Denn diese sind in Art. 8 Abs. 14 Unterabs. 1 S. 2 SE-VO geregelt und damit nicht Bestandteil der Ermächtigung nach Art. 8 Abs. 14 Unterabs. 1 S. 1 SE-VO.

(2) Einspruchsgründe nach Art. 8 Abs. 14 Unterabs. 1 S. 2 SE-VO

Die Einspruchsgründe werden in Art. 8 Abs. 14 Unterabs. 1 S. 2 SE-VO mit der Formulierung „aus Gründen des öffentlichen Interesses" umschrieben. Da diese Formulierung nicht konkretisiert wird, ist ihre Bedeutung durch Auslegung zu ermitteln. Entscheidende Relevanz hat dabei die logisch-systematische Auslegung[703].

(a) Art. 14 Abs. 4 S. 2 EWIV-VO

In deren Rahmen ist zunächst die Formulierung „aus Gründen des öffentlichen Interesses" in Art. 14 Abs. 4 S. 2 EWIV-VO zu betrachten. Gründe des öffentlichen Interesses sind hier Steuer- und Sozialversicherungsschulden.[704] Diesem Verständnis liegt der Gedanke zu Grunde, dass Art. 14 Abs. 4 EWIV-VO auf Wunsch Großbritanniens aufgenommen wurde[705] und in Großbritannien die Sitzverlegung bei einem Wechsel des anwendbaren Rechts davon abhängig gemacht wird, dass sämtliche

---

[703] Zu den Grundlagen siehe oben Punkt B. I. 1. b) bb) (1).

[704] *Manz*, in: Selbherr/Manz, EWIV, Art. 14 Rn. 6 f.

[705] *Scriba*, EWIV, S. 94; *Ganske*, DB-Beilage 20/85, S. 1 (5); *ders.*, EWIV, S. 63; *Manz*, in: Selbherr/Manz, EWIV, Art. 14 Rn. 6.

Steuerschulden und Sozialversicherungsabgaben bezahlt sind.[706] Zwar ist die Herkunft einer Regelung aus dem Recht eines Mitgliedstaats für ihre Auslegung nicht autorativ, da dies sowohl die Autonomie des europäischen Gemeinschaftsrechts[707] als auch die Gleichberechtigung der mitgliedstaatlichen Rechtsordnungen in Frage stellen würde.[708] Geht aber die Regelungsabsicht des Gesetzgebers erkennbar dahin, durch die Einführung einer Regelung der Rechtslage in einem einzelnen Mitgliedstaat Rechnung zu tragen, muss sich die historisch-genetische Auslegung[709] an dieser Rechtslage orientieren.

Es ist im Interesse einer Vereinheitlichung des europäischen Gesellschaftsrechts im Bereich der Sitzverlegung, die Formulierung „aus Gründen des öffentlichen Interesses" in Art. 8 Abs. 14 Unterabs. 1 S. 2 SE-VO entsprechend ihrer Deutung in Art. 14 Abs. 4 S. 2 EWIV-VO zu interpretieren. Unter Gründen des öffentlichen Interesses sind daher auch in Art. 8 Abs. 14 Unterabs. 1 S. 2 SE-VO Steuer- und Sozialversicherungsschulden zu verstehen.

(b) Art. 43 Abs. 1 S. 1 i. V. m. Art. 48 Abs. 1 EG

Zu prüfen ist, ob sich aus der Niederlassungsfreiheit nach Art. 43 Abs. 1 S. 1 i. V. m. Art. 48 Abs. 1 EG Vorgaben für die Auslegung der Formulierung „aus Gründen des öffentlichen Interesses" in Art. 8 Abs. 14 Unterabs. 1 S. 2 SE-VO ergeben.

α) Rechtsprechung des EuGH zur grenzüberschreitenden Sitzverlegung

In diesem Zusammenhang ist auf die Rechtsprechung des EuGH zur grenzüberschreitenden Sitzverlegung einzugehen. Diese betrifft zwar den Fall, dass der tatsächliche Sitz einer Gesellschaft in einen anderen Mitgliedstaat verlagert wird,

---

706 *Scriba*, EWIV, S. 94; *Manz*, in: Selbherr/Manz, EWIV, Art. 14 Rn. 6; *Wenz*, in: Theisen/Wenz, Europäische Aktiengesellschaft, S. 171 (226).

707 Siehe dazu oben Punkt B. I. 1. a) aa).

708 *Lutter*, JZ 1992, S. 593 (602); *Grundmann/Riesenhuber*, JuS 2001, S. 529 (529 und 530).

709 Zu den Grundlagen siehe oben Punkt B. I. 1. a) cc) (1).

während Art. 8 SE-VO die grenzüberschreitende Verlegung des Satzungssitzes der SE regelt. Jedoch ist die Verlagerung der Hauptverwaltung und damit des tatsächlichen Sitzes der SE in einen anderen Mitgliedstaat nach Art 7 S. 1 Hs. 2 SE-VO nur möglich, wenn der Satzungssitz der SE entsprechend verlegt wird. Beschränkungen der grenzüberschreitenden Satzungssitzverlegung nach Art. 8 SE-VO wirken sich folglich für die SE als Beschränkungen der grenzüberschreitenden Verlagerung des tatsächlichen Sitzes aus.

Im „Daily Mail"-Urteil setzt sich der EuGH mit einer Vorschrift des britischen Steuerrechts auseinander, wonach britische Gesellschaften zur grenzüberschreitenden Verlegung ihrer Geschäftsleitung und damit ihres tatsächlichen Sitzes der Zustimmung des Finanzministeriums bedürfen.[710] Der EuGH stellt fest, dass die Art. 43 und 48 EG „den Gesellschaften nationalen Rechts kein Recht [gewähren], den Sitz ihrer Geschäftsleitung unter Bewahrung ihrer Eigenschaft als Gesellschaften des Mitgliedstaats ihrer Gründung in einen anderen Mitgliedstaat zu verlegen".[711] Zur Begründung führt der EuGH aus, dass Gesellschaften im Gegensatz zu natürlichen Personen auf Grund einer nationalen Rechtsordnung gegründet würden. Jenseits der jeweiligen nationalen Rechtsordnung, die ihre Gründung und Existenz regelt, hätten sie keine Realität.[712]

Im „Centros"-Urteil hat der EuGH über die Frage zu entscheiden, ob es mit der Niederlassungsfreiheit nach Art. 43 Abs. 1 S. 2 Var. 2 i. V. m. Art. 48 Abs. 1 EG vereinbar ist, wenn ein Mitgliedstaat die Eintragung einer Zweigniederlassung verweigert, weil die Zweigniederlassung lediglich dazu dienen soll, die gesamte Geschäftstätigkeit in dem Staat auszuüben, ohne dort eine Gesellschaft errichten zu müssen.[713] Der EuGH verneint diese Frage. Er trifft damit aber – entgegen einer in der Literatur verbreiteten

---

[710] Dazu *Theisen/Wenz*, RIW 1994, S. 397 (403); *Wenz*, in: Theisen/Wenz, Europäische Aktiengesellschaft, S. 171 (226 Fn. 7).

[711] EuGH (Daily Mail u. a./Her Majesty's Treasury and Commissioners of Inland Revenue), Slg. 1988, S. 5483 (5512 Rn. 24).

[712] EuGH (Daily Mail u. a./Her Majesty's Treasury and Commissioners of Inland Revenue), Slg. 1988, S. 5483 (5511 Rn. 19).

[713] EuGH (Centros/Erhvervs- og Selskabsstyrelsen), Slg. 1999, S. I-1459 (S. I-1494 Rn. 30).

Auffassung[714] – keine Aussage über die grenzüberschreitende Verlegung des tatsächlichen Sitzes einer Gesellschaft. Dafür spricht, dass der EuGH im „Centros"-Urteil mit keinem Wort auf das „Daily Mail"-Urteil eingeht.[715]

Im „Überseering"-Urteil hat sich der EuGH mit der Frage zu befassen, ob ein Mitgliedstaat einer in einem anderen Mitgliedstaat gegründeten Gesellschaft die Rechtsfähigkeit absprechen darf, weil nach seinem Recht davon auszugehen ist, dass sie ihren tatsächlichen Sitz in sein Hoheitsgebiet verlegt hat, ohne dass es darauf ankommt, ob die Gesellschaft tatsächlich eine Sitzverlegung vornehmen wollte.[716] Anders als im „Daily Mail"-Urteil geht es hier nicht um eine Gesellschaft, die ihren tatsächlichen Sitz identitätswahrend in einen anderen Mitgliedstaat verlegen will, sondern um die Anerkennung einer nach dem Recht eines Mitgliedstaats gegründeten Gesellschaft durch einen anderen Mitgliedstaat. Der EuGH beschäftigt sich jedoch hilfsweise mit der Frage, ob ein Mitgliedstaat einer Gesellschaft, die in einem anderen Mitgliedstaat gegründet worden ist, die identitätswahrende Sitzverlegung in sein Hoheitsgebiet ermöglichen muss.[717] In diesem Zusammenhang bestätigt der EuGH zunächst die Feststellungen aus dem „Daily Mail"-Urteil. Die Möglichkeit für eine nach dem Recht eines Mitgliedstaats gegründete Gesellschaft, ihren satzungsmäßigen oder tatsächlichen Sitz in einen anderen Mitgliedstaat zu verlegen, ohne die ihr durch die Rechtsordnung des Gründungsmitgliedstaats zuerkannte Rechtspersönlichkeit zu verlieren, beurteile sich nach den mitgliedstaatlichen Rechtsvorschriften, nach denen diese Gesellschaft gegründet worden ist.[718] Die Niederlassungsfreiheit nach Art. 43 Abs. 1 S. 1 i. V. m. Art. 48 Abs. 1 EG gewährt also einer Gesellschaft im Verhältnis zu ihrem Gründungsstaat kein Recht, den satzungsmäßigen oder tatsächlichen Sitz identitätswahrend in

---

714 *Freitag*, EuZW 1999, S. 267 (268 f.).

715 *Ebke*, JZ 1999, S. 656 (658); *Sonnenberger/Großerichter*, RIW 1999, S. 721 (726); *Hoffmann*, ZHR 164 (2000), S. 43 (48); *Wenz*, in: Theisen/Wenz, Europäische Aktiengesellschaft, S. 171 (200).

716 EuGH (Überseering/NCC), ZIP 2002, S. 2037 (2042 Rn. 62).

717 EuGH (Überseering/NCC), ZIP 2002, S. 2037 (2042 f. Rn. 64-73).

718 EuGH (Überseering/NCC), ZIP 2002, S. 2037 (2043 Rn. 70).

einen anderen Mitgliedstaat zu verlegen. Anschließend konkretisiert der EuGH das „Daily Mail"-Urteil aber wie folgt: Der Zuzugstaat dürfe die Sitzverlegung einer Gesellschaft, die ihren tatsächlichen Sitz nach dem Recht ihres Gründungsstaats identitätswahrend in einen anderen Mitgliedstaat verlegen kann, nicht von der Beachtung seines mitgliedstaatlichen Gesellschaftsrechts abhängig machen,[719] sondern müsse die im Gründungsstaat erlangte und fortbestehende Rechtspersönlichkeit der Gesellschaft anerkennen.[720] Der EuGH differenziert also zwischen dem sog. Wegzugsfall, d. h. der Zulässigkeit der grenzüberschreitenden Sitzverlegung nach dem Recht des Gründungs- bzw. Wegzugstaats, und dem sog. Zuzugsfall, d. h. der Zulässigkeit der Sitzverlegung nach dem Recht des Zuzugstaats.[721] Lediglich der Zuzugsfall sei vom sachlichen Schutzbereich der Niederlassungsfreiheit erfasst. Dagegen sei die Niederlassungsfreiheit auf den Wegzugsfall nicht anwendbar.[722] Da die Rechtspersönlichkeit einer Gesellschaft vom Gründungsstaat verliehen werde, könne dieser auch bestimmen, unter welchen Voraussetzungen die Rechtspersönlichkeit im Fall der grenzüberschreitenden Sitzverlegung beibehalten werden kann.[723]

Diese Differenzierung zwischen Wegzugs- und Zuzugsfall ist überzeugend. Sie wird durch den Wortlaut des Art. 293 Spiegelstrich 3 EG bestätigt. Diese Vorschrift regt Verhandlungen zwischen den Mitgliedstaaten an, die die gegenseitige Anerkennung von Gesellschaften im Sinne des Art. 48 Abs. 2 EG sowie die Beibehaltung ihrer Rechtspersönlichkeit bei der Verlegung des Sitzes von einem Mitgliedstaat in einen anderen sicherstellen sollen. Aus dem Wort „gegenseitige" lässt sich ableiten, dass es auch bei der Frage der identitätswahrenden Sitzverlegung in einen anderen Mitgliedstaat nur um die Anerkennung der Rechtspersönlichkeit durch diesen Mitgliedstaat und damit nur um den sog. Zuzugsfall geht. Da Art. 293 Spiegelstrich 3 EG eine Ergänzung der

---

719 EuGH (Überseering/NCC), ZIP 2002, S. 2037 (2043 Rn. 72).

720 *Behrens*, EuZW 2002, Editorial.

721 *Eidenmüller*, ZIP 2002, S. 2233 (2238); *Schulz/Sester*, EWS 2002, S. 545 (548).

722 *Behrens*, IPRax 2003, S. 193 (203).

723 *Geyrhalter/Gänßler*, NZG 2003, S. 409 (410).

Niederlassungsfreiheit darstellt,[724] lässt sich daraus der Schluss ziehen, dass auch der sachliche Schutzbereich der Niederlassungsfreiheit auf den sog. Zuzugsfall beschränkt ist.[725]

β) Konsequenzen für die Auslegung

Für die Auslegung des Art. 8 Abs. 14 Unterabs. 1 S. 2 SE-VO folgt hieraus Folgendes: Auszugehen ist von den Feststellungen des EuGH im „Überseering"-Urteil. Danach beurteilt sich die Möglichkeit für eine nach dem Recht eines Mitgliedstaats gegründete Gesellschaft, ihren satzungsmäßigen Sitz oder ihren tatsächlichen Sitz in einen anderen Mitgliedstaat zu verlegen, ohne die ihr durch die Rechtsordnung des Gründungsmitgliedstaats zuerkannte Rechtspersönlichkeit zu verlieren, und gegebenenfalls die Modalitäten dieser Verlegung nach den nationalen Rechtsvorschriften, nach denen diese Gesellschaft gegründet worden ist[726] (sog. Wegzugsfall). Hieraus folgt, dass die Niederlassungsfreiheit nach Art. 43 Abs. 1 S. 1 i. V. m. Art. 48 Abs. 1 EG einer Gesellschaft nationalen Rechts kein darüber hinausgehendes Recht gewährt, ihren Sitz unter Bewahrung ihrer Eigenschaft als Gesellschaft in einen anderen Mitgliedstaat zu verlegen.

Überträgt man die Rechtsprechung des EuGH im „Überseering"-Urteil auf die SE, beurteilt sich die Möglichkeit für eine SE, ihren Satzungssitz in einen anderen Mitgliedstaat zu verlegen, ohne die ihr zuerkannte Rechtspersönlichkeit zu verlieren, allein nach der SE-VO. Denn diese Rechtsordnung verleiht der SE ihre Rechtsfähigkeit. Sie kann

---

724 EuGH (Überseering/NCC), ZIP 2002, S. 2037 (2042 Rn. 60); *Behrens*, RabelsZ 52 (1988), S. 498 (506); ihm folgend *Knobbe-Keuk*, ZHR 154 (1990), S. 325 (343); a. A. *Ebenroth/Eyles*, DB-Beilage 2/88, S. 1 (12), die aus Art. 293 Spiegelstrich 3 EG ableiten, dass die identitätswahrende Sitzverlegung in einen anderen Mitgliedstaat nicht Gegenstand der Regelung in Art. 43 Abs. 1 S. 1 i. V. m. Art. 48 Abs. 1 EG ist.

725 A. A. *Schulz/Sester*, EWS 2002, S. 545 (550), die von einer Anwendbarkeit der Niederlassungsfreiheit auf die Wegzugsfälle ausgehen; offen gelassen von *Wernicke*, EuZW 2002, S. 758, (760).

726 EuGH (Überseering/NCC), ZIP 2002, S. 2037 (2043 Rn. 70).

daher auch die Modalitäten der grenzüberschreitenden Sitzverlegung bestimmen. Die Niederlassungsfreiheit nach Art. 43 Abs. 1 S. 1 i. V. m. Art. 48 Abs. 1 EG gewährt der SE daher kein darüber hinausgehendes Recht, ihren Satzungssitz unter Bewahrung ihrer Rechtspersönlichkeit in einen anderen Mitgliedstaat zu verlegen.

Folglich ergeben sich aus Art. 43 Abs. 1 S. 1 i. V. m. Art. 48 Abs. 1 EG auch keine Vorgaben für die Auslegung der Formulierung „aus Gründen des öffentlichen Interesses" in Art. 8 Abs. 14 Unterabs. 1 S. 2 SE-VO.

(c) Zusammenfassung

Folglich bleibt es bei der an Art. 14 Abs. 4 S. 2 EWIV-VO angelehnten Auslegung des Art. 8 Abs. 14 Unterabs. 1 S. 2 SE-VO. Gründe des öffentlichen Interesses im Sinne des Art. 8 Abs. 14 Unterabs. 1 S. 2 SE-VO sind daher Steuer- und Sozialversicherungsschulden.

(3) Frist

Der Einspruch ist nach Art. 8 Abs. 14 Unterabs. 1 S. 1 SE-VO innerhalb der in Art. 8 Abs. 6 S. 1 SE-VO genannten Frist von zwei Monaten nach der Offenlegung des Verlegungsplans zu erheben.

(4) Rechtsfolge

Nach Art. 8 Abs. 14 Unterabs. 1 S. 1 SE-VO ist Rechtsfolge der Erhebung des Einspruchs, „dass eine Sitzverlegung … nicht wirksam wird".

Damit beschreibt Art. 8 Abs. 14 Unterabs. 1 S. 1 SE-VO indes nur die mittelbare Rechtsfolge. Unmittelbare Rechtsfolge des Einspruchs ist, dass die Bescheinigung nach Art. 8 Abs. 8 SE-VO nicht ausgestellt werden darf.[727] Dies hat mittelbar zur Folge, dass die SE nach Art. 8 Abs. 9 Alt. 1 SE-VO nicht in das Register des Zuzugstaats eingetra-

---

[727] Zur Nichterhebung des Einspruchs nach Art. 8 Abs. 14 Unterabs. 1 S. 1 SE-VO als einer Rechtshandlung im Sinne des Art. 8 Abs. 8 SE-VO siehe unten Punkt C. I. 2. a) hh) (3) (a).

gen und damit die Sitzverlegung nach Art. 8 Abs. 10 SE-VO nicht wirksam werden kann.

Dass Art. 8 Abs. 14 Unterabs. 1 S. 1 SE-VO – anders als Art. 8 Abs. 7 Unterabs. 1 SE-VO für den Nachweis des angemessenen Schutzes der Gläubiger – die Nichterhebung des Einspruchs nicht ausdrücklich zur Voraussetzung für die Ausstellung der Bescheinigung nach Art. 8 Abs. 8 SE-VO erhebt, lässt sich wiederum dadurch erklären, dass der Rat die Formulierung des Art. 8 Abs. 14 Unterabs. 1 S. 1 SE-VO im Wesentlichen identisch aus Art. 14 Abs. 4 S. 1 EWIV-VO übernommen hat, die EWIV-VO jedoch eine Bescheinigung entsprechend Art. 8 Abs. 8 SE-VO nicht vorsieht.

Dafür, dass die Erhebung des Einspruchs bereits die Ausstellung der Bescheinigung nach Art. 8 Abs. 8 SE-VO verhindert, spricht letztlich im Rahmen der objektiv-teleologischen Auslegung[728] der Grundsatz des effet utile. Die praktische Wirksamkeit des Einspruchs ist größer, wenn er bereits die Ausstellung der Bescheinigung nach Art. 8 Abs. 8 SE-VO verhindert, da dann mit Blick auf Art. 8 Abs. 9 Alt. 1 SE-VO eine Eintragung der SE in das Register des Zuzugstaats definitiv ausgeschlossen ist. Wäre hingegen die Bescheinigung nach Art. 8 Abs. 8 SE-VO trotz des Einspruchs auszustellen und der Einspruch lediglich der Registerbehörde im Zuzugstaat gegenüber zu erklären, bestünde die Gefahr, dass die Eintragung der SE in das Register des Zuzugstaats vorgenommen wird, bevor der Einspruch die dortige Registerbehörde erreicht.

Ist Rechtsfolge des Einspruchs nach Art. 8 Abs. 14 Unterabs. 1 S. 1 SE-VO, dass die Bescheinigung nach Art. 8 Abs. 8 SE-VO nicht ausgestellt werden darf, muss der Einspruch auch gegenüber der für die Ausstellung der Bescheinigung nach Art. 8 Abs. 8 SE-VO zuständigen Behörde erklärt werden.

---

728 Zu den Grundlagen siehe oben Punkt B. I. 1. b) dd) (1).

(5) Rechtsmittel vor einem Gericht

Wird von der Ermächtigung nach Art. 8 Abs. 14 Unterabs. 1 S. 1 SE-VO Gebrauch gemacht, so muss nach Art. 8 Abs. 14 Unterabs. 3 SE-VO gegen den Einspruch ein Rechtsmittel vor einem Gericht vorgesehen werden.

Dieses gerichtliche Rechtsmittel hat keine aufschiebende Wirkung, d. h. der Einspruch verhindert die Ausstellung der Bescheinigung nach Art. 8 Abs. 8 SE-VO, bis er durch das angerufene Gericht rechtskräftig aufgehoben wird. Dies folgt im Rahmen der logisch-systematischen Auslegung[729] des Begriffs „Rechtsmittel" im Umkehrschluss aus Art. 64 Abs. 3 S. 2 SE-VO.

(6) Konkrete Ausgestaltung einer deutschen Ausführungsregelung

Sollte sich der deutsche Gesetzgeber entschließen, von der Ermächtigung in Art. 8 Abs. 14 Unterabs. 1 S. 1 SE-VO Gebrauch zu machen, wird empfohlen, das Einspruchsrecht im SEAG den Finanzbehörden und Sozialversicherungsträgern zu gewähren, da die Einspruchsgründe nach Art. 8 Abs. 14 Unterabs. 1 S. 2 SE-VO Steuerschulden und nicht bezahlte Sozialversicherungsabgaben sind.[730]

Hinsichtlich des nach Art. 8 Abs. 14 Unterabs. 3 SE-VO vorzusehenden gerichtlichen Rechtsmittels ist auf Folgendes hinzuweisen. Zwar führt die Erhebung des Einspruchs dazu, dass der Antrag der SE auf Ausstellung der Bescheinigung nach Art. 8 Abs. 8 SE-VO vom Amtsgericht – Registergericht – abgelehnt wird, sodass der SE gegen diese Verfügung nach § 19 FGG die Beschwerde zum Landgericht zusteht. Damit ist aber Art. 8 Abs. 14 Unterabs. 3 SE-VO nicht Genüge getan, da sich die Beschwerde nach § 19 FGG nur gegen die Ablehnung des Antrags auf Ausstellung der Bescheinigung nach Art. 8 Abs. 8 SE-VO richtet, nicht jedoch – wie von Art. 8 Abs. 14 Unterabs. 3 SE-VO gefordert – „gegen den Einspruch". Da der Einspruch als Verwaltungsinternum mangels Außenwirkung kein Verwaltungsakt im Sinne des § 35 S. 1 des Verwaltungs-

---

729 Zu den Grundlagen siehe oben Punkt B. I. 1. b) bb) (1).

730 Siehe dazu oben Punkt C. I. 2. a) gg) (2) (a).

verfahrensgesetzes ist, ist nach § 42 Abs. 1 Alt. 1 der Verwaltungsgerichtsordnung gegen ihn auch eine Anfechtungsklage vor den Verwaltungsgerichten nicht statthaft. Sollte der deutsche Gesetzgeber von der Ermächtigung des Art. 8 Abs. 14 Unterabs. 1 S. 1 SE-VO Gebrauch machen, muss er demnach im SEAG die Möglichkeit einer separaten Klage gegen den Einspruch vorsehen. Für diese Klage sollten die Verwaltungsgerichte zuständig sein.

In das SEAG könnte demnach folgende Regelung aufgenommen werden:

„*Einspruch gegen die Sitzverlegung*

(1) Die Finanzbehörden und die Sozialversicherungsträger können innerhalb der in Artikel 8 Absatz 6 der Verordnung genannten Frist von zwei Monaten aus Gründen des öffentlichen Interesses gegen die Sitzverlegung Einspruch erheben. Unterliegt eine SE der Aufsicht der Bundesanstalt für Finanzdienstleistungsaufsicht, kann auch diese gegen die Sitzverlegung Einspruch erheben.

(2) Gegen den Einspruch steht der SE die Klage zum Verwaltungsgericht zu."

hh) Bescheinigung nach Art. 8 Abs. 8 SE-VO

Die vorletzte Maßnahme im Wegzugstaat besteht nach Art. 8 Abs. 8 SE-VO darin, dass eine Behörde eine Bescheinigung ausstellt, aus der zweifelsfrei hervorgeht, dass die der Verlegung vorangehenden Rechtshandlungen und Formalitäten durchgeführt wurden.

(1) Bedeutung des Begriffs „Bescheinigung"

Art. 8 Abs. 8 SE-VO wirft zunächst die Frage auf, was mit dem Begriff „Bescheinigung" gemeint ist.

Bei der Beantwortung dieser Frage sind im Rahmen der logisch-systematischen Auslegung[731] die Anhänge V und VI EuGV-VO sehr hilfreich. Denn diese enthalten Formblätter für die Bescheinigungen nach Art. 54, Art. 57 Abs. 4 S. 2 und Art. 58 S. 2

---

[731] Zu den Grundlagen siehe oben Punkt B. I. 1. b) bb) (1).

EuGV-VO. Die Bescheinigungen nach Art. 54, Art. 57 Abs. 4 S. 2 und Art. 58 S. 2 EuGV-VO erfüllen im Wesentlichen denselben Zweck wie die Bescheinigung nach Art. 8 Abs. 8 SE-VO. In beiden Fällen ist die Bescheinigung Teil eines Verfahrens, das in einem Mitgliedstaat begonnen hat und in einem anderen Mitgliedstaat abgeschlossen wird. Während Art. 54, Art. 57 und Art. 58 EuGV-VO die Vollstreckung von Entscheidungen, öffentlichen Urkunden und Prozessvergleichen aus einem Mitgliedstaat in einem anderen Mitgliedstaat regeln, ist Gegenstand des Art. 8 SE-VO die Satzungssitzverlegung von einem Mitgliedstaat in einen anderen. In beiden Fällen erspart die Bescheinigung der Behörde, die das in einem anderen Mitgliedstaat begonnene Verfahren abschließen soll, die Prüfung, ob die für den Abschluss des Verfahrens erforderlichen Voraussetzungen in dem anderen Mitgliedstaat vorliegen. Dass die Bescheinigung nach Art. 8 Abs. 8 SE-VO diesen Zweck hat, ergibt sich aus Art. 8 Abs. 9 Alt. 1 SE-VO, wonach die Vorlage der Bescheinigung eine Voraussetzung für die Eintragung der SE in das Register des Zuzugstaats ist.
Im Sinne einer Vereinheitlichung des europäischen Rechts im Bereich grenzüberschreitender Verfahren ist daher davon auszugehen, dass die nach Art. 8 Abs. 8 SE-VO zu erteilende Bescheinigung im Wesentlichen den Bescheinigungen nach Art. 54 und Art. 58 S. 2 jeweils i. V. m. Anhang V bzw. Art. 57 Abs. 4 S. 2 i. V. m. Anhang VI EuGV-VO entspricht.

Soweit die Bescheinigung nach Art. 9 Sitzverlegungs-RLVE als Eintragung der Sitzverlegung und der Satzungsänderung in das Register des Wegzugstaats mit Vorläufigkeitsvermerk aufgefasst wird,[732] kann dem nicht gefolgt werden.[733] Sowohl Art. 10 und Art. 11 Abs. 3 Sitzverlegungs-RLVE als auch Art. 8 Abs. 10 und Abs. 11 S. 2 SE-VO enthalten ausdrückliche Regelungen zu der Frage, welche Eintragungen in den Registern des Zuzug- und des Wegzugstaats vorzunehmen sind. Hieraus ergibt sich im Umkehrschluss, dass die Bescheinigungen nach Art. 9 Sitzverlegungs-RLVE und Art. 8 Abs. 8 SE-VO nicht in Form einer Registereintragung erteilt werden sollen.

---

732 *Priester*, ZGR 1999, S. 36 (44).

733 A. A. *Wenz*, in: Theisen/Wenz, Europäische Aktiengesellschaft, S. 171 (229-231).

Den nach Art. 8 Abs. 8 SE-VO zuständigen Behörden wird daher empfohlen, eine Bescheinigung auszustellen, die sich im Wesentlichen an den Anhängen V und VI EuGVVO orientiert.

Verlegt eine X-SE ihren Satzungssitz von München nach London, könnte eine diesbezügliche Bescheinigung nach Art. 8 Abs. 8 SE-VO, die am 01.02.11 ausgestellt wird, wie folgt aussehen:

„Bescheinigung
nach Artikel 8 Absatz 8
der Verordnung (EG) Nr. 2157/2001 des Rates vom 8. Oktober 2001
über das Statut der Europäischen Gesellschaft (SE)
(Deutsch, German, alemán, allemand, tedesco ...)

1. *Ursprungsmitgliedstaat*
Bundesrepublik Deutschland

2. *Gericht/Notar/andere zuständige Behörde, das/der/die die vorliegende Bescheinigung ausgestellt hat*

2.1 *Amtsgericht München – Registergericht*

2.2 *Anschrift*
Infanteriestraße 5
80797 München

2.3 *Telefon*
+49 (0)89/5597-06

2.4 *Fax*
+49 (0)89/5597-35 60

3. *Sitzverlegende Gesellschaft*

3.1 *Bisherige Firma*
X-SE

3.2 *Gegebenenfalls neue Firma*
Y-SE

3.3 *Bisheriger Sitz*

München, Bundesrepublik Deutschland

3.4 Vorgesehener neuer Sitz

London, Vereinigtes Königreich von Großbritannien und Nordirland

3.5 Register

siehe oben Punkt 2.

3.6 Bisherige Registriernummer

HRB 4231

3.7 Anschrift

Musterstraße 1000

... München

3.8 Telefon/Fax/E-Mail

...

Die der Sitzverlegung vorangehenden Rechtshandlungen und Formalitäten wurden durchgeführt.

Geschehen zu München am 01.02.11

[*Unterschrift und/oder Dienstsiegel: ...*]"

(2) Zuständigkeit

Die für die Ausstellung der Bescheinigung zuständige Behörde hat nach Art. 68 Abs. 2 S. 1 SE-VO jeder Mitgliedstaat zu benennen.

Generell bietet es sich an, das Verlegungsverfahren bei der Behörde zu konzentrieren, die bereits für die Offenlegung des Verlegungsplans[734] zuständig ist.

In Deutschland sollte daher das Amtsgericht – Registergericht – nicht nur für die Bekanntmachung des Verlegungsplans, sondern auch für die Ausstellung der Bescheini-

---

734 Siehe dazu oben Punkt C. I. 2. a) aa) (5).

gung nach Art. 8 Abs. 8 SE-VO zuständig sein.[735] Dem entspricht die Verweisung des § 4 S. 1 SEAG auf § 125 Abs. 1 und 2 FGG.

(3) Inhalt

Inhalt der Bescheinigung ist nach Art. 8 Abs. 8 SE-VO, dass die der Verlegung vorangehenden Rechtshandlungen und Formalitäten durchgeführt wurden.
Was mit den Begriffen „Rechtshandlungen“, „Formalitäten“ und „durchgeführt“ im Einzelnen gemeint ist, muss durch Auslegung ermittelt werden.

(a) Bedeutung des Begriffs „Rechtshandlungen“

Zu beginnen ist mit der Auslegung des Begriffs „Rechtshandlungen“.

Der im Rahmen der sprachlich-grammatischen Auslegung[736] zu berücksichtigende juristisch-technische Sprachgebrauch des Begriffs Rechtshandlungen umfasst in Deutschland jedes positive Tun oder Unterlassen, an das unabhängig vom Willen der beteiligten Person Rechtsfolgen geknüpft sind.[737] Dieses Begriffsverständnis ist mit anderen Sprachfassungen des Art. 8 Abs. 8 SE-VO vereinbar. Denn andere Sprachfassungen des Art. 8 Abs. 8 SE-VO verwenden an Stelle des Begriffs Rechtshandlungen Begriffe,[738] die mit Rechtshandlungen[739] oder Handlungen[740] zu übersetzen sind.

---

[735] *Teichmann*, ZGR 2002, S. 383 (460); *Wenz*, in: Theisen/Wenz, Europäische Aktiengesellschaft, S. 171 (229).

[736] Zu den Grundlagen siehe oben Punkt B. I. 1. b) aa) (1).

[737] Ähnlich *Heinrichs*, in: Palandt, BGB, Überbl. § 104 Rn. 4.

[738] Andere Sprachfassungen lauten: „acts“ (Englisch); „actes“ (Französisch); „actos“ (Spanisch); „atti“ (Italienisch); „handelingen“ (Niederländisch).

[739] *Potonnier/Potonnier*, Wörterbuch für Wirtschaft, Recht und Handel II, S. 30.

[740] *Romain/Bader/Byrd*, Wörterbuch der Rechts- und Wirtschaftssprache I, S. 15; *Potonnier/Potonnier*, Wörterbuch für Wirtschaft, Recht und Handel II, S. 30; *Becher*, Wörterbuch der Rechts- und Wirtschaftssprache I, S. 23; *Conte/Boss*, Wörterbuch der Rechts- und

Dem Satzzusammenhang mit der Formulierung „der Verlegung vorangehenden" ist zu entnehmen, dass es sich bei den Rechtshandlungen um Verlegungsvoraussetzungen handelt.

Dass es sich dabei um Verlegungsvoraussetzungen im Wegzugstaat handelt, ergibt sich aus dem Zweck der Bescheinigung, der im Rahmen der objektiv-teleologischen Auslegung[741] zu berücksichtigen ist. Wie sich aus Art. 8 Abs. 9 Alt. 1 SE-VO ableiten lässt, besteht dieser nämlich darin, der Behörde im Zuzugstaat die Prüfung zu ersparen, ob die Voraussetzungen für die Sitzverlegung im Wegzugstaat vorliegen.[742]

Der Begriff Rechtshandlungen umfasst folglich jedes positive Tun oder Unterlassen, an das unabhängig vom Willen der beteiligten Person Rechtsfolgen geknüpft sind und das im Wegzugstaat Voraussetzung für die Sitzverlegung ist. Rechtshandlungen im Sinne des Art. 8 Abs. 8 SE-VO sind insbesondere:

- die Erstellung des Verlegungsplans nach Art. 8 Abs. 2 S. 1 SE-VO;[743]
- die Offenlegung des Verlegungsplans nach Art. 8 Abs. 2 S. 1 SE-VO i. V. m. Art. 13 SE-VO i. V. m. den Rechtsvorschriften des Wegzugstaats;[744]
- die Erstellung des Berichts nach Art. 8 Abs. 3 SE-VO;[745]
- die Auslegung des Verlegungsplans und des Verlegungsberichts zur Einsichtnahme der Aktionäre und Gläubiger sowie die Aushändigung von Abschriften dieser Unterlagen an den genannten Personenkreis nach Art. 8 Abs. 4 SE-VO;[746]

Wirtschaftssprache I, S. 45; *Scheer*, Wörterbuch der deutschen und niederländischen Rechtssprache II, S. 186.

741 Zu den Grundlagen siehe oben Punkt B. I. 1. b) dd) (1).

742 Siehe dazu oben Punkt C. I. 2. a) hh) (1).

743 Siehe dazu oben Punkte C. I. 2. a) aa) (1) (b), C. I. 2. a) aa) (2) und (3) sowie C. I. 2. a) aa) (6).

744 Siehe dazu oben Punkt C. I. 2. a) aa) (5).

745 Siehe dazu oben Punkt C. I. 2. a) bb).

746 Siehe dazu oben Punkt C. I. 2. a) cc).

- falls der Wegzugstaat von der Ermächtigung des Art. 8 Abs. 5 SE-VO Gebrauch gemacht hat: das Angebot einer Barabfindung o. Ä. nach Art. 8 Abs. 5 SE-VO i. V. m. den Rechtsvorschriften des Wegzugstaats;[747]
- die Fassung des Verlegungsbeschlusses nach Art. 8 Abs. 6 SE-VO;[748]
- die Offenlegung des Verlegungsbeschlusses nach Art. 8 Abs. 6 S. 2 i. V. m. Art. 59 Abs. 3 i. V. m. Art. 13 SE-VO i. V. m. den Rechtsvorschriften des Wegzugstaats;[749]
- der Nachweis des angemessenen Schutzes der Interessen der Gläubiger und sonstigen Forderungsberechtigten nach Art. 8 Abs. 7 Unterabs. 1 SE-VO i. V. m. den Rechtsvorschriften des Wegzugstaats;[750]
- falls der Wegzugstaat von der Ermächtigung des Art. 8 Abs. 14 Unterabs. 1 S. 1 SE-VO Gebrauch gemacht hat: die Nichterhebung des Einspruchs durch die zuständige Behörde;[751]
- die Nichteröffnung eines Verfahrens gegen die SE wegen Auflösung, Liquidation, Zahlungsunfähigkeit oder vorläufiger Zahlungseinstellung nach Art. 8 Abs. 15 i. V. m. Art. 63 SE-VO.[752]

(b) Bedeutung des Begriffs „Formalitäten"

Als Nächstes ist auf die Bedeutung des Begriffs „Formalitäten" einzugehen.

Bedeutsam ist im Rahmen der sprachlich-grammatischen Auslegung[753] zunächst der Satzzusammenhang mit dem Begriff Rechtshandlungen. Beide Begriffe sind in der

---

747 Siehe dazu oben Punkt C. I. 2. a) dd).

748 Siehe dazu oben Punkte C. I. 2. a) ee) (2) bis (6) und C. I. 2. a) ee) (9).

749 Siehe dazu oben Punkt C. I. 2. a) ee) (7).

750 Siehe dazu oben Punkt C. I. 2. a) ff).

751 Siehe dazu oben Punkt C. I. 2. a) gg).

752 Siehe dazu unten Punkt C. I. 3. a).

753 Zu den Grundlagen siehe oben Punkt B. I. 1. b) aa) (1).

Weise voneinander abzugrenzen, dass unter Formalitäten alle Verlegungsvoraussetzungen zu verstehen sind, die keine Rechtshandlungen im Sinne des Art. 8 Abs. 8 SE-VO[754] sind.
Wie die Rechtshandlungen umfassen auch die Formalitäten nur Verlegungsvoraussetzungen im Wegzugstaat. Insoweit wird auf die Ausführungen zur Bedeutung des Begriffs Rechtshandlungen[755] verwiesen.

Formalitäten sind daher alle Verlegungsvoraussetzungen im Wegzugstaat, die keine Rechtshandlungen im Sinne des Art. 8 Abs. 8 SE-VO sind. Hierzu zählt z. B. das Verlegungsverbot nach Art. 37 Abs. 3 SE-VO[756].

(c) Bedeutung des Begriffs „durchgeführt“

Fraglich ist, wann die Rechtshandlungen und Formalitäten „durchgeführt“ sind.

Die logisch-systematische Auslegung[757] führt zu der Feststellung, dass Rechtshandlungen und Formalitäten durchgeführt sind, wenn sie vorliegen und nicht Gegenstand eines anhängigen Verfahrens sind. Andernfalls bestünde die Gefahr, dass die Sitzverlegung wirksam wird, obwohl die Verlegungsvoraussetzungen im Wegzugstaat nicht gegeben sind. Denn nach Art. 8 Abs. 9 SE-VO ist die Vorlage der Bescheinigung Voraussetzung für die Eintragung der SE in das Register des Zuzugstaats und nach Art. 8 Abs. 10 SE-VO wird die Sitzverlegung mit dieser Eintragung wirksam.

Bei einer Sitzverlegung von Deutschland in einen anderen Mitgliedstaat ist insbesondere der wirksame Verlegungsbeschluss erst dann im Sinne des Art. 8 Abs. 8 SE-VO durchgeführt, wenn gegen ihn keine Anfechtungsklage anhängig ist, auf Grund

---

754 Zur Bedeutung des Begriffs „Rechtshandlungen“ siehe oben Punkt C. I. 2. a) hh) (3) (a).

755 Siehe dazu oben Punkt C. I. 2. a) hh) (3) (a).

756 Siehe dazu unten Punkt C. I. 3. b).

757 Zu den Grundlagen siehe oben Punkt B. I. 1. b) bb) (1).

deren er durch Urteil für nichtig erklärt werden kann (Art. 9 Abs. 1 Buchst. c ii) SE-VO i. V. m. § 241 Nr. 5 AktG).

(4) Verfahren

Das Verfahren, das der Ausstellung der Bescheinigung nach Art. 8 Abs. 8 SE-VO vorauszugehen hat, gestaltet sich wie folgt.

Es beginnt damit, dass die SE die Ausstellung der Bescheinigung nach Art. 8 Abs. 8 SE-VO bei der zuständigen Behörde beantragt. Das Antragserfordernis folgt aus der logisch-systematischen Zusammenschau[758] des Art. 8 Abs. 8 SE-VO mit Art. 54, Art. 57 Abs. 4 S. 2 und Art. 58 S. 2 EuGV-VO, die für die Erteilung der Bescheinigung jeweils einen Antrag vorsehen. Der Antrag muss vom Leitungs- bzw. Verwaltungsorgan der SE gestellt werden, weil es sich hierbei um eine Geschäftsführungsmaßnahme im Sinne des Art. 39 Abs. 1 S. 1 bzw. Art. 43 Abs. 1 S. 1 SE-VO handelt.

Der Inhalt des Antrags sowie das Verfahren im Übrigen richten sich nach den mitgliedstaatlichen Rechtsvorschriften. Insoweit sind die Mitgliedstaaten nach Art. 68 Abs. 1 SE-VO verpflichtet, geeignete Vorkehrungen zu treffen. Da die Bescheinigung nach Art. 8 Abs. 8 SE-VO im Wesentlichen den Bescheinigungen nach Art. 54, Art. 57 Abs. 4 S. 2 und Art. 58 S. 2 EuGV-VO entspricht, wird dem deutschen Gesetzgeber empfohlen, in das SEAG eine § 56 AVAG entsprechende Bestimmung aufzunehmen.[759] Die Verweisung des § 4 S. 1 SEAG auf § 125 Abs. 1 und 2 FGG und damit auf das Verfahren nach FGG und Handelsregisterverordnung[760] ist nicht ausreichend. Denn weder das FGG noch die Handelsregisterverordnung enthalten Bestimmungen über die Ausstellung einer Bescheinigung.

---

758 Zu den Grundlagen siehe oben Punkt B. I. 1. b) bb) (1).

759 Siehe dazu oben Punkt C. I. 2. a) hh) (1).

760 Abs. 2 der Begründung zu § 4 SEAG-RegE, Drucksache 15/3405, S. 31, und Drucksache 438/04, S. 78.

Verlegt eine X-SE ihren Satzungssitz von München nach London, könnte ein diesbezüglicher Antrag auf Ausstellung der Bescheinigung nach Art. 8 Abs. 8 SE-VO, der am 01.09.10 gestellt wird, wie folgt aussehen:[761]

„An das

Amtsgericht München

– Registergericht –

X-SE

HRB 4231

1. *Wir, die sämtlichen Mitglieder des Vorstands*[762] *der X-SE, beantragen die Ausstellung der Bescheinigung nach Artikel 8 Absatz 8 der Verordnung (EG) Nr. 2157/2001 des Rates vom 8. Oktober 2001 über das Statut der Europäischen Gesellschaft (SE) (im Folgenden „SE-VO" genannt) für die Verlegung des Satzungssitzes der X-SE von München in der Bundesrepublik Deutschland nach London im Vereinigten Königreich von Großbritannien und Nordirland.*
2. *Wir geben folgende Erklärungen ab:*
   a) *Der Verlegungsplan wurde am 01.06.09 erstellt, am 02.06.09 zum Handelsregister eingereicht und am 02.11.09 bekannt gemacht.*
   b) *Der Bericht nach Art. 8 Abs. 3 SE-VO wurde am 01.06.09 erstellt. Er ist diesem Antrag als Anlage 1 beigefügt.*
   c) *Der Verlegungsplan sowie der Bericht nach Art. 8 Abs. 3 SE-VO lagen in der Zeit vom 01.12.09 bis 31.12.09 zur Einsicht der Aktionäre und Gläubiger der X-SE im Hauptverwaltungsgebäude der X-SE in München, Musterstraße 1000, aus. In dieser Zeit wurden den Aktionären und Gläubigern der X-SE auf Verlangen Abschriften dieser Unterlagen unentgeltlich zugesandt.*

---

761 Zu Grunde gelegt wurde das Muster für eine Anmeldung zum Handelsregister von *Vossius*, in: Widmann/Meyer, UmwR, Anh. 4 Rn. M 174, Stand: Februar 1999.

762 Die X-SE verfügt über das dualistische System. Würde die X-SE über das monistische System verfügen, wäre der Verwaltungsrat für die Antragstellung zuständig.

d) Der Verlegungsbeschluss wurde in der Hauptversammlung am 15.02.10 gefasst. Er enthält ein Barabfindungsangebot an die Minderheitsaktionäre. Er wurde am 16.02.10 zur Eintragung in das Handelsregister angemeldet und am 01.07.10 bekannt gemacht.

e) Als Nachweis des angemessenen Schutzes der Gläubiger und sonstigen Forderungsberechtigten (einschließlich der öffentlich-rechtlichen Körperschaften) nach Art. 8 Abs. 7 Unterabs. 1 SE-VO i. V. m. ... SEAG fügen wir als Anlage 2 öffentlich beglaubigte Abschriften über die Bestellung folgender Sicherheiten bei: ...

3. Wir versichern, dass

a) eine Klage gegen die Wirksamkeit des Verlegungsbeschlusses nicht erhoben ist,

b) ein Einspruch gegen die Satzungssitzverlegung nicht erhoben ist,

c) ein Verfahren gegen die X-SE wegen Auflösung, Liquidation, Zahlungsunfähigkeit oder vorläufiger Zahlungseinstellung nicht eröffnet ist.

München, 01.09.10

[*Unterschriften aller Mitglieder des Vorstands der X-SE*]“

(5) Bedeutung der Formulierung „stellt ... aus“

Zuletzt stellt sich noch die Frage, ob die nach Art. 8 Abs. 8 SE-VO zuständige Behörde verpflichtet ist, die Bescheinigung der Registerbehörde im Zuzugstaat von Amts wegen zu übersenden, oder ob sie die Bescheinigung lediglich der antragstellenden SE aushändigen muss, die sie dann ihrerseits der Registerbehörde im Zuzugstaat vorzulegen hat. Die Antwort auf diese Frage ist der Formulierung „stellt ... aus“ in Art. 8 Abs. 8 SE-VO zu entnehmen. Die logisch-systematische Auslegung[763] dieser Formulierung führt zu der Feststellung, dass die Bescheinigung nach Art. 8 Abs. 8 SE-VO der antragstellenden SE lediglich ausgehändigt werden muss.

---

[763] Zu den Grundlagen siehe oben Punkt B. I. 1. b) bb) (1).

Dies ergibt sich zum einen aus der Zusammenschau mit Art. 8 Abs. 9 SE-VO. Nach dieser Vorschrift ist Voraussetzung für die Eintragung der SE in das Register des Zuzugstaats, dass „die Bescheinigung nach Absatz 8 vorgelegt" wird. Vorlegen kann die SE die Bescheinigung aber nur dann, wenn ihr diese zuvor von der zuständigen Behörde im Wegzugstaat ausgehändigt worden ist.

Dies lässt sich zum anderen aus Art. 8 Abs. 11 S. 1 SE-VO ableiten, der die Registerbehörde im Zuzugstaat verpflichtet, die Eintragung der SE in das Register des Zuzugstaats der Registerbehörde im Wegzugstaat zu melden. Hieraus ergibt sich im Umkehrschluss, dass die Formulierung „stellt ... aus" in Art. 8 Abs. 8 SE-VO nicht als Meldung der zuständigen Behörde des Wegzugstaats an die Registerbehörde des Zuzugstaats verstanden werden kann. Hintergrund ist, dass die nach Art. 8 Abs. 8 SE-VO zuständige Behörde keine Informationen darüber hat, welche Behörde im Zuzugstaat für die Eintragung der SE in das dortige Register zuständig ist.

Soweit dies im Zusammenhang mit der Bescheinigung nach Art. 9 Sitzverlegungs-RLVE anders gesehen wird,[764] ist dem nicht zu folgen. Denn wie Art. 8 Abs. 9 SE-VO setzt auch Art. 10 Sitzverlegungs-RLVE für die Eintragung der Gesellschaft in das Register des Zuzugstaats die „Vorlage der Bescheinigung" voraus. Vorlegen kann die Gesellschaft die Bescheinigung aber auch hier nur dann, wenn ihr diese zuvor von der zuständigen Behörde im Wegzugstaat ausgehändigt worden ist.

ii) Löschung der SE im Register

Zuletzt ist die SE im Register des Wegzugstaats nach Art. 8 Abs. 11 S. 2 SE-VO zu löschen und die Löschung nach Art. 8 Abs. 12 Alt. 2 i. V. m. Art. 13 SE-VO offen zu legen.

Die Löschung der SE im Register des Wegzugstaats darf nach Art. 8 Abs. 11 S. 2 SE-VO erst erfolgen, wenn das Register im Zuzugstaat dem Register im Wegzugstaat die Eintragung in das Register des Zuzugstaats nach Art. 8 Abs. 11 S. 1 SE-VO gemeldet hat.

---

764 *Priester*, ZGR 1999, S. 36 (45).

Hinsichtlich der Offenlegung der Löschung wird auf die Ausführungen zur Offenlegung des Verlegungsplans nach Art. 8 Abs. 2 S. 1 i. V. m. Art. 13 SE-VO[765] verwiesen.

jj) Wiederaufnahme der Verhandlungen über die Beteiligung der Arbeitnehmer

Eine Wiederaufnahme der Verhandlungen über die Beteiligung der Arbeitnehmer ist im Wegzugstaat grundsätzlich nicht veranlasst.

§ 18 Abs. 3 SEBG ist auf die grenzüberschreitende Sitzverlegung nicht anwendbar. Zwar stellt die grenzüberschreitende Sitzverlegung eine strukturelle Änderung im Sinne der Vorschrift dar.[766]
Jedoch setzt die Anwendbarkeit der Vorschrift voraus, dass die grenzüberschreitende Sitzverlegung geeignet ist, Beteiligungsrechte der Arbeitnehmer im Sinne des § 2 Abs. 9 SEBG zu mindern. Da die grenzüberschreitende Sitzverlegung zu keiner Änderung der Arbeitnehmerbeteiligung führt,[767] ist ihr diese Eignung abzusprechen.

Auch besteht kein über § 18 Abs. 3 SEBG hinausgehender Nachverhandlungsanspruch. Ein solcher ergibt sich insbesondere nicht aus Erwägungsgrund 18 S. 2 SE-AN-RL.[768] Denn auch dieser verlangt bei strukturellen Veränderungen nur eine Sicherung der erworbenen Rechte. Dies ist bei der grenzüberschreitenden Sitzverlegung gewährleistet, da die Arbeitnehmerbeteiligung durch diese nicht berührt wird.

---

765 Siehe dazu oben Punkt C. I. 2. a) aa) (5) (a).

766 Ebenso *Wenz*, in: Theisen/Wenz, Europäische Aktiengesellschaft, S. 171 (215) zur Auslegung des Begriffs „strukturelle Veränderungen" in Erwägungsgrund 18 S. 2 SE-AN-RL, auf den § 18 Abs. 3 SEBG zurückgeht.

767 Siehe dazu oben Punkt C. I. 2. a) aa) (3) (e) und unten Punkt C. II. 2. b).

768 *Wenz*, in: Theisen/Wenz, Europäische Aktiengesellschaft, S. 171 (215); *Heinze*, ZGR 2002, S. 66 (93 f.).

Eine Wiederaufnahme der Verhandlungen über die Beteiligung der Arbeitnehmer kommt daher ausnahmsweise nur in zwei Fällen in Betracht:

- In einer bestehenden Vereinbarung ist vorgesehen, dass die Arbeitnehmerbeteiligung für den Fall einer grenzüberschreitenden Satzungssitzverlegung neu verhandelt wird (§ 21 Abs. 1 Buchst. f und Abs. 4 SEBG).
- Im Anschluss an die grenzüberschreitende Satzungssitzverlegung ist eine strukturelle Änderung geplant, die – wie eine Umwandlung der SE in eine Aktiengesellschaft des Rechts des Zuzugstaats[769] – geeignet ist, die Beteiligungsrechte der Arbeitnehmer zu mindern.[770]

b) Maßnahmen im Zuzugstaat

Nach der Ausstellung der Bescheinigung nach Art. 8 Abs. 8 SE-VO verlagert sich das Sitzverlegungsverfahren in den Zuzugstaat.

aa) Eintragung der SE

Die SE muss dort nach Art. 8 Abs. 9 SE-VO in das Register eingetragen werden, damit die Sitzverlegung nach Art. 8 Abs. 10 SE-VO wirksam wird.

(1) Zuständigkeit

Zuständig für die Eintragung der SE in das Register des Zuzugstaats ist die Behörde, die das Register führt, in welches jede SE nach Art. 12 Abs. 1 SE-VO i. V. m. den Rechtsvorschriften des Zuzugstaats eingetragen wird.

In Deutschland sollte jede SE in das Handelsregister eingetragen werden.[771] Dies sieht § 3 SEAG vor. Für die Eintragung einer nach Deutschland zuziehenden SE in das

---

[769] Art. 66 SE-VO.

[770] *Nagel*, DB 2004, S. 1299 (1302); *ders.*, NZG 2004, S. 833 (839).

[771] *Schwarz*, ZIP 2001, S. 1847 (1854); *Teichmann*, ZIP 2002, S. 1109 (1112).

Handelsregister wäre dann nach § 125 Abs. 1 FGG das Amtsgericht zuständig. § 4 S. 1 SEAG stellt dies klar.

(2) Voraussetzungen

Die Eintragung der SE in das Register des Zuzugstaats hat nach Art. 8 Abs. 9 SE-VO zwei Voraussetzungen.

(a) Vorlage der Bescheinigung nach Art. 8 Abs. 8 SE-VO

Zum einen muss die Bescheinigung nach Art. 8 Abs. 8 SE-VO[772] „vorgelegt" werden. Die das Verlegungsverfahren betreibende SE hat also dafür zu sorgen, dass die Registerbehörde des Zuzugstaats in den Besitz der Bescheinigung nach Art. 8 Abs. 8 SE-VO gelangt. Zu einer automatischen Übermittlung der Bescheinigung von Amts wegen durch die nach Art. 8 Abs. 8 SE-VO zuständige Behörde kommt es nicht. Insoweit wird auf die Ausführungen zur Bedeutung der Formulierung „stellt ... aus" in Art. 8 Abs. 8 SE-VO[773] verwiesen.

(b) Nachweis der Erfüllung der Eintragungsformalitäten

Zum anderen setzt die Eintragung der SE in das Register des Zuzugstaats voraus, dass gegenüber der Registerbehörde „die Erfüllung der für die Eintragung in dem neuen Sitzstaat erforderlichen Formalitäten nachgewiesen wurde".

Die Formulierung „nachgewiesen wurde" bedeutet, dass die Behörde von der Wahrheit der Tatsachenbehauptungen zu überzeugen ist. Denn im Rahmen der logisch-systematischen Auslegung[774] ist davon auszugehen, dass die Bedeutung dieser Formulierung

---

[772] Zur Bescheinigung nach Art. 8 Abs. 8 siehe oben Punkt C. I. 2. a) hh).

[773] Siehe dazu oben Punkt C. I. 2. a) hh) (5).

[774] Zu den Grundlagen siehe oben Punkt B. I. 1. b) bb) (1).

derjenigen der Formulierung „Nachweis zu erbringen" in Art. 8 Abs. 7 Unterabs. 1 SE-VO[775] entspricht.

Der Begriff „Erfüllung" hat dieselbe Bedeutung wie der Begriff „durchgeführt" in Art. 8 Abs. 8 SE-VO[776]. Dies ist das Ergebnis des im Rahmen der sprachlich-grammatischen Auslegung[777] durchzuführenden Vergleichs mit anderen Sprachfassungen. Diese verwenden in Art. 8 Abs. 8 und Art. 8 Abs. 9 SE-VO identische Begriffe.[778]

Die für die Eintragung in das Register des Zuzugstaats erforderlichen Formalitäten sind folglich erfüllt, wenn sie vorliegen und nicht Gegenstand eines anhängigen Verfahrens sind.

Problematisch ist allein die Auslegung der Formulierung „für die Eintragung in dem neuen Sitzstaat erforderlichen Formalitäten".

Zunächst stellt sich die Frage, wie der Begriff „Formalitäten" zu verstehen ist. Er könnte nur die formellen Anforderungen an den Eintragungsantrag beschreiben. Denkbar ist aber auch ein Verständnis, dass neben den formellen auch die materiellen Voraussetzungen umfasst. Für dieses weitergehende Verständnis spricht folgende Überlegung: Die SE-VO folgt grundsätzlich der Sitztheorie.[779] Zweck der Sitztheorie ist der Schutz der Rechtsordnung des Staats, der tatsächlich am meisten von der Tätigkeit einer Gesellschaft betroffen ist. In der SE-VO wird dieser Schutz dadurch verwirklicht, dass Art. 8 Abs. 9 SE-VO dem Zuzugstaat eine umfassende Prüfung erlaubt, bevor er

---

775 Siehe dazu oben Punkt C. I. 2. a) ff) (1).

776 Siehe dazu oben Punkt C. I. 2. a) hh) (3) (c).

777 Zu den Grundlagen siehe oben Punkt B. I. 1. b) aa) (1).

778 Diese Begriffe lauten: „accomplissement" (Französisch); „cumplimiento" (Spanisch); „cumprimento" (Portugiesisch); „vervuld" (Niederländisch); ähnlich auch die englische Sprachfassung, die die Begriffe „completion" und „completed" verwendet.

779 Siehe dazu oben Punkt B. III. 1. a) aa) (b).

die SE durch Eintragung in seine Rechtsordnung integriert. Der Begriff Formalitäten erfasst demnach nicht nur formelle, sondern auch materielle Voraussetzungen.[780]
Der Klärung bedarf weiterhin, was die „für die Eintragung in dem neuen Sitzstaat erforderlichen“ Voraussetzungen sind. Dies sind jedenfalls die Vorschriften der SE-VO, die die SE auch im Zuzugstaat weiterhin beachten muss. Hierzu zählt vor allem Art. 7 SE-VO. Die Formulierung umfasst aber auch die mitgliedstaatlichen Gründungsvorschriften des Zuzugstaats. Denn nur wenn die Registerbehörde des Zuzugstaat deren Einhaltung prüfen kann, ist der mit Art. 8 Abs. 9 SE-VO bezweckte Schutz der Rechtsordnung des Zuzugstaats gewährleistet.[781] Dem steht Art. 8 Abs. 1 S. 2 Hs. 2 SE-VO nicht entgegen. Denn der Regelungsgehalt dieser Vorschrift beschränkt sich auf die Feststellung, dass die Sitzverlegung identitätswahrend erfolgt.[782]
Damit umfasst die Formulierung „für die Eintragung in dem neuen Sitzstaat erforderlichen Formalitäten“ sowohl die formellen als auch die materiellen Eintragungsvoraussetzungen, die sich aus der SE-VO und dem im Zuzugstaat anwendbaren mitgliedstaatlichen Gründungsrecht ergeben.
Die Niederlassungsfreiheit nach Art. 43 Abs. 1 S. 1 i. V. m. Art. 48 Abs. 1 EG erfordert keine restriktivere Auslegung des Begriffs „Formalitäten“ in Art. 8 Abs. 9 SE-VO, da ihr sachlicher Schutzbereich nicht eröffnet ist. Wie bereits dargelegt wurde,[783] verleiht die SE-VO der SE ihre Rechtsfähigkeit und kann daher auch die Modalitäten der grenzüberschreitenden Sitzverlegung bestimmen. Da die SE-VO sowohl im Wegzug- als auch im Zuzugstaat gilt, kann sie nicht nur Verlegungsvoraussetzungen im Wegzugstaat, sondern auch Eintragungsvoraussetzungen im Zuzugstaat aufstellen.

---

780 *Wenz*, in: Theisen/Wenz, Europäische Aktiengesellschaft, S. 171 (233); ebenso *Priester*, ZGR 1999, S. 36 (45 f.); *Frowein*, Grenzüberschreitende Sitzverlegung, S. 215 f. jeweils zu Art. 10 Sitzverlegungs-RLVE.

781 *Wenz*, in: Theisen/Wenz, Europäische Aktiengesellschaft, S. 171 (233 f.); ebenso *Priester*, ZGR 1999, S. 36 (45 f.); *Frowein*, Grenzüberschreitende Sitzverlegung, S. 215 f. jeweils zu Art. 10 Sitzverlegungs-RLVE.

782 Im Ergebnis ebenso *Priester*, ZGR 1999, S. 36 (46); *Frowein*, Grenzüberschreitende Sitzverlegung, S. 215 f. jeweils zu Art. 3 Sitzverlegungs-RLVE.

783 Siehe dazu oben Punkt C. I. 2. a) gg) (2) (b) β).

α) Vorherige Errichtung der Hauptverwaltung im Zuzugstaat

Zu den Formalitäten im Sinne des Art. 8 Abs. 9 SE-VO gehört die vorherige Errichtung der Hauptverwaltung im Zuzugstaat.
Aus Art. 7 S. 1 Hs. 2 SE-VO ergibt sich, dass der Satzungssitz einer SE ihrer Hauptverwaltung nachfolgt.[784] D. h., eine SE wird in das Register eines Mitgliedstaats erst eingetragen, nachdem sie in diesem Mitgliedstaat ihre Hauptverwaltung errichtet hat.[785] Dies gilt sowohl für die Gründung als auch für die grenzüberschreitende Verlegung des Satzungssitzes[786].
Für diese Auffassung spricht die Formulierung des Art. 7 S. 1 Hs. 2 SE-VO, wonach der Satzungssitz dort liegen muss, wo sich die Hauptverwaltung – bereits – befindet.
Gegen sie lässt sich nicht anführen, dass eine dem Art. 11 Abs. 2 Sitzverlegungs-RLVE entsprechenden Vorschrift in Art. 8 SE-VO fehlt.[787] Denn Art. 8 SE-VO bedarf keiner solchen Vorschrift, weil der mit Art. 11 Abs. 2 Sitzverlegungs-RLVE bezweckte Gleichlauf des Satzungssitzes mit dem Ort der Hauptverwaltung bereits durch Art. 7 S. 1 Hs. 2 SE-VO gewährleistet ist. Vielmehr legt Art. 11 Abs. 2 Sitzverlegungs-RLVE nahe, im Interesse einer Vereinheitlichung des europäischen Gesellschaftsrechts Art. 7 S. 1 Hs. 2 SE-VO so zu verstehen, dass eine SE ihre Hauptverwaltung erst in den Zuzugstaat verlagern muss, bevor sie dort in das Register eingetragen werden kann.
Zum Teil wird dem hier vertretenen Verständnis des Art. 7 S. 1 Hs. 2 SE-VO entgegengehalten, dass der SE ein Verfahren nach Art. 64 SE-VO drohe, wenn sie ihre Hauptverwaltung vorab in den Zuzugstaat verlagere.[788] Dabei wird jedoch folgender Zusammenhang zwischen Art. 7 und Art. 64 SE-VO übersehen: Wegen Art. 7 S. 1 Hs. 2 SE-VO muss die SE ihre Hauptverwaltung vorab in den Zuzugstaat verlagern, bevor sie

---

784 Ebenso *Grote*, Neues SE-Statut, S. 165 zu Art. 5 S. 3 SE-VOV 1989.

785 Ebenso *Grote*, Neues SE-Statut, S. 157 zu Art. 5 S. 3 SE-VOV 1989.

786 A. A. *Teichmann*, ZGR 2002, S. 383 (458); *ders.*, in: Theisen/Wenz, Europäische Aktiengesellschaft, S. 573 (608); *Wenz*, in: Theisen/Wenz, Europäische Aktiengesellschaft, S. 171 (207).

787 A. A. *Teichmann*, in: Theisen/Wenz, Europäische Aktiengesellschaft, S. 573 (608 Fn. 1).

788 *Bungert/Beier*, EWS 2002, S. 1 (6).

dort in das Register eingetragen werden kann. Folglich wird mit dieser Vorgehensweise die Verpflichtung aus Art. 7 SE-VO erfüllt. Damit ist der Anwendungsbereich des Art. 64 Abs. 1 SE-VO nicht eröffnet.

β) Rechtsvorschriften über die Satzung

Zu den Formalitäten im Sinne des Art. 8 Abs. 9 SE-VO zählen ferner die Rechtsvorschriften über die Satzung.[789]

Diese betreffen vor allem die Abfassung in der Sprache des Zuzugstaats[790] sowie die Zulässigkeit der Firma, der Aktienarten (Art. 5 Var. 4 SE-VO i. V. m. den Rechtsvorschriften des Zuzugstaats) und der Zahl der Organmitglieder (Art. 39 Abs. 4 S. 2, Art. 40 Abs. 3 S. 2 und Art. 43 Abs. 2 Unterabs. 1 S. 2 SE-VO jeweils i. V. m. den Rechtsvorschriften des Zuzugstaats). Die Satzung darf nach Art. 12 Abs. 4 Unterabs. 1 SE-VO auch nicht im Widerspruch zu einer bestehenden oder eventuell neu ausgehandelten Vereinbarung über die Beteiligung der Arbeitnehmer im Sinne des Art. 4 SE-AN-RL[791] stehen.[792]

Verlegt eine SE ihren Satzungssitz nach Deutschland, muss sie ihre Satzung insbesondere an die folgenden Vorschriften des deutschen Rechts anpassen:

- § 23 Abs. 1[793], 3 bis 5 AktG[794],
- § 76 Abs. 3 AktG,

---

789 *Wenz*, in: Theisen/Wenz, Europäische Aktiengesellschaft, S. 171 (234, 237 f.); ebenso *Priester*, ZGR 1999, S. 36 (46 f.); *Schwarz*, Europäisches Gesellschaftsrecht, Rn. 833 jeweils zu Art. 10 Sitzverlegungs-RLVE.

790 Ähnlich *Wang*, Europäische AG, S. 127; *Beitzke*, ZHR 127 (1965), S. 1 (43) zur grenzüberschreitenden Verlegung des Sitzes mitgliedstaatlicher Gesellschaften.

791 Zur Umsetzung in Deutschland siehe § 21 SEBG.

792 *Wenz*, in: Theisen/Wenz, Europäische Aktiengesellschaft, S. 171 (239.)

793 § 23 Abs. 2 AktG wird nach Art. 9 Abs. 1 Buchst. a SE-VO von den spezielleren Gründungsvorschriften über den Verschmelzungs- und Gründungsplan (Art. 20 Abs. 1, 32 Abs. 2, 36 SE-VO) verdrängt und ist daher auf die SE nicht anwendbar.

794 Zur Beachtung des § 23 Abs. 3 bis 5 AktG bei Satzungsänderungen: *Hüffer*, AktG, § 23 Rn. 1.

- §§ 18 und 30 HGB,
- Art. 7 S. 2 SE-VO i. V. m. SEAG[795].

γ) Kapitalaufbringungsvorschriften des Zuzugstaats

Zu den Formalitäten im Sinne des Art. 8 Abs. 9 SE-VO gehören darüber hinaus die Kapitalaufbringungsvorschriften, die die SE als Bestandteil der mitgliedstaatlichen Gründungsvorschriften im Zuzugstaat beachten muss, um in dessen Register eingetragen zu werden.[796] Die Überwachung der Kapitalaufbringung durch die Registerbehörde des Zuzugstaats ist vor allem beim Zuzug einer SE nach Deutschland bedeutsam, weil andere Mitgliedstaaten zum Teil deutlich geringere Anforderungen an die Kapitalaufbringung stellen als Deutschland.[797] Eine SE, die ihren Satzungssitz nach Deutschland verlegt, muss sich daher insbesondere einer Gründungsprüfung nach Art. 5 SE-VO i. V. m. § 33 Abs. 2 AktG unterziehen.[798]

δ) Neubestellung der Organmitglieder

Die Neubestellung der Organmitglieder stellt demgegenüber keine Formalität im Sinne des Art. 8 Abs. 9 SE-VO dar. Da die grenzüberschreitende Verlegung des Satzungssitzes nach Art. 8 Abs. 1 S. 2 SE-VO identitätswahrend erfolgt, ist

---

795 Zur Inanspruchnahme des Art. 7 S. 2 SE-VO durch Deutschland und die konkrete Ausgestaltung der Ausführungsregelung siehe oben Punkt B. I. 2. b).

796 *Wenz*, in: Theisen/Wenz, Europäische Aktiengesellschaft, S. 171 (238 f.); ebenso *Priester*, ZGR 1999, S. 36 (48); *Schwarz*, Europäisches Gesellschaftsrecht, Rn. 834 jeweils zu Art. 10 Sitzverlegungs-RLVE.

797 *Priester*, ZGR 1999, S. 36 (48).

798 *Wenz*, in: Theisen/Wenz, Europäische Aktiengesellschaft, S. 171 (238 f.); ebenso *Priester*, ZGR 1999, S. 36 (48) zu Art. 10 Sitzverlegungs-RLVE.

Amtskontinuität gegeben.[799] Neue Organmitglieder sind ausnahmsweise nur dann zu bestellen, wenn die in den Rechtsvorschriften des Zuzugstaats nach Art. 39 Abs. 4 S. 2, Art. 40 Abs. 3 S. 2 oder Art. 43 Abs. 2 Unterabs. 1 S. 2 SE-VO festgesetzte Mindestzahl der Organmitglieder höher ist als im Wegzugstaat.

(3) Verfahren

Sind die Voraussetzungen für die Eintragung nach Art. 8 Abs. 9 SE-VO erfüllt, kann die SE nach Art. 8 Abs. 10 i. V. m. Art. 12 Abs. 1 SE-VO i. V. m. Art. 3 Publizitäts-RL i. V. m. den Rechtsvorschriften des Zuzugstaats in das Register des Zuzugstaats eingetragen werden. Die Eintragung in das Register des Zuzugstaats ist anschließend nach Art. 8 Abs. 12 Var. 1 i. V. m. Art. 13 SE-VO i. V. m. der Publizitäts-RL i. V. m. den Rechtsvorschriften des Zuzugstaats offen zu legen.

Das Verfahren der Eintragung einer SE, die ihren Satzungssitz in einen anderen Mitgliedstaat verlegt, regeln nach Art. 68 Abs. 1 SE-VO die Mitgliedstaaten. Art. 9 Abs. 1 Buchst. c ii) SE-VO ist insoweit nicht anwendbar, da das Recht der Mitgliedstaaten kein Verfahren für die Verlegung des Satzungssitzes einer mitgliedstaatlichen Gesellschaft in einen anderen Mitgliedstaat vorsieht.[800]

In das SEAG muss daher eine Vorschrift aufgenommen werden, die das Verfahren der Eintragung einer SE regelt, welche ihren Satzungssitz nach Deutschland verlegt. Die Verweisung des § 3 SEAG auf die Vorschriften über die Eintragung von Aktiengesellschaften in das Handelsregister ist nicht ausreichend. Denn die §§ 36 ff. AktG regeln nur die Registereintragung einer in Deutschland gegründeten Aktiengesellschaft. Sie

---

799 *Wenz*, in: Theisen/Wenz, Europäische Aktiengesellschaft, S. 171 (235); a. A. *Priester*, ZGR 1999, S. 36 (48 f.); *Schwarz*, Europäisches Gesellschaftsrecht, Rn. 834 jeweils zum Sitzverlegungs-RLVE, die mit Blick auf den innerstaatlichen Formwechsel von einer Amtsdiskontinuität ab Wirksamwerden der Sitzverlegung ausgehen.

800 Punkt A. II. Abs. 3 der Begründung zum Sitzverlegungs-RLVE.

können deshalb auch nur herangezogen werden, wenn es um die Eintragung einer in Deutschland gegründeten SE in das Handelsregister geht.

Das im SEAG zu regelnde Eintragungsverfahren muss sich an den in Art. 8 Abs. 9 SE-VO niedergelegten Eintragungsvoraussetzungen, an dem in Art. 8 Abs. 10 SE-VO geregelten Inhalt der Eintragung sowie an den Offenlegungserfordernissen gemäß Art. 8 Abs. 12 Var. 1 i. V. m. Art. 13 SE-VO i. V. m. der Publizitäts-RL orientieren. Im Übrigen ist eine Anlehnung an das in den §§ 36 ff. AktG geregelte Eintragungsverfahren möglich und im Sinne eines Gleichlaufs mit dem allgemeinen Aktienrecht wünschenswert, allerdings nur, soweit die §§ 36 ff. AktG an Eintragungsvoraussetzungen anknüpfen, die als Formalitäten im Sinne des Art. 8 Abs. 9 SE-VO zu qualifizieren sind[801].

Das Eintragungsverfahren sollte entsprechend § 36 Abs. 1 AktG mit der Anmeldung zur Eintragung in das Handelsregister beginnen.[802] Die Anmeldung müsste dann im monistischen System durch alle Mitglieder des Verwaltungsorgans und im dualistischen System durch alle Mitglieder des Leitungsorgans und des Aufsichtsorgans erfolgen.[803]

Der Inhalt der Anmeldung muss sich an den in Art. 8 Abs. 9 SE-VO geregelten Eintragungsvoraussetzungen sowie am Inhalt der Eintragung nach Art. 8 Abs. 10 SE-VO orientieren. Zur Eintragung anzumelden wäre folglich die SE, da nach Art. 8 Abs. 10 SE-VO „die SE gemäß Art. 12 im Register des neuen Sitzes eingetragen wird". Die zur Anmeldung der Eintragung nach Art. 8 Abs. 10 SE-VO[804] und zur Anmeldung der Eintragung nach Art. 11 Abs. 1 Sitzverlegungs-RLVE[805] vertretene Ansicht, dass die Sitzverlegung und die Satzungsneufassung anzumelden seien, ist abzulehnen. Sie stützt sich offenbar auf die Formulierung „Die Sitzverlegung der SE sowie die sich daraus

---

801 Siehe dazu oben Punkt C. I. 2. b) aa) (2) (b).

802 *Wenz*, in: Theisen/Wenz, Europäische Aktiengesellschaft, S. 171 (235); ebenso *Priester*, ZGR 1999, S. 36 (48) zu Art. 11 Abs. 1 Sitzverlegungs-RLVE.

803 A. A. *Wenz*, in: Theisen/Wenz Europäische Aktiengesellschaft, S. 171 (235), der im dualistischen System eine Anmeldung durch das Leitungsorgan der SE genügen lassen will.

804 *Wenz*, in: Theisen/Wenz Europäische Aktiengesellschaft, S. 171 (236).

805 *Priester*, ZGR 1999, S. 36 (49).

ergebenden Satzungsänderungen“ in Art. 8 Abs. 10 SE-VO und die Formulierung „Die Sitzverlegung sowie die sich daraus ergebende Satzungsänderung“ in Art. 11 Abs. 1 Sitzverlegungs-RLVE. Diese Ansicht übersieht indes, dass sowohl Art. 8 Abs. 10 SE-VO als auch Art. 11 Abs. 1 Sitzverlegungs-RLVE sehr genau zwischen der Eintragung der Gesellschaft in das Register des Zuzugstaats und der Wirksamkeit der Sitzverlegung und der Satzungsneufassung als Rechtsfolge dieser Registereintragung unterscheiden. Daher darf die Rechtsfolge der Eintragung nicht mit dem Gegenstand der Eintragung und deren Anmeldung gleichgesetzt werden.

Im Anschluss an die Anmeldung hat das Registergericht[806] zu prüfen, ob die Voraussetzungen für die Eintragung nach Art. 8 Abs. 9 SE-VO vorliegen. Dabei darf das Registergericht nicht die Durchführung der im Wegzugstaat erforderlichen Rechtshandlungen und Formalitäten prüfen, da dies nach Art. 8 Abs. 8 SE-VO aus der vorgelegten Bescheinigung hervorgeht.[807]

Liegen die Eintragungsvoraussetzungen nach Art. 8 Abs. 9 SE-VO vor, wird die SE in das Handelsregister eingetragen. Das SEAG muss insoweit Regelungen über den Inhalt der Eintragung und deren Bekanntmachung enthalten.

Entsprechend den vorstehenden Ausführungen könnte das Verfahren der Eintragung einer SE, die ihren Satzungssitz nach Deutschland verlegt, im SEAG wie folgt geregelt werden:

„Eintragung nach Art. 8 Abs. 10 der Verordnung

(1) Die Eintragung der SE in das Handelsregister nach Art. 8 Abs. 10 der Verordnung ist von allen Mitgliedern des Verwaltungsrats oder des Vorstands und Aufsichtsrats anzumelden.

In der Anmeldung haben die Mitglieder des Vorstands zu versichern, dass keine Umstände vorliegen, die ihrer Bestellung nach § 76 Abs. 3 Satz 3 und 4 des Aktiengesetzes entgegenstehen, und dass sie über ihre unbeschränkte Auskunftspflicht gegenüber dem Gericht belehrt worden sind. Die Belehrung nach § 53

[806] Zur Zuständigkeit der Amtsgerichte siehe oben Punkt C. I. 2. b) aa) (1).

[807] *Wenz*, in: Theisen/Wenz, Europäische Aktiengesellschaft, S. 171 (237).

Abs. 2 des Bundeszentralregistergesetzes kann auch durch einen Notar vorgenommen werden.

In der Anmeldung ist ferner anzugeben, welche Vertretungsbefugnis die Mitglieder des Verwaltungsrats oder des Vorstands haben.

Der Anmeldung sind beizufügen

1. *die Bescheinigung nach Art. 8 Abs. 8 der Verordnung;*
2. *die Satzung;*
3. *die Urkunden über die Bestellung des Verwaltungsrats oder des Vorstands und des Aufsichtsrats;*
4. *wenn der Gegenstand des Unternehmens oder eine andere Bestimmung der staatlichen Genehmigung bedarf, die Genehmigungsurkunde.*[808]

Die Mitglieder des Verwaltungsrats oder des Vorstands haben ihre Namensunterschrift zur Aufbewahrung beim Gericht zu zeichnen.

Die eingereichten Schriftstücke werden beim Gericht in Urschrift, Ausfertigung oder öffentlich beglaubigter Abschrift aufbewahrt.

(2) Das Gericht hat zu prüfen, ob die Voraussetzungen des Art. 8 Abs. 9 der Verordnung vorliegen. Ist dies nicht der Fall, so hat es die Eintragung abzulehnen.

(3) Bei der Eintragung der SE sind die Firma und der Sitz der SE, der Gegenstand des Unternehmens, die Höhe des Kapitals und die Mitglieder des Verwaltungsrats und des Vorstands anzugeben. Ferner ist einzutragen, welche Vertretungsbefugnis die Mitglieder des Verwaltungsrats und des Vorstands haben. Enthält die Satzung Bestimmungen über die Dauer der Gesellschaft oder das genehmigte Kapital, so sind auch diese Bestimmungen einzutragen.

(4) In die Bekanntmachung der Eintragung sind außer deren Inhalt aufzunehmen

---

808 Nicht zu den Anlagen der Anmeldung gehört der Verlegungsbeschluss nach Art. 8 Abs. 6 SE-VO, da dieser zu den Rechtshandlungen im Sinne des Art. 8 Abs. 8 SE-VO gehört, deren Durchführung nach Art. 8 Abs. 9 SE-VO durch die Vorlage der Bescheinigung nachgewiesen wird; a. A. *Wenz*, in: Theisen/Wenz, Europäische Aktiengesellschaft, S. 171 (236).

1. die Festsetzungen nach § 23 Abs. 3 und 4, §§ 24 und 25 S. 2 des Aktiengesetzes sowie Bestimmungen der Satzung über die Zusammensetzung des Verwaltungsrats oder des Vorstands;

2. der Ausgabebetrag der Aktien.

Zugleich ist bekannt zu machen, dass die mit der Anmeldung eingereichten Schriftstücke bei dem Gericht eingesehen werden können."

(4) Rechtsfolgen

Hinsichtlich der Rechtsfolgen differenziert Art. 8 SE-VO zwischen der Eintragung und ihrer Offenlegung.

(a) Eintragung

Rechtsfolge der Eintragung der SE in das Register des Zuzugstaats ist nach Art. 8 Abs. 10 SE-VO, dass die Verlegung des Satzungssitzes sowie die sich daraus ergebenden Satzungsänderungen wirksam werden.

Die Formulierung „werden ... wirksam" ist dabei in dem Sinne auszulegen, dass die Sitzverlegung und die Satzungsänderungen im Innenverhältnis gegenüber Organen und Aktionären der SE wirksam werden. Dies ergibt im Rahmen der logisch-systematischen Auslegung[809] die Zusammenschau mit Art. 8 Abs. 13 S. 1 SE-VO, der das Wirksamwerden der Sitzverlegung „Dritten gegenüber" regelt.

(b) Offenlegung

Rechtsfolge der Offenlegung der Eintragung der SE in das Register des Zuzugstaats ist nach Art. 8 Abs. 13 S. 1 SE-VO, dass die Sitzverlegung auch im Außenverhältnis „Dritten gegenüber" wirksam wird, nachdem die Wirksamkeit im Innenverhältnis gegenüber den Organen und Aktionären der SE nach Art. 8 Abs. 10 Var. 1 SE-VO bereits mit der Registereintragung eingetreten ist.

---

809 Zu den Grundlagen siehe oben Punkt B. I. 1. b) bb) (1).

Allerdings können sich Dritte nach Art. 8 Abs. 13 S. 2 SE-VO bis zur Offenlegung der Löschung der SE im Register des Wegzugstaats auf den dort eingetragenen alten Satzungssitz der SE berufen, wenn ihnen der neue Satzungssitz nicht bekannt ist. Art. 8 Abs. 13 S. 2 SE-VO regelt damit die sog. positive Publizität des Registers im Wegzugstaat. Denn mit Wirksamwerden der Eintragung in das Register des Zuzugstaats im Verhältnis zu Dritten nach Art. 8 Abs. 13 S. 1 SE-VO wird die Eintragung der SE im Register des Wegzugstaats unrichtig. Die Regelung des Art. 8 Abs. 13 S. 2 SE-VO ist erforderlich, weil die nach Art. 8 Abs. 12 Var. 2 i. V. m. Art. 13 SE-VO für die Löschung der SE im Register des Wegzugstaats geltende Publizitäts-RL keine mitgliedstaatliche Regelung der positiven Publizität vorschreibt.[810] Ohne die Regelung des Art. 8 Abs. 13 S. 2 SE-VO wären daher Dritte in Wegzugstaaten, in denen keine Vorschriften über die positive Registerpublizität existieren, in ihrem Vertrauen auf die nach Art. 8 Abs. 13 S. 1 SE-VO nunmehr unrichtige Eintragung der SE im Register des Wegzugstaats nicht geschützt.

Da Art. 8 Abs. 13 S. 2 SE-VO die positive Publizität in gleicher Weise regelt wie § 15 Abs. 3 HGB,[811] kann hinsichtlich der Einzelheiten auf die Rechtsprechung und Literatur zu § 15 Abs. 3 HGB verwiesen werden.

bb) Meldung der Eintragung an die zuständige Behörde im Wegzugstaat

Die Eintragung der SE in das Register des Zuzugstaats ist von der dortigen Registerbehörde der Registerbehörde im Wegzugstaat nach Art. 8 Abs. 11 S. 1 SE-VO von Amts wegen zu melden.

An welche Registerbehörde im Wegzugstaat die Meldung zu richten ist, kann die Registerbehörde im Zuzugstaat der Bescheinigung nach Art. 8 Abs. 8 SE-VO entnehmen, die die SE dieser nach Art. 8 Abs. 9 SE-VO vorlegen muss.

---

810 *Schwarz*, Europäisches Gesellschaftsrecht, Rn. 323.

811 Ebenso *Frowein*, Grenzüberschreitende Sitzverlegung, S. 217 zu Art. 12 S. 2 Sitzverlegungs-RLVE.

c) Bekanntmachungen zu Informationszwecken im Amtsblatt der EG

Zwei Maßnahmen können weder als Maßnahmen im Wegzugstaat noch als Maßnahmen im Zuzugstaat qualifiziert werden. Hierbei handelt es sich um Bekanntmachungen zu Informationszwecken im Amtsblatt der EG nach Art. 14 Abs. 1 S. 1 SE-VO.
Nach Art. 14 Abs. 1 S. 1 Var. 1 SE-VO ist die Eintragung der SE in das Register des Zuzugstaats mittels einer Bekanntmachung zu Informationszwecken im Amtsblatt der EG mit den in Art. 14 Abs. 1 S. 2 SE-VO genannten Angaben zu veröffentlichen, nachdem die Offenlegung nach Art. 8 Abs. 12 Var. 1 i. V. m. Art. 13 SE-VO erfolgt ist. Gleiches gilt nach Art. 14 Abs. 1 S. 1 Var. 2 SE-VO für die Löschung der SE im Register des Wegzugstaats. Auch diese ist nach ihrer Offenlegung gemäß Art. 8 Abs. 12 Var. 2 i. V. m. Art. 13 SE-VO zu Informationszwecken im Amtsblatt der EG bekannt zu machen. Diese Bekanntmachung enthält jedoch nach Art. 14 Abs. 2 SE-VO die in Art. 14 Abs. 1 S. 2 SE-VO genannten Angaben nicht nur zur Löschung der SE im Register des Wegzugstaats, sondern auch zur Eintragung der SE in das Register des Zuzugstaats.

3. Verlegungsverbote

Eine Verlegung des Satzungssitzes nach Art. 8 SE-VO ist verboten, wenn gegen die SE eines der in Titel V SE-VO geregelten Verfahren eröffnet worden ist (Art. 8 Abs. 15 SE-VO) oder wenn die Sitzverlegung anlässlich der Umwandlung einer bestehenden Aktiengesellschaft in eine SE erfolgt (Art. 37 Abs. 3 SE-VO).

a) Art. 8 Abs. 15 SE-VO

Nach Art. 8 Abs. 15 SE-VO kann eine SE ihren Satzungssitz nicht in einen anderen Mitgliedstaat verlegen, wenn gegen sie ein Verfahren wegen Auflösung, Liquidation, Zahlungsunfähigkeit, vorläufiger Zahlungseinstellung oder ein ähnliches Verfahren eröffnet worden ist.

aa) Auslegung

Da die Begriffe Auflösung, Liquidation, Zahlungsunfähigkeit und vorläufige Zahlungseinstellung sowie die Formulierung „ähnliches Verfahren" in Titel V SE-VO nicht definiert werden, ist ihre Bedeutung durch Auslegung zu ermitteln. Gleiches gilt für die Formulierung „eröffnet worden ist".

(1) Bedeutung des Begriffs „Auflösung"

„Auflösung" ist die Änderung des Gesellschaftszwecks. Aus der „werbenden" Gesellschaft, deren Zweck regelmäßig die Gewinnerzielung ist, wird eine „sterbende" Gesellschaft, deren Zweck auf Beendigung des Geschäftsbetriebs gerichtet ist.[812]
Die Auflösung führt in allen Mitgliedstaaten zur Abwicklung der schwebenden Geschäfte.[813] Dieses Begriffsverständnis spiegelt sich daher auch in der Formulierung „... wird nach Auflösung der Gesellschaft die Abwicklung ... durchgeführt" in den Art. 251 Abs. 1 SE-VOV 1970 und Art. 251 Nr. 1 SE-VOV 1975 wider.
Da nicht zu erkennen ist, dass der Rat in der SE-VO von diesem Auflösungsbegriff abweichen wollte, ist er der historisch-genetischen Auslegung[814] des Begriffs Auflösung in Art. 8 Abs. 15 Var. 1 und Art. 63 Hs. 1 Var. 1 SE-VO zu Grunde zu legen.
Auflösung ist demnach die auf die Abwicklung der schwebenden Geschäfte gerichtete Änderung des Gesellschaftszwecks. Wie der dem Art. 8 Abs. 15 SE-VO entsprechende Art. 7 Abs. 15 SCE-VO klarstellt, erfasst der Begriff Auflösung nicht nur die zwangsweise Auflösung, sondern auch die freiwillige Auflösung.

(2) Bedeutung des Begriffs „Liquidation"

„Liquidation" ist die Abwicklung der Gesellschaft im Anschluss an die Auflösung. Sie besteht insbesondere in der Beendigung der laufenden Geschäfte, der Einziehung der

---

812 *Hirte*, KapGesR, Rn. 1013.

813 *Sanders*, SE-VE 1966, Art. IX-1-1 Kommentierung 1.

814 Zu den Grundlagen siehe oben Punkt B. I. 1. b) cc) (1).

Forderungen, der Befriedigung der Gläubiger und der Verteilung des hiernach verbleibenden Vermögens an die Aktionäre.
Dass sich die Liquidation an die Auflösung anschließt, ergibt sich aus Art. 120 Nr. 1 S. 1 SE-VOV 1989 und Art. 120 Abs. 1 SE-VOV 1991, wonach die Liquidation im Anschluss an die Auflösung stattfindet.
Art. 122 Nr. 1 S. 1, Art. 126 Nr. 1 SE-VOV 1989 und Art. 126 Abs. 1 SE-VOV 1991 sind Beleg dafür, dass die Liquidation insbesondere die Beendigung der laufenden Geschäfte, die Einziehung der Forderungen, die Befriedigung der Gläubiger und die Verteilung des hiernach verbleibenden Vermögens an die Aktionäre umfasst.
Da nicht zu erkennen ist, dass der Rat in der SE-VO von dem Liquidationsbegriff des SE-VOV 1989 und des SE-VOV 1991 abweichen wollte, ist er der historisch-genetischen Auslegung[815] des Begriffs Liquidation in Art. 8 Abs. 15 Var. 2 und Art. 63 Hs. 1 Var. 2 SE-VO zu Grunde zu legen.

(3) Bedeutung des Begriffs „Zahlungsunfähigkeit“

Der Begriff „Zahlungsunfähigkeit“ beschreibt einen Zustand, in dem die SE nicht in der Lage ist, ihre fälligen Zahlungspflichten zu erfüllen. Die historisch-genetische Auslegung[816] legt ein solches insolvenzrechtlich geprägtes Begriffsverständnis nahe. Denn in Art. 261 bis 263 SE-VOV 1970 und Art. 261 bis 263 SE-VOV 1975 wurde an Stelle des Begriffs Zahlungsunfähigkeit der Begriff Konkurs verwendet.

(4) Bedeutung des Begriffs „vorläufige Zahlungseinstellung“

Die „vorläufige Zahlungseinstellung“ ist die Dokumentation der Zahlungsunfähigkeit durch die Nichterfüllung der fälligen Zahlungspflichten.[817] Der Zusatz „vorläufige“ ist

---

815 Zu den Grundlagen siehe oben Punkt B. I. 1. b) cc) (1).

816 Zu den Grundlagen siehe oben Punkt B. I. 1. b) cc) (1).

817 *Hüffer*, AktG, § 92 Rn. 7 m. w. N.

ohne eigenständige Bedeutung, da er in anderen Sprachfassungen des Art. 8 Abs. 15 SE-VO[818] nicht enthalten ist.

(5) Bedeutung der Formulierung „ähnliches Verfahren"

Mit der Formulierung „ähnliches Verfahren" ist jedes insolvenzähnliche Verfahren gemeint.

Bereits in Art. 261 SE-VOV 1975 wird die Formulierung „ähnliche Verfahren" verwendet. Diese Formulierung ersetzt die Formulierung „konkursähnliche Verfahren" in dem ansonsten identischen Art. 261 SE-VOV 1970.

Da nicht erkennbar ist, dass der Rat in der SE-VO von diesem Begriffsverständnis abweichen wollte, spricht die historisch-genetische Auslegung[819] dafür, die Formulierung „ähnliches Verfahren" im Sinne von insolvenzähnliches Verfahren zu interpretieren.

(6) Bedeutung der Formulierung „eröffnet worden ist"

Eines der in Art. 8 Abs. 15 SE-VO genannten Verfahren wird mit der Entscheidung über die Durchführung des Verfahrens eröffnet. Dies kann beispielsweise durch den Auflösungsbeschluss der Hauptversammlung oder den Eröffnungsbeschluss des Insolvenzgerichts geschehen. Grundlage dieses Verständnisses ist der juristisch-technische Sprachgebrauch des Begriffs Verfahrenseröffnung.

Zwar spricht der objektive Zweck[820] der Vorschrift dafür, unter Verfahrenseröffnung die förmliche Verfahrenseinleitung zu verstehen. Denn Art. 8 Abs. 15 SE-VO soll verhindern, dass sich eine SE ihrem Ausscheiden aus dem Rechtsleben durch Sitzverlegung entzieht. Ideal wäre es vor diesem Hintergrund, wenn das Verlegungsverbot zum frühestmöglichen Zeitpunkt eingreift. Dies ist der Zeitpunkt der förmlichen

---

818 Andere Sprachfassungen lauten: „suspension of payments" (Englisch); „suspension de paiements" (Französisch); „suspensión de pagos" (Spanisch); „sospensione dei pagamenti" (Italienisch); „suspensão de pagamentos" (Portugiesisch).

819 Zu den Grundlagen siehe oben Punkt B. I. 1. b) cc) (1).

820 Zu den Grundlagen der objektiv-teleologischen Auslegung siehe oben Punkt B. I. 1. b) dd) (1).

Verfahrenseinleitung. Letztlich könnte dann aber bereits ein einzelner Aktionär durch einen Antrag auf Fassung eines Auflösungsbeschlusses durch die Hauptversammlung die grenzüberschreitende Verlegung des Satzungssitzes blockieren. Es bestünde dann die Gefahr, dass Art. 8 SE-VO seine praktische Wirksamkeit bzw. Nutzwirkung verliert. Der Grundsatz des effet utile spricht deshalb im Ergebnis dagegen, der Formulierung „eröffnet worden ist" im Rahmen der objektiv-teleologischen Auslegung eine Bedeutung zuzuweisen, die weiter ist als der juristisch-technische Sprachgebrauch.

Die für die Entscheidung über die Durchführung der Verfahren zuständigen Stellen ergeben sich nach Art. 63 Hs. 1 SE-VO aus den Rechtsvorschriften des Sitzstaats der SE. Im Fall der Satzungssitzverlegung nach Art. 8 SE-VO ist Sitzstaat der SE bis zum Wirksamwerden der Verlegung nach Art. 8 Abs. 10 SE-VO der Wegzugstaat.

bb) Verfahren in Deutschland

Hinsichtlich der in Art. 8 Abs. 15 SE-VO genannten Verfahren unterliegt die SE nach Art. 63 Hs. 1 SE-VO den Rechtsvorschriften, die für eine im Sitzstaat der SE gegründete Aktiengesellschaft maßgeblich wären. Im Fall der Satzungssitzverlegung nach Art. 8 SE-VO ist Sitzstaat der SE bis zum Wirksamwerden der Verlegung nach Art. 8 Abs. 10 SE-VO der Wegzugstaat.

Für eine aus Deutschland wegziehende SE ist das Verfahren wegen Auflösung im Sinne des Art. 8 Abs. 15 Var. 1 SE-VO in § 262 und § 263 AktG geregelt.
Dem Verfahren wegen Liquidation im Sinne des Art. 8 Abs. 15 Var. 2 SE-VO entspricht in Deutschland die Abwicklung nach den §§ 264 bis 274 AktG.
Als Verfahren wegen Zahlungsunfähigkeit oder Zahlungseinstellung im Sinne des Art. 8 Abs. 15 Var. 3 und Var. 4 SE-VO ist wegen § 17 InsO das Insolvenzverfahren zu qualifizieren. Dieses stellt nach § 262 Abs. 1 Nr. 3 AktG gleichzeitig ein Verfahren wegen Auflösung im Sinne des Art. 8 Abs. 15 Var. 1 SE-VO dar. An diese Auflösung schließt sich jedoch nach § 264 Abs. 1 Hs. 2 AktG nicht die Abwicklung nach den

§§ 264 bis 274 AktG und damit die Liquidation im Sinne des Art. 8 Abs. 15 Var. 2 SE-VO an, sondern das Insolvenzverfahren.[821]
Ähnliche Verfahren im Sinne des Art. 8 Abs. 15 Var. 5 SE-VO sind das Insolvenzverfahren wegen drohender Zahlungsunfähigkeit nach § 18 InsO und das Insolvenzverfahren wegen Überschuldung nach § 19 InsO.

b) Art. 37 Abs. 3 SE-VO

Die Verlegung des Satzungssitzes in einen anderen Mitgliedstaat ist nach Art. 37 Abs. 3 SE-VO ferner unzulässig, wenn sie anlässlich der Gründung einer SE durch Umwandlung einer bestehenden Aktiengesellschaft erfolgt.

aa) Bedeutung des Begriffs „Gesellschaft“

Der offene Begriff „Gesellschaft“ in Art. 37 Abs. 3 SE-VO musste deshalb gewählt werden, weil an der Umwandlung nach Art. 37 SE-VO zwei Gesellschaften beteiligt sind, nämlich die umzuwandelnde mitgliedstaatliche Aktiengesellschaft und die zu gründende SE.

bb) Bedeutung des Begriffs „anlässlich“

Der Begriff „anlässlich“ ist in der Weise zu verstehen, dass bis zur Eintragung der durch Umwandlung gegründeten SE die Sitzverlegung nach Art. 8 SE-VO verboten ist.[822]
Dies lässt sich der englischen Sprachfassung des Art. 37 Abs. 3 SE-VO[823] entnehmen.[824] Diese ist in dem Sinne zu verstehen, dass der Sitz nicht verlegt werden darf, während die Umwandlung ausgeführt wird. Die Umwandlung endet mit der Ein-

---

821 *Hüffer*, AktG, § 262 Rn. 13.

822 In diesem Sinne auch *Lange*, EuZW 2003, S. 301 (303).

823 Diese lautet: "The registered office may not be transferred from one Member State to another pursuant to Article 8 at the same time as the conversion is effected."

824 Zu den Grundlagen der sprachlich-grammatischen Auslegung siehe oben Punkt B. I. 1. b) aa) (1).

tragung der SE in das Register.

Diese restriktive Auslegung ist auch deshalb geboten, weil der mit der Einführung der Regelung verfolgte Zweck heute auf andere Weise erreicht wird. Ursprünglich diente die Regelung dazu, einer „Flucht aus der Mitbestimmung“ zu begegnen, für die die Gründung durch Umwandlung besonders anfällig erschien.[825] Vor dieser Gefahr bietet zwischenzeitlich die SE-AN-RL ausreichend Schutz, wie die Auffangregelung in Teil 3 Buchst. a Anhang SE-AN-RL[826] zeigt.

II. Rechtsfolgen

Nachstehend werden die Rechtsfolgen der Verlegung des Satzungssitzes einer SE in einen anderen Mitgliedstaat dargestellt. Dabei wird unterschieden zwischen den allgemeinen Rechtsfolgen der grenzüberschreitenden Sitzverlegung und den Rechtsfolgen, die sich speziell für eine aus Deutschland wegziehende bzw. nach Deutschland zuziehende SE ergeben.

1. Allgemein

Allgemein kann die grenzüberschreitende Sitzverlegung zu einer Änderung des auf die SE anwendbaren mitgliedstaatlichen Rechts sowie zu einer Änderung der Gerichtsstände nach der EuGV-VO führen.

a) Änderung des auf die SE anwendbaren mitgliedstaatlichen Rechts

Soweit das mitgliedstaatliche Recht auf Grund von Verweisungen der SE-VO anwendbar ist,[827] führt die Satzungssitzverlegung stets zu einer Änderung.[828] Denn die Verweisungen der SE-VO rekurrieren auf das Recht des Satzungssitzstaats.[829]

---

825 *Herfs-Röttgen*, NZA 2001, S. 424 (426).

826 Zur Umsetzung in Deutschland siehe § 34 Abs. 1 Buchst. a SEBG.

827 Siehe dazu oben Punkt B. III. 1. a) aa) (2).

828 *Thoma/Leuering*, NJW 2002, S. 1449 (1453).

Beruht die Anwendung des mitgliedstaatlichen Rechts hingegen auf den Kollisionsregeln des Internationalen Privat- und Steuerrechts, kommt es auf deren Anknüpfungsobjekt an. Falls dies der Satzungssitz ist, ändert sich das anwendbare mitgliedstaatliche Recht. Gleiches gilt, wenn an den tatsächlichen Sitz angeknüpft wird. Denn wegen Art. 7 S. 1 Hs. 2 SE-VO bedingt die Verlegung des Satzungssitzes in einen anderen Mitgliedstaat die entsprechende Verlagerung der Hauptverwaltung.

b) Änderung der Gerichtsstände nach der EuGV-VO

Die Verlegung des Satzungssitzes der SE in einen anderen Mitgliedstaat wirkt sich auf die folgenden Gerichtsstände nach der EuGV-VO aus.

aa) Allgemeiner Gerichtsstand

Die Sitzverlegung hat die Änderung des allgemeinen Gerichtsstands der SE für Zivil- und Handelssachen nach Art. 1 Abs. 1 S. 1, Art. 2 Abs. 1 i. V. m. Art. 60 Abs. 1 Buchst. a und b EuGV-VO zur Folge.

Die Änderung des allgemeinen Gerichtsstandes vollzieht sich dabei in zwei Stufen: Während der Sitzverlegung liegen Hauptverwaltung und Satzungssitz der SE zeitweise in verschiedenen Mitgliedstaaten, da die SE ihre Hauptverwaltung im Zuzugstaat errichten muss, bevor sie dort in das Register eingetragen werden kann.[830] In dieser Übergangszeit hat die SE sowohl einen allgemeinen Gerichtsstand im Wegzugstaat, wo sich noch ihr Satzungssitz befindet (Art. 2 Abs. 1 i. V. m. Art. 60 Abs. 1 Buchst. a EuGV-VO), als auch einen allgemeinen Gerichtsstand im Zuzugstaat, wo sich bereits ihre Hauptverwaltung befindet (Art. 2 Abs. 1 i. V. m. Art. 60 Abs. 1 Buchst. b EuGV-VO).

---

829 Siehe dazu oben Punkt B. III. 1. a) aa) (1).

830 Siehe dazu oben Punkt C. I. 2. b) aa) (2) (b) α).

Wird die SE in das Register des Zuzugstaats eingetragen, befindet sich der allgemeine Gerichtsstand einheitlich im Zuzugstaat.

bb) Gerichtsstände in Versicherungs- und Verbrauchersachen sowie für arbeitsvertragliche Streitigkeiten

Die Ausführungen zur Änderung des allgemeinen Gerichtsstands gelten entsprechend für die Gerichtsstände der SE in Versicherungs- und Verbrauchersachen nach Art. 9 Abs. 1 Buchst. a (Gerichtsstand des Versicherers), Art. 12 Abs. 1 (Gerichtsstand des Versicherungsnehmers, Versicherten oder Begünstigten), Art. 16 Abs. 1 Alt. 1 (Gerichtsstand bei Verbraucherklagen) und Art. 19 Nr. 1 EuGV-VO (Gerichtsstand des Arbeitgebers).

cc) Ausschließlicher Gerichtsstand nach Art. 22 Nr. 2 EuGV-VO

Infolge der Sitzverlegung ändert sich ferner der ausschließliche Gerichtsstand nach Art. 22 Nr. 2 S. 1 EuGV-VO für Klagen, die die Gültigkeit, Nichtigkeit oder die Auflösung der SE sowie die Gültigkeit der Beschlüsse der Organe der SE zum Gegenstand haben.

Die Bedeutung des Begriffs Sitz in Art. 22 Nr. 2 S. 1 EuGV-VO richtet sich gemäß Art. 22 Nr. 2 S. 2 EuGV-VO nach den Vorschriften des Internationalen Privatrechts des Mitgliedstaats, in dem das angerufene Gericht liegt.

Liegt das angerufene Gericht in einem Mitgliedstaat, dessen Internationales Privatrecht der Sitztheorie[831] folgt, führt bereits die der Registereintragung zwingend vorzuschaltende[832] Errichtung der Hauptverwaltung der SE in diesem Mitgliedstaat zur Änderung des ausschließlichen Gerichtsstands nach Art. 22 Nr. 2 S. 1 EuGV-VO.

---

[831] Zur Sitztheorie siehe oben Punkt B. III. 1. a) aa) (3) (a).

[832] Zur Verpflichtung der SE, die Hauptverwaltung vor Registereintragung in den Zuzugstaat zu verlagern, siehe oben Punkt C. I. 2. b) aa) (2) (b) α).

Liegt das angerufene Gericht dagegen in einem Mitgliedstaat, dessen Internationales Privatrecht der Inkorporationstheorie[833] folgt, führt erst die anschließende Eintragung der SE in das dortige Register zur Änderung des ausschließlichen Gerichtsstands nach Art. 22 Nr. 2 S. 1 EuGV-VO.

dd) Satzungssitzfiktion nach Art. 8 Abs. 16 SE-VO

Im Rahmen des Art. 60 Abs. 1 Buchst. b EuGV-VO ist der Satzungssitz im Zeitpunkt der Klageerhebung maßgeblich.[834]

Art. 8 Abs. 16 SE-VO enthält hierzu jedoch eine Ausnahme für Forderungen, die vor dem Zeitpunkt der Eintragung der SE in das Register des Zuzugstaats entstanden sind. Insoweit kann die SE auch nach ihrer Registereintragung im Zuzugstaat weiterhin im Wegzugstaat verklagt werden.

Der Begriff „Forderungen" beschränkt sich – im Gegensatz zum juristisch-technischen Sprachgebrauch in Deutschland – nicht auf schuldrechtliche Ansprüche, sondern ist umfassend im Sinne sämtlicher Ansprüche zu verstehen. Dies ergibt sich zum einen aus der logisch-systematischen Zusammenschau[835] mit Art. 8 Abs. 7 Unterabs. 1 SE-VO[836]. Dies wird zum anderen durch die englische Formulierung „cause of action" belegt, die ebenfalls umfassend zu verstehen ist.
Der Begriff „entstanden" bedeutet, dass der Entstehungsgrund des jeweiligen Anspruchs gelegt sein muss. Dies folgt aus der logisch-systematischen Zusammenschau mit dem identischen Begriff in Art. 8 Abs. 7 Unterabs. 1 SE-VO.[837]

---

[833] Zur Inkorporationstheorie siehe oben Punkt B. III. 1. a) aa) (3) (a).

[834] *Hüßtege*, in: Thomas/Putzo, ZPO, Art. 60 EuGV-VO Rn. 3.

[835] Zu den Grundlagen siehe oben Punkt B. I. 1. b) bb) (1).

[836] Zur Auslegung des Begriffs „Forderungsberechtigter" in Art. 8 Abs. 7 Unterabs. 1 SE-VO siehe oben Punkt C. I. 2. a) ff) (3) und (4).

[837] Siehe dazu oben Punkt B. I. 2. a) ff) (6).

Art. 8 Abs. 16 SE-VO dürfte nur in wenigen Fällen praktische Bedeutung erlangen. Denn es werden häufig Betriebe oder Zweigniederlassungen der SE im Wegzugstaat verbleiben, sodass die SE bereits nach Art. 5 Nr. 5 EuGV-VO weiterhin dort verklagt werden kann.[838]

2. In Deutschland

a) Steuerrechtliche Behandlung

Bei der Betrachtung der Rechtsfolgen, die sich speziell für eine aus Deutschland wegziehende bzw. nach Deutschland zuziehende SE ergeben, steht vor allem das Steuerrecht im Vordergrund. Denn in der Praxis wird die Entscheidung für oder gegen eine grenzüberschreitende Sitzverlegung maßgeblich von den steuerrechtlichen Konsequenzen beeinflusst.

aa) Geltendes Recht

Zunächst soll das geltende Steuerrecht dargestellt werden.

Art. 277 SE-VOV 1970 und Art. 277 SE-VOV 1975, die die Besteuerung im Fall der Verlegung des Ortes der tatsächlichen Geschäftsleitung zum Gegenstand haben, wurden nicht in die SE-VO übernommen.

Die Besteuerung im Fall der grenzüberschreitenden Sitzverlegung nach Art. 8 SE-VO richtet sich daher nach dem einschlägigen mitgliedstaatlichen Steuerrecht.[839] Das Steuerrecht der Mitgliedstaaten ist bislang nicht harmonisiert worden. Insbesondere ist die Fusionsbesteuerungs-RL nach Art. 1 i. V. m. Art. 2 Buchst. a bis d

---

838 Ebenso *KPMG*, in: Kommission, Sitzverlegungsstudie, S. 47 zur grenzüberschreitenden Sitzverlegung mitgliedstaatlicher Gesellschaften.

839 *Thömmes*, in: Theisen/Wenz, Europäische Aktiengesellschaft, S. 465 (533).

Fusionsbesteuerungs-RL nicht auf die grenzüberschreitende Verlegung des Satzungssitzes anwendbar.[840]

Unterliegt die Besteuerung der grenzüberschreitenden Satzungssitzverlegung nach dem einschlägigen Internationalen Steuerrecht dem deutschen Körperschaftsteuerrecht, ist zu unterscheiden zwischen der Besteuerung des Wegzugs einer SE aus Deutschland und der Besteuerung des Zuzugs einer SE nach Deutschland.

(1) Besteuerung des Wegzugs

(a) § 11 KStG

§ 11 KStG ist im Fall des Wegzugs einer SE aus Deutschland nicht unmittelbar anwendbar, da die Verlegung des Satzungssitzes der SE in einen anderen Mitgliedstaat nach Art. 8 Abs. 1 S. 2 Alt. 1 nicht zur Auflösung der SE führt.[841]

(b) § 12 KStG

§ 11 KStG gelangt jedoch über die Verweisung des § 12 Abs. 1 S. 1 KStG zur Anwendung. Nach § 12 Abs. 1 S. 1 KStG ist § 11 KStG entsprechend anzuwenden, wenn eine unbeschränkt steuerpflichtige Körperschaft ihre Geschäftsleitung und ihren Sitz oder eines von beiden ins Ausland verlegt und dadurch aus der unbeschränkten Steuerpflicht ausscheidet.

Eine SE ist nach § 1 Abs. 1 Nr. 4 KStG in Deutschland unbeschränkt körperschaftsteuerpflichtig, wenn sie ihre Geschäftsleitung oder ihren Sitz in Deutschland hat. Unter Geschäftsleitung ist nach § 10 AO der Mittelpunkt der geschäftlichen

---

840 *Förster/Lange*, RIW 2002, S. 585 (586).

841 *Schulz/Geismar*, DStR 2001, S. 1078 (1084); *Förster/Lange*, RIW, S. 585 (586); ebenso *Leupold*, SE und deutsches Recht, S. 138 zur Besteuerung der Sitzverlegung nach Art. 5a SE-VOV 1991.

Oberleitung zu verstehen. Dieser befindet sich dort, wo der für die laufende Geschäftsleitung maßgebende Wille gebildet wird.[842] Der Ort der Geschäftsleitung der SE im Sinne des Art. 10 AO kann daher, muss aber nicht mit dem Ort ihrer Hauptverwaltung im Sinne des Art. 7 SE-VO übereinstimmen.[843] Denn der Hauptverwaltungsbegriff des Art. 7 SE-VO knüpft nicht an die interne Willensbildung, sondern an die effektive Umsetzung des gebildeten Willens nach außen an.[844] Die Unterschiede mögen praktisch nicht bedeutend sein.[845] Rechtlich sind sie zu beachten. Der Begriff „Sitz" ist nach § 11 AO im Sinne von Satzungssitz zu verstehen. Eine SE ist folglich nach § 1 Abs. 1 Nr. 4 KStG in Deutschland unbeschränkt körperschaftsteuerpflichtig, wenn sich ihr Satzungssitz oder der Mittelpunkt ihrer geschäftlichen Oberleitung in Deutschland befindet.

Aus dieser unbeschränkten Körperschaftsteuerpflicht scheidet die aus Deutschland wegziehende SE im Sinne des § 12 Abs. 1 S. 1 KStG aus, wenn die für die Verlegung des Satzungssitzes erforderliche Verlagerung der Hauptverwaltung auch zu einer Verschiebung des Mittelpunkts der geschäftlichen Oberleitung und damit der Geschäftsleitung in den Zuzugstaat führt.[846] Dies dürfte der Regelfall sein. Nur wenn ausnahmsweise die Geschäftsleitung in Deutschland verbleibt, ist § 12 Abs. 1 S. 1 KStG nicht anwendbar.[847]

---

842 RFH, RStBl. 1938, S. 949 (949); BFH, BStBl. 1991, S. 554 (555); *Gersch*, in: Klein, AO, § 10 Rn. 2.

843 Ebenso *Hügel*, ZGR 1999, S. 71 (76) zur Besteuerung der grenzüberschreitenden Verlegung des Sitzes mitgliedstaatlicher Gesellschaften.

844 Zur Bedeutung des Begriffs Hauptverwaltung in Art. 7 SE-VO siehe oben Punkt B. I. 2. a) aa).

845 So BFH, BStBl. 1992, S. 972 (973); *Hügel*, ZGR 1999, S. 71 (76); *Gersch*, in: Klein, AO, § 11 Rn. 2; *Schulz/Petersen*, DStR 2002, S. 1508 (1510 Fn. 13) jeweils zum Begriff des Verwaltungssitzes im gesellschaftsrechtlichen Sinne.

846 *Schulz/Geismar*, DStR 2002, S. 1078 (1084 f.); *Schulz/Petersen*, DStR 2002, S. 1508 (1516); *Wacht*, in: Andersen, KStG, § 12 Rn. 32.2, Stand: Oktober 2002; ebenso *Buchheim*, SE und Konzernverschmelzung, S. 292 zur Sitzverlegung nach Art. 8 SE-RE vom 16. April 1999, die jeweils nicht zwischen Geschäftsleitung und Hauptverwaltung differenzieren.

847 Ebenso *Leupold*, SE und deutsches Recht, S. 138 zur Besteuerung der Sitzverlegung nach Art. 5a SE-VOV 1991.

§ 11 Abs. 1 S. 1 KStG sieht die Abschlussbesteuerung der stillen Reserven im Betriebsvermögen der SE, also des Unterschieds zwischen dem tatsächlichen Wert und dem steuerlichen Wert des Aktiv- und Passivvermögens der SE,[848] vor, wenn die SE nach der Auflösung abgewickelt wird.

Teile der Literatur[849] und offenbar auch die Finanzverwaltung[850] vertreten daher die Ansicht, dass bei einem Wegzug einer SE aus Deutschland deren stille Reserven stets nach § 12 Abs. 1 S. 1 i. V. m. § 11 KStG zu besteuern sind.

Ein Teil der Literatur lehnt indes diese ausnahmslose Wegzugsbesteuerung ab, weil der Anwendungsbereich des § 12 Abs. 1 S. 1 KStG teleologisch zu reduzieren sei. Objektiver Sinn und Zweck der Wegzugsbesteuerung nach § 12 Abs. 1 S. 1 i. V. m. § 11 Abs. 1 S. 1 KStG sei es, eine Steuerentstrickung, d. h. ein Ausscheiden aus dem deutschen Steuersystem, von im Inland angesammelten stillen Reserven im Betriebsvermögen zu verhindern. § 12 Abs. 1 S. 1 KStG sei deshalb nicht anwendbar, wenn die stillen Reserven im Rahmen einer bestehen bleibenden beschränkten

---

848 *Jahn/Herfs-Röttgen*, DB 2001, S. 631 (636).

849 *Hommelhoff*, AG 2001, S. 279 (286 Fn. 55); *Thömmes*, in: Theisen/Wenz, Europäische Aktiengesellschaft, S. 465 (533); ebenso *Helms*, EPG, S. 191 zur Besteuerung der Sitzverlegung nach Art. 8 SE-RE vom 23. Februar 1998; *Debatin*, Grenzüberschreitende Sitzverlegung, S. 12; *Thömmes*, DB 1993, S. 1021 (1021); *Grote*, Neues SE-Statut, S. 159; *Schlenker*, Gestaltungsmodelle, S. 108 f.; *Neye*, ZGR 1999, S. 13 (16); *Dötsch*, in: Dötsch, KSt, § 12 KStG Rn. 16a, Stand: November 1994 jeweils zur Besteuerung der grenzüberschreitenden Sitzverlegung mitgliedstaatlicher Gesellschaften; *Fischer*, EUGEN, S. 106 zur Besteuerung der Verlegung des Sitzes der EUGEN nach Art. 3 EUGEN-VOV 1993; *Merdausl*, EUGGES, S. 93 zur Besteuerung der Verlegung des Sitzes einer EUGGES nach Art. 6 EUGGES-VOV 1993.

850 *Schulz/Geismar*, DStR 2001, S. 1078 (1085); *Wacht*, in: Andersen, KStG, § 12 Rn. 32.3, Stand: Oktober 2002; ebenso *Hügel*, ZGR 1999, S. 71 (106) zur Besteuerung der grenzüberschreitenden Sitzverlegung mitgliedstaatlicher Gesellschaften.

Körperschaftsteuerpflicht der wegziehenden Gesellschaft nach § 2 KStG weiterhin steuerverhaftet sind.[851]

Dieser Argumentation wird allerdings zu Recht entgegengehalten, dass sie sich über den Wortlaut der Formulierung „scheidet ... aus der unbeschränkten Steuerpflicht aus" in § 12 Abs. 1 S. 1 KStG als der äußersten Grenze der Auslegung[852] hinwegsetzt.[853]

Auch kann gegen die Wegzugsbesteuerung nicht ins Feld geführt werden, dass sie gegen die Niederlassungsfreiheit nach Art. 43 Abs. 1 S. 1 i. V. m. Art. 48 Abs. 1 EG verstößt.[854]

Der EuGH hat zwar im Urteil „de Lasteyrie du Saillant" entschieden, dass wegen der Niederlassungsfreiheit stille Reserven einer natürlichen Person, die ihren steuerlichen Wohnsitz in einen anderen Mitgliedstaat verlagert, nicht besteuert werden dürften.[855]

Diese Rechtsprechung lässt sich jedoch nicht auf juristische Personen übertragen. Denn der EuGH differenziert bei der Anwendbarkeit der Niederlassungsfreiheit auf den Wegzug ins EU-Ausland zwischen natürlichen Personen einerseits und Gesellschaften andererseits. So führt er im „Daily Mail"-Urteil aus, dass Gesellschaften *„im Gegensatz*

---

851 *Förster/Lange*, RIW 2002, S. 585 (587); *Schulz/Petersen*, DStR 2002, S. 1508 (1514); *Wacht*, in: Andersen, KStG, § 12 Rn. 32.4, Stand: Oktober 2002; ebenso *Knobbe-Keuk*, DB 1991, S. 298 (300); *Hügel*, ZGR 1999, S. 71 (98) zur Besteuerung der grenzüberschreitenden Sitzverlegung mitgliedstaatlicher Gesellschaften; *Klapdor*, EuZW 2001, S. 677 (679) zur Besteuerung der Verschmelzung einer deutschen AG auf eine SE mit Sitz in einem anderen Mitgliedstaat.

852 Siehe dazu oben Punkt B. I. 1. b) aa) (1).

853 Ebenso *Leupold*, SE und deutsches Recht, S. 138 f. zur Besteuerung der Sitzverlegung nach Art. 5a SE-VOV 1991; *Debatin*, Grenzüberschreitende Sitzverlegung, S. 12; *Schlenker*, Gestaltungsmodelle, S. 104; *Dötsch*, in: Dötsch, KSt, § 12 KStG Rn. 16a , Stand: November 1994 jeweils zur Besteuerung der grenzüberschreitenden Sitzverlegung mitgliedstaatlicher Gesellschaften; a. A. *Knobbe-Keuk*, DB 1991, S. 298 (300) zur Besteuerung der grenzüberschreitenden Sitzverlegung mitgliedstaatlicher Gesellschaften, die eine teleologische Reduktion über die durch den möglichen Wortsinn gezogene Grenze hinaus für möglich hält.

854 A. A. *Förster/Lange*, RIW 2002, S. 585 (587); ebenso *Knobbe-Keuk*, DB 1991, S. 298 (300); *Hügel*, ZGR 1999, S. 71 (100) jeweils zur Besteuerung der grenzüberschreitenden Sitzverlegung mitgliedstaatlicher Gesellschaften.

855 EuGH (de Lasteyrie du Saillant), GmbHR 2004, S. 504 (510 Rn. 69).

zu natürlichen Personen" auf Grund einer Rechtsordnung gegründet würden.[856] Dieser Rechtsordnung sei es daher vorbehalten, die Möglichkeit und die Modalitäten der Verlegung des Sitzes der Gesellschaft in einen anderen Mitgliedstaat zu regeln, ohne dass sie dabei den Bestimmungen über die Niederlassungsfreiheit unterliegt.[857] Vor diesem Hintergrund war die Vorschrift des britischen Steuerrechts, wonach britische Gesellschaften zur grenzüberschreitenden Verlegung ihrer Geschäftsleitung und damit ihres tatsächlichen Sitzes der Zustimmung des Finanzministeriums bedurften,[858] europarechtlich nicht zu beanstanden. Mit dieser Vorschrift stellte das Vereinigte Königreich sicher, dass stille Reserven im Betriebsvermögen beim Wegzug der Gesellschaft besteuert wurden.[859] Im „Überseering"-Urteil hat der EuGH das „Daily Mail"-Urteil ausdrücklich bestätigt.[860] Zusammenfassend lässt sich daher sagen, dass die steuerrechtliche Behandlung einer Gesellschaft im Wegzugstaat – im Gegensatz zur steuerrechtlichen Behandlung einer natürlichen Person – nicht den Beschränkungen der Niederlassungsfreiheit unterliegt, sondern allein der Rechtsordnung vorbehalten ist, nach der die Gesellschaft gegründet wurde. Das Urteil „de Lasteyrie du Saillant" kann folglich nicht auf juristische Personen übertragen werden.[861] Soweit gegen diese Auffassung die in Art. 48 EG verankerte Gleichstellung von Gesellschaften und natürlichen Personen angeführt wird,[862] ist darauf hinzuweisen, dass sich die Klägerin im „Daily Mail"-Verfahren gerade auf die damals noch in Art. 58 EG verankerte Gleichstellungen von Gesellschaften und natürlichen Personen berufen hat und der EuGH eben diese Gleichstellung mit der

---

856 EuGH (Daily Mail u. a./Her Majesty's Treasury and Commissioners of Inland Revenue), Slg. 1988, S. 5483 (5511 Rn. 19).

857 EuGH (Daily Mail u. a./Her Majesty's Treasury and Commissioners of Inland Revenue), Slg. 1988, S. 5483 (5512 Rn. 23).

858 Dazu *Theisen/Wenz*, RIW 1994, S. 397 (403); *Wenz*, in: Theisen/Wenz, Europäische Aktiengesellschaft, S. 171 (226 Fn. 7).

859 *Körner*, IStR 2004, S. 424 (430).

860 EuGH (Überseering/NCC), ZIP 2002, S. 2037 (2043 Rn. 70).

861 *Körner*, IStR 2004, S. 424 (430); *Triebel/von Hase*, BB 2003, S. 2409 (2410).

862 *Campos Nave*, NZG 2004, S. 897 (898); *Endres*, RIW 2004, S. 735 (738); *Kleinert/Probst*, DB 2004, S. 673 (674); *Schön*, IStR 2004, S. 289 (297).

oben dargestellten Begründung abgelehnt hat. Kann demnach die Rechtsprechung des EuGH zur Wegzugsbesteuerung von natürlichen Personen nicht auf juristische Personen übertragen werden, spricht dies dafür, dass auch die Wegzugsbesteuerung der SE nicht den Beschränkungen der Niederlassungsfreiheit unterliegt.

Problematisch ist in diesem Zusammenhang nur, dass die SE-VO als diejenige Rechtsordnung, nach der die SE gegründet wird und die deshalb ohne Einschränkungen durch die Niederlassungsfreiheit die grenzüberschreitende Sitzverlegung regeln darf, das Steuerrecht nicht erfasst (Erwägungsgrund 20 S. 1 SE-VO). Es lässt sich daher argumentieren, dass zwar die SE-VO als Gründungsrechtsordnung nicht den Beschränkungen der Niederlassungsfreiheit unterliegt, wohl aber die mitgliedstaatlichen Rechtsordnungen. Diese Argumentation hätte zur Folge, dass sich die SE gegenüber einer mitgliedstaatlichen Wegzugsbesteuerung wie der nach § 12 Abs. 1 S. 1 i. V. m. § 11 Abs. 1 S. 1 KStG auf die Niederlassungsfreiheit berufen könnte. Jedoch überzeugt diese Argumentation nicht. Denn der Rat hat in Erwägungsgrund 20 S. 2 SE-VO deutlich gemacht, dass die SE nach den Rechtsvorschriften der Mitgliedstaaten und des Gemeinschaftsrechts besteuert werden soll. Da es derzeit keine gemeinschaftsrechtliche Regelung zur Besteuerung der grenzüberschreitenden Sitzverlegung gibt,[863] wird die SE insoweit wie die Aktiengesellschaften des mitgliedstaatlichen Rechts nach den mitgliedstaatlichen Rechtsvorschriften besteuert.[864] Dies entspricht dem gesetzgeberischen Willen des Rats, der die SE und die Aktiengesellschaften des mitgliedstaatlichen Rechts in steuerrechtlicher Hinsicht gleich behandeln wollte.[865] Hätte der Rat diesen Willen durch eine Verweisung der SE-VO auf das mitgliedstaatliche Steuerrecht artikuliert, wäre die Niederlassungsfreiheit auf die Besteuerung der SE nicht anwendbar. Dass der Rat in der SE-VO nur das auf die SE anwendbare Aktienrecht geregelt[866] und das auf

---

[863] Die Fusionsbesteuerungs-RL ist nicht anwendbar; dazu *Förster/Lange*, RIW 2002, S. 585 (586).

[864] *Hirte*, NZG 2002, S. 1 (2); *Schulz/Petersen*, DStR 2002, S. 1508 (1509); siehe dazu oben Punkt B. III. 1. a) bb).

[865] *Förster/Lange*, DB 2002, S. 288 (288); *Thömmes*, in: Theisen/Wenz, Europäische Aktiengesellschaft, S. 465 (482-485).

[866] Siehe dazu oben Punkt B. III. 1. a) aa) (2) (a).

die SE anwendbare Steuerrecht folgerichtig in Form eines Erwägungsgrundes behandelt hat, kann nicht dazu führen, dass sich die SE bei der Besteuerung gegenüber den Mitgliedstaaten auf die Niederlassungsfreiheit berufen kann. Denn dadurch würde die SE entgegen dem insoweit eindeutigen Willen des gesetzgebenden Rats in steuerrechtlicher Hinsicht gegenüber den Aktiengesellschaften des mitgliedstaatlichen Rechts bevorzugt. Die Niederlassungsfreiheit gewährt folglich auch der SE kein Recht, ihren Satzungssitz ohne Beeinträchtigung durch eine mitgliedstaatliche Wegzugsbesteuerung grenzüberschreitend zu verlegen.
Die Wegzugsbesteuerung der SE nach § 12 Abs. 1 S. 1 i. V. m. § 11 Abs. 1 S. 1 KStG verstößt deshalb auch unter Berücksichtigung des EuGH-Urteils „de Lasteyrie du Saillant" nicht gegen die Niederlassungsfreiheit nach Art. 43 Abs. 1 S. 1 i. V. m. Art. 48 Abs. 1 EG.[867]

Als Ergebnis ist daher festzuhalten, dass der Wegzug einer SE aus Deutschland stets die Wegzugsbesteuerung nach § 12 Abs. 1 S. 1 i. V. m. § 11 Abs. 1 S. 1 KStG auslöst.

(2) Besteuerung des Zuzugs

Für den Fall des Zuzugs einer SE nach Deutschland fehlt zurzeit jegliche steuerrechtliche Regelung.[868] Insbesondere kommt es nicht zu einer Besteuerung der stillen Reserven der inländischen Betriebsstätten nach § 12 Abs. 2 S. 2 i. V. m. S. 1 i. V. m. Abs. 1 KStG. Denn die grenzüberschreitende Sitzverlegung führt nach Art. 8 Abs. 1 S. 2 SE-VO nicht zur Auflösung und Neugründung der SE. Das Vermögen ihrer inländischen

867 A. A. offenbar *Schnitger*, BB 2004, S. 804 (810).

868 *Thömmes*, in: Theisen/Wenz, Europäische Aktiengesellschaft, S. 465 (534); ebenso *Debatin*, Grenzüberschreitende Sitzverlegung, S. 9 zur Besteuerung der grenzüberschreitenden Sitzverlegung mitgliedstaatlicher Gesellschaften.

Betriebsstätten geht folglich nicht im Sinne des § 12 Abs. 2 S. 2 KStG auf einen anderen Rechtsträger über.[869]

bb) Vorschlag für eine Neuregelung

Die praktische Bedeutung des Art. 8 SE-VO hängt entscheidend davon ab, dass die Verlegung des Satzungssitzes der SE in einen anderen Mitgliedstaat steuerneutral in dem Sinne erfolgen kann, dass keine Liquiditätsbelastung durch die Verlegung des Satzungssitzes ausgelöst wird.

Es bietet sich an, die Besteuerung der grenzüberschreitenden Sitzverlegung in Anlehnung an die Fusionsbesteuerungs-RL zu regeln.[870] Das steuerliche Lösungskonzept, das die Fusionsbesteuerungs-RL für grenzüberschreitende Verschmelzungen bereithält, taugt auch zur Lösung der steuerlichen Probleme einer grenzüberschreitenden Satzungssitzverlegung. Sowohl bei der grenzüberschreitenden Verschmelzung als auch bei der grenzüberschreitenden Sitzverlegung geht es darum, zu Gunsten des Mitgliedstaats der übertragenden bzw. wegziehenden Gesellschaft den zukünftigen Zugriff auf die unter seiner Steuerhoheit entstandenen stillen Reserven zu sichern. In beiden Fällen kommt hierfür das Erfordernis einer steuerlichen Betriebsstätte im Staat der übertragenden bzw. wegziehenden Gesellschaft in Betracht, die der Besteuerung in dem

---

869 *Schulz/Geismar*, DStR 2001, S. 1078 (1085); *Schulz/Petersen*, DStR 2002, S. 1508 (1513); *Förster/Lange*, RIW 2002, S. 585 (589); *Thömmes*, in: Theisen/Wenz, Europäische Aktiengesellschaft, S. 465 (534); ebenso *Leupold*, SE und deutsches Recht, S. 139 zur Besteuerung der Sitzverlegung nach Art. 5a SE-VOV 1991; *Hügel*, ZGR 1999, S. 71 (83) zur Besteuerung der grenzüberschreitenden Sitzverlegung mitgliedstaatlicher Gesellschaften.

870 *KPMG*, in: Kommission, Sitzverlegungsstudie, S. 21; *Thömmes*, DB 1993, S. 1021 (1021); *ders.*, in: Theisen/Wenz, Europäische Aktiengesellschaft, S. 465 (537 f.); *Neye*, GmbHR 1997, S. R 181 (R 182); *ders.*, ZGR 1999, S. 13 (16); *Hügel*, ZGR 1999, S. 71 (108); *Buchheim*, SE und Konzernverschmelzung, S. 295; *Jahn/Herfs-Röttgen*, DB 2001, S. 631 (632, 636 f.); *Klapdor*, EuZW 2001, S. 677 (680); *Bungert/Beier*, EWS 2002, S. 1 (1); *Blanquet*, ZGR 2002, S. 20 (55 f.); *Förster/Lange*, RIW 2002, S. 585 (586 und 589 f.).

Staat, in dem sie belegen ist, unterliegt und in deren Betriebsstättenbilanz die Wirtschaftsgüter des Betriebsvermögens der übertragenden bzw. wegziehenden Gesellschaft weiterhin steuerverhaftet bleiben.[871] Auf diese Weise wird die Besteuerung der stillen Reserven des Betriebsvermögens bis zu ihrer tatsächlichen Realisierung aufgeschoben.[872]

Das Lösungskonzept der Fusionsbesteuerungs-RL könnte auf die grenzüberschreitende Sitzverlegung der SE erstreckt werden, indem ein zusätzlicher Artikel in die Fusionsbesteuerungs-RL eingefügt wird, der die entsprechende Anwendung der Art. 4, 5, 6 und 10 Fusionsbesteuerungs-RL auf die grenzüberschreitende Sitzverlegung der SE anordnet.[873]
Nach Erlass einer solchen Regelung durch den Rat könnte diese in Deutschland dadurch umgesetzt werden, dass in § 12 Abs. 1 S. 1 KStG das Wort „unbeschränkten“ ersatzlos gestrichen wird. Dann wäre § 12 Abs. 1 S. 1 KStG auf die grenzüberschreitende Sitzverlegung so lange nicht anwendbar, wie die SE wegen Verbleibs einer Betriebsstätte in Deutschland dort beschränkt körperschaftsteuerpflichtig bleibt. Die SE würde nach § 12 Abs. 2 S. 1 KStG erst dann der Wegzugsbesteuerung unterliegen, wenn sie ihre inländische Betriebsstätte in den Zuzugstaat verlagert.

b) Auswirkungen des Wegzugs auf die Beteiligung der Arbeitnehmer

Neben den steuerrechtlichen Konsequenzen sind auch die Auswirkungen der grenzüberschreitenden Sitzverlegung auf die Beteiligung der Arbeitnehmer von Interesse. Dabei steht in Deutschland vor allem der Wegzug einer SE im Mittelpunkt.

Welche Auswirkungen der Wegzug einer SE aus Deutschland auf die Beteiligung der Arbeitnehmer hat, hängt davon ab, ob die Beteiligung der Arbeitnehmer

---

871 *Thömmes*, in: Theisen/Wenz, Europäische Aktiengesellschaft, S. 465 (537).

872 *Jahn/Herfs-Röttgen*, DB 2001, S. 631 (636).

873 *Thömmes*, in: Theisen/Wenz, Europäische Aktiengesellschaft, S. 465 (537).

- kraft Vereinbarung (Art. 3 bis 6 SE-AN-RL[874]) oder
- kraft Gesetzes (Art. 7 SE-AN-RL i. V. m. Anhang SE-AN-RL[875])

geregelt ist.

aa) Vereinbarte Arbeitnehmerbeteiligung

Eine bestehende Vereinbarung über die Beteiligung der Arbeitnehmer bleibt auch nach der grenzüberschreitenden Sitzverlegung ins EU-Ausland wirksam.

Denn die Vereinbarung über die Beteiligung der Arbeitnehmer ist in Deutschland als Kollektivvertrag sui generis mit normativer Wirkung zu qualifizieren.[876] Dieser wird bei der Gründung zwischen der SE und ihren Arbeitnehmern abgeschlossen. Wie sich aus Art. 3 Abs. 3 Unterabs. 1 SE-AN-RL ergibt, werden bei Vertragsschluss die zu gründende SE durch die Leitungs- und Verwaltungsorgane der beteiligten Gesellschaften und die Arbeitnehmer durch das besondere Verhandlungsgremium vertreten.[877]

Da die grenzüberschreitende Satzungssitzverlegung nach Art. 8 Abs. 1 S. 2 SE-VO identitätswahrend erfolgt, bleibt die SE auch danach an die vertragliche Vereinbarung über die Beteiligung der Arbeitnehmer gebunden.

bb) Gesetzliche Auffangregelung

Gilt die Arbeitnehmerbeteiligung kraft Gesetzes, hat die grenzüberschreitende Verlegung des Satzungssitzes insofern Auswirkungen auf die Arbeitnehmerbeteiligung, als nach Abschluss der Verlegung die mitgliedstaatliche Auffangregelung des Zuzugstaats Anwendung findet. Denn nach Art. 9 Abs. 1 Buchst. c i) SE-VO gilt die mitgliedstaatli-

---

874 Zur Umsetzung in Deutschland siehe die §§ 11 bis 21 SEBG.

875 Zur Umsetzung in Deutschland siehe die §§ 22 bis 39 SEBG.

876 *Calle Lambach*, Arbeitnehmerbeteiligung in der SE, S. 172; *Kuffner*, Arbeitnehmerbeteiligung in der SE, S. 150 f.; *Kraushaar*, BB 2003, S. 1614 (1619).

877 *Calle Lambach*, Arbeitnehmerbeteiligung in der SE, S. 153.

che Auffangregelung des Staats, in dem die SE ihren Satzungssitz hat.[878] Dies ist nach Abschluss der Sitzverlegung der Zuzugstaat.
Da sich aber nur das anwendbare mitgliedstaatliche Recht ändert, nicht jedoch die Auffangregelung selbst, werden die Beteiligungsrechte der Arbeitnehmer auch in diesem Fall nicht durch die grenzüberschreitende Sitzverlegung berührt.

cc) Zusammenfassung

Zusammenfassend lässt sich daher sagen, dass sich die grenzüberschreitende Sitzverlegung allein bei der Arbeitnehmerbeteiligung kraft Gesetzes in Form eines Wechsels des anwendbaren mitgliedstaatlichen Rechts auswirkt. Die vor der Verlegung bestehende Beteiligung der Arbeitnehmer bleibt aber in jedem Fall auch danach anwendbar, unabhängig davon, ob sie vereinbart wurde oder auf dem Gesetz beruht.[879]

III. Art. 9 Abs. 1 Buchst. c ii) SE-VO i. V. m. § 45 AktG

Einer SE mit Satzungssitz in Deutschland könnte neben der Möglichkeit einer Verlegung des Satzungssitzes in einen anderen Mitgliedstaat nach Art. 8 SE-VO auch noch die Möglichkeit einer Sitzverlegung nach § 45 AktG offen stehen.

1. Verweisung des Art. 9 Abs. 1 Buchst. c ii) SE-VO auf § 45 AktG

Voraussetzung hierfür ist jedoch, dass § 45 AktG auf eine SE mit Satzungssitz in Deutschland anwendbar ist. Mangels einer Spezialverweisung der SE-VO auf § 45 AktG ist daher zu untersuchen, ob Art. 9 Abs. 1 Buchst. c ii) SE-VO auf § 45 AktG verweist.

---

878 Siehe dazu oben Punkt B. III. 1. a) aa) (1) (b).

879 *Wenz*, in: Theisen/Wenz, Europäische Aktiengesellschaft, S. 171 (215); ebenso *Buchheim*, SE und Konzernverschmelzung, S. 170 und 279 zum SE-RE vom 16. April 1999.

Dann müsste es sich bei der Sitzverlegung um einen nur teilweise durch die SE-VO geregelten Bereich im Sinne des Art. 9 Abs. 1 Buchst. c Alt. 2 SE-VO handeln.
Die Sitzverlegung gehört ausweislich des Art. 8 SE-VO zu den von der SE-VO geregelten Bereichen.
Die Sitzverlegung gehört auch zu den durch die SE-VO nur teilweise geregelten Bereichen, da Art. 8 SE-VO nach Art. 8 Abs. 1 S. 1 SE-VO nur die Verlegung des Satzungssitzes der SE von einem Mitgliedstaat in einen anderen Mitgliedstaat regelt.[880]

Ferner muss die ungeschriebene Voraussetzung des Art. 9 Abs. 1 Buchst. c SE-VO gegeben sein, dass die Verweisung auf das mitgliedstaatliche Recht überhaupt eine sachgerechte Regelung ermöglicht. Daran fehlt es, wenn die Natur der Sache eine gemeinschaftsrechtliche Regelung zwingend erfordert.[881] Für die Verlegung des Sitzes der SE innerhalb eines Mitgliedstaats als einem rein innerstaatlichen Sachverhalt ist eine gemeinschaftsrechtliche Regelung nicht erforderlich.

Weitere Voraussetzung des Art. 9 Abs. 1 Buchst. c ii) SE-VO ist, dass § 45 AktG zu den Rechtsvorschriften Deutschlands gehört, die auf eine nach deutschem Recht gegründete Aktiengesellschaft Anwendung finden würden.
Auch diese Voraussetzung ist im Fall des § 45 AktG erfüllt.

Als Ergebnis ist daher festzuhalten, dass Art. 9 Abs. 1 Buchst. c ii) SE-VO auf § 45 AktG verweist.[882]

---

880 Zum Anwendungsbereich des Art. 8 SE-VO siehe oben Punkt C. I. 1.

881 Ebenso im Ergebnis *Brandt/Scheifele*, DStR 2002, S. 547 (552), die in einem solchen Fall das Vorliegen einer Regelungslücke verneinen.

882 Ebenso *Wagner*, NZG 2002, S. 985 (988) zur Sitzverlegung im Allgemeinen.

2. Anwendungsbereich des § 45 AktG

Der Anwendungsbereich des § 45 AktG wird in § 45 Abs. 1 AktG festgelegt. § 45 AktG ist danach anwendbar auf die Verlegung des Sitzes der Gesellschaft im Inland.
Da der Begriff „Sitz" in § 5 Abs. 1 AktG im Sinne von Satzungssitz definiert ist, ist § 45 AktG auf die Verlegung des Satzungssitzes anwendbar.
Nach dem eindeutigen Wortlaut des § 45 Abs. 1 AktG „im Inland" ist § 45 AktG nicht anwendbar auf die Sitzverlegung einer ausländischen Gesellschaft nach Deutschland und die Sitzverlegung einer deutschen Gesellschaft ins Ausland.[883]
Bezogen auf die SE ist Art. 9 Abs. 1 Buchst. c ii) SE-VO i. V. m. § 45 AktG daher auf die Verlegung des Satzungssitzes der SE innerhalb Deutschlands anwendbar.

3. Verfahren

Hinsichtlich des Verlegungsverfahrens wird auf die Rechtsprechung und Literatur zu § 45 AktG verwiesen.
Allerdings ist darauf hinzuweisen, dass auf den dafür erforderlichen satzungsändernden Beschluss der Hauptversammlung[884] die Art. 53 bis 60 SE-VO anwendbar sind. Insbesondere ergibt sich die erforderliche Mehrheit aus Art. 59 Abs. 1 und Abs. 2 SE-VO[885].

---

[883] *Hüffer*, AktG, § 45 Rn. 2.

[884] *Hüffer*, AktG, § 5 Rn. 11 und § 45 Rn. 2.

[885] Siehe dazu oben C. I. 2. a) ee) (6).

D. Zusammenfassung der wesentlichen Ergebnisse

Die wesentlichen Ergebnisse der vorliegenden Untersuchung lassen sich wie folgt zusammenfassen:

1. Sitz im Sinne des Art. 7 SE-VO ist der Satzungssitz, d. h. der Ort, den die Satzung der SE als Sitz bestimmt.

2. Hauptverwaltung der SE im Sinne des Art. 7 SE-VO ist der Ort, an dem die grundlegenden Entscheidungen der Unternehmensleitung effektiv durch das zur Geschäftsführung berufene Vertretungsorgan nach außen in laufende Geschäftsführungsakte umgesetzt werden. Das zur Geschäftsführung berufene Vertretungsorgan der SE ist im dualistischen System nach Art. 39 Abs. 1 S. 1 SE-VO das Leitungsorgan und im monistischen System nach Art. 43 Abs. 1 S. 1 SE-VO das Verwaltungsorgan.
   Setzen die Mitglieder des Leitungs- bzw. Verwaltungsorgans der SE die grundlegenden Entscheidungen der Unternehmensleitung an verschiedenen Orten effektiv nach außen in laufende Geschäftsführungsakte um, ist die Hauptverwaltung im Sinne des Art. 7 SE-VO an einem dieser Orte.
   Bei der Auswahl dieses Ortes sind die folgenden Kriterien zu prüfen:
   - Tätigkeitsort des ranghöchsten Mitglieds des Leitungs- bzw. Verwaltungsorgans,
   - hilfsweise: Tätigkeitsort der meisten Mitglieder des Leitungs- bzw. Verwaltungsorgans,
   - hilfsweise: engste tatsächliche Beziehung der SE zu diesem Ort.

3. Deutschland sollte von der Ermächtigung des Art. 7 S. 2 SE-VO Gebrauch machen, um einen Gleichlauf mit § 5 Abs. 2 AktG herzustellen.
   Es wird empfohlen, im SEAG nicht bloß auf § 5 Abs. 2 AktG zu verweisen, sondern eine dem § 5 Abs. 2 AktG entsprechende Regelung in das SEAG aufzunehmen.

4. Der Anwendungsbereich des Art. 64 SE-VO erstreckt sich auf die folgenden Verstöße gegen Art. 7 S. 1 Hs. 2 SE-VO:
   - Satzungssitz und Hauptverwaltung in verschiedenen Mitgliedstaaten auf Grund einer
     - Sitzverlegung,
     - tatsächlichen Verlagerung der Hauptverwaltung,
   - Hauptverwaltung außerhalb der Gemeinschaft auf Grund tatsächlicher Verlagerung der Hauptverwaltung.

   Das Verfahren der Amtsauflösung nach § 262 Abs. 1 Nr. 5 AktG i. V. m. § 144a FGG wird den Vorgaben des Art. 64 Abs. 1 bis 3 SE-VO insoweit nicht gerecht, als eine Möglichkeit zur Beseitigung des Verstoßes durch nachträgliche Verlagerung der Hauptverwaltung (Art. 64 Abs. 1 Hs. 2 Buchst. a SE-VO) fehlt. Es bietet sich daher an, im SEAG eine entsprechend modifizierte Verweisung auf das Verfahren der Amtsauflösung nach § 262 Abs. 1 Nr. 5 AktG i. V. m. § 144a FGG vorzusehen.

5. Die von Art. 64 SE-VO nicht erfassten Verstöße gegen Art. 7 SE-VO werden wie folgt sanktioniert:
   a) Auf Verstöße gegen Art. 7 SE-VO, die schon vor Eintragung der SE bestehen, finden über Art. 15 Abs. 1 SE-VO die aktienrechtlichen Gründungsvorschriften der Mitgliedstaaten Anwendung. Begründet eine SE ihren Sitz in Deutschland, ist ein Verstoß gegen Art. 7 SE-VO nach Art. 15 Abs. 1 SE-VO i. V. m. § 38 Abs. 1 S. 2 AktG dadurch zu ahnden, dass die Eintragung in das Handelsregister abgelehnt wird.
   b) Der Verlegungsbeschluss einer SE mit Satzungssitz in Deutschland ist in den folgenden Fällen nach Art. 9 Abs. 1 Buchst. c ii) SE-VO i. V. m. § 241 Nr. 3 Var. 3 AktG nichtig:
      - Verlegung des Satzungssitzes in das Nicht-EU-Ausland,
      - Verstoß gegen Art. 7 S. 2 SE-VO i. V. m. dem SEAG.

6. Die SE-VO folgt bezüglich des auf die SE ergänzend anwendbaren mitgliedstaatlichen Rechts grundsätzlich der Sitztheorie. Nur bei der Verlegung

des Satzungssitzes nach Art. 8 SE-VO und bei der Beseitigung des vorschriftswidrigen Zustands nach Art. 64 Abs. 1 SE-VO gilt für eine Übergangszeit die Inkorporationstheorie.

7. Der Verlegungsplan ist eine verbindliche Information ohne Bewertung, die schriftlich in der Sprache des Wegzugstaats zu erfolgen hat.

8. Der deutsche Gesetzgeber sollte von der Ermächtigung des Art. 8 Abs. 5 SE-VO zum Schutz der Minderheitsaktionäre Gebrauch machen, indem er in das SEAG eine Verweisung auf die §§ 207 bis 213 sowie auf § 194 Abs. 1 Nr. 6 UmwG aufnimmt.

9. Der Verlegungsbeschluss ist als satzungsändernder Beschluss zu qualifizieren, der in der Sprache des Wegzugstaats abzufassen und durch eine über die Verhandlung notariell aufgenommene Niederschrift zu beurkunden ist.
Für Verlegungsbeschlüsse einer SE mit Satzungssitz in Deutschland sind folgende Mehrheiten erforderlich:
Vereinigen zwei Drittel der abgegebenen Stimmen mehr als drei Viertel des bei der Beschlussfassung vertretenen Kapitals auf sich, ist für die Beschlussfassung eine Mehrheit von mindestens zwei Dritteln der abgegebenen Stimmen erforderlich.
Vereinigen zwei Drittel der abgegebenen Stimmen weniger als drei Viertel des bei der Beschlussfassung vertretenen Kapitals auf sich, ist für die Beschlussfassung eine Mehrheit von mindestens drei Vierteln des bei der Beschlussfassung vertretenen Kapitals erforderlich.

10. Der deutsche Gesetzgeber muss auf Grund der Regelungsverpflichtung des Art. 8 Abs. 7 Unterabs. 1 SE-VO die Inhaber von Ansprüchen, die vor der Offenlegung des Verlegungsplans entstanden sind, angemessen schützen. Er sollte entsprechend der Ermächtigung des Art. 8 Abs. 7 Unterabs. 2 SE-VO diesen Schutz auf Ansprüche ausdehnen, die bis zur Eintragung der SE in das Register des Zuzugstaats entstehen.

Um diesen Schutz zu realisieren, könnte in das SEAG eine dem § 22 UmwG entsprechende Bestimmung aufgenommen werden. Die Frist für die Anmeldung der Ansprüche sollte zwei Monate ab Bekanntmachung der Löschung der SE im Handelsregister betragen.

11. Die nach Art. 8 Abs. 8 SE-VO auszustellende Bescheinigung über das Vorliegen der Verlegungsvoraussetzungen im Wegzugstaat sollte sich an den in den Anhängen V und VI EuGV-VO aufgeführten Bescheinigungen orientieren.

12. Die für die Eintragung der SE in das Register des Zuzugstaats erforderlichen Formalitäten im Sinne des Art. 8 Abs. 9 SE-VO umfassen sowohl die formellen als auch die materiellen Eintragungsvoraussetzungen, die sich aus der SE-VO und dem im Zuzugstaat anwendbaren mitgliedstaatlichen Gründungsrecht ergeben.

13. Wird eine SE durch Umwandlung einer bestehenden Aktiengesellschaft gegründet, ist eine grenzüberschreitende Satzungssitzverlegung bis zur Eintragung der SE in das Register ausgeschlossen.

14. Der Wegzug einer SE aus Deutschland löst eine Besteuerung stiller Reserven nach § 12 Abs. 1 S. 1 i. V. m. § 11 KStG aus.
Die praktische Bedeutung des Art. 8 SE-VO hängt entscheidend davon ab, dass die Verlegung des Satzungssitzes der SE in einen anderen Mitgliedstaat steuerneutral in dem Sinne erfolgen kann, dass keine Liquiditätsbelastung durch die Verlegung des Satzungssitzes ausgelöst wird. Das Lösungskonzept der Fusionsbesteuerungs-RL sollte daher auf die grenzüberschreitende Verlegung des Satzungssitzes der SE erstreckt werden. In Deutschland könnte dieses Lösungskonzept dadurch umgesetzt werden, dass in § 12 Abs. 1 S. 1 KStG das Wort „unbeschränkten“ ersatzlos gestrichen wird.

LITERATURVERZEICHNIS

Anweiler, Jochen
Die Auslegungsmethoden des Gerichtshofs der Europäischen Gemeinschaften
Frankfurt am Main u. a.
1997
Zugl.: Göttingen, Univ., Diss.
1996
(zit.: *Anweiler*, Auslegungsmethoden des EuGH)

Arthur Andersen Wirtschaftsprüfungsgesellschaft Steuerberatungsgesellschaft mbH
Körperschaftsteuergesetz; Kommentar
Loseblattsammlung
Bonn, Berlin
Stand: Dezember 2002
(zit.: *Bearbeiter*, in: Andersen, KStG)

Artmann, Eveline
Die Organisationsverfassung der Europäischen Aktiengesellschaft
in: WBl. 2002, S. 189-197

Bachner, Michael
Individualarbeits- und kollektivrechtliche Auswirkungen des neuen Umwandlungsgesetzes
in: NJW 1995, S. 2881-2887

Bassenge, Peter
Herbst, Gerhard
Roth, Herbert
Gesetz über die Angelegenheiten der freiwilligen Gerichtsbarkeit, Rechtspflegergesetz; Kommentar
9., neu bearbeitete Auflage
Heidelberg
2002
(zit.: *Bassenge/Herbst*, FGG)

Baumbach, Adolf Handelsgesetzbuch: mit GmbH & Co., Handelsklauseln, Bank- und Börsenrecht, Transportrecht (ohne Seerecht)
Hopt, Klaus J.
30. Auflage
München
2000
(zit.: *Baumbach/Hopt*, HGB)

Bayer, Walter Verschmelzung und Minderheitenschutz – Besprechung der Entscheidung des OLG Hamm WM 1988, 1164 –
in: WM 1989, S. 121-126

Informationsrechte bei der Verschmelzung von Aktiengesellschaften
in: AG 1988, S. 323-331

Becher, Herbert J. Wörterbuch der Rechts- und Wirtschaftssprache
Diccionario jurídico y económico
Teil 1. Spanisch-Deutsch
4. Auflage
München
1994
(zit.: *Becher*, Wörterbuch der Rechts- und Wirtschaftssprache I)

Behrens, Peter Das Internationale Gesellschaftsrecht nach dem Überseering-Urteil des EuGH und den Schlussanträgen zu Inspire Art
in: IPRax 2003, S. 193-207

	EuGH klärt Niederlassungsfreiheit von Gesellschaften in: EuZW 24/2002, Editorial
	Niederlassungsfreiheit und Internationales Gesellschaftsrecht in: RabelsZ 52 (1988), S. 498-525
Beitzke, Günther	Anerkennung und Sitzverlegung von Gesellschaften und juristischen Personen im EWG-Bereich in: ZHR 127 (1965), S. 1-47
Bellingwout, J. W.	Die internationale Sitzverlegung juristischer Personen in Bewegung – Der KPMG-Bericht 1993 – in: RIW 1997, S. 550-556
Beutler, Bengt *Bieber, Roland* (Bearb.)	Die Europäische Union: Rechtsordnung und Politik 5. Auflage Baden-Baden 2001 (zit.: *Bearbeiter*, in: Beutler/Bieber, EU)
Blanquet, Françoise	Das Statut der Europäischen Aktiengesellschaft (Societas Europaea "SE") – Ein Gemeinschaftsinstrument für die grenzübergreifende Zusammenarbeit im Dienste der Unternehmen – in: ZGR 2002, S. 20-65

Bleckmann, Albert

Probleme der Auslegung europäischer Richtlinien
in: ZGR 1992, S. 364-375

Die Rolle der richterlichen Rechtsschöpfung im Europäischen Gemeinschaftsrecht
in: Gerhard Lüke (Hrsg.), Rechtsvergleichung, Europarecht und Staatenrecht: Gedächtnisschrift für Léontin-Jean Constantinesco, Köln u. a., 1983, S. 61-81

Zu den Auslegungsmethoden des Europäischen Gerichtshofs
in: NJW 1982, S. 1177-1182

Bourne, Nicholas

Principles of Company Law
3rd edition
London, Sydney
1998
(zit.: *Bourne*, Principles of Company Law)

Brandt, Ulrich

Überlegungen zu einem SE-Ausführungsgesetz
in: NZG 2002, S. 991-996

Brandt, Ulrich
Scheifele, Matthias

Die Europäische Aktiengesellschaft und das anwendbare Recht
in: DStR 2002, S. 547-555

Brocke, Kai vom

Die Europäische Genossenschaft – eine europäische Gesellschaftsform?
Würzburg, Univ., Diss.

1996
(zit.: *vom Brocke*, EUGEN)

Brödermann, Eckart
Iversen, Holger
Europäisches Gemeinschaftsrecht und Internationales Privatrecht
Tübingen
1994
(zit.: *Brödermann/Iversen*, EG-Recht und IPR)

Bruhn, Heike
Niederlassungsfreundliche Sitzverlegung und Verschmelzung über die Grenze nach italienischem Recht: eine rechtsvergleichende Untersuchung unter Berücksichtigung der europäischen Niederlassungsfreiheit
Frankfurt am Main u. a.
2002
Zugl.: Bonn, Univ., Diss.
2001
(zit.: *Bruhn*, Niederlassungsfreundliche Sitzverlegung)

Buchheim, Regine
Europäische Aktiengesellschaft und grenzüberschreitende Konzernverschmelzung: der aktuelle Entwurf der Rechtsform aus betriebswirtschaftlicher Sicht
Wiesbaden
2001
Zugl.: Berlin, Freie Univ., Diss.
2000
(zit.: *Buchheim*, SE und Konzernverschmelzung)

Bumiller, Ursula Freiwillige Gerichtsbarkeit: Gesetz über die Angelegenheiten der freiwilligen Gerichtsbarkeit
7. Auflage
München
1999
(zit.: *Bumiller/Winkler*, FGG)

Bungert, Hartwin Entwicklungen im internationalen Gesellschaftsrecht Deutschlands
in: AG 1995, S. 489-509

Bungert, Hartwin
Beier, Constantin H. Die Europäische Aktiengesellschaft
– Das Statut und seine Umsetzung in die Praxis –
in: EWS 2002, S. 1-12

Burtscher, Bertram Die Europäische Aktiengesellschaft
– Historische Entwicklung, Stand, Ausblick –
Innsbruck, Univ., Diss.
1999
(zit.: *Burtscher*, SE)

Calle Lambach, Inés Die Beteiligung der Arbeitnehmer in der Europäischen Gesellschaft (SE)
Berlin
2004
Zugl.: Hannover, Univ., Diss.
2004
(zit.: *Calle Lambach*, Arbeitnehmerbeteiligung in der SE)

Campos Nave, José A. Die Wegzugsbesteuerung als Einschränkung der europäischen Niederlassungsfreiheit
in: NZG 2004, S. 897-898

Conte, Giuseppe Wörterbuch der Rechts- und Wirtschaftssprache
Teil 1. Italienisch-Deutsch
5. Auflage
München
2001
(zit.: *Conte/Boss*, Wörterbuch der Rechts- und Wirtschaftssprache I)

Dauses, Manfred A. (Hrsg.) Handbuch des EU-Wirtschaftsrechts
Band 1
Loseblattsammlung
München
Stand: März 2002
(zit.: *Bearbeiter*, in: Dauses, Handbuch des EU-Wirtschaftsrechts I)

Debatin, H. Die grenzüberschreitende Sitzverlegung von Kapitalgesellschaften
Hamburg, Univ., Vortrag
1990
(zit.: Debatin, Grenzüberschreitende Sitzverlegung)

Dietl, Clara-Erika Wörterbuch für Recht, Wirtschaft und Politik
Teil 1. Englisch-Deutsch
6. Auflage
München
2000

(zit.: *Dietl/Lorenz*, Wörterbuch für Recht, Wirtschaft und Politik I)

Di Marco, Giuseppe — Der Vorschlag der Kommission für eine 14. Richtlinie
Stand und Perspektiven –
in: ZGR 1999, S. 3-12

Dötsch, Ewald — Die Körperschaftsteuer: Kommentar zum Körperschaftsteuergesetz, zum Umwandlungssteuergesetz und zu den einkommensteuerrechtlichen Vorschriften der Anteilseignerbesteuerung
Loseblattsammlung
Stuttgart
Stand: Oktober 2002
(zit.: *Bearbeiter*, in: Dötsch, KSt)

Doucet, Michel — Wörterbuch der Rechts- und Wirtschaftssprache
Teil 1. Französisch-Deutsch
5. Auflage
München, Paris
1997
(zit.: *Doucet/Fleck*, Wörterbuch der Rechts- und Wirtschaftssprache I)

Drygala, Anja — Die Reichweite der arbeitsrechtlichen Angaben im Verschmelzungsvertrag
in: ZIP 1996, S. 1365-1371

Ebenroth, Carsten Thomas
Auer, Thomas — Die Vereinbarkeit der Sitztheorie mit europäischem Recht

– Zivil- und steuerrechtliche Aspekte im deutschen Recht –
in: GmbHR 1994, S. 16-27

Ebenroth, Carsten Thomas
Bippus, Birgit
Die Sitztheorie als Theorie effektiver Verknüpfungen der Gesellschaft
in: JZ 1988, S. 677-683

Ebenroth, Carsten Thomas
Eyles, Uwe
Die Beteiligung ausländischer Gesellschaften an einer inländischen Kommanditgesellschaft
– Komplementäreigenschaft ausländischer Kapitalgesellschaften und europarechtliche Niederlassungsfreiheit –
in: DB-Beilage Nr. 2/88, S. 1-20

Ebenroth, Carsten Thomas
Hopp, Torsten-Tankmar
Die ausländische Kapitalgesellschaften KG
in: JZ 1989, S. 883-892

Ebenroth, Carsten Thomas
Sura, Achim
Das Problem der Anerkennung im internationalen Gesellschaftsrecht
– Feststellung der Rechtsfähigkeit und Bestimmung des Personalstatuts –
in: RabelsZ 43 (1979), S. 315-345

Ebke, Werner F.
Das Schicksal der Sitztheorie nach dem Centros-Urteil des EuGH
in: JZ 1999, S. 656-661

Eidenmüller, Horst Wettbewerb der Gesellschaftsrechte in Europa – Zugleich Besprechung des Urteils des Europäischen Gerichtshofs vom 5.11.2002 in der Rechtssache C-208/00 (Überseering BV gegen Nordic Construction Company Baumanagement GmbH) – in: ZIP 2002, S. 2233-2245

Endres, Dieter Europa-AG und Steuern: das Flaggschiff ist da, es fehlt nur das Segel in: RIW 2004, S. 735-740

Engelmeyer, Cäcilie Die Informationsrechte des Betriebsrats und der Arbeitnehmer bei Strukturänderungen in: DB 1996, S. 2542-2546

Das Spaltungsverfahren bei der Spaltung von Aktiengesellschaften in: AG 1996, S. 193-208

Everling, Ulrich Das Europäische Gemeinschaftsrecht vor dem Gerichtshof der Europäischen Gemeinschaften in: Uwe H. Schneider (Hrsg.), Deutsches und europäisches Gesellschafts-, Konzern- und Kapitalmarktrecht: Festschrift für Marcus Lutter zum 70. Geburtstag, Köln, 2000, S. 31-45

Fischer, Thomas Die Europäische Genossenschaft Münster 1995 Zugl.: Münster (Westfalen), Univ., Diss.

1995
(zit.: *Fischer*, EUGEN)

Förster, Guido / *Lange, Carsten* — Grenzüberschreitende Sitzverlegung der Europäischen Aktiengesellschaft aus ertragsteuerlicher Sicht
in: RIW 2002, S. 585-590

Steuerliche Aspekte der Gründung einer Europäischen Aktiengesellschaft (SE)
in: DB 2002, S. 288-294

Freitag, Robert — Der Wettbewerb der Rechtsordnungen im Internationalen Gesellschaftsrecht
in: EuZW 1999, S. 267-270

Frowein, Georg Abraham — Grenzüberschreitende Sitzverlegung von Kapitalgesellschaften: Sachrecht, Kollisionsrecht, Reform
Frankfurt am Main u. a.
2001
Zugl.: Heidelberg, Univ., Diss.
2000
(zit.: *Frowein*, Grenzüberschreitende Sitzverlegung)

Ganske, Joachim — Das Recht der Europäischen wirtschaftlichen Interessenvereinigung (EWIV): systematische Darstellung mit Texten und Materialien
München
1988
(zit.: *Ganske*, EWIV)

	Die Europäische wirtschaftliche Interessenvereinigung (EWIV) – eine neue „supranationale“ Unternehmensform als Kooperationsinstrument in der Europäischen Gemeinschaft – in: DB-Beilage Nr. 20/85, S. 1-12
Geßler, Ernst *Hefermehl, Wolfgang* *Eckardt, Ulrich* *Kropff, Bruno*	Aktiengesetz Band 4. §§ 179-240 München 1994 Band 6. §§ 291-410 München 1994 (zit.: *Bearbeiter*, in: Geßler/Hefermehl, AktG)
Geyrhalter, Volker *Gänßler, Peggy*	Perspektiven nach „Überseering“ – wie geht es weiter? in: NZG 2003, S. 409-414
Gower, Laurence Cecil Bartlett	Gower's Principles of Modern Company Law 5th edition London 1992 (zit.: *Gower*, Modern Company Law)
Grasmann, Günther	System des internationalen Gesellschaftsrechts: Außen- und Innenstatut der Gesellschaften im internationalen Privatrecht Herne, Berlin 1970

(zit.: *Grasmann*, System des internationalen Gesellschaftsrechts)

Groeben, Hans von der (Hrsg.) Kommentar zum EU-/EG-Vertrag
Band 1. Art. A-F EUV, Art. 1-84 EGV
5. Auflage
Baden-Baden
1997
(zit.: *Bearbeiter*, in: von der Groeben, EG)

Großkommentar zum Aktiengesetz
herausgegeben von Klaus J. Hopt und Herbert Wiedemann
4. Auflage
Berlin
1992
(zit.: *Bearbeiter*, in: Großkomm. AktG)

Grote, Ralf Das neue Statut der Europäischen Aktiengesellschaft zwischen europäischem und nationalem Recht
Göttingen, Univ., Diss.
1990
(zit.: *Grote*, Neues SE-Statut)

Grundmann, Stefan (Hrsg.) Systembildung und Systemlücken in Kerngebieten des Europäischen Privatrechts: Gesellschafts-, Arbeits- und Schuldvertragsrecht
Tübingen
2000
(zit.: *Bearbeiter*, in: Grundmann, Systembildung)

Grundmann, Stefan
Riesenhuber, Karl

Die Auslegung des Europäischen Privat- und Schuldvertragsrechts
in: JuS 2001, S. 529-536

Güthoff, Julia

Gesellschaftsrecht in Großbritannien: eine Einführung mit vergleichenden Tabellen
München
1993
(zit.: *Güthoff*, Gesellschaftsrecht in Großbritannien)

Haas, Ulrich

Die Betätigungsfreiheit ausländischer Kapitalgesellschaften im Inland
in: DB 1997, S. 1501-1508

Hagen-Eck, Regine

Die Europäische Genossenschaft
Berlin
1995
Zugl.: Tübingen, Univ., Diss.
1993/94
(zit.: *Hagen-Eck*, EUGEN)

Hailbronner, Kay

Handkommentar zum Vertrag über die Europäische Union (EUV/EGV)
Loseblattsammlung
Köln u. a.
Stand: November 1998
(zit.: *Bearbeiter*, in: Handkommentar EUV/EGV)

Hatzig, Christoph

Die Europäische wirtschaftliche Interessenvereinigung
Frankfurt am Main u. a.

	1990 (zit.: *Hatzig*, EWIV)
Heinze, Meinhard	Die Europäische Aktiengesellschaft in: ZGR 2002, S. 66-95
Helms, Dietmar	Die Europäische Privatgesellschaft: rechtliche Strukturen und Regelungsprobleme einer supranationalen Gesellschaft des Gemeinschaftsrechts Köln 1998 Zugl.: Heidelberg, Univ., Diss. 1998 (zit.: *Helms*, EPG)
Herdegen, Matthias	Auslegende Erklärungen von Gemeinschaftsorganen und Mitgliedstaaten zu EG-Rechtsakten in: ZHR 155 (1991), S. 52-67
Herfs-Röttgen, Ebba	Arbeitnehmerbeteiligung in der Europäischen Aktiengesellschaft in: NZA 2001, S. 424-429
Heydt, Karl-Eduard von der *Rechenberg, Wolf-Georg Freiherr von* (Hrsg.)	Die Europäische wirtschaftliche Interessenvereinigung unter besonderer Berücksichtigung gesellschafts-, steuer- und kartellrechtlicher Aspekte Stuttgart 1991 (zit.: *Bearbeiter*, in: von der Heydt/von Rechenberg, EWIV)

Hirte, Heribert

Die Europäische Aktiengesellschaft
in: NZG 2002, S. 1-10

Kapitalgesellschaftsrecht
3. Auflage
Köln
2001
(zit.: *Hirte*, KapGesR)

Höft, Walter

Identitätswahrende Verwaltungssitzverlegung: gesellschafts- und steuerrechtliche Beurteilung der Verwaltungssitzverlegung einer „US-corporation" in die Bundesrepublik Deutschland
Köln u. a.
1992
Zugl.: Hamburg, Univ. der Bundeswehr, Diss., u. d. T.: Die identitätswahrende Verwaltungssitzverlegung in die Bundesrepublik Deutschland
1991
(zit.: *Höft*, Verwaltungssitzverlegung)

Hofer, Ingrid

Die Europäische Gesellschaft
Salzburg, Univ., Diplomarbeit
2001
(zit.: *Hofer*, Europäische Gesellschaft)

Hoffmann, Jochen

Neue Möglichkeiten zur identitätswahrenden Sitzverlegung in Europa?
– Der Richtlinienvorentwurf zur Verlegung des Gesellschaftssitzes innerhalb der EU –
in: ZHR 164 (2000), S. 43-66

Hommelhoff, Peter

Einige Bemerkungen zur Organisationsverfassung der Europäischen Aktiengesellschaft
in: AG 2001, S. 279-288

Die Auslegung des angeglichenen Gesellschaftsrechts – eine Analyse der EuGH-Rechtsprechung –
in: Reiner Schulze (Hrsg.), Auslegung europäischen Privatrechts und angeglichenen Rechts, Baden-Baden, 1999, S. 29-46

Hommelhoff, Peter
Riesenhuber, Karl

Strukturmaßnahmen, insbesondere Verschmelzung und Spaltung im Europäischen und deutschen Gesellschaftsrecht
in: Stefan Grundmann (Hrsg.), Systembildung und Systemlücken in Kerngebieten des Europäischen Privatrechts: Gesellschafts-, Arbeits- und Schuldvertragsrecht, Tübingen, 2000, S. 259-282

Hommelhoff, Peter
Teichmann, Christoph

Die Europäische Aktiengesellschaft – das Flaggschiff läuft vom Stapel
in: SZW/RSDA 2002, S. 1-12

Hopt, Klaus J.

Europäische Aktiengesellschaft – per aspera ad astra?
in: EuZW 1/2002, Editorial

Horn, Norbert

Einführung in die Rechtswissenschaft und Rechtsphilosophie
2. Auflage
Heidelberg
2001
(zit.: *Horn*, Einführung)

Huber, Martin Christian Grenzüberschreitende Sitzverlegung von Kapitalgesellschaften
Wien, Univ., Diss.
1995
(zit.: *Huber*, Grenzüberschreitende Sitzverlegung)

Hüffer, Uwe Aktiengesetz
5. Auflage
München
2002
(zit.: *Hüffer*, AktG)

Hügel, Hanns F. Steuerrechtliche Hindernisse bei der internationalen Sitzverlegung
in: ZGR 1999, S. 71-108

Hulle, Karel Van Aktuelle Entwicklungen im europäischen Gesellschaftsrecht
in: EWS 2000, S. 521-526

Jahn, Andreas
Herfs-Röttgen, Ebba Die Europäische Aktiengesellschaft – Societas Europaea
in: DB 2001, S. 631-638

Jansen, Paul FGG: Gesetz über die Angelegenheiten der freiwilligen Gerichtsbarkeit mit Nebengesetzen und bundes- und landesrechtlichen Ergänzungs- und Ausführungsvorschriften

Erster Band. Einleitung, Erster Abschnitt. Allgemeine Vorschriften. §§ 1 bis 34, Anfechtung von Justizverwaltungsakten. §§ 23 bis 30 EGGVG, Anerkennung ausländischer Entscheidungen in Ehesachen. Art. 7 FamRÄndG
2. Auflage
Berlin
1969
Zweiter Band. Zweiter bis neunter Abschnitt. §§ 35 bis 166
2. Auflage
Berlin
1970
(zit.: *Jansen*, FGG)

Jayme, Erik (Hrsg.) — Wörterbuch der Rechts- und Wirtschaftssprache
Dicionário jurídico e econômico
Teil 1. Portugiesisch-Deutsch
München
1994
(zit.: *Jayme/Neuss/Hansen*, Wörterbuch der Rechts- und Wirtschaftssprache I)

Joost, Detlev — Arbeitsrechtliche Angaben im Umwandlungsvertrag
in: ZIP 1995, S. 976-986

Kegel, Gerhard
Schurig, Klaus — Internationales Privatrecht: ein Studienbuch
8. Auflage
München
2000
(zit.: *Kegel/Schurig*, IPR)

Keidel, Theodor — Freiwillige Gerichtsbarkeit: Kommentar zum Gesetz über die Angelegenheiten der freiwilligen Gerichtsbarkeit
14., neu bearbeitete Auflage
München
1999
(zit.: *Bearbeiter*, in: Keidel, FGG)

Keil, Tilo — Der Verschmelzungsbericht nach § 340a AktG
Köln
1990
Zugl.: Gießen, Univ., Diss.
1989/90
(zit.: *Keil*, Verschmelzungsbericht)

Klapdor, Ralf — Überlegungen zur Besteuerung der Europäischen Aktiengesellschaft
in: EuZW 2001, S. 677-680

Klein, Franz (Begr.) — Abgabenordnung: einschließlich Steuerstrafrecht
7. Auflage
München
2000
(zit.: *Bearbeiter*, in: Klein, AO)

Kleinert, Jens
Probst, Peter — Endgültiges Aus für steuerliche Wegzugsbeschränkungen bei natürlichen und juristischen Personen
in: DB 2004, S. 673-675

Kleinsorge, Georg
Neye, Hans-Werner
Europäische Aktiengesellschaft
– Durchbruch erreicht –
in: BArbBl. 2001, S. 5-8

Kloster, Lars
Societas Europaea und europäische Unternehmenszusammenschlüsse
in: EuZW 2003, S. 293-301

Knobbe-Keuk, Brigitte
Wegzug und Einbringung von Unternehmen zwischen Niederlassungsfreiheit, Fusionsrichtlinie und nationalem Steuerrecht
in: DB 1991, S. 298-306

Umzug von Gesellschaften in Europa
in: ZHR 154 (1990), S. 325-356

Kölner Kommentar
zum Aktiengesetz
herausgegeben von Wolfgang Zöllner
Einleitungs-Band. Text des Aktiengesetzes. Einleitung. Sachregister zum Gesamtwerk
Köln u. a.
1984
Band 1. §§ 1-75 AktG
2. Auflage
Köln u. a.
1988
Band 5/1. §§ 179-240 AktG mit Nachtrag zum Gesetz vom 2. August 1994
2. Auflage
Köln u. a.
1995

Band 7. 1. Lieferung. §§ 339-361
2. Auflage
Köln u. a.
1990
(zit.: *Bearbeiter*, in: KöKo, AktG)

Körner, Andreas — Europarecht und Wegzugsbesteuerung – das EuGH-Urteil „de Lasteyrie du Saillant“
in: IStR 2004, S. 424-432

Kommission der Europäischen Gemeinschaften (Hrsg.) — Studie über die Verlegung des Sitzes einer Gesellschaft von einem Mitgliedstaat in einen anderen
durchgeführt von K.P.M.G. European Business Centre, Brüssel
Brüssel, Luxemburg
1993
(zit.: *KPMG*, in: Kommission, Sitzverlegungsstudie)

Kraushaar, Martin — Europäische Aktiengeselschaft (SE) und Unternehmensmitbestimmung
in: BB 2003, S. 1614-1620

Kruse, Viola — Sitzverlegung von Kapitalgesellschaften innerhalb der EG: Vereinbarkeit der einschlägigen Regelungen des deutschen Sach- und Kollisionsrechts mit dem EG-Vertrag
Köln u. a.
1997
Zugl.: Bonn, Univ., Diss.
1996
(zit.: *Kruse*, Sitzverlegung von Kapitalgesellschaften)

Kuffner, Andrea
Die Beteiligung der Arbeitnehmer in der Europäischen Aktiengesellschaft auf der Grundlage der Richtlinie über Europäische Betriebsräte
Berlin, Stuttgart
2003
Zugl.: Regensburg, Univ., Diss.
2003
(zit.: *Kuffner*, Arbeitnehmerbeteiligung in der SE)

Lange, Oliver
Überlegungen zur Umwandlung einer deutschen in eine Europäische Aktiengesellschaft
in: EuZW 2003, S. 301-306

Larenz, Karl
Methodenlehre der Rechtswissenschaft
6. Auflage
Berlin u. a.
1991
(zit.: *Larenz*, Methodenlehre)

Larenz, Karl
Wolf, Manfred
Allgemeiner Teil des Bürgerlichen Rechts
8. Auflage
München
1997
(zit.: *Larenz/Wolf*, BGB AT)

Leupold, Andreas
Die Europäische Aktiengesellschaft unter besonderer Berücksichtigung des deutschen Rechts: Chancen und Probleme auf dem Weg zu einer supranationalen Gesellschaftsform
Aachen
1993

Zugl.: Konstanz, Univ., Diss.
1993
(zit.: *Leupold,* SE und deutsches Recht)

Lüke, Gerhard (Hrsg.) — Rechtsvergleichung, Europarecht und Staatenintegration: Gedächtnisschrift für Léontin-Jean Constantinesco
Köln u. a.
1983
(zit.: *Bearbeiter*, in: GS Constantinesco)

Lutter, Marcus — Europäische Aktiengesellschaft – Rechtsfigur mit Zukunft?
in: BB 2002, S. 1-7

Umwandlungsgesetz: Kommentar
2. Auflage
Köln
2000
(zit.: *Bearbeiter*, in: Lutter, UmwG)

Die Auslegung angeglichenen Rechts
in: JZ 1992, S. 593-607

Luttermann, Claus — Geänderter Entwurf für das Statut der Europäischen Genossenschaft
in: EWS 1994, S. 14-19

Mayer, Dieter — Erste Zweifelsfragen bei der Unternehmensspaltung
in: DB 1995, S. 861-866

Mayson, Stephen W.
French, Derek
Ryan, Christopher L.

Mayson, French & Ryan on Company Law
17th edition
London
2000
(zit.: *Mayson, French & Ryan*, Company Law)

Meilicke, Wienand

Anmerkung zu EuGH (Centros/Erhvervs- og Selskabsstyrelsen), DB 1999, S. 625-627
in: DB 1999, S. 627-628

Zum Vorschlag der Europäischen Kommission für die 14. EU-Richtlinie zur Koordinierung des Gesellschaftsrechts – Sitzverlegungs-Richtlinie
in: GmbHR 1998, S. 1053-1058

Merdausl, Claudia

Der Europäische Versicherungsverein auf Gegenseitigkeit
Münster
2000
(zit.: *Merdausl*, EUGGES)

Mertens, Hans-Joachim

Die Gestaltung von Verschmelzungs- und Verschmelzungsprüfungsbericht
in: AG 1990, S. 20-32

Messer, Herbert

Die Kausalität von Mängeln des Verschmelzungsberichts als Voraussetzung für die Anfechtbarkeit des Verschmelzungsbeschlusses in: Harm Peter Westermann/Wolfgang Rosener (Hrsg.), Festschrift für Karlheinz Quack zum 65. Geburtstag am 3. Januar 1991, Berlin New York, 1991, S. 321-334

Meyer, Peter — Die Grundsätze der Auslegung im Europäischen Gemeinschaftsrecht
in: Jura 1994, S. 455-458

Meyer-Landrut, Andreas — Die Europäische Wirtschaftliche Interessenvereinigung: Gründungsvertrag und innere Verfassung einer EWIV mit Sitz in der Bundesrepublik Deutschland
Stuttgart
1988
(zit.: *Meyer-Landrut*, EWIV)

Möllers, Thomas M. J. — Juristische Arbeitstechnik und wissenschaftliches Arbeiten: Klausur, Hausarbeit, Seminararbeit, Staatsexamen, Dissertation
2. Auflage
München
2002
(zit.: *Möllers*, Juristische Arbeitstechnik)

Morse, Geoffrey and others — Charlesworth & Morse company law
15th edition
London
1995
(zit.: *Bearbeiter*, in: Charlesworth & Morse)

Müller, Klaus J. Die Zuleitung des Verschmelzungsvertrages an den Betriebsrat nach § 5 Abs. 3 Umwandlungsgesetz
in: DB 1997, S. 713-718

Münchener Kommentar zum Aktiengesetz
herausgegeben von Bruno Kropff und Johannes Semler
Band 1. §§ 1-53
2. Auflage
München
2000
Band 7. §§ 222-277
2. Auflage
München
2001
(zit.: *Bearbeiter*, in: MüKo, AktG)

Münchener Kommentar zum Bürgerlichen Gesetzbuch
herausgegeben von Kurt Rebmann
Band 11. Internationales Handels- und Gesellschaftsrecht, Einführungsgesetz zum Bürgerlichen Gesetzbuche (Art. 50-237)
3. Auflage
München
1999
(zit.: *Bearbeiter*, in: MüKo, BGB)

Nagel, Bernhard Ist die Europäische Aktiengesellschaft (SE) attraktiv?
in: DB 2004, S. 1299-1304

Die Europäische Aktiengesellschaft (SE) in Deutschland – der Regierungsentwurf zum SE-Einführungsgesetz
in: NZG 2004, S. 833-839

Neye, Hans-Werner
Kein neuer Stolperstein für die Europäische Aktiengesellschaft
in: ZGR 2002, S. 377-382

Die Vorstellungen der Bundesregierung zum Vorschlag einer 14. Richtlinie
in: ZGR 1999, S. 13-19

Größere Mobilität für Unternehmen in Europa
– 14. EU-Richtlinie zur Sitzverlegung geplant –
in: GmbHR 1997, S. R 181-R 182

Neye, Hans-Werner
Teichmann, Christoph
Der Entwurf für das Ausführungsgesetz zur Europäischen Aktiengesellschaft
in: AG 2003, S. 169-179

Oppermann, Thomas
Europarecht: ein Studienbuch
2. Auflage
München
1999
(zit.: *Oppermann*, EuropaR)

Palandt, Otto (Begr.)
Bürgerliches Gesetzbuch: mit Einführungsgesetz (Auszug), Unterlassungsklagengesetz, Produkthaftungsgesetz, Erbbaurechtsverordnung, Wohnungseigentumsgesetz, Hausratsverordnung, Lebenspartnerschaftsgesetz, Gewaltschutzgesetz (Auszug)

62. Auflage
München
2003
(zit.: *Bearbeiter*, in: Palandt, BGB)

Palmer, Francis Beaufort — Palmers's company law
25th edition (first loose-leaf edition)
London, Edinburgh
1992
(zit.: *Bearbeiter*, in: Palmer's company law)

Panthen, Thomas — Der „Sitz"-Begriff im Internationalen Gesellschaftsrecht
Frankfurt am Main u. a.
1988
(zit.: *Panthen*, Sitzbegriff)

Passeyrer, Thomas — Grenzüberschreitende Sitzverlegung der Societas Europaea innerhalb der EU
Wien, Wirtschaftsuniv., Diplomarbeit
1998
(zit.: *Passeyrer*, Sitzverlegung der SE)

Pechstein, Matthias — Die Bedeutung von Protokollerklärungen zu Rechtsakten der EG
in: EuR 1990, S. 249-268

Pennington, Robert Roland — Company Law
7th edition
London

1995
(zit.: *Pennington*, Company Law)

Potonnier, Georges Ed.
Potonnier, Brigitte
Wörterbuch für Wirtschaft, Recht und Handel
Dictionnaire de l'économie du droit et du commerce
Band 2. Französisch-Deutsch
2. Auflage
Wiesbaden
1990
(zit.: *Potonnier/Potonnier*, Wörterbuch für Wirtschaft, Recht und Handel II)

Priester, Hans-Joachim
EU-Sitzverlegung – Verfahrensablauf
in: ZGR 1999, S. 36-50

Das neue Verschmelzungsrecht
in: NJW 1983, S. 1459-1467

Rajak, Harry
Britisches Recht und der Vorschlag einer 14. Richtlinie
in: ZGR 1999, S. 111-125

Rechenberg, Wolf-Georg Freiherr von
Gesellschaftsrechtliche Grundlagen der EWIV
in: Karl-Eduard von der Heydt/Wolf-Georg Freiherr von Rechenberg (Hrsg.), Die Europäische wirtschaftliche Interessenvereinigung unter besonderer Berücksichtigung gesellschafts-, steuer- und kartellrechtlicher Aspekte, Stuttgart, 1991, S. 3-105

Rehbinder, Manfred
Einführung in die Rechtswissenschaft: Grundfragen, Grundlagen und Grundgedanken des Rechts

8. Auflage
Berlin, New York
1995
(zit.: *Rehbinder*, Einführung)

Rohde, Stephan — Europäische Integration und Sitzverlegung von Kapitalgesellschaften von und nach Deutschland
Osnabrück
2002
Zugl.: Würzburg, Univ., Diss.
2002
(zit.: *Rohde*, Europäische Integration)

Romain, Alfred
Bader, Hans Anton
Byrd, Sharon B. — Wörterbuch der Rechts- und Wirtschaftssprache
Teil 1. Englisch-Deutsch
5. Auflage
München, Basel, Wien
2000
(zit.: *Romain/Bader/Byrd*, Wörterbuch der Rechts- und Wirtschaftssprache I)

Romain, Alfred
Byrd, Sharon B.
Thielecke, Carola — Wörterbuch der Rechts- und Wirtschaftssprache
Teil 2. Deutsch-Englisch
4. Auflage
München, Basel, Wien
2002
(zit.: *Romain/Byrd/Thielecke*, Wörterbuch der Rechts- und Wirtschaftssprache II)

Rothe, Martin | Rechtswörterbuch: Spanisch-Deutsch, Deutsch-Spanisch; mit Erläuterungen; Darstellungen von Gesetzen, Verordnungen, Verträgen, Abkürzungen, Gerichtsverfassungen, Rechtsbehelfen
Diccinario jurídico
Neuwied, Kriftel, Berlin
1996
(zit.: *Rothe*, Rechtswörterbuch)

Sanders, Pieter | Vorentwurf eines Statuts für Europäische Aktiengesellschaften
Brüssel
1967
(zit.: *Sanders*, SE-VE 1966)

Sandrock, Otto (Hrsg.) | Festschrift für Günther Beitzke zum 70. Geburtstag am 26. April 1979
Berlin, New York
1979
(zit.: *Bearbeiter*, in: FS Beitzke)

Sandrock, Otto | Die Konkretisierung der Überlagerungstheorie in einigen zentralen Fragen
in: Otto Sandrock (Hrsg.), Festschrift für Günther Beitzke zum 70. Geburtstag am 26. April 1979, Berlin New York, 1979, S. 669-696

Schäfer, Wilhelm | Wirtschaftswörterbuch
Band 1. Englisch-Deutsch
5. Auflage
München

1996
(zit.: *Schäfer*, Wirtschaftswörterbuch I)

Scheer, Matthias K. Juridisch woordenboek
Wörterbuch der deutschen und niederländischen Rechtssprache
Teil 2. Deutsch-Niederländisch
München
1989
(zit.: *Scheer*, Wörterbuch der deutschen und niederländischen Rechtssprache II)

Schiemer, Karl
Jabornegg, Peter
Strasser, Rudolf Kommentar zum Aktiengesetz
3. Auflage
Wien
1993
(zit.: *Bearbeiter*, in: Schiemer/Jabornegg/Strasser, öAktG)

Schindler, Clemens Philipp Die Europäische Aktiengesellschaft: gesellschafts- und steuerrechtliche Aspekte
Wien
2002
(zit.: *Schindler*, Europäische Aktiengesellschaft)

Schlenker, Anette Gestaltungsmodelle einer identitätswahrenden Sitzverlegung von Kapitalgesellschaften über die Grenze
Konstanz
1998
Zugl.: Konstanz, Univ., Diss.

1998
(zit.: *Schlenker*, Gestaltungsmodelle)

Schmidt, Gerd Handbuch der Freiwilligen Gerichtsbarkeit: mit zahlreichen Mustertexten
2. Auflage
München
1996
(zit.: *G. Schmidt*, FG-Handbuch)

Schmidt, Karsten Gesellschaftsrecht
4. Auflage
Köln u. a.
2002
(zit.: *K. Schmidt*, GesR)

Sitzverlegungsrichtlinie, Freizügigkeit und Gesellschaftsrechtspraxis
– Grundlagen –
in: ZGR 1999, S. 20-35

Schmidt, Marek Privatrechtsangleichende EU-Richtlinien und nationale Auslegungsmethoden
in: RabelsZ 59 (1995), S. 569-597

Schneider, Uwe H. (Hrsg.) Deutsches und europäisches Gesellschafts-, Konzern- und Kapitalmarktrecht: Festschrift für Marcus Lutter zum 70. Geburtstag
Köln
2000
(zit.: *Bearbeiter*, in: FS Lutter)

Schnitger, Arne — Verstoß der Wegzugsbesteuerung (§ 6 AStG) und weiterer Entstrickungsnormen des deutschen Ertragsteuerrechts gegen die Grundfreiheiten des EG-Vertrags
– Auswirkungen der Rs. Lasteyrie du Saillant auf den deutschen Rechtskreis –
in: BB 2004, S. 804-813

Schön, Wolfgang — Besteuerung im Binnenmarkt – die Rechtsprechung des EuGH zu den direkten Steuern
in: IStR 2004, S. 289-300

Schulz, Andreas
Geismar, Bernhard — Die Europäische Aktiengesellschaft
– Eine kritische Bestandsaufnahme –
in: DStR 2001, S. 1078-1086

Schulz, Andreas
Petersen, Sven — Die Europa-AG: Steuerlicher Handlungsbedarf bei Gründung und Sitzverlegung
in: DStR 2002, S. 1508-1517

Schulz, Martin
Sester, Peter — Höchstrichterliche Harmonisierung der Kollisionsregeln im europäischen Gesellschaftsrecht: Durchbruch der Gründungstheorie nach „Überseering"
in: EWS 2002, S. 545-552

Schulze, Reiner (Hrsg.) — Europäische Genossenschaft (SCE)
Baden-Baden
2004
(zit.: *Bearbeiter*, in: Schulze, SCE)

	Auslegung europäischen Privatrechts und angeglichenen Rechts Baden-Baden 1999 (zit.: *Bearbeiter*, in: Schulze, Auslegung europäischen Privatrechts)
Schwarz, Günter Christian	Zum Statut der Europäische Aktiengesellschaft – Die wichtigsten Neuerungen und Änderungen der Verordnung – in: ZIP 2001, S. 1847-1861
	Europäisches Gesellschaftsrecht: ein Handbuch für Wissenschaft und Praxis Baden-Baden 2000 (zit.: *Schwarz*, Europäisches Gesellschaftsrecht)
Schwarz, Günter Christian *Lösler, Thomas*	Das Recht der Europäischen Aktiengesellschaft – ein Überblick in: NotBZ 2001, S. 117-124
Scriba, Michael O. E.	Die Europäische Wirtschaftliche Interessenvereinigung Heidelberg 1988 Zugl.: Münster (Westfalen), Univ., Diss. 1987 (zit.: *Scriba*, EWIV)

Selbherr, Paul
Manz, Gerhard (Hrsg.)
Kommentar zur Europäischen wirtschaftlichen Interessenvereinigung (EWIV)
Baden-Baden
1995
(zit.: *Bearbeiter*, in: Selbherr/Manz, EWIV)

Smith, Kenneth
Keenan, Denis
Smith and Keenan's Company Law
7th edition
London
1987
(zit.: *Keenan*, in: Smith and Keenan's)

Sonnenberger, Hans Jürgen
Großerichter, Helge
Konfliktlinien zwischen internationalem Gesellschaftsrecht und Niederlassungsfreiheit
– Im Blickpunkt: Die Centros-Entscheidung des EuGH als gesetzgeberische Herausforderung –
in: RIW 1999, S. 721-732

Staub, Hermann (Begr.)
Handelsgesetzbuch: Großkommentar
4. Auflage
Berlin, New York
1988
(zit.: *Bearbeiter*, in: Staub, HGB)

Staudinger, Julius von (Begr.)
Staudingers Kommentar zum Bürgerlichen Gesetzbuch
Einleitung zum Bürgerlichen Gesetzbuch, Buch 1. Allgemeiner Teil. §§ 1-12, Verschollenheitsgesetz u. a.
13. Bearbeitung
Berlin

1995
Einführungsgesetz zum Bürgerlichen Gesetzbuche/IPR, Internationales Gesellschaftsrecht
13. Bearbeitung
Berlin
1993
(zit.: *Bearbeiter*, in: Staudinger, BGB)

Stockenhuber, Peter
Das österreichische Spaltungsgesetz
in: RIW 1994, S. 278-286

Streinz, Rudolf
Europarecht
5. Auflage
Heidelberg
2001
(zit.: *Streinz*, EuropaR)

Teichmann, Christoph
Ausführungsgesetz in Deutschland
in: Manuel René Theisen/Martin Wenz (Hrsg.), Die Europäische Aktiengesellschaft: Recht, Steuern und Betriebswirtschaft der Societas Europaea (SE), Stuttgart, 2002, S. 573-608

Vorschläge für das deutsche Ausführungsgesetz zur Europäischen Aktiengesellschaft
in: ZIP 2002, S. 1109-1116

Die Einführung der Europäischen Aktiengesellschaft – Grundlagen der Ergänzung des europäischen Statuts durch den deutschen Gesetzgeber –
in: ZGR 2002, S. 383-464

Theisen, Manuel René
Hölzl, Michael
Corporate Governance
in: Manuel René Theisen/Martin Wenz (Hrsg.), Die Europäische Aktiengesellschaft: Recht, Steuern und Betriebswirtschaft der Societas Europaea (SE), Stuttgart, 2002, S. 247-299

Theisen, Manuel René
Wenz, Martin (Hrsg.)
Die Europäische Aktiengesellschaft: Recht, Steuern und Betriebswirtschaft der Societas Europaea (SE)
Stuttgart
2002
(zit.: *Bearbeiter*, in: Theisen/Wenz, Europäische Aktiengesellschaft)

Theisen, Manuel René
Wenz, Martin
Ansässigkeit und Körperschaftsteuerpflicht von Kapitalgesellschaften im Vereinigten Königreich von Großbritannien und Nordirland
in: RIW 1994, S. 397-414

Thömmes, Otmar
Besteuerung
in: Manuel René Theisen/Martin Wenz (Hrsg.), Die Europäische Aktiengesellschaft: Recht, Steuern und Betriebswirtschaft der Societas Europaea (SE), Stuttgart, 2002, S. 465-554

Identitätswahrende Sitzverlegung von Gesellschaften in Europa
in: DB 1993, S. 1021-1026

Thoma, Georg F.
Leuering, Dieter
Die Europäische Aktiengesellschaft – Societas Europaea
in: NJW 2002, S. 1449-1454

Thomas, Heinz — Zivilprozessordnung: mit Gerichtsverfassungsgesetz, den Einführungsgesetzen und europarechtlichen Vorschriften (EuGVVO, EheVO, ZustellungsVO, ZustDG, AVAG); Kommentar
24. Auflage
München
2002
(zit.: *Bearbeiter*, in: Thomas/Putzo, ZPO)

Timmerman, Levinus — Sitzverlegung von Kapitalgesellschaften nach niederländischem Recht und die 14. EU-Richtlinie
in: ZGR 1999, S. 147-156

Triebel, Volker
Hase, Karl von — Wegzug und grenzüberschreitende Umwandlungen deutscher Gesellschaften nach „Überseering" und „Inspire Art"
in: BB 2003, S. 2409-2417

Völter, Heike — Der Lückenschluß im Statut der Europäischen Privatgesellschaft
Köln
2000
Zugl.: Heidelberg, Univ., Diss.
1999
(zit.: *Völter*, Lückenschluss)

Wagner, Jens — Die Bestimmung des auf die SE anwendbaren Rechts
in: NZG 2002, S. 985-991

Der Europäische Verein: eine Gesellschaftsform europäischen oder mitgliedstaatlichen Rechts?

Baden-Baden
2000
Zugl.: Würzburg, Univ., Diss.
1999
(zit.: *Wagner*, EUV)

Wang, Mario — Die Europäische Aktiengesellschaft in der EWG
Freiburg/Schweiz
1964
(zit.: *Wang*, Europäische AG)

Wenger, Thomas — Die Europäische (Aktien-)Gesellschaft (SE) wird Realität
in: RWZ 2001, S. 317-320

Wenz, Martin — Grenzüberschreitende Sitzverlegung
in: Manuel René Theisen/Martin Wenz (Hrsg.), Die Europäische Aktiengesellschaft: Recht, Steuern und Betriebswirtschaft der Societas Europaea (SE), Stuttgart, 2002, S. 171-245

Wernicke, Thomas — Anmerkung zu EuGH (Überseering/NCC), EuZW 2002, S. 754-758
in: EuZW 2002, S. 758-761

Westermann, Harm Peter
Rosener, Wolfgang (Hrsg.) — Festschrift für Karlheinz Quack zum 65. Geburtstag: am 3. Januar 1991
Berlin, New York
1991
(zit.: *Bearbeiter*, in: FS Quack)

Widmann, Siegfried
Mayer, Dieter (Hrsg.)
Umwandlungsrecht: Umwandlungsgesetz; Umwandlungssteuergesetz; Kommentar
Loseblattsammlung
Bonn, Berlin
Stand: Oktober 2002
(zit.: *Bearbeiter*, in: Widmann/Mayer, UmwR)

Wiedemann, Herbert
Gesellschaftsrecht
Band 1. Grundlagen
München
1980
(zit.: *Wiedemann*, GesR)

Wlotzke, Otfried
Arbeitsrechtliche Aspekte des neuen Umwandlungsrechts
in: DB 1995, S. 40-48

Wymeersch, Eddy
Die Sitzverlegung nach belgischem Recht
in: ZGR 1999, S. 126-146

Zuleeg, Manfred
Die Auslegung des europäischen Gemeinschaftsrechts
in: EuR 1969, S. 97-108

Schriftenreihe zum deutschen und europäischen Gesellschafts- und Wirtschaftsrecht

Herausgegeben von Günter Christian Schwarz

Band 1 Matthias Scheifele: Die Gründung der Europäischen Aktiengesellschaft (SE). 2004.

Band 2 Julia Zwiener: Die Auswirkungen der Verordnung Nr. 1/2003 auf das europäische und deutsche Kartellverfahren. 2005.

Band 3 Cornelius Koke: Die Finanzverfassung der Europäischen Aktiengesellschaft (SE) mit Sitz in Deutschland. 2005.

Band 4 Martin Weger: Haftungsgrundlagen bei kompetenzwidriger Geschäftsführung im Personen- und Kapitalgesellschaftsrecht. Ein Beitrag zur Transformation des bürgerlich-rechtlichen Rechtsinstituts der Geschäftsführung ohne Auftrag in das Gesellschaftsrecht. 2005.

Band 5 Axel Zang: Sitz und Verlegung des Sitzes einer Europäischen Aktiengesellschaft mit Sitz in Deutschland. 2005.

www.peterlang.de

Annette Trost

Faktische Sitzverlegung unter Sitz- und Gründungstheorie im Vergleich

Unter besonderer Berücksichtigung ihrer gesellschafts- und zivilrechtlichen Folgewirkungen

Frankfurt am Main, Berlin, Bern, Bruxelles, New York, Oxford, Wien, 2003.
XLIV, 444 S.
Saarbrücker Studien zum Privat- und Wirtschaftsrecht. Herausgegeben von Johann Paul Bauer, Michael Martinek und Helmut Rüßmann. Bd. 33
ISBN 3-631-50367-9 · br. € 74.50*

Gegenstand der Arbeit ist eine vergleichende Analyse der gesellschaftsrechtlichen Folgen einer Verwaltungssitzverlegung einer Kapitalgesellschaft unter Geltung der Sitztheorie einerseits und unter Geltung der Gründungstheorie andererseits. Die Rechtslage unter der Sitztheorie wird getrennt nach Zuzug und Wegzug sowie den konkurrierenden Modellen der herrschenden Meinung und der im Vordringen befindlichen Literatur aufgearbeitet und einer kritischen Würdigung unterzogen. Den Schwerpunkt der Betrachtung der Rechtslage unter Gründungstheorie bilden dabei die Probleme, die durch ausländische, so genannte Briefkastengesellschaften drohen, und die Suche nach Möglichkeiten zur Bewältigung dieser Probleme. Die Arbeit schließt mit einem Normierungsvorschlag für das deutsche internationale Gesellschaftsrecht.

FSC
www.fsc.org
MIX
Papier | Fördert
gute Waldnutzung
FSC® C083411

Kolibri 360 GmbH
Ferdinand-Jühlke-Straße 7
99095 Erfurt, Deutschland
produktsicherheit@kolibri360.de

Druck:
CPI Druckdienstleistungen GmbH
im Auftrag der
Kolibri 360 GmbH
Ferdinand-Jühlke-Str. 7
99095 Erfurt